U0801781

刑事辩护可视化

彭磊 著

VISUALIZATION OF CRIMINAL DEFENSE

法律出版社 | LAW PRESS
北京

图书在版编目(CIP)数据

刑事辩护可视化 / 彭磊著. -- 北京 : 法律出版社, 2023

ISBN 978-7-5197-7560-5

Ⅰ. ①刑… Ⅱ. ①彭… Ⅲ. ①刑事诉讼－辩护－研究－中国 Ⅳ. ①D925.210.4

中国国家版本馆 CIP 数据核字(2023)第 026293 号

刑事辩护可视化
XINGSHI BIANHU KESHIHUA

彭 磊 著

责任编辑 邢艳萍
装帧设计 鲍龙卉

出版发行 法律出版社
编辑统筹 法律应用出版分社
责任校对 李慧艳
责任印制 刘晓伟
经　　销 新华书店

开本 710 毫米×1000 毫米 1/16
印张 27.75　字数 400 千
版本 2023 年 8 月第 1 版
印次 2023 年 8 月第 1 次印刷
印刷 三河市兴达印务有限公司

地址:北京市丰台区莲花池西里 7 号(100073)
网址:www.lawpress.com.cn
投稿邮箱:info@lawpress.com.cn
举报盗版邮箱:jbwq@lawpress.com.cn

销售电话:010-83938349
客服电话:010-83938350
咨询电话:010-63939796

版权所有·侵权必究

书号:ISBN 978-7-5197-7560-5　　定价:110.00 元

凡购买本社图书,如有印装错误,我社负责退换。电话:010-83938349

自　序

各位读者好：

首先，我非常感谢你们花时间来看这本书。我写这本书的初衷，并不是为了提供一本指南，而是希望所有的法律人能共同思考一个问题：法律职业共同体内的有效沟通问题。

在成为一名执业律师之前，我当过几年大学老师，后来又做过几年检察官。在我六年多的律师执业生涯中，我承接了上百个刑事案件，这些案件的办理让我深深地感受到，法律职业共同体内的有效沟通确实十分困难。我发现，很多时候法律人都站在自己的立场上思考问题和表达观点，大家缺少一个共同的话语体系。

这个问题存在的原因很复杂，我认为其中一个原因是使用过多的法律术语和烦琐、不清晰的书面文件，使律师不得不用乏味的“定理”表述来争论案件，缺乏说服的力度。

在我来看，另一个更重要的原因在于，在我国当前的司法实践中，控辩双方对自己如何开展工作比较了解，却对对方的办案思路与办案策略缺乏深入研究，从而使控方与辩方因不了解对方思路而时常发生分歧。

在这个背景下，我尝试使用可视化技巧来解决这个问题。通过将重要信息简化为图表形式，我们可以更清楚地了解对方对案件的观点。同时，使用可视化图表能够使检察官和法官更直观地理解律师的辩护观点，而不需要长时间地进行解释和阐述。这种言简意赅的沟通方式,以及清晰明了的思考方式,可以帮助我们有效沟通,从而实现公正的判决结果。

但是书名《刑事辩护可视化》让我纠结了很久,原因在于虽然我们办理的案件中大多会使用思维导图、时间轴等可视化工作,但这本书中的可视化图表并不是非常多,所以我担心有名不副实之嫌。

后来我想通了,我写这本书的初衷就是思考辩护人如何与办案人员,尤其是检察官和法官实现有效沟通,而可视化正是有效沟通的一种手段。我提出的并不是一个解决方案,而是希望能够引发律师同行的思考,或者说是提供一个思考的视角,让法律人共同努力,找到一个解决的方法。从司法实践经验来看,可视化确实是一个行之有效的辩护思路。

在这本书中,我选择了 30 个案例,并将它们分成了无罪辩护篇、量刑辩护篇和“无效”辩护篇。我这里所谈的“无效”辩护案例,并非英美法系中规范意义上的无效辩护,而是那些律师认为充分进行了说理,但最终没有达到辩护效果的案例。

可能有的律师同行对此会觉得奇怪,因为律师都愿意分享成功辩护案例,并不愿意展示“无效”辩护案例。但通过这些“无效”辩护案例,读者可以更加清楚地看到律师辩护的困难和挑战,也可以更加深入地理解法律从业人员之间的沟通难题所在。

此外,之所以特别强调“无效”辩护案例,是因为它们向我们展示了“失败”的原因,而只有我们正视这种“失败”,才能更好地反思,并提高我们的辩护能力。

最后,我要感谢所有支持和帮助我的人,他们对我的支持和关爱是我坚持创作这本书的原动力。我希望这本书可以带给读者们新的思路和启示,使我们能够一起探讨法律职业共同体如何有效沟通,如何去创造一个更公正、更有效沟通的司法体系。

CONTENTS 目录

第一篇 无罪辩护

辩护思路和要点

本案主要是事实和证据问题，核心是现有证据能否证实凌某在2014年收取了涉案木材。案件的关键证人多份证言前后相互矛盾，而检察院只选取有利于控方的那几份证人证言进行指控，且直接将民事判决认定的事实作为指控犯罪的依据，从而导致案件关键事实的证据存疑，最终法院判决凌某无罪。

辩护思路和要点

本案主要涉及行为定性问题，即董某某的行为是否符合盗窃罪的犯罪构成。本案发生在家庭内部，被害人系董某某的岳父，事发后董某某积极取得被害人谅解，被害人也多次恳请司法机关不再追究董某某的刑事责任。辩护人从董某某的行为定性及案件情节上为董某某做无罪辩护。客观上，董某某盗窃的对象为自己占有的财物，而非他人占有的财物。主观上，董某某没有非法占为己有的目的。所以，董某某的行为不构成盗窃罪，并最终争取到不予起诉的结果。

辩护思路和要点

本案是一宗随着案件事实的发掘，辩护策略从罪轻辩护调整为无罪辩护的案例。接案之初，辩护人按照量刑辩护思路与侦查机关沟通，成功为当事人在侦查阶段争取到取保候审。案件移送审查起诉后，随着对案件事实的深入挖掘，辩护人认为钱某某的行为不能认定为非法转让、倒卖土地使用权罪，遂对该案做无罪辩护，并最终为钱某某争取到存疑不起诉的结果。

辩护思路和要点

犯罪嫌疑人华某某未经著作权人许可，复制著作权人作品，事实清楚。所以，本案的辩护思路确定为罪轻辩护。辩护人结合案件事实，充分论证华某某行为的社会危害性小，且属于单位犯罪。同时，辩护人以合规不起诉的思路与办案人员沟通。最终，检察机关对华某某作出相对不起诉决定。

辩护思路和要点

本案涉及正当防卫的认定问题，核心辩点有二：一是论证行为人的行为不是防卫挑拨；二是论证行为人的行为没有超过明显的必要限度造成重大损害。正当防卫辩护，必须紧扣案件事实，判断防卫意识的有无、防卫是否紧迫、防卫是否超过必要限度等，重构案发时当事人所处的具体时空环境，这是正当防卫辩护成功的关键。

辩护思路和要点

这个案件在侦查阶段辩护人准备做无罪辩护，但是审查起诉阶段阅卷后，辩护人发现案件远比当事人所了解的情况复杂，移送审查起诉的罪名也增加到三个，即诈骗罪、买卖国家机关证件罪和非法经营罪。审查起诉阶段，检察院对取保候审的3名嫌疑人做了分案处理，这虽然拖延了审查起诉时间，但为不起诉争取了更充分的时间。最终，检察院以非法经营罪情节轻微为由，对乐某某作出相对不起诉决定。

辩护思路和要点

这个案件涉及诈骗罪和高利转贷罪两个罪名。其中，诈骗罪的辩护思路是证据辩护，核心问题是现有的证据能否证实唐某某明知袁某某向潘某甲的借款是“套路贷”所形成的高利贷。高利转贷罪的辩护思路是“骑墙辩护”，这里涉及刑法谦抑性、非法所得是否达到立案标准和犯罪情节轻微等几个方面。最终，检察院以事实不清、证据不足为由作出存疑不起诉的决定。

辩护思路和要点

本案的辩护思路主要是证据辩护，即现有证据是否能够证实官某发参与了串通投标行为。所以在审查起诉阶段，辩护人主要是围绕本案的证据问题与检察官进行沟通，最终取得了存疑不起诉的结果。

辩护思路和要点

这个案件的核心辩护思路是证据辩护。一是鉴定书只能认定1支气枪，未达追诉标准。二是涉案的铅弹虽然数量较多，但都没有缴获，无法鉴定，也就无法认定为“弹药”。散件也仅缴获3件，未达追诉标准。同时，这个案件也涉及刑事案件管辖问题，以及认罪认罚案件的辩护问题。

辩护思路和要点

本案主要是证据问题，即现有证据是否能够得出毛某利用职务便利挪用公司资金、侵害公司财产所有权或使用权的唯一性结论。经过综合考量本案的事实情况、刑事案件的证明标准等，辩护人认为现有证据不足以证明毛某利用职务便利挪用公司资金供个人使用或借贷给他人。鉴于此，对于检察机关指控的挪用资金罪，辩护人做无罪辩护，并得到法院的支持。

辩护思路和要点

公诉机关指控孟某涉嫌单位行贿罪、偷越边境罪两项罪名。辩护人对单位行贿罪采取认罪认罚辩护思路，对偷越边境罪做无罪辩护。一方面，辩护人通过分析在案证据，提出本案证明孟某构成偷越边境罪的证据仅有其供述，其他在案证据反映的事实与孟某是否有偷越边境行为无关，所以证明孟某存在偷越边境行为供述

题成为问题楼盘从而政府介入的维稳案件。案件争取到侦查阶段直接释放，主要是通过推动化解案件背后的社会矛盾。

第二篇 罪轻辩护

辩护思路和要点

这个案件是股东之间争夺公司控制权所引发的，公司的小股东认为大股东侵占和挪用公司资金，进而进行刑事控告。虽然嫌疑人不认罪，但辩护人评估了案件事实和证据以后，建议针对大多数事实做量刑辩护，同时争取部分事实不被认定。确定了量刑辩护思路以后，审查起诉阶段的重点就是与检察官进行认罪认罚协商，并按照刑事合规不起诉的思路与检察官进行沟通，最终争取到对詹某全轻判的结果。

辩护思路和要点

这个案件的辩护思路是量刑辩护，所以辩护的重点是在审查起诉阶段与检察官协商认罪认罚量刑建议，沟通的思路是争取情节轻微的相对不起诉。案件在审查起诉阶段争取到较低的有期徒刑量刑建议，并最终在审判阶段争取到适用缓刑。

辩护思路和要点

本案不仅涉及定性问题,还有量刑问题。在定性上,本案有非法买卖枪支、弹药罪与非法持有枪支罪的论争。辩护人从证据角度论证,在案证据不足以认定行为人构成非法买卖枪支、弹药罪,仅能认定其构成非法持有枪支罪。在量刑层面,辩护人不仅关注自首情节,还关注到案件中其他体现行为人人身危险性小、行为社会危害性小的情节,例如,薛某非法持有枪支时间短,试枪地点系荒无人烟的闲置土地,对此,辩护人通过现场调查向法院还原现场情况,这也是二审改判缓刑的重要原因之一。

辩护思路和要点

这个案件是一个轻罪案件,但辩护思路比较复杂。起初,辩护人的意见是基于证据瑕疵做无罪辩护,但在检察院给出认罪认罚的量刑建议以后,当事人还是签了认罪认罚具结书。因为律师的无罪辩护思路涉及事实问题,既然当事人明确认罪,审判阶段的辩护思路调整为量刑辩护,全力争取适用缓刑。污染环境案件争取适用缓刑的结果,仅仅考虑法律问题是不够的,还要考虑案件引发的社会问题、对环境的恢复等诸多情况。

辩护思路和要点

本案先以开设赌场罪立案,批捕时罪名变更为赌博罪。本案涉及参与网络赌博罪与网上开设赌场罪的区别问题,侦查阶段的目标是将重罪开设赌场罪变更为轻罪赌博罪。审查起诉阶段，解决的主要问题是如何与检察官协商认罪认罚，获得较轻的量刑建议。审判阶段，解决的主要问题是涉案财物处置，即如何帮助被告人追回被公安机关扣押的两台汽车。

辩护思路和要点

行为人是否具有赌博网站代理人身份是认定其行为性质是否属于网络型开设赌场的关键。司法实践中，有些行为人没有赌博网站的代理权限，仅提供赌博网站会员账号给他人使用，但被法院以“构成实质代理”为由认定为赌博网站代理人。这种做法值得商榷。对行为人主从犯的认定，不能仅以到案被告人为范围区分主从犯，应当将行为人置于整个开设赌场活动中评价其在共同犯罪中所起的作用大小。

辩护思路和要点

本案比较复杂，涉及事实辩护和法律辩护。所谓事实辩护，就是马某涉嫌运输毒品罪长期未被追究刑事责任的原因究竟是案件承办人和分管领导严重不负责任的行为所致，还是刑警大队的勘验程序出现重大瑕疵所致。所谓法律辩护，一是法院对边某立功情节的认定是否正确，二是立功情节认定反复所引发的上访，是否能够评价为玩忽职守罪“恶劣社会影响”的判断。

辩护思路和要点

这个案件有两个核心问题。一是事实问题，即邝某某的行为是否改变了被占用林地的用途，以及是否造成林地原有植被或林业种植条件严重毁坏。二是量刑问题，即本罪是否为单位犯罪，以及邝某某是否具有自首情节。这个案件从审查起诉阶段开始，就使用了“骑墙辩护”策略，即在做无罪辩护的同时，也就量刑情节进行辩护。

辩护思路和要点

这是一个法律援助案件，案件的核心问题只有一个，即在手机店柜台现场盗窃的手机是真机，还是手机模型，能否计入盗窃的数额。辩护人在庭审中围绕这一点对 3 名被告人展开发问，对被害人陈述的真实性和价格鉴定进行质证，并集中在这一点上发表辩护意见，最终法官采纳了辩护人的意见。

辩护思路和要点

本案的辩护思路是量刑辩护，因被敲诈勒索的单位有 7 家，辩护工作的重点放在争取被害单位谅解上。由于犯罪嫌疑人是外地人，在本地人生地不熟，所以只能在律师和家属的配合下争取谅解。最终，被告人在检察院起诉前争取到绝大多数被害单位的谅解，并顺利签署认罪认罚具结书，最终获得轻判。

辩护思路和要点

这个案件的辩点有三个，一是罪名辩护，被告人的行为不构成组织卖淫罪，而是构成协助组织卖淫罪或容留卖淫罪；二是被告人行为不能认定为情节严重；三是被告人的行为构成自首。第一个辩点在审查起诉阶段得到检察院的支持，第二个和第三个辩点在审判阶段得到法院的支持，最终被告人被判处有期徒刑2年6个月，缓刑3年。

辩护思路和要点

这个案件的辩护思路是同时做量刑辩护和无罪辩护。针对滥用职权罪，辩护人提出的辩护意见是情节轻微，可以免除刑事处罚。针对非法经营罪，辩护人做无罪辩护，认为被告人申请POS机为自己刷卡套现的行为，也就是俗称的“养卡”行为不构成非法经营罪。

辩护思路和要点

这是一个典型的“幽灵抗辩”案件，本案的核心问题是现有证据能否得出丁某海实施盗卖涉案房产的唯一结论。在房主本人未到场的情况下，涉案房产的赎楼、解除抵押及过户手续都通过公证授权书委托他人代办，而丁某海的指纹出现在公证授权委托书上，能否推定丁某海伪造了公证授权委托书。同时，本案的证据能不能排除其他人作案的合理怀疑。辩护人认为，现有证据未达到犯罪

辩护思路和要点

本案主要涉及鉴定意见的采信及"SG"设备进行虚拟定位是否可以评价为"侵入、非法控制"计算机信息系统问题。办案机关对"SG"设备进行司法鉴定，解某某亲属另行委托鉴定机构对设备进行了第二次鉴定。一审判决并未对解某某亲属委托的鉴定意见书进行合理评价。因此，本案二审辩护的第一个目标是，申请鉴定人员出庭质证，争取推翻控方的鉴定意见，让二审法院采信辩方的鉴定意见。第二个目标是，厘清"侵入、非法控制"的内涵，论证"SG"设备修改手机定位的功能符合苹果公司规定，让法官采纳辩护人提出的"SG"设备修改手机定位的行为并不属于刑法上"侵入、非法控制"的辩护意见。

第一篇

无罪辩护

事实之辩和证据之辩相结合，诈骗、妨害作证获无罪判决

——凌某涉嫌诈骗、妨害作证无罪案*

辩护思路和要点

本案主要是事实和证据问题，核心是现有证据能否证实凌某在2014年收取了涉案木材。案件的关键证人多份证言前后相互矛盾，而检察院只选取有利于控方的那几份证人证言进行指控，且直接将民事判决认定的事实作为指控犯罪的依据，从而导致案件关键事实的证据存疑，最终法院判决凌某无罪。

基本案情

2014年2月下旬，被告人凌某(人物关系见图1)与被害人伍某口头约定，凌某向伍某购买一批花梨木价值105.8万元。凌某分多次转账给伍某支付全额货款。2014年2月21日，伍某委托郝某将凌某购买的2车

---

* 全书当事人、证人等均为化名。

花梨木连同郝某自购的3车花梨木从S市运回Z市兴业木材交易市场，堆放在露天堆场。凌某于同年2月27日带人到兴业市场看货。

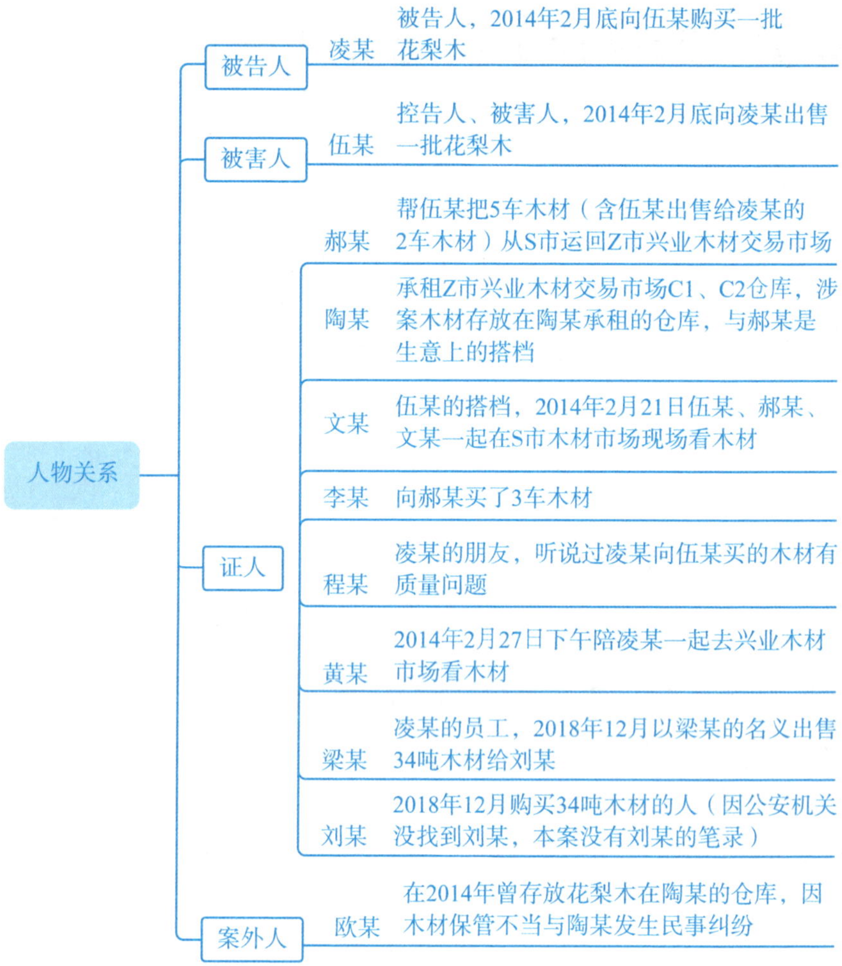

图1　人物关系

2014年5月20日，伍某向凌某银行转账5万元（附言为付订木材款）。同年9月28日，陶某以自己名义将一批重39.17吨的木材移入其与郝某共同承租的兴业市场室内仓库。

2014年8月，凌某向公安机关报案，称伍某交付的木材不是双方约定的缅甸花梨木,诈骗其105.8万元,但公安机关没有立案受理。

2015年4月9日,凌某以看货后认为该批木材的规格及品种不符合双方约定的花梨木为由诉至法院,一审法院判令伍某向凌某返还预付货款100.8万元。伍某不服一审判决,提出上诉,二审法院维持原判。

2018年4月判决生效后,凌某申请强制执行,后双方达成执行和解。2018年5月起,陶某以凌某在兴业木材交易市场陶某承租的仓库存放一批木材为由,要求凌某处置木材并支付从2014年2月起产生的租金。后凌某与陶某共同出具证明,证明木材为梁某所有,由梁某全权处理。同年12月22日,陶某介绍的买家刘某以每吨3500元共计119,770元购买了陶某要求凌某处理的该批木材(称重34.22吨),陶某从中分得9万余元,余款由梁某转交凌某。

2018年12月27日,伍某以凌某虚假诉讼为由进行刑事控告,公安机关不予立案受理。

G省人民检察院依据民事二审判决后出现的询问笔录、微信聊天记录、书证等新证据提起民事抗诉,经G省高级人民法院指令二审法院再审,民事再审判决撤销一审、二审民事判决,驳回凌某的全部诉讼请求。

2020年6月底,公安机关因伍某报案称凌某虚假诉讼,以凌某涉嫌虚假诉讼罪将其抓获归案。

控方指控

2014年2月21日,被告人凌某以105.8万元向被害人伍某购买梨花木材64.9吨,在S市木材市场收取伍某交付的上述木材后,将上述木材运送至兴业市场存放。凌某于次日到场验收并支付货款。凌某在处理部分木材后,由于木材价格下跌,凌某面临亏损。为挽回损失,2015年4月起,凌某捏造未曾收货的虚假事实,提供虚假证据,通过民事诉讼使人民法院作出错误判决，致使伍某被迫赔偿凌某本金及利息共计 123.94 万元，并被列入失信人名单且被司法拘留 15 日，而凌某拒不向伍某归还木材。

2018 年 12 月 22 日，凌某因需要支付上述剩余木材存放于兴业木材交易市场陶某仓库的租金，且为掩饰先前诈骗行为，指使梁某代为变卖上述木材，得款 119,770 元。

2019 年 1 月 17 日，在伍某得知上述木材被变卖并向公安局报案后，凌某指使梁某作虚假证言，致使公安机关未能立案侦查。

2020 年 6 月 29 日，凌某被公安人员抓获归案。破案后，凌某家属代为赔偿伍某人民币 21 万元。

公诉机关认为，凌某诈骗他人财物，数额特别巨大；指使他人作伪证，应当以诈骗罪、妨害作证罪追究其刑事责任。凌某在判决宣告以前犯诈骗罪、妨害作证罪，应数罪并罚。建议判处其有期徒刑 12 年 9 个月至 14 年 9 个月，并处罚金 20 万元至 25 万元。

办案历程

一、最初的诉求——不起诉

辩护人在审查起诉阶段才接受家属委托。最初家属提出的诉求是希望能争取不起诉，会见后，被告人也表达同样的诉求。

阅卷后，看到起诉意见书上指控被告人涉嫌虚假诉讼罪，辩护人尝试跟检察官沟通不起诉的法律意见，也对案件证据中存在的诸多问题提出辩护人的观点，但未被采纳。

二、被指控诈骗罪、妨害作证罪

虽然辩护人认为本案证据方面存在瑕疵，但整个审查起诉阶段没有延期，没有退回补充侦查，1 个月就起诉到法院，而且将一个罪名变为诈骗罪、妨害作证罪两个罪名，合并的量刑建议为12年9个月至14年9个月。

三、辩护主战场——一审阶段

未能说服检察官不起诉，辩护人只能把辩护重心放在审判阶段。

(一)申请调查取证

在开庭前，辩护人向法院提交调查取证申请书，申请法院：

1. 调取李某和郝某对木材做的鉴定报告，查明伍某委托郝某拉回Z市两车木材的种类及品质，查明被告人以货不对版拒收木材是否有事实依据。

2. 向李某核实5车木材到兴业木材交易市场的签收情况，查明郝某在民事案件开庭时陈述李某签收了5车木材的情况。

3. 向兴业木材交易市场调取2014年2月21日郝某将5车木材入库兴业市场的过磅单，查明当时是否有过磅，及陶某陈述2014年2月底曾交付磅单给被告人的证言真实性。

4. 向刘某核实他在2018年12月22日购买的34吨木材的品种及市场价，查明该34吨木材是否为伍某卖给凌某的65吨木材。

一审法院没有批准辩护人的调查取证申请。

(二)申请证人出庭作证

由于本案关键证人郝某、陶某及被害人伍某的证人证言的真实性存疑，存在大量自相矛盾、与他人证言相互矛盾的情况，另外3名知道木材签收及品质的关键证人，都未在公安机关做过询问笔录，所以庭前辩护人也申请伍某及5名关键证人出庭作证接受质询，以查明木材的签收情况及34吨木材与65吨木材的同一性问题。

一审法院也没有批准辩护人的证人出庭作证申请。

(三)提交案件时间轴

从被告人与伍某交易木材至本案立案，跨越近7年，经历了民案一审、二审、申请再审、申请抗诉、执行、再申请抗诉、再审等一系列程序，中间发生的事件很多,辩护人制作了一个时间轴(见图2),方便法庭了解案件的关键时间节点,厘清事实经过的脉络。

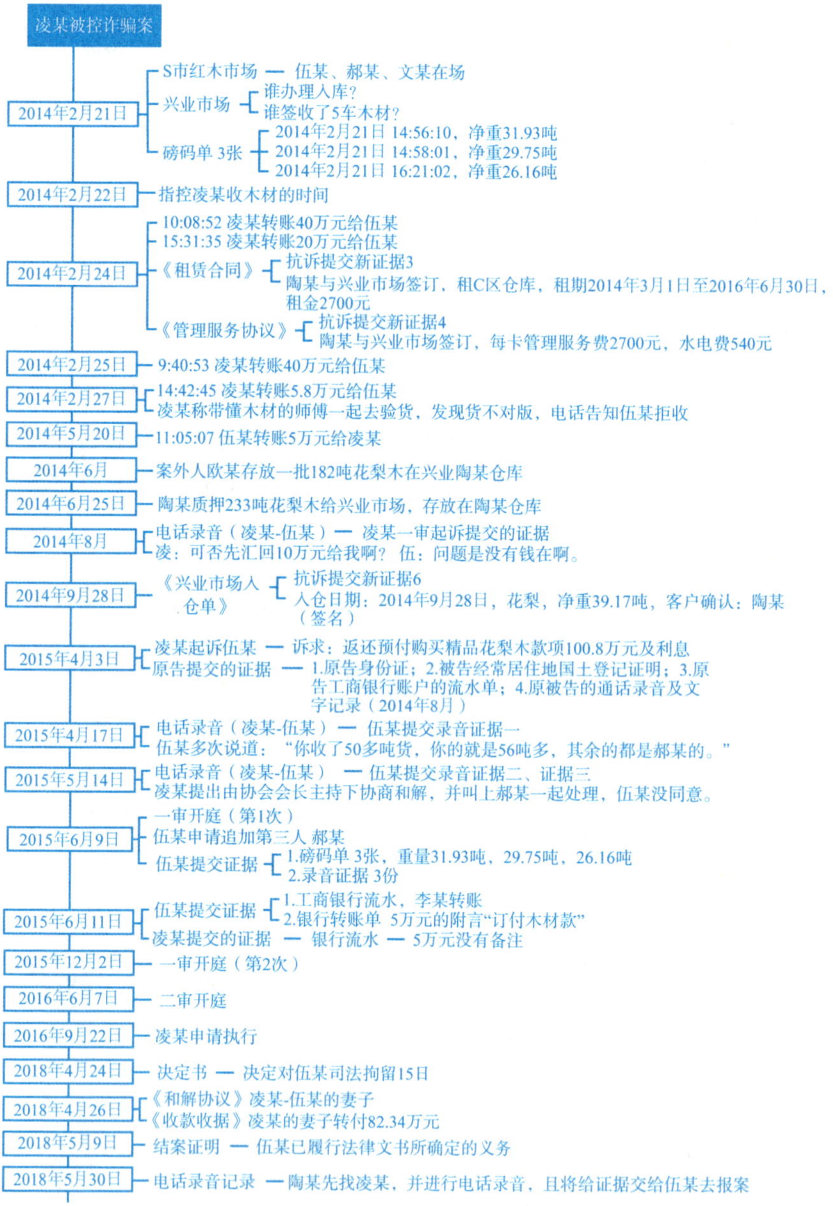

图2 案件时间轴

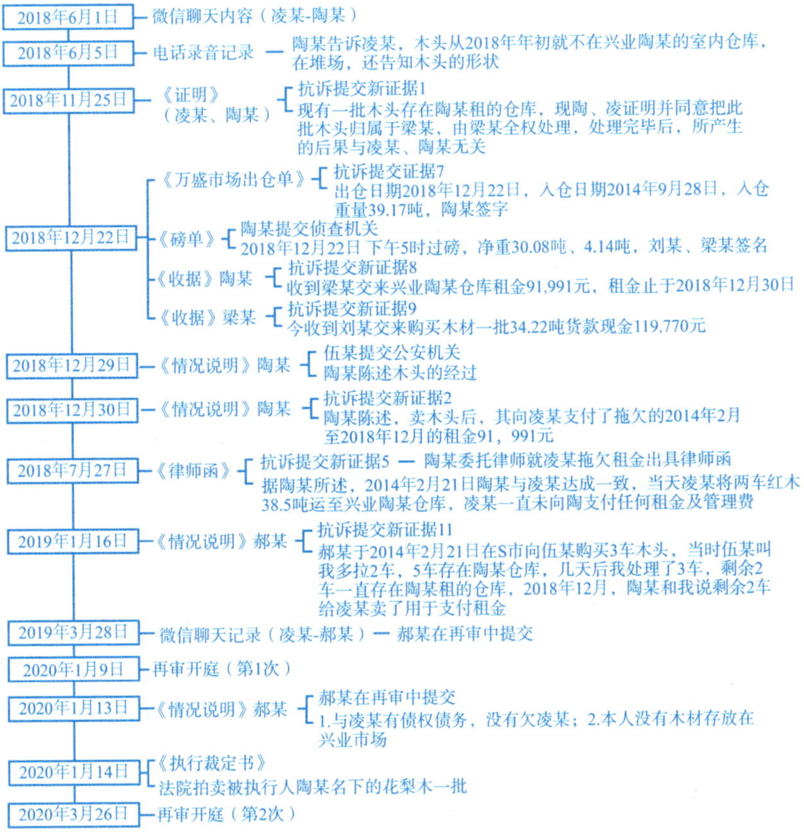

图2 案件时间轴(续)

(四)提交思维导图

每个刑事案件都有“案眼”,这个案件的“案眼”就是在案证据能否直接证明被告人已收取了木材,或者从被告人跟陶某处置的木材就是伍某卖的那批木材,倒推出被告人已收货。如在案证据不足以证明被告人已收取了木材,则不构成虚假诉讼罪,也不构成诈骗罪。事实之辩,重点在证据。

本案中,由于缺乏直接证明被告人签收木材的客观书证,对主观证据的分析就尤为重要。为了更好地让法庭注意到关键证人证言存在明显矛盾的情况，辩护人将与证明“案眼”相关的几十份证人证言结合书证，以思维导图的方式整理出来，并提交法庭。

思维导图可以清晰地表述证据之间相互矛盾之处。比如，对于 2014 年 9 月 28 日有批木材从室外仓入库陶某仓库的事实，郝某、陶某的 5 份笔录陈述了 5 个不同的版本，究竟哪个版本才是可信的，辩护人不得而知，但很明显，郝某跟陶某之中肯定有人作了伪证。

由于这些相互矛盾的证言都非常散，如果没有按事实把相互矛盾的证言归类整理并呈现出来，法庭有可能只看到证人确实说了起诉书指控的那版事实，从而采纳认定起诉书指控的事实（见图 3，附后）。

（五）庭前辅导

公诉人讯问及法官讯问环节，只能被告人自己应对，对被告人而言最难把控风险。为了让被告人对庭审有充分准备，辩护人将案件相关事实拆分为 9 部分，结合被告人此前所做的讯问笔录，准备了 43 个问题，通过提前与被告人进行讯问预演，让他对庭审有充分准备。

（六）提交两个版本的质证意见

为了让法庭注意到除了起诉书陈述的事实，依据在案证据还可能得出其他版本的事实，辩护人将起诉书指控的事实拆分为 9 部分，分别列举反驳指控事实的证人证言、书证，提出起诉书陈述的事实与在案多份证据存在矛盾的质证意见，并于庭前提交法院。

庭后，辩护人在庭审发表质证意见的基础上，按照公诉人举证的顺序，又整理了另一版质证意见提交法院。

（七）辩护人举证

经检索陶某的涉诉案件，辩护人发现有 4 份裁判文书可以证明，陶某的仓库在 2014 年 6 月曾存放过 100 多吨花梨木，且 2020 年 1 月陶某仓库存放的一批花梨木被司法拍卖。因木材是种类物，不能排除陶某在 2014

年9月28日办理入仓的39吨花梨木及2018年12月处置的34吨花梨木并非伍某与凌某交易的那批花梨木的可能性。辩护人将该4份裁判文书作为证据提交给法院。

39吨花梨木入仓单的抬头是Z市兴业木材交易市场,而34吨木材出仓单的抬头是万盛交易市场。陶某解释,兴业木材交易市场后来改成万盛交易市场,是同一家企业。辩护人提交两家公司的工商登记资料,证明是两个独立的法人,股东不同,注册地址不同,目前均为在业状态,没有注销或被吊销,看不出两家公司存在任何关联性。本案没有客观证据证明2018年12月从万盛市场出仓的木材就是兴业木材交易市场于2014年9月入仓的花梨木。

(八)提交辩护意见

结合庭审的情况,庭后辩护人提交辩护意见提出:起诉书指控的事实不清,证据不足,无法排除合理怀疑,无法认定被告人构成诈骗罪、妨害作证罪。

(九)从通知取保候审的信息,分析案件走向

审判阶段6个月审限期满前3天(周五),书记员通知被告人家属去法院办取保候审手续,家属签署了保证书,但周五至周日都没等到放人。周一上午书记员说,能否取保还得等领导审批。周一下午,书记员告知辩护人暂时不办理取保候审,理由是检察院提出需要补充侦查,法院决定对案件延期审理4个月。

虽然没有取保候审成功,但这次办理取保候审也传递出对被告人有利的信息。一个指控两个罪名,量刑建议近15年的案件,法院在宣判前通知被告人家属办理取保候审,按常情常理判断,要么判无罪,要么判缓刑。

综合案件情况分析,即便排除妨害作证罪,定个轻罪虚假诉讼罪,在被告人不认罪的情况下，判缓刑的可能性也不大。不构成诈骗罪或虚假诉讼罪，只构成妨害作证罪的可能性更小，辩护人预判法院想判无罪的可能性比判缓刑的可能性更大。

等了一个多月，检察院也没有向法院提交补充侦查的新证据，辩护人向检察院提交建议撤回起诉的法律意见书，也说服被告人手写一份承诺书，承诺如检察院撤回起诉，被告人将放弃申请国家赔偿。

2021 年 7 月 16 日，书记员再一次通知家属到法院办理取保候审手续，这一次终于等来成功取保候审及一审宣判凌某无罪。

四、检察院抗诉

如预期，检察院提起了抗诉。在二审阅卷前，辩护人分析检察院在二审会不会提交新证据，结论是没有新证据的可能性比较大，如果有，在一审补充侦查后应该都提交法院了。然而，刑事辩护就是这么具有戏剧性，检察官在二审补充侦查了很多证据，而且大部分是对被告人有利的证据，有些证据在一审阶段就有，但检察院没有提交给法院。

五、二审的辩护工作

（一）提交二审思维导图

二审新证据中多了十几份笔录，辩护人又将这些证人证言分类整理到思维导图中，用另一种颜色标注出来。

比如，前面举例的 2014 年 9 月 28 日有批木材从室外仓入库室内仓的事实，一审的证据中，郝某、陶某的 5 份笔录陈述了 5 个不同版本的事实，在二审补充侦查的证据中，郝某、陶某的另外 4 份笔录又陈述了另外 4 个版本，共计 9 个不同的版本。在思维导图中，辩护人把新证据整合到原来归纳的事实中，更便于法庭注意补充侦查的证据中有利于被告人的情况（见图 4，附后）。

(二)从程序辩护的角度对妨害作证罪进行辩护

在二审阶段新出现一个法律之辩。Z市D区人民检察院的刑事抗诉书中只对不构成虚假诉讼罪、诈骗罪提起抗诉，没有对不构成妨害作证罪提起抗诉。在二审开庭前，辩护人与二审的公诉人沟通，刑事抗诉书没有对妨害作证罪提起抗诉，检察院在二审庭审还会不会对妨害作证罪提起抗诉？公诉人没有明确回复。庭审中，公诉人在刑事抗诉书的基础上又补充对不构成妨害作证罪提出抗诉意见。

刑事抗诉书中没有提起抗诉的犯罪事实及罪名，二审公诉人能否当庭增加抗诉意见？二审法院是否要全面审查刑事抗诉书没有提出抗诉意见的犯罪事实及罪名？对此，辩护人明确表达了否定的意见。

本案二审经Z市中级人民法院审判委员会讨论决定，裁定驳回抗诉，维持原判。

辩护思路

一、本案的主观性证据，真实性存在严重问题

不利于凌某的证据主要有郝某、陶某、伍某、文某的证言，而这4个人的证言真实性均存在严重问题。

(一)证人郝某的证言真实性存疑

郝某在民事案件一审开庭、再审开庭及侦查、审查起诉阶段的证言，存在诸多前后矛盾、与其他证据矛盾的情况，真实性也存在严重问题。

1. 郝某有撒谎的动机

涉案两车木材由郝某带回Z市。伍某在笔录中陈述：“到Z市后郝某肯定全部给了凌某，共64.9吨。”而郝某的所有证言均不承认他曾交付木材给凌某。在木材交付问题上，不排除郝某存在过错或应承担赔偿责任

的情况。另外,凌某与郝某存在经济纠纷,故此,郝某有撒谎的动机。

2. 郝某对凌某到S市验货、收货并达成交易作出虚假证言

郝某为了虚构凌某到S市验货的事实,在3份笔录中陈述,“当天凌某也到过S市”,而证人文某在民事案件庭审中称,凌某没有到S市现场。伍某在民事案件庭审中称,货物交给郝某,但没有签收确认,交货当时凌某不在场。由此证明,郝某在笔录中做了虚假陈述。

郝某在民事案件开庭时陈述:“原告凌某在Z市D镇兴业木材交易市场验货,原被告之间不算完成了交易。”而在询问笔录中却作出完全矛盾的证言:“因为我们是当面现金交易的,按理说木材从S市运走时就已经属于凌某。”凌某与郝某的经济纠纷发生于2018年之后,郝某为了作出对凌某不利的证言,才出现前后相互矛盾的证言。民事案件一审开庭时离交易时间更接近,且凌某与郝某当时不存在经济纠纷,郝某在一审庭审的证言可信度更高。

3. 郝某对凌某在兴业木材交易市场是否有签收的问题,做了相互矛盾的证言

民事案件审理中审判长问郝某:“到了Z市D镇有无签收货物?”郝某答:“我的客户有签收货物,5车货物都是李某签收的。”而在询问笔录中,公安机关问:“你知道伍某那两车花梨木运送至兴业红木交易中心的仓库后是谁签收的吗?”郝某答:“不清楚,当时我和伍某、凌某都在S市一起吃饭,签收问题是他们两个自己协商解决的。”郝某明知到兴业木材交易市场后,是李某签收了5车货物,在侦查机关做笔录时却撒谎称不清楚。

4. 郝某关于2014年9月28日木材移入仓库的情况,做了自相矛盾的证言,也与陶某多次笔录中的证言相互矛盾

郝某在2019年1月的询问笔录中陈述,同年9月因市场改建问题,他自己就将剩下两车木材转移至仓库内存放。在2019年2月的询问笔录中

又称："是陶某操作的，他转移木材到仓库里面的时候是否过磅以及磅单给谁了我不清楚。"郝某本人对于同一问题做了自相矛盾的证言。

（二）证人陶某的证言真实性存疑

陶某的证言中存在诸多前后矛盾或者与其他证据相互矛盾之处，不排除是其没有履行好自己的保管责任及为了多收取租金，而做虚假陈述的可能性。

1. 陶某有撒谎的动机

（1）陶某有可能为逃避被追究保管不利的责任而撒谎。木材存放在其仓库期间出现近30吨的减损不合常理，陶某作为保管人很可能被追究保管不利的责任，所以他有撒谎的动机。

（2）陶某有可能为了掩盖其私自处分部分涉案木材而撒谎。陶某在保管案外人欧某的木材时有擅自处分部分木材的行为，不能排除陶某私自处分了部分涉案木材，为了将责任推卸给凌某而做了虚假证言。

（3）陶某已被列入失信被执行人，不排除他为了多收取租金而撒谎。

（4）陶某全程参与及安排处置34吨木材并负责对接买家刘某，参与及安排整个交易过程，且以租金的名义收取货款11万元中的9万多元。如果处置34吨木材的行为构成犯罪，陶某也面临刑事风险，不排除他为了摆脱刑事责任而撒谎的可能性。

虽然陶某对39吨木材及34吨木材的情况应当最为清楚，但是他明显有撒谎的动机，且证言前后矛盾，与其他证据自相矛盾，其证言的真实性明显存疑，依法不应予以采纳。

2. 陶某对于是否有向凌某交付磅单，做了虚假证言

（1）陶某对于保管期间做了自相矛盾的证言，可以证实他在2014年2月没有交付磅单给凌某。

陶某在2019年2月的笔录称，5车木材入库木材市场可过磅可不过磅，他没有参与2014年2月21日办理入库，具体手续他不清楚。由此推

断,陶某并不清楚木材在2014年2月21日到兴业木材交易市场是否有过磅,可以推断他并没有那时的磅单。陶某在2020年10月的笔录称,他3月才租了兴业交易市场C1、C2仓库,在2014年9月28日入库之前,是凌某自行保管。由此可推断陶某在2019年1月的笔录中称"到了(2014年2月)月底的时候,凌某来到兴业木材交易市场露天仓库看他那两车木材,就在那时候我把磅单给了凌某",为虚假证言。

(2)陶某对于凌某在2014年9月28日是否有让他办理入库及交付磅单的事实,做了不真实的证言。

关于2014年9月28日39吨花梨木入库兴业C1、C2仓库的事实,陶某在4次笔录中做了如下自相矛盾的证言。第一份证言是,2014年9月凌某自己在兴业市场再次办理过磅,磅单凌某自己保存,入仓手续陶某办理。第二份证言是,凌某应该是凭借郝某办理的入仓单手续去取木材之后转移到陶某的仓库。第三份证言是,凌某找到陶某,称要将外面剩下的两车木材放进陶某租赁的室内仓库保管,陶某同意凌某的要求,并对上述木材进行称重入库,重量约40吨。第四份证言是,直到2014年9月,锯木场不让放,郝某跟凌某才找到陶某称,把木材放到陶某租的仓库,当时过磅是39吨多一点。

陶某的上述4次笔录,第1次称凌某自行过磅并自己保存磅单;第2次没称要重新过磅,也称未交付磅单给凌某;第3次、第4次称自行过磅,但未交付磅单给凌某。辩护人认为,就陶某自相矛盾的陈述不可以直接认定陶某交付了磅单给凌某。且根据郝某的其他证言可以推断出,陶某在2014年9月并不认识凌某,从而证实陶某所称的2014年9月28日凌某让其办理入仓是虚假证言。

(3)郝某的证言证实,至少是2015年4月以后郝某才知道木材是凌某的,而陶某是通过郝某才知道两车木材是凌某的,进一步印证陶某所称的在2014年2月交付磅单给凌某及2014年9月28日凌某让其将木材入库，是不真实的。

3. 关于凌某是否有在2014年2月与陶某达成口头租赁协议的问题，陶某做了虚假证言

陶某在两份询问笔录中陈述，2014年2月底凌某来到兴业木材交易市场看木材，与陶某口头谈好每个月1550元的存放费。陶某在2020年10月的笔录中陈述，2014年9月之前由凌某自行保管。由此可见，凌某并没有与陶某达成口头租赁关系，陶某做了虚假证言。（注：一审判决后，陶某在公安机关做的笔录中承认，他没有与凌某签租赁合同，也没说租金收费问题）

4. 陶某对买家刘某的情况做了虚假证言

陶某在2019年1月的询问笔录中称，刘某是陶某介绍的买主。而陶某在2018年12月却做了虚假证言，称不认识刘某，没有他的联系电话。陶某拒绝向侦查机关提供刘某的联系方式，导致本案中被处置的34吨木材的去向无法查明。

（三）被害人伍某的证言真实性存疑

1. 关于凌某是否有到S市现场收货，伍某在多份笔录中做了虚假证言

伍某在民事案件二审开庭时陈述，凌某没到现场，货到了Z市才亲自验货，但在2019年1月的两份询问笔录及2020年10月的询问笔录中做了虚假证言，称凌某自己在S市验货、过磅。

2. 伍某关于交付木材的重量做了虚假证言

伍某在2015年4月跟凌某的电话录音中多次说到，凌某收了50多吨，后来又明确是56吨，剩余是郝某的。

伍某在民事案件开庭答辩称，2014年2月21日，凌某和郝某共同向伍某购买木材130吨左右，至于郝某与凌某之间如何分配上述130多吨木材，伍某并不清楚。

伍某在2020年10月的询问笔录中称，按16,300元/吨，折算出64.9吨。郝某肯定交付64.9吨木材给凌某，而郝某却称："凌某找伍某买了多少我不知道。"既然郝某都不知道他们交易的重量，又如何交付65吨木材给凌某？由此证明，伍某称有向凌某交付64.9吨木材的证言真实性明显存疑。

（四）证人文某的证言真实性存疑

文某是伍某的合作伙伴，在民事案件二审中伍某申请文某出庭作证，文某开庭时所做证言的真实性存在以下两方面的问题。

1. 文某对于凌某让郝某在S市帮忙看货做了虚假证言

文某称："郝某表示其在现场可以帮凌某看货，看完货后凌某表示要买两车的木材。在现场看到上诉人收到被上诉人的一部分货款。""郝某与凌某通话后，郝某称凌某委托郝某验货，我没有亲耳听到这个事。"郝某在侦查机关的多次笔录中均稳定陈述，伍某让他帮忙多带两车木材回Z市时，并没有说是凌某的，他是后来伍某与凌某有诉讼纠纷才知道。文某对于郝某有在S市帮凌某验货的证言，得不到郝某证言的印证。且凌某在2014年2月21日当天并没有汇款给伍某，第一笔汇款时间是2月24日，文某在诉讼中为了帮伍某做了虚假陈述。

2. 文某关于凌某已签收木材做了虚假证言

文某与凌某的微信聊天，仅能证明他帮凌某介绍买家，不可能推断出凌某已经收到涉案木材。凌某在本案庭审中解释，由于伍某没有钱，须卖掉木材后才能向凌某退回其预付的木材款，凌某帮忙带客人去看货是为了让伍某尽快将木材变现，向其返还预付款。凌某在民事案件一审提交的2014年8月与伍某的电话录音中，凌某问："可否先汇10万元给我啊？"伍某称："问题是没有钱啊"。也可以印证双方已达成退回预付款的合意。故此，文某称凌某已签收了木材真实性存疑。

二、本案现有证据不能证实起诉书指控的相关事实

（一）现有证据不能证实陶某在2014年2月底向凌某交付了磅单

如前述对陶某证言的分析，陶某的笔录可以证实他没有参与2014年2月21日两车木材入库兴业木材交易市场的活动，他并没有那时的过磅单，且他在最后一次笔录称2014年9月28日之前木材由凌某自行保管。综上，就现有证据不能证实陶某在2014年2月底向凌某交付了磅单。

（二）现有证据不能证实陶某在2014年9月28日向凌某交付了磅单

如前述，对于2014年9月28日办理入库的证言，陶某与郝某有5次相互矛盾的陈述。郝某称是他本人将剩下两车木材转移入仓，又称是陶某操作转移入仓库的。陶某称是凌某要求他把木材转移入仓的，凌某自己再办理过磅；又称是郝某跟凌某要求其把木材入库。

郝某的说法中，没有称凌某要求他办理入库，也没有称他跟凌某一起找陶某办理入库，凌某明确否认曾找陶某办理入库。在案只有陶某一人的证言称凌某让他将木材移入库，属于孤证，且本案没有其他证据可以对该事实予以佐证。陶某仅有一次笔录称2014年2月底交磅单给凌某，其他证言中并没有称他在2014年9月28日把磅单交给凌某。综上，现有证据不能证实陶某在2014年9月28日向凌某交付了磅单。

（三）现有证据不能证实凌某曾到S市红木交易市场现场收货

如前述分析，郝某、文某及伍某在多次证言中陈述，凌某在2014年2月21日当天并没有到S市木材交易市场现场看货、验货，凌某的多次笔录也稳定陈述，当天他没有去S市。就在案证据，不能认定起诉书所指控的凌某到S市现场收货的事实。

（四）现有证据不能证实在兴业木材交易市场由谁向凌某交付了涉案木材

本案不是由卖方伍某直接向凌某进行交付，要认定木材交付的事实，

至少得查清由谁向凌某进行交付。

伍某称,木材是由郝某向凌某交付的。而郝某称木材不需要他交接,猜测是伍某一方交付的,而他是在凌某起诉伍某后才知道两车木材是凌某的。郝某已经否认伍某所称的由郝某向凌某交付木材的事实。

郝某是在民事案件诉讼中才知道木材是凌某的,是他告诉陶某两车木材是凌某的,陶某在此前并不认识凌某,也就是说,陶某在 2015 年 4 月之后才知道木材是凌某的,故此陶某不可能在 2014 年 2 月底或 2014 年 9 月向凌某交付两车木材。

(五)现有证据不能证实伍某向凌某交付了多少吨花梨木

如前述分析,伍某在录音中说,交易的木材分别是 50 多吨、56 吨;在民事案件庭审中伍某陈述,凌某与郝某如何分配 130 多吨木材他不清楚,且一审证据中 3 张磅单两两相加都不是 65 吨,凌某的两车木材是超载的,有的还要放郝某车上。按照这个说法,要交付的木材就是两车多,那多出的不足一车的部分是多少吨呢?进行交付的人是否清楚呢?本案没有任何证据进行证明。故现有证据即便可认定伍某曾向凌某交付木材,也不能证实交付了 65 吨木材。出售木材给他人,但卖方居然都不清楚木材的数量,这明显是不合情理的。

(六)现有证据不能证实 2014 年 9 月 28 日入库兴业交易市场的 39 吨木材是伍某与凌某交易的 65 吨花梨木

1. 2014 年 9 月 28 日的兴业木材交易市场入仓单只有陶某签名,入库重量 39 吨与 65 吨相差 26 吨,陶某与郝某对于重量差异的原因做了相互矛盾的证言,现有证据并无法证明造成重量差异的原因。花梨木又是种类物,陶某的仓库自 2014 年 6 月就存放有花梨木,且 2020 年 1 月法院又拍卖了陶某一批存放在同一仓库的花梨木,不能排除陶某在 2014 年 9 月 28 日入库的 39 吨花梨木并非郝某于 2014 年 2 月 21 日带回兴业木材交易市场的两车木材的可能性。

2. 伍某在询问笔录中称："在调解阶段，凌某于2015年5月20日带我去看了当时卖给他的两车花梨木，但我认为看到的木材不是当时卖给他的那批货，便没有达成退货调解。"伍某是卖方，应当认得交易的木材，按照他的证言，2014年9月28日入库的木材是否为伍某卖的两车木材明显存疑。

（七）现有证据不能证实2018年12月22日从万盛仓库出库的34吨木材为2014年9月28日入库兴业木材交易市场的39吨，也不能证实这34吨木材就是伍某与凌某交易的65吨木材

1. 入仓单的抬头是兴业木材交易市场，出仓单的抬头是万盛木材市场，经查询两家公司的工商登记信息，注册地址不同、股东也完全不同，两家公司不存在任何关联性。花梨木是种类物，本案除了陶某的证言外，并没有客观证据证明万盛木材市场2018年12月22日出仓的34吨木材就是兴业木材交易市场2014年9月28日入仓的39吨花梨木。

2. 陶某提交租赁合同仅能证明其与兴业木材交易市场有租赁关系，本案没有证据证明陶某与万盛木材市场有租赁关系。

3. 陶某在2018年5月30日与凌某的电话录音中说，最后被处置的34吨木材不是放在陶某仓库中，而是放在大堆场。按照常理，木材从室内挪到大堆场会增加灭失的风险，应当事先告知货主，而被处置的木材从2018年年初就被移出来，但陶某从未告知凌某，明显不符合常理。大堆场也不是陶某租用的仓库，陶某在计算租赁期间却从2014年2月计至2018年12月，完全不符合常情常理。

4. 在案证据可以证明，陶某的仓库在2014年6月至2020年1月，存在多批次的花梨木。木材是种类物，2014年9月28日陶某入库的花梨木及2018年12月22日出库的木材属于哪一批次，就现有证据并无法查实。

5. 陶某在保管案外人欧某的花梨木时有擅自处分部分木材的行为已经生效判决书认定，本案不能排除陶某有擅自处分涉案木材的可能性。

6. 被处置的木材单价 3500 元/吨，伍某卖给凌某的木材单价 16,200 元/吨，两个价格差异过大。现有证据不足以证实，以明显低于花梨木市场价被出售的 34 吨木材就是花梨木。

7. 最后被处置的 34 吨木材的去向无法查清，本案言词证据不足以证明被处置的 34 吨木材就是 2014 年 9 月 28 日入库的 39 吨木材，或是伍某卖给凌某的 65 吨木材。

三、本案无法排除以下合理怀疑

1. 2014 年 9 月 28 日入库的 39 吨花梨木并非 2014 年 2 月郝某带回的两车木材。

2. 2018 年 12 月 22 日从万盛交易市场出库的 34 吨木材并非 2014 年 9 月 28 日入库兴业交易市场的 39 吨木材。

3. 2018 年 12 月 22 日存放在大堆场被出售的 34 吨木材不是伍某卖给凌某的 65 吨花梨木。

四、凌某的行为不构成虚假诉讼罪

在案证据不足以认定凌某已收货，伍某在民事案件中也未能举证证明他已向凌某交货，凌某以货不对版拒收货为由，起诉主张伍某返还货款，不构成虚构事实。凌某在一审起诉时提交的证据都是真实的，不存在捏造证据的情况。故此，凌某的行为不构成虚假诉讼罪。

五、凌某没有对梁某采用暴力、威胁或贿买手段，在案证据不足以认定凌某构成妨害作证罪

妨害作证罪要求以暴力、威胁、贿买等方法阻止证人作证或者指使他人作伪证，现有证据并不足以证明凌某对梁某采用了暴力、威胁或贿买手段。

凌某发给梁某的微信内容是真实的情况。梁某并不知道完整的事情经过，凌某给梁某发送微信说明事情的来龙去脉，符合常情常理。梁某两次笔录陈述的内容基本一致，不存在作虚假证言的情况，故此，在案证据不足以认定凌某构成妨害作证罪。

六、公诉人在二审庭审中追加抗诉妨害作证罪，不属于二审法院的审理范围

首先，目前在《刑事诉讼法》和相关司法解释中，都没有明确规定追加抗诉的问题。换句话说，二审追加抗诉于法无据。二审人民法院全面审查，不受上诉、抗诉范围的限制，并不等同于检察院当然具有二审追加抗诉的权力。

其次，刑事抗诉书是承载检察机关抗诉意见与理由的正式法律文书，原审被告人在二审庭审前充分了解抗诉书内容是其行使辩护权的重要保障。尽管《刑事诉讼法》规定了二审法院不受上诉和抗诉范围限制的全面审查原则，但在司法实践中二审审查的重点仍然是上诉和抗诉的内容。如果检察员在出席二审法庭时提出新的抗诉意见或变更原有的抗诉意见，无异于是对原审被告人发动突然袭击，即使有辩护人出庭辩护也一样会措手不及，将妨害原审被告人辩护权的充分有效行使。

法院观点

一、一审法院观点

（一）在案证据不足以认定被告人凌某构成诈骗罪

主观方面，公诉机关指控被告人为挽回生意上的损失，捏造未收货的事实向法院提起民事诉讼，通过上述方法骗回其支付给伍某的105万余元。按照指控的意见，被告人实施诈骗的犯罪故意应当在签订、履行合同前形成，并存在于合同履行过程之中，在提起民事诉讼之前，但在案证据并不能证实被告人在提起民事诉讼前存在非法占有的主观故意。民事诉讼的证明标准是高度盖然性，而刑事诉讼的证明标准须达到证据确实、充分，排除合理怀疑，二者的区别不允许以民事诉讼的走向或结果、民事再审判决等案件诉讼过程认定为法律事实或甚至以民事案件执行完毕后的当事人处分木材行为进而推定被告人凌某存在非法占有的主观故意。

客观方面，经查，该案民事一审、二审诉讼情况反映，被告人凌某提起民事诉讼时提交的证据有银行流水转账记录、电话协商录音等，均非伪造，其陈述木材规格不符合约定，没有产地、品种及权属等相关文件资料，并无相关证据证实为虚假，伍某亦未能提供反证证实其抗辩意见，法院基于证据裁判规则作出相应的一审、二审民事裁判是否属于陷入错误认识，缺乏基础事实的支持。虚构事实，指向的应是虚构具体行为的事实，一般为无中生有之事，只是对某一具体行为的事实作出否定表述不宜理解为刑法意义上的虚构事实。基于民事诉讼与刑事诉讼证据规则的差别，民事诉讼再审认定的法律事实不等同于本案刑事诉讼能予以认定的法律事实，不能作为认定被告人凌某存在刑法意义上的虚构事实或隐瞒真相的行为的依据。

至于被告人凌某与陶某出具证明，委托梁某参与陶某处置陶某仓库的木材行为，是否牵涉无权处分或构成其他犯罪，属于另一种法律关系，不应在本案中作为指控犯罪事实的延续行为，甚至以此推定被告人凌某非法占有的主观故意。

综上，根据在案证据，不能认定被告人凌某具有以非法占有为目的，在签订、履行合同过程中，捏造虚假事实，提供虚假证据诈骗他人财物的行为，不能认定被告人凌某构成诈骗罪或合同诈骗罪。

（二）本案在案证据不能认定被告人凌某构成虚假诉讼罪

虚假诉讼罪是指以捏造的事实提起民事诉讼，妨害司法秩序或者严重侵害他人合法权益的行为。凌某在提起民事诉讼时提供了银行流水账单、电话录音等证据，主张伍某未交付口头约定的木材，要求伍某返还预付货款。凌某基于真实存在的买卖合同关系提起的民事诉讼，根据民事诉讼中"谁主张，谁举证"的原则，伍某理应对自己主张已交付合乎双方约定的木材承担举证责任，凌某提起民事诉讼时并不能预见到判决结果，对诉讼走向的结果根本不可控或者说必然存在败诉风险。因此，不能因伍某一审、二审举证不力败诉，再审判决因与原审认定事实相反胜诉，以此推定被告人凌某以捏造事实提起民事诉讼构成虚假诉讼罪。此外，本案也没有相关证据证明凌某提起诉讼前有伪造或灭失证据、妨害作证等相关虚假诉讼的手段或行为。

综上，无论从本案在案证据和事实认定，还是从犯罪主观方面和客体要件方面，被告人凌某的行为都不符合虚假诉讼罪的犯罪构成要件，不能成立虚假诉讼罪。

（三）本案在案证据亦不能认定被告人凌某构成妨害作证罪

妨害作证罪，是指以暴力、威胁、贿买等方式阻止证人作证或者指使他人作伪证。公诉机关指控被告人凌某在伍某向公安机关报案后，得知梁某要到派出所做笔录，便编辑微信发给梁某，要求梁某按照微信内容向公安机关工作人员陈述，最终公安机关不予立案。经查，本案中，被告人凌某发给梁某的微信内容，属于 2018 年 12 月 22 日陶某与梁某卖木材给刘某事件的来龙去脉，包括陶某与凌某出具证明、木材处理价格、刘某的情况等，梁某陈述其听从"老板"凌某吩咐参与处置木材的过程。同时，梁某在公安机关作笔录时的陈述不能认定为伪证。因此，根据在案证据，公诉机关对被告人凌某犯妨害作证罪的指控也不能成立。

一审法院认为，公诉机关指控被告人凌某犯诈骗罪、妨害作证罪的事实不清，证据不足，根据疑罪从无的原则，不能认定被告人凌某的行为构成犯罪。被告人及其辩护人关于凌某无罪的辩解、辩护意见，有理部分，法院予以采纳。一审判决：被告人凌某无罪。

二、二审法院观点

（一）关于Z市人民检察院支持抗诉中增加原审被告人凌某构成妨害作证罪的问题

原公诉机关在起诉书、庭审中指控凌某犯诈骗罪和妨害作证罪，应数罪并罚。一审对凌某宣告无罪后，原公诉机关提出抗诉，认为凌某构成诈骗罪、虚假诉讼罪，应择一重罪即以诈骗罪处罚。Z市人民检察院支持抗诉意见认为，凌某同时构成了诈骗罪、虚假诉讼罪、妨害作证罪，应当按照诈骗罪和妨害作证罪，数罪并罚。原公诉机关对原审认定凌某不构成妨害作证罪无异议，未提出抗诉，凌某亦无异议。Z市人民检察院在支持抗诉的基础上增加原公诉机关抗诉书未涉及的妨害作证罪，缺乏法律依据，故Z市人民检察院提出凌某构成妨害作证罪的意见，法院不予支持。根据《刑事诉讼法》第233条第1款之规定，第二审人民法院应当就第一审判决认定的事实和适用法律进行全面审查，不受上诉或者抗诉范围的限制。故辩护人提出妨害作证罪不是二审法院审理范围的意见不能成立，法院不予采纳。

（二）关于原审被告人凌某是否构成虚假诉讼罪的问题

1. 虚假诉讼罪是指以捏造的事实提起民事诉讼，妨害司法秩序或者严重侵害他人合法权益的行为。凌某在提起民事诉讼时明确，伍某未向其交付双方之间约定种类的花梨木，且陈述了伍某向其返还5万元的事实。凌某民事起诉状中的事实及理由基本属实，且向法院提交的证据均真实合法。凌某的行为不属于凭空编造不存在的事实，当时木材确实由民事诉讼中的第三人郝某承运并存放于陶某租赁管理的兴业木材交易市场仓库，凌某从未否认伍某有运回涉案木材的权利。伍某亦证实，凌某于民事案件一审阶段的 2014 年 5 月 20 日，带其看了木材，但其认为其看到的木材不是当时卖给凌某的那批货，故未达成退货调解方案。凌某对放在仓库的木材的处理发生在民事二审判决生效之后的 2018 年，而且是在被陶某多次追讨租金的情况下予以处理。

2. 凌某确实向伍某支付了购买木材款 105.8 万元，具有以伍某违约为由要求伍某退款的诉权。凌某基于真实存在的买卖合同关系提起的民事诉讼，具备法律依据，至于其诉讼主张是否能够得到法院的支持，需要法庭依法调查和审理，依据证据和事实，依法作出裁判。

根据民事诉讼中“谁主张，谁举证”的原则，伍某应当对其已交付木材的主张承担举证责任，亦有要求凌某退还交付木材的诉讼权利。凌某提起民事诉讼时并不能预见到判决结果，对诉讼的走向无法预估更不可控。伍某在民事案件一审、二审中因未提交证明其主张的充分证据，故被判败诉，不能据此得出凌某是虚假诉讼的结论。

（三）关于原审被告人凌某是否构成诈骗罪的问题

1. 伍某在 2019 年、2020 年两次向公安机关报案时，均认为凌某是虚假诉讼行为，未提及其被诈骗。

2. 凌某发现伍某提供的木材“货不对版”，并非双方口头约定的花梨木后，于 2014 年 5 月 20 日带伍某看了其从伍某处购买的木材，但是未能达成退货调解方案，双方口头约定由伍某退还部分预付款，伍某于当日通过银行转账退回凌某 5 万元。凌某按照每吨 16,000 余元从伍某处购买花梨木，而最终以每吨 3500 元清货卖出，不排除买进和卖出的木材并非同一批次的可能，亦不排除伍某交付的木材确实不符合双方约定的可能。

3. 凌某在提起诉讼前曾于2014年8月12日到公安机关报案，称被伍某诈骗，理由是伍某收款后未按约定交付木材。凌某支付木材购买款后，其有权依法维护自身合法权益，其报案理由亦非虚构。伍某首次向公安机关报案称凌某虚假诉讼，公安机关经初步侦查，认为不存在诈骗事实，即认为凌某和伍某之间是民事买卖关系，二人均非诈骗。

4. 凌某与陶某委托梁某参与处置的木材是否为从伍某处所购木材，亦事实不清，不能作为认定诈骗的依据。

综上可见，凌某与伍某之间存在真实的民事买卖合同关系，凌某的协商行为和诉讼行为，都是正当的纠纷解决行为，凌某陈述伍某提供的木材规格不符约定，没有产地、品种及权属等相关文件资料，伍某确实无法就此提供反证，甚至在民事一审、二审期间都无法提供交付货物的书面凭证，因此败诉。凌某再审败诉是因为伍某提供的案件生效后的聊天记录这一证据，而非交付木材凭证。因此没有任何证据证实凌某在任何环节具有非法占有的目的，诉讼中陈述的事实及提交的证据也是真实的，没有虚构和伪造。证人梁某向公安机关作证前，凌某发送给梁某的信息内容与事实也基本吻合，不能认定凌某有非法占有的目的，不能认定其行为具有捏造虚假事实，提供虚假证据诈骗他人财物的性质，因而不能认定凌某构成诈骗罪或合同诈骗罪。

（四）关于原审被告人凌某是否构成妨害作证罪的问题

原审已经就凌某不构成妨害作证罪予以分析论证，法院予以支持，原公诉机关和凌某就一审认定凌某不构成妨害作证罪均无异议。

二审法院认为，原审判决认定原公诉机关指控原审被告人凌某犯诈骗罪、妨害作证罪的证据不足，宣告无罪的意见有理，予以支持。检察机关的抗诉意见，理据不足，不予采纳。

二审裁定：驳回抗诉，维持原判。

办案总结

一个无罪判决，一定是由众多因素促成的，律师的辩护仅仅是其中一个因素。在现有的司法体制下，法官的担当是更重要的因素。律师界常有争论，到底是刑事辩护的过程重要，还是结果重要？当事人要的往往都是结果，但是只有做好过程中的每一项工作，才能收获好的辩护结果。换句话说，只要辩护人把刑事辩护的过程做好，不留下任何遗憾，结果就值得期待。所以每次家属在判决前问辩护人对于案件结果的预判，笔者都会说无法在法院判决前得知判决结果，但是辩护人已经全力以赴，剩下的就是共同期待结果。

其实，律师真正应该追求的不一定是无罪辩护，而是有效辩护。辩护人要考虑的问题是，是否穷尽了所有的辩护方法，是否最大限度地维护了当事人的合法权益，最终是否取得尽可能良好的辩护效果。从这个角度来讲，过程比结果更重要。

下文对本案办理过程中一点不成熟的经验进行总结，以期对同行办案有所助益。

一、民事判决所确认的事实和认定事实所依据的证据不能直接作为刑事案件中认定事实的依据

刑事诉讼和民事诉讼的目的和价值取向不同，决定了两者的证明标准也不相同。

刑事诉讼的证明标准是案件事实清楚，证据确实、充分，并对确实、充分作了进一步的阐释，要求符合三个条件：一是定罪量刑的事实都有证据证明；二是据以定案的证据均经法庭程序查证属实；三是综合全案证据，对所认定的事实已经排除合理怀疑。

之所以作出如此严格的规定，是因为刑事诉讼的目的是惩罚犯罪和保障人权，所以对有罪的标准要求高，要求达到“排除合理怀疑”的标准。

而民事诉讼的目的是解决纠纷,在追求公平的同时也要追求效率,在事实无法查清的情况下,如果无限期拖延,将不利于纠纷解决,所以民事诉讼证明标准采用优势证据原则。

民事诉讼的“优势证据证明”和刑事诉讼的“排除合理怀疑”标准都可以体现为法官的自由心证,如果非要用数字来表达,一般可以理解为,民事诉讼的“优势证据”需要让法官的内心确信达到至少60%,刑事诉讼的“排除合理怀疑”需要让法官的内心确信达到80%,甚至是90%。

显然,在更低的证明标准下所确认的事实,不能直接作为认定刑事案件的事实。民事诉讼中的证据,不符合刑事诉讼证据的要求,显然也不具有证据能力,更谈不上证明力的问题。

本案中主要存在两个问题。

(一)民事再审判决所认定的事实,不能直接作为本案认定事实的依据

如前所述,民事案件事实的认定不需要达到最高的证明标准,只需要达到优势证据或高度可能性的程度就可以,但是犯罪事实的证明则需要达到排除合理怀疑的程度。民事再审案件依据民事诉讼的证据优势原则认定的事实,不能作为本案认定事实和运用法律的依据。在再审判决后出现的新证据也可能推翻再审案件所认定事实。故此,再审的判决结果不能作为本案定罪的依据。

(二)民事案件中的电子证据,须符合刑事诉讼法规定的取证程序,才具有证据能力,方可作为本案认定事实的根据

本案的微信聊天记录都是由当事人在民事案件中主动提供的,不排除当事人删除一些不利于己方的内容的可能性。微信聊天记录均产生于发生民事纠纷以后,不排除是设计好问题故意设套的可能性,真实性存疑。

《最高人民法院、最高人民检察院、公安部关于办理刑事案件收集提取和审查判断电子数据若干问题的规定》第8条第1款规定："收集、提取电子数据，能够扣押电子数据原始存储介质的，应当扣押、封存原始存储介质，并制作笔录，记录原始存储介质的封存状态。"本案储存微信聊天内容的手机既没有被扣押，也没有进行封存，电子证据的取证程序完全不符合前述规定。

同时，《最高人民法院、最高人民检察院、公安部关于办理刑事案件收集提取和审查判断电子数据若干问题的规定》还规定，收集、提取电子数据，应当制作笔录，记录案由、对象、内容、收集、提取电子数据的时间、地点、方法、过程，并附电子数据清单，注明类别、文件格式、完整性校验值等。在本案中，涉案微信聊天内容的提取不符合法定程序，也就不具有证据能力，不能作为本案事实认定的依据。

二、如何审查判断证言的真实性

证言作为言词证据，优点在于能够形象、生动反映客观事物，及时揭示案件发生的原因、过程、后果和作案手段，但由于言词证据经过人脑加工，受感受力、记忆力、判断力及表达能力等因素的制约，稳定性、可靠性较差，所以审查判断证言的真实性，往往是证据辩护的核心内容。

对证人证言的审查判断，主要是进行证据的双向对比，即横向对比和纵向对比。所谓横向对比，就是单独分析每个证据的来源、内容和形式，判断其是否真实可靠，前后有无矛盾。所谓纵向对比，就是对比不同证人之间证言是否有矛盾，证人证言与其他证据之间是否有矛盾，是对案件中证明同一案件事实的两个或多个证据的比较和对照，看其内容和反映的情况是否一致，看能否合理地共同证明某待证事实，可以说这也是一种证据的综合审查判断。

司法实践中，审查判断证人证言的真实性主要注意以下几点：一是证人当庭证言与证人庭前所作的证言笔录发生了矛盾；二是同一证人不同时间所作的证言前后矛盾；三是不同的证人之间的证言相互矛盾。

本案中，主要存在两种情况。

（一）同一证人不同时间所作的证言前后矛盾

一般而言，同一个证人在不同时间就相关内容作出相互矛盾的证言且又不出庭的，不得将其作为定案根据。但这并不是绝对的，在证据能力没有问题的情况下，在证言的矛盾得到了合理排除，同时其中一份证言得到了其他证据的印证两个条件都能得到满足的情况下，其中一份证言的证明力可以确认。不能满足这两个条件，则一律不得确认它们的证明力。

之所以要这样理解，是因为根据证据法原理，一份证据所包含的事实如果得不到其他证据的印证，就被视为孤证；孤证不能定案，因为它的真实性得不到验证。

所以，如果遇到证言前后不一致的情况，辩护人就要想办法看看对被告人不利的那份证言笔录能否得到其他证据的印证。如果得不到其他证据的印证，而证言之间又自相矛盾，那么就可以否定其证明力。

（二）不同的证人之间的证言相互矛盾

司法实践中，经常出现不同证人之间的证言相互矛盾、证言与其他证据相互矛盾的情况。一般而言，内容一致的证据比较可靠，而内容相互矛盾的证据真实性则可能存疑。但是，对于相互一致的证据也不可一味采信，因为串供、伪证、非法取证等因素可能造成虚假印证；而相互矛盾或者差异的证据也不能一概否定，应认真分析矛盾或差异的形成原因和性质，因为有的矛盾或差异是客观合理的，不是根本性矛盾或差异，可以合理解释，不影响证据的真实可靠性。

因此，对于不同证人证言之间的矛盾，以及证言与其他证据之间的矛盾，审查的关键在于找出不同证据之间的相同点或差异点，并分析这些相同点和差异点，看其是否合理，是否符合客观规律。这恰恰符合证据互相印证规则的内涵，通过合理解释和其他证据印证的方法审查言词证据的真实性、可靠性，也是实务采信证据的审查标准。

本案起诉书指控的事实，依据的基本上是主观证据，而关键证人郝某、陶某和被害人伍某的证言真实性均存在严重问题，且构成要件事实缺少客观证据予以佐证。所以，审查判断本案证言的真实性就成为无罪辩护关键所在。

三、如何把握无罪案件的证明标准

对全案的证据进行综合分析，达到何种标准才能认定某个案件事实，就是证明标准问题。但是无罪案件的证明标准，既有其一般性，也有其特殊性。

所谓一般性，就是无罪案件也要符合“犯罪事实清楚，证据确实、充分”的证明标准。目前，关于证据确实、充分的规定，主要有《刑事诉讼法》第55条和《人民检察院刑事诉讼规则》第63条的规定，证据确实、充分，应当符合以下条件：(1)定罪量刑的事实都有证据证明；(2)据以定案的证据均经法定程序查证属实；(3)综合全案证据，对所认定事实已排除合理怀疑。同时，《最高人民法院关于适用〈中华人民共和国刑事诉讼法〉的解释》第140条和《最高人民法院、最高人民检察院、公安部、国家安全部、司法部关于办理死刑案件审查判断证据若干问题的规定》第5条都对证据确实、充分作了更为详尽的规定，明确表达了经验法则和逻辑规则在证据分析中的意义。

学理上，“确实”是对证据质的衡量，是指据以定案的证据都必须经过查证属实，具有客观真实性，每个证据必须和待查证的犯罪事实之间存在客观联系，能够证明待证事实；“充分”则是对证据量的要求，是指证据证明力的大小，即证据具有足够的证明力，足以证明待证案件事实。显然，无罪案件要符合这样的标准。

所谓特殊性，就是无罪案件的证明标准与有罪案件又有所不同。刑事案件的证明责任一般由公诉机关承担，被告人无须“自证无罪”。因此，只要存在被告人无罪的可能性，就表明关于有罪的证明至少未达到排除合理怀疑的要求，即应考虑认定被告人无罪。合理怀疑，就是法官对指控的事实缺乏内心确信，对有罪判决的可靠性没有把握的心理状态。

换言之，对于无罪事实的证明并不需要达到确实、充分，排除合理怀疑的程度，只要无罪事实存在，足以影响证据确实、充分的认定，不能认定被告人有罪即可。

深入分析行为性质，盗窃罪获不起诉

——董某某涉嫌盗窃不起诉案

辩护思路和要点

本案主要涉及行为定性问题,即董某某的行为是否符合盗窃罪的犯罪构成。本案发生在家庭内部,被害人系董某某的岳父,事发后董某某积极取得被害人谅解,被害人也多次恳请司法机关不再追究董某某的刑事责任。辩护人从董某某的行为定性及案件情节上为董某某做无罪辩护。客观上,董某某盗窃的对象为自己占有的财物,而非他人占有的财物。主观上,董某某没有非法占为己有的目的。所以,董某某的行为不构成盗窃罪,并最终争取到不予起诉的结果。

基本案情

犯罪嫌疑人董某某长期拖欠其岳父江某甲1700万元债务不还。2015年7月18日,董某某取得其岳父江某甲的身份证后,私自以江某甲的名义在银行办理了存折,并存入900万元。同年8月,董某某为开通存折的网银服务,向江某甲谎称要为其开通一本存折用以归还欠款,让江某甲一起去银行,趁机开通了网银服务。事后,董某某与江某甲约定该存折由董某某保管并抵押给银行做担保,待担保事项结束后存折中款项用于偿还董某某欠江某甲的借款。同年8月至9月25日,董某某利用网银分4次将账户内的900万元转走。

江某甲发现后,遂向Z市公安局报案,公安机关立案后对董某某刑事拘留,之后转为取保候审。取保候审到期前,案件移送审查起诉。最终,检察院作出不起诉决定。

侦查机关指控

起诉意见书认定,犯罪嫌疑人董某某以非法占有为目的,秘密窃取他人财物,数额特别巨大,其行为触犯了《刑法》第264条之规定,涉嫌盗窃罪。

辩护思路

一、犯罪嫌疑人并未实施窃取他人占有财物的行为

盗窃罪的对象必须是他人占有的财物,对于自己占有的他人财物不可能成立盗窃罪。盗窃罪的占有是指事实上的占有,或者说是指事实上的支配、现实的支配。对财物的事实上的支配,意味着被害人在通常情况下能够左右财物,对财物的支配没有障碍。

在本案中,被害人江某甲陈述:“存折一直都在董某某身上,直至我怀疑他私自将存折内的900万元转走后,我向他核实情况,他才将银行存折给我……”被害人的陈述可以证实,存有900万元现金的存折一直由犯罪嫌疑人董某某掌控,被害人江某甲并没有占有该笔资金。

实际上,该笔资金的实际占有支配人一直是犯罪嫌疑人董某某。犯罪嫌疑人董某某供述:“我问银行柜台,上述900万元汇款的转出手续如何办理,银行答复必须要本人加密码,另外每笔转账也要本人办理,并告知这是新的制度。我之前有用家人的名义开户,存款、转款都是拿代办人身份证与开户人身份证一起办理即可。因此,在8月初出门旅游前,我与上述两方完成交易过户手续变更协议的同时,我邀请岳父江某甲去G银行在康华路附近的支行,告知他开户要本人办理密码,但是隐瞒了办理网银转账功能的手续。”董某某还供述:“我留下了我个人的手机号码(网银手机),所以我转账的时候江某甲是不知道的。”

从上述供述可知,很显然,董某某一直觉得凭自己的身份证和岳父的身份证就可以使用该笔钱。换句话说,他一直认为自己在事实上支配着这笔钱。当董某某得知使用这笔钱需要密码后,即便是通过不合理的方式取得了密码,董某某仍然认为自己能够支配该笔钱。而且,事实上被害人江某甲也并未实际上占有该笔钱。

二、犯罪嫌疑人董某某并没有非法占有的目的

成立盗窃罪,必须具有非法占有的目的。盗窃罪所要求的非法占有目的,是指排除权利人,将他人的财物作为自己的财物进行支配,并遵从财物的用途进行利用、处分的意思。

在本案中,董某某供述:“2015年7月下旬的一天,我跟老婆说,提议用他父亲江某甲的身份证去银行开户,目的是存放物业抵押过户的保证金……该存折无法设置密码,随后我要求从我个人G银行账户内存入900万元至刚开户的江某甲个人账户……”董某某的其他供述中也谈道:“当时开户原因是答应G银行为一宗物业抵押过户存储保证金,另外是帮银行完成开户和吸收存款的任务指标……在后期,因为我的物业购买方南某某与贷款人杨某某的利益冲突加剧,物业过户期限再拖延,另外上述两

者欺骗我借与杨某某的350万元延期偿还,再加上我有部分货物购货款的借款要偿还,否则违约利息较高,以及货物面临低价顶账的损失压力,我唯有动用上述江某甲户内的资金,缓解资金压力。”

因此,从始至终,董某某主观上只是暂时挪用该笔资金,并没有排除权利人(江某甲)的意思,因此也不具有非法占有的目的。所以当江某甲发现该笔钱被通过网上银行转走便质问董某某时,董某某并未否认,且明确承认该笔欠款,并愿意还款。

三、本案发生在家庭成员内部

《最高人民法院、最高人民检察院关于办理盗窃刑事案件适用法律若干问题的解释》第8条规定:“偷拿家庭成员或者近亲属的财物,获得谅解的,一般可不认为是犯罪;追究刑事责任的,应当酌情从宽。”

在本案中,犯罪嫌疑人董某某与被害人江某甲系女婿和岳父的关系。同时,被害人江某甲陈述:“当时董某某说存折内有900万元,但该900万元涉及买方、卖方、中介方及银行,要等买卖物业成功之后,才能将该存折内的900万元还给我……董某某跟我说过存折内有900万元,但我没有看到存折内的具体金额。”犯罪嫌疑人董某某也供述:“我当时与江某甲达成口头承诺,该900万元作为银行在押过户的保证金,直至物业完成交易过户后再解冻该900万元。”后来,董某某也与银行达成了在押过户协议。

综观事件全过程,无非是女婿允诺岳父还款,但是由于资金周转之需挪作他用,而实际上没有还款,最终导致家庭内部出现矛盾,从而案发。

本案中,董某某与江某甲的女儿江某乙共同抚养3个未成年的子女,江某甲年近70岁,也需要董某某夫妇的关心和照顾。案发后,被害人江某甲表示谅解,希望办案机关基于法律规定和人道主义精神,尽量减少本案对其家庭内部关系的影响。

四、犯罪嫌疑人已穷尽各种途径偿还了本案欠款，取得了被害人的谅解，且被害人一再积极表示不再追究其刑事责任

《最高人民法院、最高人民检察院关于办理盗窃刑事案件适用法律若干问题的解释》第7条规定："盗窃公私财物数额较大，行为人认罪、悔罪，退赃、退赔，且具有下列情形之一，情节轻微的，可以不起诉或者免予刑事处罚；必要时，由有关部门予以行政处罚……(三)被害人谅解的……"

案发后，犯罪嫌疑人董某某主动配合办案机关工作，自该案立案以后，董某某通过变卖机器设备等方式积极还款。截至2017年5月9日，董某某已经分多次向江某甲还款本金1300万元，利息422.3万元，本息共计1722.3万元，欠款本金和利息已经全部还清。

此后，被害人江某甲考虑到家庭成员的关系，以及自己的3个孙子女的抚养问题，出具了谅解书。被害人也先后两次通过书面形式向Z市公安局和Z市D区人民检察院表达希望不予追究董某某刑事责任和免予起诉的要求。

综上所述，本案中，董某某只是在被害人(其岳父江某甲)多次催要欠款而又因生意周转无法及时偿还的情形下，欺瞒被害人，假称已经还款900万元于其账户，实际却并未将款项归还于被害人。因此，犯罪嫌疑人董某某客观上及主观上都不符合盗窃罪的构成要件。同时，犯罪嫌疑人董某某事发后已全额归还了欠款，取得了被害人的谅解，且被害人多次恳请司法机关不再追究董某某的刑事责任。

故此，辩护人建议检察院依法对董某某作出不起诉决定。

检察院观点

被不起诉人董某某长期拖欠其岳父被害人江某甲1700万元债务不还。2015年7月18日，被不起诉人董某某通过其妻子江某乙取得被害人江某甲的身份证后，私自在 Z 市 G 银行 J 支行办理了户名为江某甲的存折，并存入 900 万元。同年 8 月，被不起诉人董某某为开通上述存折的网银转账服务，向江某甲谎称要为其开通一本存折归还欠款，江某甲信以为真，便与董某某一起去到上述 G 银行 J 支行，被不起诉人董某某趁机办理了上述存折的网银服务。事后，被不起诉人董某某将事前已开设的存折给江某甲看，双方约定该存折由被不起诉人董某某保管并抵押给银行担保，待担保事项结束后用于偿还江某甲。同年 8 月至 9 月 25 日，被不起诉人董某某利用网银分四次将账户内的 900 万元转走。2016 年 1 月 20 日，公安人员将被不起诉人董某某抓获归案。案发后，被害人江某甲多次向司法机关申请免予追究被不起诉人董某某刑事责任。检察院认为，董某某没有犯罪事实。依照《刑事诉讼法》第 173 条第 1 款规定，决定对董某某不起诉。

办案总结

盗窃罪是最为常见的犯罪类型之一，但盗窃罪涉及的刑法基础理论却不简单，例如，刑法上的占有与民法上的占有的区别，非法占有目的的理解，关于家庭成员之间的盗窃行为的刑事政策等，只有牢牢掌握这些案件中容易出现争议的问题，才能提出有利的辩点，为当事人争取到最佳辩护效果。

第一，刑法上的“占有”是指行为人对财物现实地支配、控制。盗窃罪属于取得型财产犯罪，涉案财物是否由犯罪嫌疑人占有是办理盗窃罪案件的重要考察点。也就是说，判断涉案财物是否由被告人现实地支配、控制是成立盗窃罪与否的关键。就本案而言，涉案财物虽然在民事法律关系中，由董某某的岳父占有，但事实上却是一直都由董某某掌控，即涉案财物一直由董某某本人占有，当然不符合盗窃罪要求的侵犯他人占有的财物的要件要素。

第二，“非法占有目的”是将他人所有的财物据为己有，并无归还之意思。当事人不具有“非法占有目的”是取得型财产犯罪的重要辩点，辩护人在会见、阅卷之时，应当充分考察当事人是否具有非法占有涉案财物之目的。本案中，董某某做生意遭遇困难，需要资金周转而暂时挪用涉案款项，虽然有骗被害人的行为，但当事人内心没有将涉案款项据为己有，期望将来填补挪用的资金，其并不具有非法占有目的。这些案件细节需要辩护人在会见的时候充分与当事人进行沟通，如此才能挖掘出案件被遗漏的信息。

第三，充分理解司法解释从宽处理的规范精神。本案特殊之处在于，犯罪嫌疑人董某某与被害人系亲属关系。辩护人认为，司法解释之所以对发生在家庭成员之间的偷拿行为从宽处理，是因为发生在家庭成员之间的刑事案件的社会危害性不大、一般预防作用较小，且刑事案件最重要的是纠纷的解决，恢复被破坏的社会关系。所以，犯罪嫌疑人获得被害人的谅解就非常重要，这是被破坏的社会关系得到恢复的重要依据。刑事辩护律师在办理该类案件的时候，要积极沟通，尽可能地促成被害人谅解，这不仅是为当事人争取从宽处理的结果，更是为了恢复良好的社会关系，促进家庭和睦。

抽丝剥茧，还原案件事实

——钱某某非法转让土地使用权不起诉案

辩护思路和要点

本案是一宗随着案件事实的发掘，辩护策略从罪轻辩护调整为无罪辩护的案例。接案之初，辩护人按照量刑辩护思路与侦查机关沟通，成功为当事人在侦查阶段争取到取保候审。案件移送审查起诉后，随着对案件事实的深入挖掘，辩护人认为钱某某的行为不能认定为非法转让、倒卖土地使用权罪，遂对该案做无罪辩护，并最终为钱某某争取到存疑不起诉的结果。

基本案情

2004年，犯罪嫌疑人钱某某获悉Z市A镇B区社区居委会有多块宅基地使用权向本村的群众出售，遂向该社区居委会提出在该社区购买一块宅基地使用权建房子。后来，经社区“两委”研究，同意该社区将面积1160平方米的村集体宅基地地块划给钱某某使用，并约定使用权出售价格为每平方米400元。钱某某获得该宅基地的使用权后一直没有足够的资金交付给该社区居委会，直到2011年该宅基地使用权的价值已经升值至每平方米1100元。钱某某担心地块使用权不断升值，以后将要支付更高的价格，遂向亲戚徐某某借款以支付购买款。付款后，钱某某将该宅基地使用权卖给属于同一生产小组的亲戚徐某某，后徐某某又转卖给其他社区的居民陈某某。

犯罪嫌疑人在侦查阶段委托律师介入，可能出于不想让太多人牵扯进来的考虑，一开始犯罪嫌疑人和家属向辩护人陈述的事实，都是直接将该宅基地使用权转卖给另一社区的陈某某。考虑到犯罪嫌疑人的获利已经远远超过50万元，以及买家是另一社区的居民这两个事实，辩护人认为本案在不法层面上没有无罪辩护的空间，但是在责任层面，考虑到嫌疑人年事已高，文化程度不高，且买卖宅基地使用权的惯例在当地长期存在，所以辩护人认为在违法性认识的可能性上有无罪辩护的空间。但是，考虑到本案是由一个涉黑案件牵连出来的案件，所以，辩护人先按照罪轻辩护思路提交了取保候审申请，侦查机关表示先退还部分"非法获利"后可以取保候审的意向后，再明确建议家属先争取取保候审。

案件移送检察院审查起诉后，随着对案件事实的深入挖掘，涉案宅基地使用权先被转让给同一生产小组的亲戚徐某某，亲戚再转让给其他社区的陈某某这一事实才被还原出来，而宅基地使用权的两次流转事实均不符合非法转让、倒卖土地使用权罪的犯罪构成。第一次转让发生在集体经济组织内部，符合宅基地流转的规定。第二次转让的金额未达非法转让土地使用权罪的立案标准。所以，在审查起诉阶段，律师的辩护策略调整为无罪辩护。

最终，检察院对钱某某作出存疑不起诉决定。

侦查机关指控

起诉意见书认定，2011年，犯罪嫌疑人钱某某利用其作为社区原书记的影响力，向当时的社区“两委”工作人员“打招呼”后，以每平方米400元的价格购得1160平方米宅基地使用权后，再以每平方米3000余元，合共357万余元的价格转卖给其他社区居民陈某某，从中获利人民币230余万元，其行为已构成非法转让、倒卖土地使用权罪。

辩护思路

一、本案指控的土地使用权转让行为发生在集体经济组织内部

本案中，钱某某、徐某某均是同一社区村民，属于同一集体经济组织成员。涉案土地使用权转让给徐某某，符合社区对集体土地的统一管理规定，亦符合《土地管理法》第62条关于鼓励农村集体经济组织及其成员盘活利用闲置宅基地和闲置住宅的规定。

二、向集体经济组织以外人员转让土地使用权的行为未达到本罪的立案追诉标准，不构成犯罪

非法转让、倒卖土地使用权罪的立案追诉标准之一是非法获利50万元以上。

本案中，徐某某以2850元/平方米的价格购得1160平方米宅基地的使用权，并以3000元/平方米的价格转让给陈某某，再扣除向社区经联社缴纳过户手续费和水电设施费，其本人获利仅有数万元。即便认定徐某某向集体经济组织以外人员转让土地使用权的行为违反相关法律法规，但其获利数额并未达50万元，不构成非法转让、倒卖土地使用权罪。

三、不宜以是否违反“一户一宅”的规定去评价本案转让土地使用权的行为

《土地管理法》第62条第1款规定：“农村村民一户只能拥有一处宅

基地，其宅基地的面积不得超过省、自治区、直辖市规定的标准。”《土地管理法》所规定的“一户一宅”的宅基地使用原则，属于行政法规的管理性强制性规定。

钱某某在社区拥有多处宅基地使用权，即便被认定为违反“一户一宅”的相关政策规定，亦属于行政法律规范调整的范围，对多占的宅基地使用权根据《土地管理法》的有关规定按非法占用土地处理，不属于刑事法律调整的范围。

另外，根据社区工作人员林某的证人证言可知，转让宅基地使用权需要符合的条件为：一是转让人拥有两处以上宅基地使用权；二是转让人与受转让人为同一集体经济组织内部成员；三是宅基地使用权不得单独转让，地随房一并转让。事实上，一户拥有两处以上宅基地使用权在实践中是被允许的，这在当地亦是普遍现象。

四、本案应充分考虑A镇当地的“土”政策和交易习惯

根据林某的证人证言可知，2004年至2016年，A镇B社区所管理的集体土地都是由社区居委会根据自身发展需要统一管理，镇社区的政策亦没有限制非本村村民不能购买集体土地使用权。同时，上级管理部门也没有出台关于不能出售宅基地使用权给本村村民的相关规定。

也就是说，在该社区及周边地区，农民转让宅基地使用权和地上房产的行为大量存在，并没有因此被追究刑事责任的情况发生。

五、参照最高人民法院关于涉农村宅基地刑事案件的批复精神，对于转让自有宅基地的行为不宜按犯罪处理

2010年5月，贵州省高级人民法院就有关人员与农民联合在农村宅基地、责任田上违法建房出售如何适用法律的问题请示最高人民法院。最高人民法院于2010年11月1日作出《最高人民法院关于个人违法建房出售行为如何适用法律问题的答复》(以下简称《答复》)明确指出:“在农村宅基地、责任田上违法建房出售如何处理的问题,涉及面广,法律、政策性强。据了解,有关部门正在研究制定政策意见和处理办法,在相关文件出台前,不宜以犯罪追究有关人员的刑事责任……确保法律效果与社会效果的有机统一。”

《答复》所针对的是在农村宅基地、责任田上违法建房出售如何处理的问题,其主观恶性和社会危害程度明显重于本案中农民将自有宅基地出售给本集体经济组织以外的其他农民的行为,根据举重以明轻的司法原则,对农民转让自有宅基地的行为不宜按犯罪处理。(参考最高人民法院《刑事审判参考》第 1252 号指导案例——王志芳非法转让土地使用权案)

综上所述,辩护人认为钱某某的行为不构成非法转让、倒卖土地使用权罪,恳请检察院从情、理、法的角度认真审查该案,对钱某某作出不起诉的决定。

检察院观点

Z 市 D 区人民检察院审查起诉并两次退回补充侦查,仍然认为侦查机关认定钱某某非法转让、倒卖土地使用权罪犯罪事实不清、证据不足,不符合起诉条件。根据《刑事诉讼法》第 175 条第 4 款之规定,决定对钱某某不起诉。

办案总结

本案的特殊性在于,犯罪嫌疑人和家属由于法律知识的匮乏,出于一个常人可以理解的原因,隐瞒了部分案件事实,从而导致该案在侦查阶段比较被动。复盘这个案件,辩护人面临的问题,一是如何引导当事人如实供述,从而制订最佳的辩护方案,得到当事人的认同。二是在了解了案件事实以后,如何帮助当事人还原案件事实,得到办案人员的认同。三是在还原事实的过程中,律师如何规避自己的风险。

一、多会见,获得当事人的信任

当事人向律师隐瞒部分案件事实的情况并不多见,但也时有发生。隐瞒的原因可能千差万别,有的出于侥幸心理,有的出于对法律的无知。在这个案件中,当事人为了不让亲戚卷入该案中来,这种心情是可以理解的,但从辩护的角度而言,肯定是有百害而无一利的,因为被隐瞒的事实,往往正是案件的关键事实,不了解这些事实,律师就很难制定行之有效的辩护策略。但是,如果当事人和家属不说,律师往往又很难发现这些事实。这个问题表面上来看是如何发现案件事实的问题,深层次讲还是律师如何获得信任的问题。换句话说,就是律师如何通过与当事人有效沟通获取信任,如何通过与当事人的沟通,在细节中发现疑点,从而还原案件事实。

解决之道是多会见。会见次数多了,律师自然而然就获得更多的案件信息,不断地发现案件疑点或遗漏信息,由此还原案件事实。另外,在会见中为当事人释法说理,就有可能打消当事人的顾虑,从而向律师坦言事实。

在这个案件中,辩护人也是在会见中逐步取得当事人的信任,最终当事人向辩护人道出实情。

二、多沟通,获得办案人员的信任

犯罪嫌疑人在侦查阶段的供述与审查起诉阶段的供述不一致,很容易被评价为“翻供”,尤其是对辩护一方有利的“翻供”,办案人员肯定有很强的抵触心理，认为这是对司法资源的巨大浪费，甚至可能认为是律师“教唆”改变口供。所以，律师了解案件事实以后，面临的更重要的问题，就是如何能够说服办案人员相信这是案件的客观事实。

解决之道是多沟通，让办案人员认识到律师是在帮助他还原案件客观事实。作为律师，要了解办案人员的关注点是什么。办案人员永远是将办案安全放在第一位的，这里的办案安全包括不能办错案。

所以，律师不能让办案人员觉得律师只是在帮助自己的当事人摆脱罪责，而应当让办案人员认识到律师是在帮他避免办错案，以这样的思路与办案人员沟通，更容易获得办案人员的信任，律师的观点当然更有可能被采纳。

三、还原事实，律师要做好自己的风险防控

如前所述，办案人员对于犯罪嫌疑人对自己有利的“翻供”，第一反应可能就是律师“教唆”改变口供，这时候，律师完全有可能也成为被调查的对象，所以，律师一定要做好自己的风险防控。笔者认为，需要注意以下两点：

（一）通过会见笔录等书面形式固定案件事实

律师了解到案件的真实情况后，要第一时间通过会见笔录等书面形式固定案件事实，并将之前隐瞒案件事实的动机了解清楚，并记录在案。这些书面材料，必要的时候可以向办案机关提供，以证实并不是律师“教”当事人怎么说，而是律师也是逐步了解到案件事实情况的。

（二）换位思考，通过完整的证据链说服办案人员

如果律师还是仅仅停留在辩护层面，攻击证据链的完整性，提出对案件事实的合理怀疑，笔者认为还不够。律师要换位思考，自己建立一套证据体系来说服办案人员，能提供直接证据尽量提供直接证据，不能提供直

接证据，就要尽量多提供间接证据，让办案人员基于证据作出自己的判断。

在这个案件中，能够证实当事人说法的证据，除犯罪嫌疑人供述和辩解以外，还有当事人儿子、儿媳、亲戚、宅基地使用权买受人等人的证人证言，以及银行转账记录等书证。这些证据可以形成一个完整的证据链，证实当事人改变口供后陈述的事实才是案件的客观事实。

所以，在这个问题上，辩护人如果仅仅只是站在辩护的角度，以打破案件证据链的标准和思路与办案人员沟通，可能难以有效说服。辩护人要有侦查和起诉思维，从这个角度组织证据、概括事实，与办案人员有效沟通，才有说服办案人员的可能性，也才能做好律师自己的风险防控。

与办案机关有效沟通，案件获相对不起诉

——华某某侵犯著作权不起诉案

辩护思路和要点

犯罪嫌疑人华某某未经著作权人许可，复制著作权人作品，事实清楚。所以，本案的辩护思路确定为罪轻辩护。辩护人结合案件事实，充分论证华某某行为的社会危害性小，且属于单位犯罪。同时，辩护人以合规不起诉的思路与办案人员沟通。最终，检察机关对华某某作出相对不起诉决定。

基本案情

华某某是保英公司法定代表人，2021 年 3 月，在没有版权方授权的情况下，华某某接受于某某的委托，以每张光盘 0. 65 元的价格，在其经营的保英公司生产 25,000 张汽车音乐 CD 光盘。保英公司制作光盘需要母盘作为模板，才能复制成品光盘。华某某接收到于某某提供的含有音乐内容资料的镜像文件后，以每张 120 元的价格委托毅腾公司制作母盘。收

到母盘后开始生产，共计生产 14,000 张光盘，其中 1000 张为半成品。经鉴定，上述音乐光盘属于非法出版物。

辩护人在案件移送审查起诉后接受委托，经过阅卷，辩护人认为这个案件事实清楚，证据上的辩护空间主要是 Z 市出版物鉴定委员会出具的鉴定意见，因为该意见认定上述音乐光盘是违法音像制品，属非法出版物，这是本案入罪的关键。

但辩护人考虑到本案是轻罪案件，证据辩护的成功率可能不高，所以在审查起诉阶段主要以罪轻辩护思路与办案机关沟通。最终，审查起诉届满前，检察机关对华某某作出相对不起诉决定。

侦查机关指控

起诉意见书认定，华某某身为保英公司法定代表人，而且是实际经营者，明知复制光盘需要委托方出具出版单位的音像制品出版许可证、营业执照副本、盖章的音像制品复制委托书及出版单位取得授权书等资料，在于某某无法提供复制光盘所需的正规文件和手续的情况下，仍然接受于某某的委托生产复制汽车音乐 CD 光盘，涉嫌侵犯著作权罪。

辩护思路

一、本案是单位犯罪

单位犯罪，是指公司、企业、事业单位、机关、团体为本单位谋取非法利益或者以单位名义为本单位全体成员或多数成员谋取非法利益，由单位的决策机构按照单位的决策程序决定，由直接责任人员具体实施，且刑法明文规定单位应受刑罚处罚的犯罪。

本案是以保英公司的名义接受于某某的委托复制涉案光盘,并由公司员工周某某具体实施。华某某作为保英公司法定代表人及实际控制人进行决策,并为单位谋取利益,因此本案应认定为单位犯罪。

二、保英公司仅实施了“复制”行为,且未将复制的音像制品交付给委托人,社会危害性较小

对著作权的侵害程度而言,“发行”比“复制”更为严重。本案中,保英公司接受于某某委托生产未经授权的 CD 光盘,仅实施了“复制”行为,且在生产过程中被文化部门查获,生产的复制品未交付给委托人、未流入社会、未对著作权人造成其他影响,社会危害性较小。

三、14,000 张音像制品中的 1000 张属于半成品,复制该部分音像制品的行为应认定为犯罪未遂

根据 Z 市出版物鉴定委员会出具的鉴定意见可知,14,000 张音像制品中有 1000 张音像制品为半成品。根据《公安部关于对侵犯著作权案件中尚未印制完成的侵权复制品如何计算非法经营数额问题的批复》的规定,复制该 1000 张音像半成品的行为应属于犯罪未遂。

四、保英公司及华某某本人未获得任何利益

华某某接受于某某的委托,以每张 0.65 元的价格为其生产未经授权的 CD 光盘 25,000 张。后续,保英公司实际复制 14,000 张 CD 光盘,其中:成品 13,000 张,非法经营数额为 8450 元;半成品 1000 张,非法经营数额为 650 元(应认定未遂)。保英公司在生产过程中即被文化部门查获,且双方约定交货后再付款,所以保英公司及华某某本人并未实际获利。

五、华某某具有自首情节,且自愿认罪认罚

华某某接到公安机关的通知后自动到案,并如实供述案件事实,符合

《刑法》第67条关于自首的规定，应认定华某某具有自首情节，可以减轻处罚。华某某自愿认罪认罚，可以从宽处理。

检察院观点

检察院认为，被不起诉人华某某，已实施了《刑法》第217条规定的行为，但犯罪情节轻微、具有自首情节，依照《刑法》第37条、第67条第1款的规定，可以免除处罚。依据《刑事诉讼法》第177条第2款的规定，决定对华某某不起诉。

办案总结

一、明确本案的辩护策略，不盲目做无罪辩护

对于一个侦查阶段基于认罪和情节轻微取保候审的案件，更要谨慎确定辩护策略。案件是否做无罪辩护，必须要在充分了解案件事实，以及认真阅卷的基础上审慎作出决策。

如前所述，本案事实清楚，证据上的辩护空间主要是Z市出版物鉴定委员会出具的鉴定意见。但本案是轻罪案件，证据辩护的成功率可能不高，如果盲目为华某某做无罪辩护，虽然不会影响他的认罪情节，但对于争取相对不起诉不一定有利。因此，本案辩护策略的上策是为其做罪轻辩护，如果不能说服检察官做相对不起诉，再从证据辩护的角度考虑做无罪辩护。

二、积极与承办人沟通，打消承办人的顾虑

在办案过程中，辩护人主要以书面沟通和电话沟通的方式积极与承

办人员进行沟通。提交书面法律意见书之后,辩护人会再争取与承办人员当面沟通,作为书面意见的补充。

本案中,根据复制光盘的份数,已经达到了侵犯著作权罪3年至7年的量刑档次,争取相对不起诉有一定难度。辩护人牢牢把握住侵犯著作权罪的侵犯法益,在与承办人员沟通时提出,"发行""传播"他人作品的行为才是主要体现侵犯著作权罪社会危害性的行为。保英公司仅复制了光盘,且有部分光盘还没有制作完成,更没有交付给他人,复制的光盘没有流向社会,其社会危害性小,犯罪情节轻微。

三、善用刑事政策,追求办案的社会效果

司法机关办案,要追求政治效果、法律效果和社会效果的统一,所以辩护人要善于运用刑事政策说服承办人。

本案中,该案的案发原因是公司管理的不规范,案件属于单位构成的轻罪案件,符合刑事合规不起诉的条件。虽然检察机关没有按照合规不起诉的思路办理该案,但是从辩护的角度来讲,主动进行公司合规的整改,承诺公司将来合规经营,让检察官认识到公司合规整改的有效性,对于争取相对不起诉肯定具有积极意义。

因此,律师在平时工作、学习的过程中也要多关注时事,准确把握相关刑事政策精神,在办案过程中善于利用刑事政策为当事人争取最大合法权益。

拒绝“谁伤谁有理”，成功认定正当防卫

——孙某某涉嫌故意伤害不起诉案

辩护思路和要点

本案涉及正当防卫的认定问题，核心辩点有二：一是论证行为人的行为不是防卫挑拨；二是论证行为人的行为没有超过明显的必要限度造成重大损害。正当防卫辩护，必须紧扣案件事实，判断防卫意识的有无、防卫是否紧迫、防卫是否超过必要限度等，重构案发时当事人所处的具体时空环境，这是正当防卫辩护成功的关键。

基本案情

犯罪嫌疑人孙某某与被害人张某某系住在楼上楼下的邻居。某天，张某某家人冲洗阳台的排水对孙某某进出房屋造成了不便，孙某某遂找张某某理论，二人发生争执，至此结怨。后来，二人又发生过多次争执。

2020年6月下旬某日半夜，张某某酒后回家，遇见在楼下抽烟的孙某某，双方再次发生了口角争执。张某某把电动车停下，右手拿着U形防盗

锁,站在楼下空地对着两三米处远的孙某某辱骂。孙某某无端被骂,遂走向张某某一手臂距离处说:“你想怎么样?”张某某随后用左手指着孙某某(手未接触到孙某某身体),未等张某某开口,孙某某便说:“你不要指着我。”同时用右手将张某某指向其的左手拨开。张某某随即再次用左手指向并接触到孙某某的右手前臂说:“我就是喜欢指着你。”孙某某用右手隔挡同时向后退,双方拉开大约一个手臂的距离站立。随后十几秒的时间内,张某某多次用左手指向孙某某,并一直说:“我就是喜欢指着你。”孙某某多次用手隔挡,拨开张某某左手,并叫张某某不要再指了。张某某指着孙某某大约30秒后转身离开,边走边说:“怎么样啊,废物。”孙某某跟随其后说:“我问你想怎样?”“那你来试一下啊!”张某某随即转身用左手掐孙某某颈部位置并推搡孙某某,随后又用手指着孙某某说:“废物!”孙某某被推退两三步。张某某第二次用左手去推孙某某颈部位置,边推边讲:“废物。”此时,孙某某再次被推退两三步,这时孙某某上前用双手抱住张某某颈部将其摔倒在地,并第一时间将张某某右手的防盗锁夺走丢在一边,随后报警。经鉴定,张某某的损伤程度为轻伤二级。

这个案件的辩护思路是正当防卫的认定问题,关键要结合正当防卫的构成要件,从法理和常情常理角度论证行为人的行为属于正当防卫。

辩护人在侦查阶段介入该案,一开始建议当事人努力争取被害人谅解,因为如果能争取到被害人谅解,最终认定为正当防卫的可能性就会大为增加。不过很可惜,因为被害方提出的赔偿金额远远超出犯罪嫌疑人一方的赔偿能力,所以双方无法达成刑事和解。

正如辩护人所料,案件移送审查起诉以后,在是否能够认定为正当防卫这个问题上,办案部门还是考虑了被害人的意见。本案的事实清楚,但仍然两次退回补充侦查,一次延期,可见在是否认定正当防卫问题上,检察院也非常谨慎。5个多月的审查起诉期内,辩护人多次与检察官沟通法律意见。最终,检察院认定构成正当防卫,作出不起诉决定。

侦查机关指控

孙某某因琐事与张某某发生口角争执，在此过程中，张某某以言语、动作行为挑衅孙某某，对冲突升级存在过错，后又故意以言语挑动张某某侵害自己再予以反击，在其人身安全未造成严重、紧迫危险的情况下，从容不迫地将张某某摔倒在地，致使张某某的损伤程度达到轻伤二级，其行为已触犯《刑法》第234条之规定，涉嫌故意伤害罪。

辩护思路

接案后，辩护人多次会见犯罪嫌疑人孙某某，经过详细阅卷，反复观看当晚现场视频，认为孙某某的行为应当认定为正当防卫。但是，侦查机关认为，孙某某的行为性质是防卫挑拨，即孙某某为了侵害张某某，故意引起张某某对自己实施侵害，然后以正当防卫为借口，给张某某造成侵害。因此，辩护人首先要向办案机关论证孙某某并非故意挑衅、升级矛盾，借正当防卫之名，行非法侵害之实。其次，毕竟本案有轻伤二级伤害结果的存在，所以要论证孙某某的防卫手段没有明显超过必要限度造成重大损害。最后，还要从整个过程中孙某某的行为表现去分析孙某某实际上对轻伤伤害结果持消极态度。

一、孙某某正遭受紧迫的不法侵害

根据视听资料、被害人陈述、犯罪嫌疑人供述、证人证言可以证实，被害人张某某在喝醉酒的情况下，右手一直拎着铁质的防盗锁，左手一直指着孙某某，对孙某某实施辱骂、指点、掐脖子的行为。实际上是张某某在步步紧逼，行为动作从辱骂升级至手指多次戳到孙某某的脸部，继而又升级至掐孙某某的脖子，孙某某已经处于被侵害的状态。

此时，孙某某如果不制止对方的侵害行为，以张某某的醉酒情况以及动作一直在升级的情况，张某某绝对会继续行凶，甚至极有可能使用铁质防盗锁殴打孙某某。因此，孙某某在实施防卫时，人身健康、生命安全已经处于急迫的危险当中。

二、孙某某主观上具有防卫意识，不是故意以言语、动作行为挑衅、挑动张某某侵害自己，后实施反击的防卫挑拨

（一）从整个事件的过程可以看出孙某某具有防卫意识

第一，案件中的证据显示，张某某先是辱骂，随后用手指三番五次指、戳孙某某的脸部。此时，孙某某表现得很克制，出于一个正常人的反应，叫对方不要指他，挡开对方连续多次戳其脸部的手指。第二，孙某某在张某某推他、掐他脖子，可能要使用防盗锁侵害其人身安全的情况下，才不得已把对方抱摔倒地，孙某某在整个事件过程中仅仅只有这一个具有伤害性的动作，且随即在第一时间抢走了张某某的防盗锁，在张某某倒地未起的情况下，并未趁机对其实施殴打，可见孙某某抱摔对方，仅怀有防卫意识，并无伤害对方的主观故意。第三，孙某某制服张某某后，第一时间报警，也证明了其仅有防卫意识，并没有一丝一毫要与对方斗殴或趁机故意伤害对方的意思。

（二）孙某某不是借正当防卫之名，行侵害之实的防卫挑拨。起诉意见书称孙某某故意以言语、动作行为挑衅、挑动张某某，后实施反击，明显不符合事实

第一，虽然孙某某说过“你想干什么”“你来试试”“跟我打你是不自量力”等话语，但均属于被张某某辱骂、殴打后的正常反应。孙某某的供述、被害人陈述、证人证言等证据证实，孙某某只是在门口抽烟，莫名被张某某指着骂后孙某某才回应说“你想干什么”。孙某某的供述和证人谭某的证言证实,张某某辱骂孙某某为废物,并称要打死孙某某,孙某某才回应“你就来试试”,后在张某某掐孙某某的脖子,且极大可能使用防盗锁行凶的情况下,孙某某将张某某制服,此后孙某某才说“跟我打你是不自量力”,仅是制服对方,自身脱离危险之后发泄式的一句说法。

第二,孙某某上述三句话,均系孙某某在被辱骂、殴打后才说,符合一般人的正常反应,并无任何的主动挑衅、挑动对方的故意。《最高人民法院、最高人民检察院、公安部关于依法适用正当防卫制度的指导意见》(以下简称《正当防卫指导意见》)第 3 条规定:“坚持法理情统一……要注意查明前因后果,分清是非曲直,确保案件处理于法有据、于理应当、于情相容,符合人民群众的公平正义观念……”孙某某并非圣贤,他只是普通人,拥有平常人的喜怒哀乐和正常反应,在被张某某不停指着脸辱骂、恐吓,并被对方掐脖子威胁后,能够一直忍让、克制,已经殊为难得,最后也是在人身安全面临紧迫危险时,才不得已制服对方。

三、孙某某的防卫行为没有超过必要限度造成重大损害

(一)孙某某的行为没有造成重大损伤,张某某的损伤程度仅为轻伤二级

根据《正当防卫指导意见》第 13 条规定:“……‘造成重大损害’是指造成不法侵害人重伤、死亡。造成轻伤及以下损害的,不属于重大损害……”孙某某的行为仅造成张某某轻伤二级,不应认定为防卫过当。

(二)即便张某某的伤情达到重伤,也不能归咎于孙某某,而是张某某的治疗方案所致

根据就诊记录等证据,张某某在受伤初期仅是利用螺丝对骨折的股骨进行固定,但因为张某某本身骨质疏松,在骨折端发生对位嵌插后,一直采取保守治疗,致使骨折端至今仍未完全骨性愈合。换言之,如果最终

张某某的股骨头坏死，也是张某某采取的治疗方案所致，如果在一开始或在发现骨折端发生对位嵌插后就对股骨头进行置换，不至于发生股骨头坏死的情况。那么，根据《人体损伤程度鉴定标准》，张某某最初的伤情仅是轻伤一级。

（三）综合不法侵害的手段、强度、危害程度和防卫的时机、手段、强度、损害后果等情节，考虑双方力量对比，孙某某的行为并没有明显超过必要限度

1. 从双方的手段来看，张某某手持的是铁质防盗锁，且防盗锁处于打开状态，一头具有一定的尖锐度，如果砸在脸部、脑部，对孙某某的人身健康、生命安全具有严重危险性，且张某某已连续掐孙某某的脖子，动作一直在升级，完全有可能使用防盗锁行凶。而另一方，孙某某一直赤手空拳，防卫动作也仅是一个抱摔，既未攻击张某某的心脏、头脸部，也未在对方倒地后有后续的伤害行为。

2. 从时机来看，张某某的动作一直在升级，而孙某某一直忍让，直至在人身健康、生命安全受到威胁时，才实施防卫行为。

3. 从双方的力量对比来看，张某某 46 岁，处于壮年，孙某某 30 岁，处于青年，彼此无年龄优劣可言，但从身材来看，张某某明显比孙某某强壮，又手持凶器，孙某某明显处于弱势地位。

四、张某某的伤情存在意外因素且超出了孙某某的主观预料

（一）张某某的伤情仅是轻伤二级，已是轻伤的下限

本案中，张某某的伤情仅是轻伤二级，这也从侧面反映了，孙某某虽然是正当防卫，但很是克制，并没有因为自己是防卫的一方，就对张某某大打出手。

(二)孙某某对张某某的抱摔只是普通动作,意外造成轻伤结果超出孙某某的预期

孙某某对张某某的抱摔,只是普通动作,没有直接击打张某某的脑部、面部、心脏等部位,但因为张某某已醉酒,一下就被按倒制服,并非孙某某的动作有多大。根据医院的就诊记录,张某某本身骨质疏松、骨盆主骨骨质增生,从而在这次事件中意外造成了轻伤,这不是孙某某所能预料到的。

如上所述,孙某某的行为属于一般人在类似情况下的正常反应,在防卫的时间、限度等方面都符合正当防卫的规定,根据《正当防卫指导意见》第 2 条规定,法律不能强人所难,要求孙某某一直忍气吞声,任由对方辱骂、殴打,或一直退避,甚至要求其逃跑,我们不能在事后以正常情况下冷静理性、客观精确的标准去评判防卫人。根据《正当防卫指导意见》第 9 条规定,张某某先辱骂、拿手指多次去指、戳孙某某,在孙某某忍让许久,已努力避免冲突的情况下,仍继续侵害,那么孙某某的反击行为应认定为正当防卫。

五、正当防卫的认定应有利于防卫人

正当防卫,不仅是一种重要的排除犯罪事由,也是一项重要的公民权利。长期以来,我国司法实践中对正当防卫的规则把握偏严,在一定程度上限制了个人防卫权的行使。为了纠正这种现象,维护公民的正当防卫权利,我国司法机关采取了一系列改进措施,如发布《正当防卫指导意见》,最高人民检察院分批发布了有关正当防卫的指导性案例和典型案例,明确正当防卫的适用规则。通过这些举措,正当防卫适用的司法规则得到了优化,形成了一个有合理判断基准和明确判断规则的正当防卫适用规范体系。

第一,在认定不法侵害人的侵害意图、侵害能力、侵害强度和不法侵害是否处于持续状态时,应体现有利于防卫人的原则,要充分考虑防卫人

面临不法侵害时的紧迫状态和紧张心理,防止在事后以正常情况下冷静理性、客观精确的标准去评判防卫人。

第二,防卫过当的认定需满足明显超过必要限度以及造成重大损害。在最高人民检察院公布的第十二批指导性案例中,张某某正当防卫案(检例第45号)的指导意见明确指出:“刑法规定的限度条件是明显超过必要限度造成重大损害,具体而言,行为人的防卫措施虽明显超过必要限度但防卫结果客观上并未造成重大损害,或者防卫结果虽客观上造成重大损害但防卫措施并未明显超过必要限度,均不能认定为防卫过当。”

检察院观点

检察院认为,孙某某的行为符合《刑法》第20条第1款的规定,属于正当防卫,不负刑事责任。依据《刑事诉讼法》第177条第1款的规定,决定对孙某某不起诉。

办案总结

正当防卫作为一种典型的违法阻却事由,其构成要素并无争议。但在司法实践中,对正当防卫的认定存在很多问题,集中体现在正当防卫认定难这一点上。

近年来,最高人民检察院分批发布了有关正当防卫的指导性案例和典型案例,明确正当防卫的适用规则。以“昆山龙哥案”认定正当防卫为标志,正当防卫制度明显得到有效落实。此外,《正当防卫指导意见》的出台也体现了纠正“谁能闹谁有理”“谁死伤谁有理”的错误做法,坚决捍卫“法不能向不法让步”的法治精神。

但辩护人还是要冷静地看到,《正当防卫指导意见》出台以后,司法实践中正当防卫认定难的问题并没有得到彻底解决。究其原因,并不是立法的问题,而是司法的问题,具体而言,主要体现在法律层面和政策层面这两个方面。

一、法律层面上,司法实践中对正当防卫的认定存在误区

司法实践中,确实有一些司法工作人员没有领会正当防卫的实质,主要表现在以下几个方面。

首先,对紧迫程度的理解过于狭隘,认为只有在万不得已时才能防卫。

不法侵害必须正在进行是正当防卫成立的条件之一。只有在不法侵害正在进行时,法益才处于紧迫的危险之中,从而使防卫行为成为保护法益的必要手段。这里所说的不法侵害正在进行,是指不法侵害已经开始而且还没有结束的整个阶段,而不是某一个时间点。

但是司法实践中,对正当防卫的认定往往局限在某一个时间点上,比如说持刀伤人的,只有作出砍人动作以后才能进行防卫,这显然是不妥的。

其次,认为造成侵害人轻伤的防卫行为也应当认定为防卫过当。

《刑法》第 20 条第 2 款规定:“正当防卫明显超过必要限度造成重大损害的,应当负刑事责任,但是应当减轻或者免除处罚。”这个法条表达的意思是,防卫过当至少要满足造成“重大损害”这个要件。从文义解释的角度来看,所谓“重大损害”,应当解释为至少造成他人重伤、死亡的结果,轻伤并非“重大损害”;防卫人造成侵害人轻伤结果的,并不符合防卫过当要求的“重大损害”这个要件。

但司法实践的现状是,很多造成侵害人轻伤的防卫行为也被认定为防卫过当,而一旦认定为防卫过当,就会认定为故意伤害罪。这种做法显然是不妥的。

最后,混淆了生活意义上的故意和刑法上的故意,把有意识的防卫认定为犯罪的故意。

退一步讲,即使是防卫过当,大多也是过失犯罪,但司法实践中往往混淆了日常生活中的故意和刑法上的故意,把有意识的防卫认定为犯罪的故意。如果认为行为人是故意防卫而不是过失防卫,以这个为理由,认定为故意伤害罪,这种入罪思路显然也是错误的。

二、政策层面上,过度重视办案的社会效果导致正当防卫认定趋于保守

司法实践中重视办案的社会效果,追求“案结事了”,这种刑事政策对于化解社会矛盾确实起到了很大作用。但有时也会出现片面强调办案的社会效果的情况,办案人员有时会过分重视被害人谅解情节的作用,在认定正当防卫问题上趋于保留。

我们要认识到,具体的案件远比想象的复杂,尽管司法实践对正当防卫制度有推动落实的政策倾向,但正当防卫的辩护仍然艰难。刑事辩护律师在与办案人员沟通交流之时,单纯依靠法理进行说服力度明显不够,更要结合具体的案件事实去分析行为人当时所处的时空环境,从常识、常理、常情上,多角度分析论证行为人具有防卫意思、没有超过防卫限度、对可能出现的结果不能预见等,进而说服办案人员采纳正当防卫的辩护意见。

用好分案策略，从三个罪名到不起诉

——乐某某涉嫌非法经营不起诉案

辩护思路和要点

这个案件在侦查阶段辩护人准备做无罪辩护，但是审查起诉阶段阅卷后，辩护人发现案件远比当事人所了解的情况复杂，移送审查起诉的罪名也增加到三个，即诈骗罪、买卖国家机关证件罪和非法经营罪。审查起诉阶段，检察院对取保候审的3名嫌疑人做了分案处理，这虽然拖延了审查起诉时间，但为不起诉争取了更充分的时间。最终，检察院以非法经营罪情节轻微为由，对乐某某作出相对不起诉决定。

基本案情

犯罪嫌疑人乐某某于2018年入职广州某公司，公司主管罗某某安排其处理关联企业A贸易公司、B贸易公司对接银行的收结汇工作。

同案人报关公司负责人、贸易公司负责人张某甲与货运代理公司负责人合谋，各自在市场揽收没有出口资质但需要出口的货物装箱单，套用张某甲控制的贸易公司作为出口贸易抬头单位，由报关公司编制单据，通过“配货”“配票”进行出口贸易、骗取出口退税、诈骗国家出口补贴、非法赚取外汇差价。

2018年至2020年6月，张某甲利用其控制的贸易公司，假借“托收”的名义收取客户的外汇，赚取手续费。乐某某、胡某按照张某甲及贸易公司主管罗某某的指示，在向银行申请将外汇结算成人民币时，使用平台上贸易公司的虚假出口数据进行错配。贸易公司收到人民币，由出纳扣除手续费后，将人民币转账至客户指定的银行账户。张某甲等人以代收结汇的方式，变相买卖外汇及进行资金结算业务，非法结汇人民币3亿多元。

侦查机关指控

2018年至2020年6月，同案人张某甲利用其控制的A贸易公司、B贸易公司等公司，假借“托收”的名义收取客户的外汇，扣除每笔外汇3‰的费用后结算人民币给客户。客户的外汇转入A贸易公司、B贸易公司的外汇收款账户后，罗某某、张某甲负责结汇工作的协调、审核，安排公司员工胡某、乐某某利用A贸易公司、B贸易公司骗取补贴形成的虚假出口数据进行错配，以虚假的出口数据向银行申请将外汇结算成人民币，公司出纳崔某某在扣除每笔结算费用后，将人民币货款转入客户指定的银行账户，以代收结汇的方式，变相买卖外汇及进行资金结算业务。经统计，A贸易公司、B贸易公司非法结汇金额达人民币近3.4亿元。此外，张某甲、罗某某等人还指使胡某、乐某某、崔某某使用其公司控制的在我国香港特别行政区（以下简称香港）某银行注册的账户直接收取客户外汇，再用人民币结算给客户，收取外汇金额达近120万美元。

办案历程

本案于2020年6月案发，公安机关以乐某某涉嫌非法经营罪刑事拘留，因其尚在哺乳期，当天变更强制措施为取保候审，其余8名同案人均被刑拘。

侦查阶段，在听取了乐某某对A贸易公司、B贸易公司收汇业务流程的陈述，并查阅其提供的整个工作流程相关单据后，辩护人制作了贸易公司代客户收外汇的业务流程图，举例讲解乐某某负责的工作内容，以乐某某只是按照公司的流程要求开展收结汇（见图5）工作，主观上没有非法经营的故意，其行为不构成犯罪的意见与侦查机关进行交流，争取不移送审查起诉。

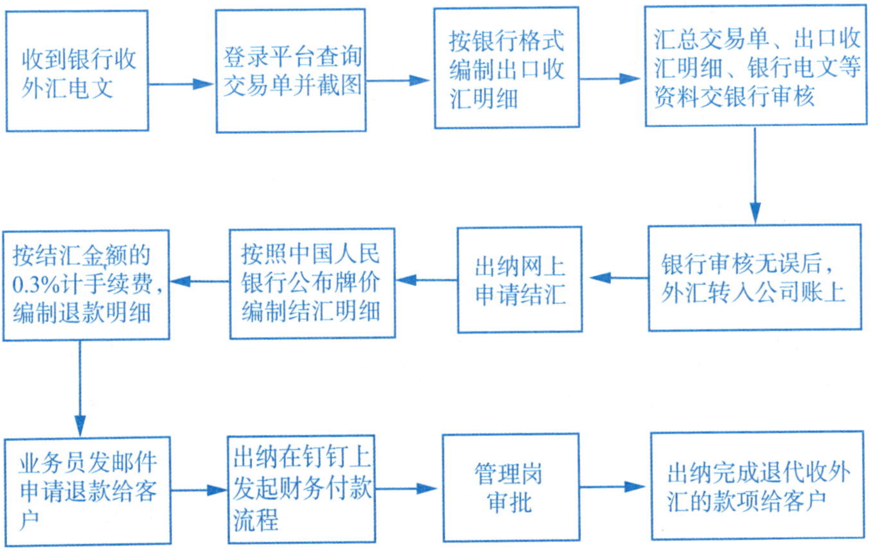

图5　公司代收汇业务流程

辩护人在与侦查人员交流的过程中了解到，工作职责与乐某某相近的同案人胡某后来被批准逮捕，会被移送审查起诉，乐某某虽然取保在外，也同样会移送审查起诉。

审查起诉阶段,辩护人阅卷后,发现案件远比乐某某在工作中所了解的情况复杂,起诉意见书指控乐某某涉嫌诈骗罪、非法经营罪、买卖国家机关证件罪三项罪名。

在审查起诉阶段,因级别管辖问题,C 区人民检察院将案卷移送至市人民检察院,辩护人通过面谈的方式与承办检察官交流辩护意见,并提交书面辩护意见。

一个半月后,市人民检察院将案件退回 C 区人民检察院,辩护人在案件第二次退回补充侦查之前与承办检察官面谈,争取 C 区人民检察院对乐某某做存疑不起诉决定。承办检察官在听取辩护人的辩护意见后,明确表示采纳辩护人提出的乐某某不构成诈骗罪、买卖国家机关证件罪的意见,但非法经营罪不可能作出存疑不起诉的决定。

在与当事人及家属沟通后,辩护人又调整了辩护策略。如果 C 区人民检察院同意对乐某某做情节轻微的相对不起诉,乐某某及其家属也可以接受这样的结果。第二次退回补充侦查结束,案件再次移交 C 区人民检察院之后,辩护人又跟承办检察官沟通能否以情节轻微对乐某某作出相对不起诉决定。

另外,辩护人曾询问检察官本案是否有可能做分案处理,当时检察官没有明确答复。后来,C 区人民检察院在案件审查起诉期限届满前进行了分案,将乐某某、胡某及公司出纳等取保在外的 3 人分为一个案件,另外 6 名被羁押的同案人分为一个案件,起诉至法院。

分案后,辩护人又多次联系检察官沟通案件进展,以及争取 C 区人民检察院对乐某某做不起诉决定,经过接近 11 个月的漫长等待,C 区人民检察院最终采纳了辩护人的意见,对乐某某作出不起诉决定。

辩护思路

一、乐某某对A贸易公司或其主管人员涉嫌骗取国家出口补贴的情况并不知情，其没有参与任何诈骗行为，也不具有非法占有的目的，不构成诈骗罪

（一）起诉意见书认定乐某某有揽收客户装箱单的行为，但并无证据予以佐证

起诉意见书认定，乐某某与货运公司“对接”，揽收大量无出口资质客户的装箱单，从事市场采购贸易。本案并无证据证明乐某某有揽收客户装箱单的行为，其工作内容是对接银行办理收结汇业务，并不负责处理与揽收装箱单相关的业务。

（二）在案证据可以证明乐某某的工作内容是负责收结汇，未参与任何诈骗行为

在案证据中，A贸易公司的张某甲、罗某某、崔某某、胡某、徐某某的笔录中关于乐某某工作内容的陈述，均称乐某某负责对接银行办理收结汇工作，与乐某某的笔录中所陈述的相符，而报关公司4名工作人员的笔录中并未提及乐某某，事实上，乐某某的工作与他们并无交集。

乐某某的工作内容并不包括处理与揽收装箱单相关的业务，也不对接报关公司，仅从货运公司员工获悉外商汇款入A贸易公司外汇账户的信息，其对A贸易公司或其主管人员涉嫌骗取国家出口补贴的情况并不知情，也没有参与任何诈骗行为。

（三）主观上，乐某某没有非法占有的目的

认定具有非法占有的目的应当符合《全国法院审理金融犯罪案件工作座谈会纪要》（以下简称《纪要》）规定的如下七种情形之一：（1）明知没有归还能力而大量骗取资金的；（2）非法获取资金后逃跑的；（3）肆意挥霍

骗取资金的;(4)使用骗取的资金进行违法犯罪活动的;(5)抽逃、转移资金、隐匿财产,以逃避返还资金的;(6)隐匿、销毁账目,或者搞假破产、假倒闭,以逃避返还资金的;(7)其他非法占有资金、拒不返还的行为。

就在案证据分析,乐某某完全不存在《纪要》规定的上述七种可以认定为具有非法占有目的的情况。乐某某每月收取固定工资,并未从A贸易公司的国家出口补贴中获取额外的收益,其没有任何非法占有的目的。

综上,乐某某不构成诈骗罪。

二、乐某某未参与任何与买卖国家机关证件罪相关的行为

乐某某对A贸易公司的其他人员是否有参与买卖国家机关证件罪的行为完全不知情,且在案证据中,并无证据证明乐某某有参与任何与买卖国家机关证件罪相关的行为。故此,乐某某不构成买卖国家机关证件罪。

三、乐某某不构成非法经营罪

(一)客观上,乐某某完全按照公司领导与银行沟通确定的流程要求开展工作,提交给银行审核的资料也是截取自政府监管的市场采购贸易平台,且收结汇经过银行的审核

1. 乐某某操作的收结汇流程是按照公司领导与银行沟通确定的操作流程及要求开展的

据乐某某所述,A贸易公司与多家银行合作开展收结汇业务,在合作之前,公司领导与银行沟通确定一套操作流程,乐某某严格按照银行认可的流程及要求向银行提交收结汇所需的材料,并填写相应的表格。乐某某在工作期间,从未有银行工作人员向其反馈,A贸易公司没有收结汇的资质或其操作的业务流程不符合法律法规的要求,故此,在侦查机关对其讯问之前,其并不知悉公司收结汇业务可能涉嫌违法犯罪。

2. 乐某某提交给银行审核的资料截取自市场采购贸易平台,且其不存在任何虚构或篡改资料的行为,其对公司在该平台上的资料可能存在不实的情况并不知情

市场采购贸易平台是政府官方平台,由海关部门、商务部门等多个政府部门进行联合监管,乐某某对A贸易公司在该平台上的信息仅有查询的权限,不具有录入或修改的权限,也不存在任何虚构或篡改平台上资料的行为。乐某某提交给银行审核的资料均截取该官方平台,出于对政府监管的信任,其对公司在市场采购贸易平台上的资料及数据可能存在不实的情况并不知情。

3. A贸易公司的收结汇业务均需要经过银行审核,均在国家规定的交易场所(银行)完成资金结汇,乐某某没理由怀疑银行作为专业的外汇监管机构,审核通过的收结汇业务违反法律法规

乐某某经办的A贸易公司收结汇业务均需要经过银行审核,不存在通过银行以外交易场所进行操作的情况。

办案机关认为乐某某作为经办收结汇业务的专业人员,对A贸易公司从事的收结汇业务存在违法违规的情况应当有所觉知。在该问题上,辩护人认为应综合乐某某从政府机关、银行等获取的反馈信息予以评价。国家外汇管理局下放审核外汇的权限给商业银行,也就是说,商业银行具备审核外汇业务合法合规性的专业能力,且银行在处理外汇业务时可以更顺畅地获得外汇管理部门、海关部门、商务部门等相关行政机关的专业支持。乐某某工作期间,与其对接的银行业务人员从未向其反馈,A贸易公司申请收结汇业务的操作流程及提交的资料不符合外汇相关法律法规的要求,公司的该项业务也从未受过行政处罚。

(二)公司一直被认为是行业标杆,乐某某没有理由怀疑公司没有收结汇资质或公司开展该业务是犯罪行为

2019年5月,由国家商务部培训中心组织的“2019年外贸供应链金

融创新与市场采购贸易模式解析交流会”上，公司领导罗某某在交流会上向同行介绍经验。公司一直被认为是行业标杆。

（三）主观上，乐某某没有非法经营的故意

犯罪故意必须是建立在认识到公司及自己实施的行为可能构成犯罪，而故意为之的情况下。如前述分析，乐某某操作的收结汇流程按照公司领导与银行协商确定；提交审核的资料又截取自市场采购贸易平台这个由多个政府部门监管的平台；且银行在审核把关收结汇业务过程中从未向其反馈其操作的业务存在违法违规的情况。其并未认识到A贸易公司的收结汇业务涉嫌非法经营罪，更不具有犯罪故意。

（四）乐某某是A贸易公司的普通员工，非公司的高管，其对公司涉嫌违法犯罪的情况并不知情

1. 本案没有证据证明乐某某是公司高管

据在案A贸易公司人员的笔录，没有一个人陈述乐某某是公司的高管，也没有人陈述乐某某是其上司，或乐某某具有管理职能。A贸易公司的全部人员均陈述乐某某负责的是收结汇实操层面的业务，这个环节的审批权限仅在罗某某、张某甲。

2. 仅凭工资收入就认定乐某某是公司高管是不客观的

仅凭工资收入高于其他员工就认定乐某某是公司高管是不客观的。以财务工作人员崔某某为例，她比乐某某小12岁，工作经验少10年，A贸易公司是其第一份工作，其工资收入为6000元，与市场上一般应届毕业生的月薪收入相当。两个不同资历背景的人的薪资水平没有可比性，不能因为乐某某的工资比崔某某等其他员工高，就认定乐某某是公司高管。据乐某某所述，其2019年下半年休产假期间的工资仅2000元左右。由此可见，她在工资收入方面跟公司没有议价能力，这也并非一个高管产假期间的工资水平。

四、乐某某不具备犯罪动机

（一）乐某某的工资收入与其工作经历、工作能力相符，其不可能为这份工资去实施犯罪

据乐某某所述，其2008年毕业后在某银行工作，在某银行工作期间的税前总年薪12万元至14万元。第二份工作是某央企的子公司，税前总年薪15万元至17万元。

入职现公司时，公司承诺的工资是税前月薪1.5万元，没有其他额外福利。该工资标准与其工作经历相当，属于正常工资收入。其在2019年下半年因生育二胎休产假期间的薪资按广州市最低薪资标准，实际到手为2000元左右。换言之，在A贸易公司的工资收入对乐某某而言并不足以引诱其走上违法犯罪的道路，以其教育背景及10年以上的工作经验，完全有可能在广州市找到其他月工资收入超过1.5万元的工作。

（二）乐某某家庭经济状况良好，不存在因经济压力铤而走险的可能性

乐某某的配偶在金融行业从业10年以上，有较高的收入，是家庭的经济支柱。乐某某在家庭的主要分工是照顾养育两个幼子，不存在因经济压力铤而走险的可能性。

（三）乐某某家庭和睦美满，陪伴教育两个幼子是其生活重心，其不可能视全家的幸福于不顾而实施犯罪行为

乐某某与其配偶毕业于同所高校，相识相恋长达10余年，有稳定的感情基础，且共同养育两个儿子，小儿子出生于其在A贸易公司工作期间。对于乐某某而言，陪伴教育两个儿子健康快乐成长是其生活的重心。其在家庭中的角色主要是负责照顾两个儿子，大儿子哺乳期长达1年8个月，小儿子目前1年3个多月，仍进行母乳喂养，其不可能明知犯罪会导致其无法照顾两个小孩，还依然实施违法犯罪的行为。

综上所述，综合乐某某的教育背景、工作背景、家庭背景等各方面因素，她完全不具备犯罪动机。

检察院观点

C 区人民检察院认为，乐某某非法从事资金支付结算业务、非法买卖外汇，实施了《刑法》第 225 条规定的行为，但犯罪情节较轻，具有从犯情节，且自愿认罪认罚，不需要判处刑罚。依据《刑事诉讼法》第 177 条第 2 款的规定，决定对乐某某不起诉。

办案总结

一、专业领域刑事案件的辩护，要求律师熟悉该专业领域的知识和流程

为了办好这个案件，辩护律师除了要研究案件涉及的法律问题，还要在较短时间内学习相关的国际贸易、外汇管理、出口退税等法律专业以外的专业知识。所以说，律师要做好辩护工作，不但要精通刑事辩护的技术，而且要对其他领域的知识有所涉猎。必要的时候，要借助专家证人来说服办案人员。

二、悉心沟通，争取尽早与承办人就案件争议焦点达成一致

为什么说要争取尽早与承办人就案件争议焦点达成一致，因为刑事诉讼程序一旦启动，自身具有强大的惯性，而且越到后期惯性越大。在目前我们的司法体制框架之下，越是到后期，辩护律师的意见被采纳的可能性越小，与办案人员达成一致意见的可能性也就越小。

所以，实务界一直争议一个问题，在庭审前律师到底要不要将全部的辩护意见展现给检察官？笔者认为，除非极个别的特殊情况，律师没有必要进行法律意见突袭，这样做的效果只会事倍功半。特别是不能为了盲目追求无罪判决而放弃不起诉的机会。

本案中，辩护人最初是以全案无罪的辩护意见与检察官进行交流。在交流的过程中，明确指出在案证据存在哪些问题，在第一次退回补充侦查之前就说服检察官采纳辩护人的意见，认定乐某某不构成诈骗罪或买卖国家机关证件罪，也与检察官就案件争议焦点达成一致——乐某某主观上并不明知公司从事的是非法结汇业务。

可以说，越早与承办人就案件争议焦点达成一致，越有利于维护当事人的合法权益，这也符合律师维护当事人合法利益最大化的执业原则。

三、辩护人要根据案件进展灵活、适时调整辩护策略

在侦查阶段及审查起诉阶段第二次退回补充侦查之前，辩护人一直以存疑不诉的辩护思路与承办人沟通，在承办检察官明确回复本案不可能对乐某某作出存疑不起诉后，辩护人调整了辩护思路，尽力争取检察院对乐某某做相对不起诉决定，最后也争取到当事人满意的不起诉结果。

四、善用分案策略，争取更好的办案结果

刑事案件的并案和分案，一般都是由办案机关主导的。侦查阶段的并案和分案，往往是基于侦查策略的考虑。审查起诉阶段的并案和分案，一般是基于诉讼经济性的考虑，有时候也是基于诉讼策略的考虑。既然并案和分案可以成为办案机关的诉讼策略，当然也可以成为辩护律师的策略。譬如，并案处理可能有利于主从犯的区分，分案处理可能有利于争取不起诉的结果。

本案有多名同案犯，排名靠前的犯罪嫌疑人量刑较重，多数不认罪。

排名靠后的犯罪嫌疑人情节较为轻微,认罪认罚,且被取保候审。因此,排名靠后的几名犯罪嫌疑人如能分案处理,争取到不起诉结果的概率大幅度增加。最后的结果也证明,分案处理确实有利于检察机关作出不起诉决定。

灵活调整辩护策略，两个罪名终获不起诉

——唐某某涉嫌诈骗、高利转贷不起诉案

辩护思路和要点

这个案件涉及诈骗罪和高利转贷罪两个罪名。其中，诈骗罪的辩护思路是证据辩护，核心问题是现有的证据能否证实唐某某明知袁某某向潘某甲的借款是“套路贷”所形成的高利贷。高利转贷罪的辩护思路是“骑墙辩护”，这里涉及刑法谦抑性、非法所得是否达到立案标准和犯罪情节轻微等几个方面。最终，检察院以事实不清、证据不足为由作出存疑不起诉的决定。

基本案情

袁某某于2017年开始向潘某甲借高利贷，由于借款次数多且金额较大，后无法归还本金和高额利息，潘某甲便通过将利息转化为本金的方式让袁某某签订新的借款协议。后来，潘某甲又通过让唐某某借款650万元（合同约定利息为月息2分，借款时间为1个月）给袁某某的方式来偿

还袁某某欠潘某甲的借款本息，而唐某某放款的资金中600万元源于其从银行办理的抵押贷款。潘某甲收到袁某某还款的600余万元后，又将该笔资金转给唐某某。也就是说，唐某某借款的资金实际上源于潘某甲。

由于袁某某无法归还欠唐某某的借款，潘某甲指使唐某某向法院起诉，并查封了袁某某名下物业。该民间借贷纠纷一审法院判决袁某某向唐某某归还本金630万元及利息。

公安机关以唐某某涉嫌高利转贷罪、诈骗罪移送审查起诉。

本案经过一次退回补充侦查，检察院最终作出不起诉决定。

侦查机关指控

一、唐某某涉嫌诈骗罪

袁某某经人介绍于2017年开始向潘某甲借款，后多次向潘某甲借款，借款数额也越来越大，借款月息均为5分至10分，其间由于高额利息致使袁某某无法归还本金和利息。刘某某利用曾在法庭工作的经验，帮助潘某甲拟定借款合同、谋划并操作如何转账放贷，先使用利息转化为本金的方式让袁某某签订新的借款协议，不断垒高债务，后袁某某已无能力还款，潘某甲通过引诱、介绍袁某某向被不起诉人唐某某和梁某某、潘某乙借高利贷来还债，所有资金实际均由潘某甲出资和操控，通过转单平账的方式进一步恶意垒高本金，从而使袁某某欠下巨额债务后，指使唐某某起诉并查封袁某某名下物业。经核实，借款利息高达460余万元。

二、唐某某涉嫌高利转贷罪

2020年3月，唐某某以名下物业服务有限公司的名义将该物业抵押给银行贷款600万元，借款合同约定的借款用途是装修特定资产及物业日常维护。2020年4月27日，该银行放款600万元至业华物业服务有限公司的对公账号；同月28日，该对公账号转账600万元至潘某甲的银行账户，潘某甲又通过梁某某的账号将该笔钱过账转到唐某某的个人银行账号；同月29日，唐某某高利借贷650万元（包含从银行借贷用于装修的600万元）给袁某某，月息10分息，期限一个月，已产生利息约99万元。

办案历程

一、异常被动的侦查阶段

本案侦查阶段整整用了7个月的时间，因为该案系由市公安局领导亲自担任专案组组长侦办的涉黑案件，涉案人员20余人，涉案罪名达10余个。唐某某虽然不是该涉黑团伙的成员之一，但因与该团伙头目潘某甲资金往来较多而被牵扯。

一开始，本案只有高利转贷罪一个罪名，公安机关认为唐某某将用途为厂房装修的贷款以高利贷的形式借款给他人，谋取非法利益。随着侦查的深入，又增加了诈骗罪这个罪名。公安机关认为唐某某在明知袁某某所欠潘某甲的600多万元为非法债务的情况下，仍然配合潘某甲向法院起诉袁某某，并取得一审判决，这是典型的以虚假诉讼的形式实施的诈骗行为。

虽然唐某某对于向银行贷款、对袁某某出借款项，以及起诉袁某某的事实一直都如实供述，但是始终坚称自己并不知道袁某某欠潘某甲的钱系套路贷形成的非法债务。所以，公安机关看来，唐某某一直是不认罪的。

虽然辩护人多次通过法律意见书的形式向公安机关阐明唐某某对于

事实供认不讳，应当认定“认事实”的认罪情节，并多次向办案机关申请改变强制措施和羁押必要性审查，但全部未予通过。

二、异常快速的审查起诉阶段

在侦查阶段，这个案件未取得较好的辩护效果，辩护人便将辩护的重心放在审查起诉阶段。案件移送审查起诉后，辩护人第一时间进行了阅卷、分析了案件的证据材料后，确定对诈骗罪采取无罪辩护、对高利转贷罪采取“骑墙辩护”的思路，并按照这个思路与检察官进行沟通。

公安机关于 2021 年 10 月 28 日向检察院移送审查起诉。2021 年 11 月 26 日，检察院第一次退回 A 市公安局补充侦查。但是，12 月 3 日 A 市公安局就重新移送审查起诉，也就是说，公安机关仅仅用了一周时间就完成了补充侦查。一退重报回到检察院以后，辩护人于 12 月 8 日提交了审查起诉阶段补充法律意见书。此后，辩护人又多次与检察官沟通认罪认罚事宜，争取案件不起诉。最终，2021 年 12 月 20 日，检察院作出不起诉决定。

辩护思路

一、认定唐某某涉嫌虚假诉讼罪、诈骗罪的事实不清、证据不足

（一）唐某某借款 650 万元给袁某某是客观存在的

根据唐某某、潘某甲的供述和辩解，潘某甲为了收回此前借给袁某某的借款，故由唐某某于 2020 年 4 月 28 日将 650 万元（其中 600 万元系唐某某贷款款项，50 万元系潘某甲转给唐某某的款项）借给袁某某，袁某某于次日将其中的 633 万元还给潘某甲，潘某甲又于 2020 年 4 月 29 日、30 日先行还款 593 万元给唐某某。贷款材料、银行流水可以印证唐某某、潘

某甲的供述。

（二）唐某某系名义上的债权人，其起诉袁某某并无捏造事实

唐某某借款给袁某某，虽然有潘某甲的授意，且事后收回了其中的593万元，但无论潘某甲出于何目的，唐某某于何时收回借款，唐某某仍是袁某某名义上的债权人，故其起诉袁某某并未捏造不存在的事实。因此，唐某某的行为不构成虚假诉讼罪。

（三）唐某某的行为不构成诈骗罪

1. 单从潘某甲借款给袁某某的事件分析，该行为不属于“套路贷”

第一，潘某甲借款给袁某某的过程均有借款合同等书证，约定的借款金额及利息均清楚明白，无证据证明潘某甲存在制造资金走账流水等虚假给付、虚增借贷金额的行为。

第二，无证据证明潘某甲存在恶意设置违约陷阱、制造还款障碍等行为，故意造成袁某某违约。袁某某未能还款，主要原因还是其本身的还款能力问题。

第三，潘某甲虽然通过唐某某等人借款给袁某某，貌似存在“转单平账”“以贷还贷”的行为，但金额和利息系经过双方确认的，不存在隐瞒或强迫，也不存在恶意垒高借款金额的问题。

综上所述，袁某某的个案中，根据《最高人民法院、最高人民检察院、公安部、司法部关于办理“套路贷”刑事案件若干问题的意见》的规定，潘某甲的行为仅是民间借贷，不应认定为“套路贷”。

2. 即便认定潘某甲的行为涉嫌“套路贷”，也无证据证实唐某某主观明知潘某甲借款给袁某某的行为就是“套路贷”犯罪，从而提供帮助

首先，唐某某供述其并不清楚潘某甲放贷的行为，虽然其与潘某甲有多笔金额往来，但不代表其一定知道潘某甲有放贷行为，尤其是涉嫌“套路贷”犯罪。

其次，潘某甲的供述有反复，其在批捕后的笔录，并无具体指证唐某某明知其借款给潘某甲的行为系普通民间借贷，还是高利贷，更没指证唐某某主观明知其行为就是“套路贷”。

最后，袁某某虽然称潘某甲、唐某某等人系一伙的，但仅是其个人的意见证据，不代表唐某某借款给袁某某的行为就一定是“套路贷”的帮助行为。

综上所述，本案认定唐某某涉嫌虚假诉讼罪、诈骗罪的事实不清、证据不足。

二、唐某某的行为不宜评价为高利转贷罪

（一）唐某某办理的是抵押贷款，提供了超额担保

唐某某出于装修厂房目的，以其位于 A 市 B 镇的厂房作抵押获取银行贷款 600 万元，该厂房的价值远超贷款金额。银行对厂房享有优先受偿权，如果唐某某不能如期归还，银行随时可以将厂房拍卖，收回贷款。银行的信贷资金安全有足够的保障，无须担心唐某某转贷后衍生的金融风险。司法实践中，对这类有担保借贷，一般根据刑法的谦抑性，不将该类行为评价为犯罪。

（二）唐某某的犯罪金额不足 10 万元，没有达到立案标准

根据《最高人民检察院、公安部关于公安机关管辖的刑事案件立案追诉标准的规定（二）》第 26 条之规定，高利转贷罪的入罪标准之一为违法所得数额在 10 万元以上。

本案中，根据唐某某的供述，其与袁某某约定的利息系 2 分，借款期限是一个月（2020 年 4 月 29 日至 5 月 29 日），有潘某甲、袁某某的笔录印证，故唐某某高利转贷的违法所得（未遂）金额为 13 万元。本案还要考虑一个事实，即这笔钱是唐某某从银行贷出来的，那么就要考虑贷款的利

率。换句话说，高利转贷行为的违法所得数额，应当扣除银行的贷款利率。显然，扣除后，违法所得并没有达到10万元这个立案标准。

（三）唐某某未收到利息，其高利转贷行为未遂

本案中，唐某某仅收到潘某甲代还的500余万元本金，至今尚未收取到利息，无论是（2020）粤2072民初×××号民事判决书认定的利息金额，还是唐某某与潘某甲、袁某某约定的利息金额，唐某某均未收到高利转贷的“违法所得”，即便认定为犯罪，也属于犯罪未遂。

（四）唐某某目前已归还大部分贷款

案发时，唐某某拥有价值超过600万元的厂房，另有一农场已与他人洽谈，准备以150万元出售，其股票账户尚有约200万元，但需要唐某某本人操作股票账户才能变现。此外，唐某某的亲戚、朋友也积极支持筹款，愿意帮助唐某某提前偿还银行的贷款。案发后，唐某某也已归还大部分贷款。

三、唐某某自愿认罪认罚，可以从宽处理

唐某某到案后，一直如实向公安机关供述涉案的事实，其辩解只是针对行为性质，该辩解并不影响认罪情节的认定。唐某某也自愿认罪认罚，可以从宽处理。

综上所述，希望办案机关综合考量唐某某的犯罪情节和认罪态度，以及其积极归还银行贷款的行为，对其作不起诉处理。

检察院观点

经检察院审查并退回补充侦查，仍然认为A市公安局认定的犯罪事实不清、证据不足，且没有退回补充侦查必要，不符合起诉条件，依照《刑事诉讼法》第175条第4款、《人民检察院刑事诉讼规则》第367条第2款

的规定,决定对唐某某不起诉。

办案总结

一、做好会见辅导

如前所述,本案侦查阶段就用了7个月,且由于案件特殊,办案机关又认定唐某某不认罪,所以没有取保候审的可能性,整个侦查阶段未能取得有效辩护结果。

那是不是意味着律师在这个阶段就没有工作可做,或者说律师介入的意义就不大呢?显然不是。相反,律师在这个阶段的作用很大。律师发挥作用的途径,最主要就是会见当事人。在会见当事人的过程中,律师详细地了解案件的事实情况,结合与侦查人员沟通的情况,发现当事人陈述的事实与办案机关认定的事实出入很大。一开始辩护人也怀疑是不是当事人在刻意隐瞒一些事实,所以辩护人也多次、反复与当事人进行核实。从多次与当事人的沟通中,辩护人对于案件事实有了基本的判断,后面与办案机关的沟通自然会更加从容。

所以,在会见过程中,当事人向辩护人陈述案件增加了诈骗罪这个事实以后,辩护人并没有觉得突然,当事人自己也没有觉得突然,因为在之前的会见过程中,辩护人已经明确地向当事人提示了本案涉及虚假诉讼罪、诈骗罪的可能性。当事人自己也非常清楚他的行为是否构成虚假诉讼罪或诈骗罪,以及核心的要点在什么地方。所以,从头到尾,当事人对于诈骗罪都是坚决不认罪的。这对于案件在审查起诉阶段争取不起诉,起到了关键的作用。

可见,有效的会见以及准确的案件预判,可以给当事人以较强的信心,让当事人从容应对办案人员的审讯。所以说,无论案件如何被动,只要律师尽心尽职地完成辩护工作，就有可能找到突破点，实现案件的转机。

二、及时灵活地调整辩护策略

这个案件一开始只有高利转贷罪一个罪名，考虑到这个罪名不是重罪，结合当事人陈述的事实情况，辩护人确定采取骑墙辩护策略。当事人对于事实如实供述，律师对于行为性质做无罪辩护的同时，就量刑情节也发表辩护意见。

如果说一开始只有一个高利转贷罪这个轻罪，当事人尚能接受缓刑的结果，但增加一个诈骗罪后，案件的量刑预测直接上升到 10 年以上。诈骗罪一旦成立，金额就会确定为 600 万元以上，认定从犯的概率也不大，量刑最低也是 10 年有期徒刑。结合当事人一直坚持认为他并不知道袁某某欠潘某甲的钱是高利贷形成的非法债务这一点，辩护人确定了诈骗罪无罪辩护的思路，即便是在审查起诉阶段与检察官谈认罪认罚的过程中，辩护人表达的观点是，在不认定诈骗罪的前提下，就高利转贷罪做认罪认罚。

辩护策略的确定，并没有固定的招式和套路，只能根据具体案件灵活分析。尤其是当事人在侦查阶段不认罪的案件，一定要通过会见搞清楚不认罪的原因是什么，是不认“事实”，还是不认“罪名”。如果经过充分评估，认为应当认罪的案件，必须详细地向当事人解释清楚认罪和不认罪的后果，并给出律师的倾向性意见，让当事人自己作出选择。如果当事人还是选择不认罪，那么在律师阅卷前，辩护人都会支持当事人的做法。但是在阅卷后，是选择量刑辩护，还是选择无罪辩护，律师要作出专业的分析意见。

对于轻罪案件，虽然首先考虑无罪辩护，但是不轻易做无罪辩护，只有在把握比较大的情况下才会做无罪辩护，一旦确定了无罪辩护的策略，就要穷尽各种法律手段争取无罪的结果。对于轻罪案件，盲目进行无罪辩护，可能会损害当事人的权益，导致检察官加重量刑建议或法官加重量刑。

对于重罪案件，是选择无罪辩护，还是选择量刑辩护，当然也是基于对案件事实和证据的分析判断。对于诸如诈骗类案件，在认定非法占有目的上往往争议非常大，因此在做无罪辩护还是做量刑辩护问题上难以抉择的时候，不妨借助一下外力。将自己的无罪辩护观点通过模拟庭审的方式向自己的同行或同事展现出来，由同行或同事来帮忙判断这些无罪辩护观点是否合情、合理、合法。这样就可以避免在法庭上出现律师说得很痛快，被告人和家属听得很痛快，但难以获得法庭认同的情况。

无论是重罪案件，还是轻罪案件，抑或在哪个阶段，律师确定辩护策略的宗旨都是从当事人的合法利益最大化出发。

善用证据辩护策略，串通投标获不起诉

——官某发串通投标不起诉案

辩护思路和要点

本案的辩护思路主要是证据辩护，即现有证据是否能够证实官某发参与了串通投标行为。所以在审查起诉阶段，辩护人主要是围绕本案的证据问题与检察官进行沟通，最终取得了存疑不起诉的结果。

基本案情

2014年下半年，Z市B镇老龙坑水利枢纽工程土建项目进入招投标阶段。犯罪嫌疑人官某发和华某平、房某利（人物关系见图6）为中标该项目，经密谋后，华某平找到时任B镇党委书记武某东，通过武某东与负责招标事宜的康某良取得联系，让其帮助东电公司中标，后由官某发和房某利负责找挂靠公司、陪标公司和招标代理设置招标条件。在设定招标文件的过程中，招标方根据东电公司的优势设置项目招标倾斜条件，后该工程由东电公司中标，中标金额为人民币7000余万元。

2019年1月23日,犯罪嫌疑人房某利被刑事拘留,同年2月12日,犯罪嫌疑人官某发、朱某行、麻某宏(东电公司负责人)被刑事拘留。2019年3月8日,3人被取保候审。官某发在侦查阶段委托律师,在整个侦查阶段,辩护人一直在做无罪辩护,但案件仍于4月19日移送审查起诉。

在审查起诉阶段,辩护人一直围绕案件证据问题与检察官进行沟通,辩护人的观点是本案事实不清,证据不足。案件经过两次延期、两次退回补充侦查,最终检察机关于2019年10月8日对官某发作出不起诉决定。

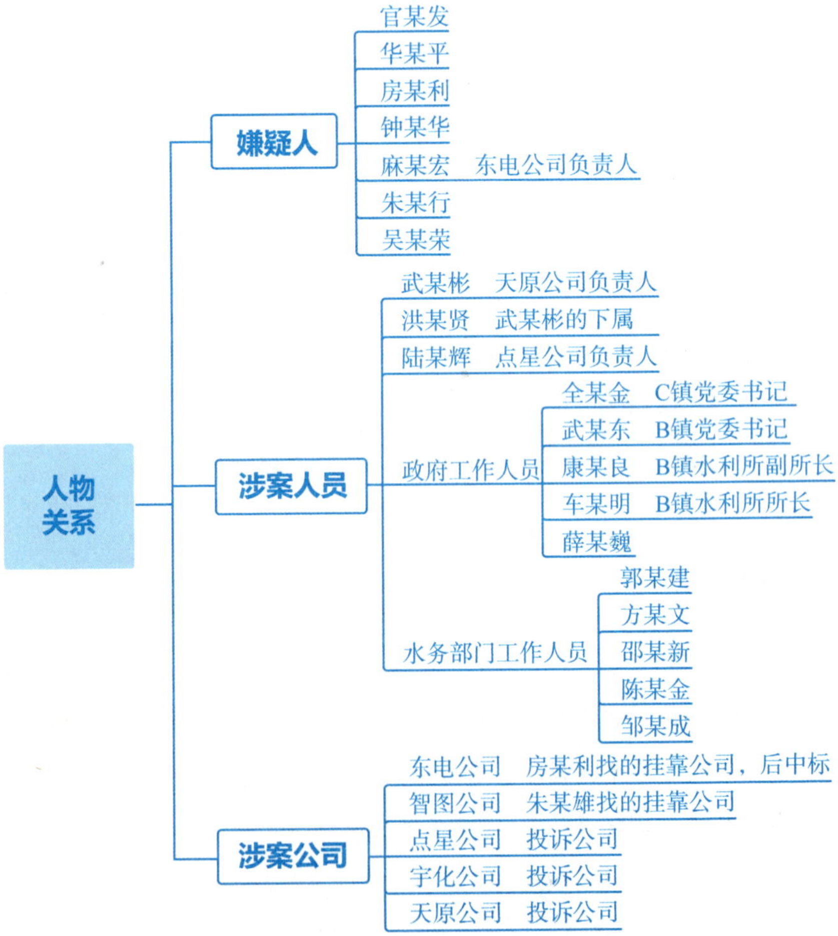

图6　人物关系

侦查机关指控

2014年下半年，获悉Z市B镇老龙坑水利枢纽工程土建项目已经立项并准备进入招投标阶段，犯罪嫌疑人房某利、官某发、华某平3人合作，华某平通过时任C镇党委书记全某金认识了B镇党委书记武某东，并向武某东表达了想挂靠东电公司去投标的意思，武某东表示同意并让该镇水利所副所长康某良负责具体事宜。华某平随后两次找到康某良并把项目的立项批文转交给房某利，让房某利负责与康某良对接。

2014年9月，房某利找到东电公司经理麻某宏，表示想挂靠东电公司进行投标，如成功中标，东电公司就把项目分包给其施工，并收取3%的管理费，麻某宏答应了其请求。随后房某利拿了一份项目的评分细则给麻某宏，询问是否符合该要求，麻某宏认为东电公司完全符合该评分细则的要求。另据点星公司负责人陆某辉交代，麻某宏找到陆某辉，表示东电公司想中标该项目，希望陆某辉所在的点星公司不要恶意低价竞争。

另外，朱某行通过时任B镇水利所所长车某明拿到该项目的招标代理，并找到智图公司进行挂靠，支付20%的代理费用。随后，朱某行找到吴某荣(另案处理)，让其具体对接B镇水利所制作招标文件，在制作招标文件的过程中，朱某行脱离水务部门的指导性文件，主要是调高了关于“企业财务状况”和“企业信誉”的分值，使东电公司成功中标。

2014年12月22日，东电公司成功以人民币7000余万元中标该项目。中标后，华某平找到钟某华出资参股，钟某华前期出资150万元，房某利及官某发出资150万元，共计300万元作为前期启动资金，最后华某平和钟某华以及房某利和官某发各占50%的股份，华某平没有实际出资，找陪标公司花费的70万元至80万元及送礼费用均从启动资金中支出。

办案机关认为，犯罪嫌疑人房某利、官某发、华某平、朱某行的行为触犯了《刑法》第223条之规定，涉嫌串通招投标罪。

辩护思路

一、本案的事实问题

（一）官某发与房某利之间系雇佣关系而非股东合作关系

2012年年底，官某发因犯罪被判处有期徒刑3年而从原工作岗位离职，离职后房某利邀请官某发帮他管理工程（主要工作为工地组织施工和管理），并每月给他5000元的工资。虽然房某利曾口头承诺按照公司收益的30%分红给官某发，但双方从未签订书面协议，事实上官某发除领取工资外也从未收过分红款。

由此不难看出，官某发与房某利之间，实际上是雇用关系而非股东合作关系。

（二）官某发客观上并无串通招投标的行为

1. 官某发并未联系围标公司进行串通招投标

首先，华某平在2019年1月22日的笔录中供述房某利负责找公司围标，在2019年1月25日的笔录中供述可能是官某发联系天原公司围标，在2019年1月29日的笔录中供述房某利联系天原公司围标。

其次，钟某华在2019年2月11日的笔录中供述房某利和官某发联系围标公司围标，费用由4人平分。

最后，天原公司经理武某彬在2019年1月28日的笔录中供述官某发在中标前只找其谈过分包和挂靠的事，并未提及陪标，且武某彬的下属洪某贤在2019年1月28日的笔录中供述公司并未参与围标。

综合上述4人的陈述，不仅内容相互矛盾，且部分供述属于意见证据，未达到证明标准，无法证明官某发有参与联系围标公司进行串通招投标的行为。

2. 官某发并未参与联系东电公司

华某平在 2019 年 1 月 25 日的笔录中供述房某利和官某发负责对接东电公司,但是,根据麻某宏供述可知,在招投标阶段,麻某宏只见过房某利,房某利曾将招标文件初稿带来给他看,其并未见过官某发,也不知道官某发与房某利是合伙人。由此可知,官某发并未参与联系东电公司。

3. 官某发并未参与联系 Z 市 B 镇相关工作人员

华某平在 2019 年 1 月 25 日的笔录中供述房某利和官某发负责对接 B 镇相关官员,但是,从政府相关工作人员全某金、武某东、康某良、车某明以及薛某巍等人的陈述中可以看出,在项目招投标阶段,5 人并未见过官某发,也不知道官某发与房某利是合伙人。因此,官某发并未参与联系 Z 市 B 镇相关工作人员。

4. 官某发并未通过非法渠道获取招标文件初稿

官某发曾在政府部门工作,因此华某平在 2019 年 1 月 22 日的陈述中质疑官某发通过其以前的关系非法获取招标文件,此证据为意见证据,不应采纳。

另外,水务部门工作人员郭某建、方某文、邵某新、陈某金、邹某成的陈述中均称并未向他人泄露招标文件初稿。本案的另一犯罪嫌疑人朱某行也证明在招投标阶段未曾与房某利、官某发联系。

因此,以上言词证据无法证明官某发以非法手段获得招标文件初稿。

5. 官某发对他人串通招投标的情况并不知情

华某平在 2019 年 1 月 22 日的笔录中供述,公开招标前,自己和房某利、官某发聊天时,房某利提到东电公司满足招标文件要求,此供述无法证明官某发对房某利等人串通招投标的行为知情。

综上所述,以上证据并未达到犯罪事实清楚,证据确实、充分的证明标准,无法证明官某发实施串通招投标的行为。

(三)官某发参与串通投标不符合常情常理

1. 涉案事实发生时官某发正处于缓刑考验期内

2012 年,官某发因犯罪被判处 3 年有期徒刑缓期 5 年执行,本案案发时,官某发正处于缓刑考验期内。官某发明知在缓刑考验期内再犯罪将面临撤销缓刑、数罪并罚的结果,从常情常理判断,他没有理由再犯罪。

2. 官某发是水利专业技术人员

官某发于 20 世纪 80 年代毕业于华南工学院水利工程系,参加工作后在 Z 市水利部门担任领导多年,参与过大量水利工程建设项目。官某发在水利工程建设方面既有专业知识又有丰富经验,技术水平较高,得到业内广泛认可。

官某发离开政府部门以后,因其技术优势,多家工程公司表示愿意高薪聘请他。换言之,官某发凭借他的专业技能在任何一家公司都能够获得较高收入,且无须承担经营风险,他没有必要通过串通投标来获取项目。

3. 官某发与天原公司之间没有利益输送

官某发曾担任天原公司顾问,为期一年,顾问费为每月 3000 元。该笔费用是官某发担任顾问的工资收入,并非其与天原公司之间有利益输送关系。另外,为了仅每月 3000 元的收入承担被撤销缓刑的风险,不符合常情常理。

二、本案的证据问题

辩护人就本案中对官某发的不利证据进行了梳理归纳。

第一,犯罪嫌疑人房某利的供述可以证实:房某利始终不承认有串通招投标的行为;房某利认为其和官某发各占有 50%股份的 70%和 30%;钟某华是官某发联系的。

第二,犯罪嫌疑人官某发的供述可以证实:关于股份问题,官某发认为是房某利和钟某华各占 50%,自己不占股份,只是房某利承诺给其 30% 的提成;官某发不承认有串通招投标的行为。

第三,犯罪嫌疑人华某平的供述可以证实:华某平猜测他们是通过官某发以前的关系获得的招标文件初稿,官某发以前在水利部门工作;确定房某利找了几家围标公司。

第四,犯罪嫌疑人康某良的供述可以证实:招标文件中的部分评分细则是朱某行和吴某荣主动修改的。

第五,犯罪嫌疑人钟某华的供述可以证实:房某利和官某发有串通招投标、找陪标公司的行为;华某平有给领导送礼的行为。

第六,招标文件意见审批表和 Z 水务部门[2012]44 号文件可以证实:招标文件与 Z 水务部门[2012]44 号文件不符。

但是目前本案的相关证据材料,不足以证明官某发有参与串通投标的行为,具体分析如下。

(一)证明老龙坑项目中有串通投标的证据未能达到确实、充分

1. 没有证据证明东电公司与招标代理单位相互串通

首先,招标代理单位的确定符合法律法规。

据朱某行陈述,他对水利工程比较熟悉,承接老龙坑一期工程时与 B 镇水利所所长车某明熟悉,车某明直接将项目交给他负责代理招标。由于资质原因,朱某行挂靠了智图公司,并向他们支付挂靠费用。车某明的证言印证了上述事实。

按照法律规定及行业惯例,老龙坑项目业主单位可以自行决定招标代理单位,业主单位选择较为熟悉的招标代理单位属情理之中,挂靠也属于建设工程行业的惯常做法,并未违反法律的强制性规定。

其次,招标代理单位修改招标文件符合规定。

招标代理单位的主要工作职责是在招标人委托的范围内办理招标事宜,主要包括准备招标资料、编制招标文件、收标、开标、评标等。概括来说,招标代理单位的工作权限主要是招标过程中的文件编制整理以及协助中标人与招标单位进行商务谈判。

老龙坑项目的招投标文件经过了多次修改,其中既有业主方要求也有其他原因的修改,均属于招标代理单位工作权限之内。

最后,被其他单位投诉不能证明招标评分标准具有偏向性。

老龙坑项目招标的评分标准受到某投标单位的投诉,并启动了调查听证等行政程序,但调查结果显示评分标准符合项目的客观要求,不存在明显偏向性。

此外,现有证据证实,招标文件中评分细则的修改有具体修改情况说明,且由主管部门(水务部门)通过小组会议形式集体讨论同意。

简言之,老龙坑项目作为 B 镇的重点水利工程,招标单位提高评分标准,要求投标单位在资质、资金等方面具有优势完全合情、合理。从另外一个角度来说,老龙坑项目招标评分调整均为提高标准,即使将要求降低,东电公司也完全能够拿高分,不足以影响其中标的结果。

2. 现有证据无法证明投标人与招标人相互串通

首先,老龙坑项目招标、评标过程完全符合法定程序。

在水利工程招投标过程中,招标人有权确定招标代理单位,对招标文件提出意见,老龙坑项目所有招标文件的修改均经过正当程序,且符合法律法规的相关要求。

东电公司是省内名优企业,在水利项目投标时本来就具有一定优势,多位评标人的证言也证实评标过程公开、公正,现有证据中也没有相反证据证明招标人有提前告知标底等行为影响投标结果。

其次,华某平与他人之间的利益交换不能证明投标人与招标人有串通投标行为。

根据华某平供述,他曾经因为老龙坑项目工程给时任 B 镇党委书记武某东送过现金和茅台酒,上述费用最终会作为成本在老龙坑项目结算时扣除。

康某良的证言可以印证华某平曾给他送过两瓶茅台酒，但两瓶茅台酒的价值非常有限，且康某良供述他只是给华某平说过项目概况，招标准备情况等，根据康某良的工作性质、职务等客观情况来分析，不能据此认为他的行为属于招标人与东电公司之间的串通行为。

华某平供述送给武某东的现金属于孤证，没有其他证据印证，不能作为定案的依据。退一步来说，即使认定华某平行贿武某东属实，武某东在老龙坑项目招投标工作中无直接管理和决定权，也没有其他证据证明他为东电公司中标老龙坑项目提供了帮助。

3. 没有证据证明有多家投标单位串通围标

据本案言词证据，当时参加老龙坑项目投标的工程单位有七八家，除东电公司以外，既有点星公司这样的国企，也有天原公司等民营企业，但是这些企业都是省内主营水利工程建设的公司，参与水利项目投标属于公司的日常工作。

麻某宏供述其曾经拜访点星公司的陆某辉，表明东电公司已经参与老龙坑项目的投标，要求点星公司不要恶意低价竞争，陆某辉的证言也能够与之印证。但是这种“打招呼”的行为，既不涉及具体项目招投标工作，也不存在利益交换，不宜认定为“围标”行为。

东电公司中标老龙坑项目后，将水闸工程分包给天原公司，但同行业之间的相互合作实属正常，没有证据证明分包工程中存在利益输送，天原公司工作人员洪某贤的证言也证实天原公司参与投标、向中标单位东电公司承包闸门工程等都是正常的业务，没有与东电公司或房某利等人串通围标。

除点星公司与天原公司之外，另有宇化公司举报老龙坑项目招标存在不公平的招标行为，由此可知，该公司没有参与围标的可能。

除上述 3 家公司外，现有证据不能证明其他参与老龙坑项目投标的公司与东电公司之间有串通围标的行为。

（二）现有证据无法证明官某发参与过老龙坑项目招投标

1. 现有证据无法证明官某发在招投标阶段参与老龙坑项目

据官某发供述，他知道房某利挂靠东电公司承接老龙坑项目的时间为2014年年底或2015年左右，此时项目已开标，他主要负责现场施工，也就是水利技术方面的工作。

据麻某宏供述，与他沟通老龙坑项目投标的人是房某利，他是在项目开工后才认识官某发。本案多份意见证据及传来证据也仅能印证官某发参与项目的施工工作，但无法证实他有参与老龙坑项目的招投标工作。

2. 官某发曾在水务部门任职不能作为其与招标单位相互串通的依据

根据现有证据，老龙坑项目招标的过程均是按照正常流程、正常手续进行的，且本案没有其他证据能够证明官某发从水务部门相关工作人员处违规获取老龙坑项目的标书。

官某发虽曾经在水务部门任职，但是在老龙坑项目招投标时，他已经因之前的犯罪行为离开水务部门3年，即使与前同事仍有来往，彼此之间也不存在工作协调或领导关系，仅凭他曾经在水务部门工作就认定他有能力让前同事违法违规为他提供帮助不符合常情常理。

3. 官某发曾任天原公司顾问不能作为其与天原公司相互串通的依据

据官某发陈述，他曾任天原公司顾问，为期一年，顾问费为每月3000元。该笔费用是官某发担任顾问的工资收入，并非其与天原公司之间有利益输送关系。

（三）现有证据不足以证明官某发与房某利系合作关系

1. 房某利与官某发证言相互矛盾

据官某发陈述，2012年年底官某发因犯罪被判处有期徒刑3年并从政府部门离职，离职后受房某利邀请帮他管理工程，并给他每月5000元的工资。虽然房某利曾口头承诺按照公司收益的30%分红给官某发,但双方从未签订书面协议,官某发陈述其除领取工资外也从未收过分红款。也就是说,官某发认为他是给房某利打工,与房某利之间系雇佣关系而非合作关系。

房某利陈述其与官某发之间是合作关系,与官某发的证言相互矛盾。

2. 现有证据无法证明官某发有出资投入老龙坑项目

本案中,除其他传来证据及意见证据以外,能够证实官某发与房某利属于合作关系而非雇佣关系的就是房某利所供述的官某发有出资参与项目。

但据钟某华供述,老龙坑项目是由房某利管账,他对账目并不知情,本案中也没有其他书证材料能够证实钟某华、房某利、官某发等人的出资情况以及老龙坑项目的结算情况。

也就是说,本案中能够证实官某发有出资参与老龙坑项目的仅有房某利的供述,没有其他证据印证的情况下,不宜采信。

(四)本案中大量意见证据不能作为定案的依据

依据《最高人民法院、最高人民检察院、公安部、国家安全部、司法部关于办理死刑案件审查判断证据若干问题的规定》第12条第3款规定,证人的猜测性、评论性、推断性的证言,不能作为证据使用,但根据一般生活经验判断符合事实的除外。

1. 推测性证言不能作为认定房某利与官某发系合作关系的依据

麻某宏供述:我在项目中标后才认识官某发,当时官某发负责施工现场管理。华某平供述:房某利可能还有一个合伙人,叫官某发。钟某华供述:房某利和官某发是华某平介绍给我认识的。

从上述供述中可以看出,对于房某利与官某发是否属于合作关系,麻某宏、华某平、钟某华都是因为知道官某发参与老龙坑项目施工或者其他原因推测的,属于意见证据。

2. 推测性证言不能作为官某发非法获取招标文件的依据

华某平供述：因为官某发和房某利是一起合作的，官某发原来是水务部门领导，以前是审查招标文件的，应该是官某发的关系可以看到老龙坑项目招标文件的设定条件。康某良供述：招标文件一共修改了七八次，修改要水务部门同意，每次都是水务部门招标办邹某成审核提出修改意见，他与官某发是旧同事关系，比较熟，有可能是官某发通过邹某成拿到招标文件的初稿。

华某平与康某良的上述证言，也仅仅是从官某发曾在水务部门任职等情况推测得出结论，亦属意见证据，不宜作为定案的依据。

综上所述，本案事实不清、证据不足，恳请检察机关对官某发不予起诉。

检察院观点

经Z市D区人民检察院审查并退回公安机关补充侦查，检察院仍然认为Z市公安局认定的犯罪事实不清、证据不足，不符合起诉条件。依照《刑事诉讼法》第171条第4款的规定，决定对官某发不起诉。

办案总结

一、律师要敢于做证据辩护

客观来讲，最近几年证据辩护在刑事辩护中的作用逐渐式微，这一点在职务犯罪和涉黑涉恶案件中表现得尤为明显。大多数情况下，对于律师的证据辩护，法官在判决书的说理部分用“有理部分予以采纳，无理部分不予采纳”一句带过，有的判决书甚至完全不回应律师的证据辩护意见。在一些轻罪案件中,甚至有法官和检察官都很反感律师做证据辩护。

但是,刑事辩护的意义就在于知难而进,并于绝处逢生。所以,律师还是要善用证据辩护。当下的司法现状虽然如此,但也要考虑有利因素。比如,司法改革以后,检察官和法官对案件承担终身责任,面对有理有据的证据辩护,负责任的检察官和法官不可能不管不顾。最高人民法院推行的司法公开,虽然近期有所停滞,但仍然是大势所趋,面对司法文书必须上网公开的压力,再加上最高人民法院三令五申要加强司法文书的说理,相信大多数法官和检察官也都会积极回应律师的证据辩护意见。

笔者很认同最高人民法院于同志法官的观点,他说:“司法认定案件事实如同搭建一个大厦,建筑材料是证据,施工方包括侦查、起诉、辩护和审判几家。可以说,司法认定是一个多方参与、开放的过程,每一个主体的工作都很重要。从辩护的角度看,它不仅通过收集、提供证据参与大厦的搭建,还实际扮演‘质疑者’的角色,‘辩护’就是在千方百计地找寻大厦建设中的问题。这项工作有特殊意义,它有助于办案机关看清问题。”①而证据辩护,就是对具有反证意义的证据紧盯不放,并善于把反证放到全部证据中去分析、研判,以点带面,步步深入,乃至最终撼动整个证据体系。

二、律师要灵活运用证据辩护策略

所谓灵活运用证据辩护的策略,就是要根据具体的案件来评估是否做证据辩护。比如,涉嫌 10 年以上有期徒刑的重罪案件,不具有认罪认罚谈判空间,就可以大胆做证据辩护。对于绝大多数有认罪认罚谈判空间的案件,就要慎重评估是否做证据辩护。当然,有些时候,证据辩护往往就是与检察院谈认罪认罚的筹码,用好这个筹码,才能获得实质上的量刑减让。

---

① 于同志:《刑事证据有效辩护问题》,载悄悄法律人公众号,http://mp. weixin. qq. com/s1l16pac4tda4vaJ3QiBtmd1yQ,2021 年 9 月 28 日访问。

三、律师要熟悉证据规则

以笔者为例，本科是法学专业，硕士研究生是刑法学专业，在检察院工作期间一直从事自侦工作，算得上与刑事实务很近了，但是在笔者从事律师工作初期，发现自己的证据法知识几乎为零，仅仅在法学本科阶段，选修过《证据法学》这门课而已，此后几乎再没有接触过证据法学。即使当下，《证据法学》这门课在大多数法学院校当中似乎也没有被列入核心课程，甚至研究证据法的专著也不多。所以说，律师需要在工作中不断学习证据法知识，熟练掌握证据规则，尤其是刑事证据规则，这样才能帮助自己在案件中敏锐发掘证据可能存在的问题，更好地运用证据辩护策略。

刑事证据规则从某种意义上来讲其实是动态的，刑事诉讼理论上已经有完善的刑事诉讼证据规则，最高人民法院又会通过司法解释或者典型案例，在司法实践中确定这些证据规则。所以，这就要求律师要不断学习，与时俱进，运用好刑事诉讼证据规则进行辩护，推动刑事证据辩护的精细化。

鉴定意见得出有利结论，利用证据辩护获不起诉

——魏某某非法买卖枪支弹药不起诉案

辩护思路和要点

这个案件的核心辩护思路是证据辩护。一是鉴定书只能认定1支气枪，未达追诉标准。二是涉案的铅弹虽然数量较多，但都没有缴获，无法鉴定，也就无法认定为“弹药”。散件也仅缴获3件，未达追诉标准。同时，这个案件也涉及刑事案件管辖问题，以及认罪认罚案件的辩护问题。

基本案情

这个案件是近年来典型的网络买卖枪支配件、弹药案，不仅存在上下游，涉案人员还散布全国各地。犯罪嫌疑人魏某某从2016年开始在自己的微信朋友圈发布气枪零配件照片，通过网络贩卖组装气枪的配件。魏某某在接到购买需求后，与上家确定所购买的配件和价钱后，通过微信支付收钱和付钱，并让上家直接发货给下家完成交易。魏某某为多人通过

网络贩卖气枪零配件,从中赚取差价非法获利。

阅卷后,辩护人发现,除去此前犯罪嫌疑人在A省已判刑认定的犯罪事实,G省公安机关侦查的事实、证据并不足以认定魏某某构成非法买卖枪支、弹药罪。

魏某某从2016年开始利用微信在网络上买卖枪支配件及铅弹,并通过快递发货给买家,有微信聊天记录、转账记录、快递单据等证据证实,买卖的配件上百件,铅弹6000多枚。另外,公安机关还查获了2支气枪和3件气枪散件。

审查证据后,辩护人确定了无罪的辩护思路:一是鉴定书只能认定1支气枪,未达追诉标准。二是涉案的铅弹虽然数量较多,但都没有缴获,无法鉴定,也就无法认定为“弹药”;散件也仅缴获3件,未达追诉标准。

关于鉴定书,辩护人先审查排除了资质、程序方面的问题,而后在审查检验内容中发现,其中一支气枪因“贮气装置故障,无法正常发射”,不具备认定枪支的条件,从而形成鉴定意见为“不具备枪支性能”。辩护人据此认为,该支枪形物品不属于枪支。

这个案件还有一个风险,检察机关是否会要求对该枪支进行修复或鉴定机构自行对枪支进行修复,从而认定为自制气枪。毕竟,关于修复后的枪支能否认定为枪支,虽然辩护方持否定观点,但司法实践中,对于待检的枪支如果进行简要的修复或只是缺少零部件,鉴定机构及司法机关可能会认定为枪支。

关于弹药的认定,虽然A省公安查明的犯罪事实中查获了铅弹并判定犯非法买卖弹药罪,但不排除检法机关会因为同类物且有缴获部分,从而认定魏某某所交易的铅弹均为“弹药”。但辩护人认为,被缴获铅弹的事实已被判决,而G省公安机关、检察机关认定的犯罪事实中,并没有缴获铅弹,故无法鉴定魏某某买卖的铅弹属于“弹药”。

这个案件经过两次退回补充侦查、两次延期,检察院最终给出的是相对不起诉的意见，而辩护人的辩护意见是存疑不起诉。此后，辩护人会见了魏某某，沟通了辩护思路，最终魏某某签署认罪认罚具结书，该案获得不起诉决定。

侦查机关指控

犯罪嫌疑人魏某某从2016年开始在自己的微信朋友圈发布气枪零配件的照片，通过网络贩卖组装气枪的枪管、气瓶、消音器、瞄准镜、气枪“内脏”（五件套、四件套）、“母鸡”（压制气枪铅弹用）、铅丝等零配件。魏某某接到购买需求后，通过微信向“保封实业”等人联系，确定所购买的零配件和价钱后，魏某某通过微信支付收钱和付钱，并让上家直接发货到下家提供的地址完成交易。魏某某通过张某某、陈某等人在网络上贩卖气枪零配件，并从中赚取差价非法获利。魏某某还以800元的价钱卖了一整支气枪给常某（另案处理），之后还陆续卖给常某一个套件以及一套“内脏”。

辩护思路

一、鉴定书只能认定1支气枪，魏某某非法买卖1支枪支的行为未达追诉标准

鉴定书证明，从魏某某、常某处缴获的2支枪支，其中1支气枪因“贮气装置故障，无法正常发射”，不具备认定枪支的条件，从而形成鉴定意见为“不具备枪支性能”。仅有魏某某贩卖给常某的那支鉴定为以压缩气体为动力，发射弹丸的自制气枪。因此，根据法律及司法解释规定，魏某某仅非法买卖1支枪支的行为未达追诉标准。

二、魏某某非法买卖的“弹药”虽然数量较多，未缴获且无鉴定，认定该“弹药”属于法律意义上弹药的事实不清、证据不足

魏某某的供述及相关聊天记录虽然能证明魏某某有买卖“弹药”的行为，但仅有2018年贩卖给常某的1宗事实有缴获弹药并经鉴定为气枪弹，该宗事实已经A省S市人民法院判决并服刑完毕。G省Z市公安局起诉意见书认定魏某某买卖“弹药”的事实，既未缴获“弹药”，也无相关鉴定，根据公安部印发的《公安机关涉案枪支、弹药性能鉴定工作规定》（公通字〔2010〕67号）第4条，对枪支、弹药的鉴定需经过鉴定、复核两个步骤，鉴定完成后应当制作枪支、弹药鉴定书。本案认定魏某某非法买卖的“弹药”属于法律意义上的弹药的事实不清、证据不足。

三、散件也仅缴获3件，魏某某非法买卖枪支散件的行为未达追诉标准

本案现有常某指证从其处缴获的3件枪支散件系从魏某某处购买，Z市公安局起诉意见书认定魏某某买卖“枪支”散件的事实，既未缴获“枪支”散件，也无相关鉴定，如上所述，无法认定该散件属于法律意义上的枪支散件，故本案认定魏某某买卖枪支散件已达追诉标准的事实不清、证据不足。

综上所述，辩护人认为本案无法排除合理怀疑，因此，认定魏某某涉嫌非法买卖枪支、弹药罪的事实不清、证据不足。

检察院观点

检察院依法审查查明：2016年始，被不起诉人魏某某使用其微信朋友圈发布气枪零配件和铅弹的照片。2018年5月27日、28日贩卖铅弹1000颗给张某某。被不起诉人魏某某以人民币800元贩卖1支气枪、1个枪支散件、1套气枪内脏（内有散件6件）给常某（另案处理）。经鉴定，上述气枪为枪口比动能大于1.8J每平方厘米，是以压缩气体为动力、发射弹丸的自制气枪，上述枪支散件鉴定为气枪枪架，属于自制枪支散件，气枪内脏中的枪支散件2、散件3为气枪击锤，气枪过桥，属于自制枪支散件，上述铅弹未缴获。

检察院认为，魏某某实施了《刑法》第125条规定的行为，但犯罪情节较轻，有坦白情节且认罪认罚，依照《刑法》第37条之规定，可以免予刑事处罚。根据《刑事诉讼法》第177条第2款之规定，决定对魏某某不起诉。

办案总结

一、律师要善用程序辩护，用管辖问题进行辩护

本案中，当事人魏某某的经历一波三折，2018年5月，先被G省公安机关侦查发现并立案，紧接着A省公安机关也侦查发现并在当地抓获。6月，移交给G省公安机关。G省公安机关侦查后认为没有管辖权，遂报请公安部指定管辖。7月，因证据不足对涉案4人释放，但同日又对魏某某取保候审。8月，公安机关将未到案的魏某某呈捕，检察院批准逮捕。与此同时，A省公安机关在当地抓获魏某某，检察机关根据当地公安机关侦查的事实审查起诉，也就是说，A省公安机关没有接收G省公安机关侦查的事实，最后法院以非法买卖弹药罪判处魏某某3年3个月。减刑释放后，G省公安机关又将魏某某抓获，以他们查明的犯罪事实移送审查起诉。

由于律师介入时间较晚，因此辩护人无法以管辖问题作为筹码与检察官谈本案的认罪认罚，略有遗憾。不过，律师依然要有用管辖问题进行协商辩护的意识，善用程序辩护。虽然利用管辖问题逆转案件有相当难度，但是由于我国司法实践中确实存在“同案不同判”的情况，不同地区司

法机关裁判尺度的把握和刑事政策的运用确实存在一定差异,所以这里就有律师辩护的空间存在。

二、证据瑕疵问题是与检察官协商认罪认罚的重要筹码

司法实践中"有认罪,无协商"的情况是比较常见的。在事实清楚、证据充分的案件中,公诉机关不一定存在协商需求,这种案件很难与公诉机关协商"量刑减让"。

真正能协商"量刑减让"的案件,往往是控辩双方都存在协商需求的案件。而证据存在一定问题,从而使案件的处理存在多种可能性,检察官也没有很大把握的案件往往就是这种类型的案件。

这个案件中,只能认定1支气枪、涉案的铅弹没有缴获无法鉴定,这些证据问题其实就是与检察官协商认罪认罚的重要筹码。

三、把握好律师独立辩护与当事人合法利益最大化的关系

本案中,辩护人认为事实不清、证据不足,应当作出存疑不起诉的决定。在检察官给出签署认罪认罚具结书后做相对不起诉的意见以后,辩护人并没有基于"律师独立辩护权"继续坚持自己的意见,而是与当事人协商是否做认罪认罚。当然辩护人也给出了明确的意见——只要是不起诉的结果,辩护人还是建议签署认罪认罚具结书。尤其是在当事人可以接受相对不起诉结果的前提下,律师应当尊重当事人的意见,否则案件一旦起诉到法院,就有被定罪的风险。

所以,认罪认罚案件中,律师要把握好与检察官协商的"度",处理好律师独立辩护与当事人合法利益最大化的关系。

深挖案件事实，挪用资金被判无罪

——毛某涉嫌挪用资金、逃税部分无罪案

辩护思路和要点

本案主要是证据问题，即现有证据是否能够得出毛某利用职务便利挪用公司资金、侵害公司财产所有权或使用权的唯一性结论。经过综合考量本案的事实情况、刑事案件的证明标准等，辩护人认为现有证据不足以证明毛某利用职务便利挪用公司资金供个人使用或借贷给他人。鉴于此，对于检察机关指控的挪用资金罪，辩护人做无罪辩护，并得到法院的支持。

基本案情

被告人毛某在担任澜庭房地产有限公司（以下简称澜庭公司）负责人期间，将该公司代为向购房者收取的契税费及维修专项基金借出，金额共计1100多万元。

2001年至2013年，毛某担任澜庭公司负责人期间，采取少申报销售收入、欠缴税款等方式，逃避税款共计1200多万元，占应纳税额的24%。

检察机关以犯挪用资金罪、逃税罪,对毛某提起公诉。

控方指控

2008年至2012年,被告人毛某在担任澜庭公司负责人期间,将该公司代为向购房者收取的契税费及维修专项基金以出具借条等方式予以借出,后归其个人投资使用。经司法会计鉴定,至案发时止,毛某挪用上述费用共计人民币近1160万元,犯挪用资金罪。

2001年至2013年,毛某在担任澜庭公司负责人期间,采取少申报销售收入、欠缴税款、经税务机关通知申报而拒不申报、通知缴纳税款而拒不缴纳等方式,逃避税款共计人民币1200多万元,逃税数额占应纳税额的24.09%,犯逃税罪。

辩护思路

一、构成逃税罪的主体是澜庭公司,且公司法定代表人毛某具有坦白、积极赔偿等情节

(一)构成逃税罪的主体是澜庭公司

本案中,毛某是澜庭公司的法定代表人、实际控制人和事实上的唯一股东,欠缴税款的主体是澜庭公司,澜庭公司所在Z市地税局某分局作出的税务处理决定书(2013)1号税务处理决定书的对象也是澜庭公司,法定的缴税义务主体也是澜庭公司,因此承担逃税罪刑事责任的主体应当是澜庭公司,而非自然人毛某。

(二)被告人毛某如实供述逃税的事实

对于逃税的犯罪事实,毛某一直供认不讳,应当认定毛某具有坦白情节。

（三）毛某一直积极与税务部门沟通缴税事宜

澜庭公司一直按时申报及依法纳税，后虽因公司经营不善、与承建商发生纠纷导致无工程发票报税等客观原因造成未能按时缴纳税款，公司也一直积极与税务部门沟通减免税款及补缴税等相关事宜。

即使在挪用资金案案发之后，毛某在取保候审期间，依然在积极筹措资金，并通过向朋友借款 180 万元，以及卖房卖车的方式补缴税款 300 多万元。因此，应当认定毛某具有积极赔偿之情节。

（四）Z 市某镇政府曾明确承诺对于烂尾楼改造项目免征税款

根据毛某陈述，碧涛花园澜庭 BC 区项目系澜庭公司与 Z 市某镇房地产开发有限公司合作开发的项目，系澜庭公司帮助该镇政府处理的烂尾楼项目，建筑面积近 3 万平方米，澜庭公司只是代该镇房地产开发有限公司销售楼盘，且该镇政府曾明确向澜庭公司承诺该项目免予征收税费。

二、认定被告人毛某构成挪用资金罪的事实不清、证据不足

挪用资金罪侵犯的法益是公司财产的所有权和使用、收益权。本案中，毛某挪用的是澜庭公司代管的业主的办证费用及维修基金，仅暂存于公司账户，并须按规定上缴，所有权不属于公司所有，也不允许公司使用或产生收益。因此，毛某的行为并未侵犯挪用资金罪的法益。

（一）涉案资金系代为向购房者收取的契税费及维修基金，不宜认定为公司资金

挪用资金罪的行为对象是公司资金。本案中，业主向澜庭公司缴纳的费用分为三部分，分别是契税款、办证费和维修基金。以上款项虽然都转入澜庭公司的银行账户，但澜庭公司对这些资金仅是代为保管，这些资金不宜认定为公司资金，不能成为挪用资金罪的行为对象。换句话说，毛

某挪用上述资金的行为，并未侵犯公司财产的所有权。

（二）即使将这些资金认定为公司资金，由于澜庭公司实际上是一人公司，对于股东挪用公司资金的行为，也不宜认定为挪用资金罪

根据工商登记信息，毛某拥有澜庭公司90%股份，王某拥有10%的股份。王某是毛某亲戚，实际是挂名股东，从来没有参与过澜庭公司的利润分配。澜庭公司从注册之初，一直是毛某一人出资、一人经营。

澜庭公司事实上是一人公司，毛某作为澜庭公司的法定代表人，对公司资金具有完全的支配权。即使将澜庭公司代为收取的契税、办证费以及维修基金认定为公司资金，毛某挪用资金的行为也并没有损害其他股东或公司的利益。毛某挪用资金的行为，损害的是其个人的财产权益，因此不宜认定为挪用资金罪。

（三）现有证据不足以证明毛某挪用资金归个人使用或者借贷给他人

挪用资金罪的行为内容表现为挪用单位资金归个人使用或者借贷给他人。其中的“归个人使用”包括以下三种情形：（1）将本单位资金供本人、亲友或者其他自然人使用的；（2）以个人名义将本单位资金供其他单位使用的；（3）个人决定以单位名义将本单位资金供其他单位使用，谋取个人利益的。

本案中，毛某采用写借条的方式借出部分公司资金。根据毛某陈述：从2003年开始，已经以个人名义向澜庭公司借款，一直是有借有还，有些用于日常运营费用，包括工资、水电费等。写借条向公司借钱再以发票冲账或将现金还给公司，是澜庭公司经营过程中的惯常做法，并没有固定的资金去向或用途。

涉案资金挪作何用，仅有毛某的供述，没有其他证据材料加以印证，且由于时间久远，毛某对资金的具体用途的供述也出现前后不一致的情况。从客观上来说，挪用资金是一个在较长时间内持续的行为，而在这个过程中,澜庭公司正在开发碧涛花园第四期,在挪用资金并没有具体且固定用途的情况下,部分甚至全部用于项目开发亦在情理之中。办案机关委托司法会计鉴定机构制作的司法会计鉴定报告,也不足以证明涉案资金的用途。

也就是说,依照现有的证据,并不足以证明毛某挪用资金归个人使用或者借贷给他人。

(四)现代花园延期办理房产证主要是无法进行综合验收备案和土地查封问题所导致,毛某借用涉案资金并非延期办理房产证的主要原因

本案系因现代花园延期办理房产证引起小业主上访引发,但现代花园小区延期办理房产证的主要原因是澜庭公司与工程建设方 H 市昌盛公司的建设施工合同纠纷案件久拖不决,该案于 2011 年 6 月 27 日立案,直到 2013 年 4 月 22 日才作出二审终审判决。双方的民事诉讼时间长达近 2 年,施工方申请查封了土地,同时不向澜庭公司提供验收资料,导致工程无法进行综合竣工验收,故现代花园小区无法办理房产证。

市政府关于《Z 市某镇现代花园业主办证问题协调会纪要》也明确记载,昌盛公司仍然不愿开具工程款支付证明,导致现代花园至今未办理竣工验收备案。

因此,毛某借用公司涉案资金并非延期办理房产证的主要原因,从毛某被拘留后 19 天内就交纳 600 万元保证金,以及案发后仍愿意借款弥补小业主损失的做法可以看出,如果当时综合验收通过,毛某完全有资金能力为小业主缴纳契税,顺利办理房产证。

(五)不宜以司法鉴定报告认定的金额作为本案挪用资金的金额

本案系因现代花园延期办理房产证引起小业主上访,业主上访后,Z 市某镇政府及时介入处理,并统计了业主损失情况。同时,政府还要求澜庭公司对挪用的业主契税、办证费和维修基金进行了统计,统计金额为

7,260,746.12 元。

本案中,Z 市澜庭物业管理有限公司是碧涛花园的物业管理方,Z 市碧涛物业管理有限公司是现代花园的物业管理方。澜庭物业公司和碧涛物业公司的办公电脑中保存完整的业主已缴和未缴维修基金的统计数据表。对于挪用维修基金金额的统计,不能仅根据会计账簿的记载,而应当将会计账簿记录的进项,与物业管理方实际收到的维修基金进行对比,从而确定实际的挪用维修基金金额。

同理,对于契税和办证费的统计,也应当以会计账簿的记载为基础,结合已收取费用而未办证的业主清单进行统计。

三、以下量刑情节,恳请法庭予以充分考量

(一)被告人毛某愿意积极赔偿,弥补小业主的全部经济损失

如前所述,毛某因挪用资金被刑事拘留后,毛某以极低的价格将在建项目碧涛花园四期变卖,拘留后第 17 天,毛某向办案机关缴纳了 600 万元保证金。该笔资金由 Z 市 T 镇分局查封,拟用于退还小业主契税和维修基金。证据显示,该笔资金中 932,707.8 元用于缴纳办证相关费用(办证费、公建面积折价款、图纸费、办证人员工资交通费和超容费),256,700 元用于缴纳司法会计鉴定费用。其余费用本应由办案机关扣押退还业主,但是由于办案机关疏忽,该笔款项去向不明。恳请法官查明该笔款项实际用途,以明确毛某应予退还业主的具体数额。

在会见毛某的过程中,毛某多次向辩护人表达愿意向朋友借款退还业主契税和维修基金。辩护人在毛某家属的陪同下,赴香港与毛某的朋友面谈借款事宜,毛某的朋友也明确表示愿意借款给毛某,用于退还业主契税和维修基金,以弥补业主损失,并且已经开始积极筹措。

因毛某被关押在 Z 市看守所,与其朋友的沟通只能通过辩护人进行,且本案涉及 600 多户小业主,金额高达数百万元,资金的筹措和退还需要

一个过程。

（二）被告人毛某自愿认罪认罚

归案后，毛某对于挪用资金和拖欠税款的事实，一直都如实供述，配合公安机关调查取证，自愿认罪认罚。

（三）被告人毛某的犯罪行为社会危害性不大

目前，澜庭公司开发的楼盘已经全部办理了房产证，且房产价值也大幅度增加。本案是由业主要求退还办证费用的民事争议引发，进而推动公安部门刑事侦查的案件，毛某退还业主资金后，民事争议部分得以解决，即引起本案的社会矛盾已经得到充分化解。

毛某的行为虽然构成逃税罪，造成国家税费的损失，但逃税行为是由于诸多客观因素导致，且逃税总额小于应缴税额的30%。同时，澜庭公司也愿意积极筹措资金，补缴所欠税费。总体来说，毛某犯罪行为的社会危害性不大。

（四）被告人毛某的人身危险性较小

本案中被告人毛某系初犯，挪用资金和拖欠税款的行为，都是由于公司经营陷入困境，并非用于毛某个人奢侈生活或其他违法行为。即使是在取保候审期间，毛某也通过卖掉个人资产、向朋友借贷的方式，努力偿还欠税。

（五）毛某的亲属近几年接连发生重大变故，花费了巨额的医疗费用，毛某作为家里的主要经济支柱，承担巨大的经济压力

2014年春节后毛某的父亲患胆管癌，作为儿子毛某一直陪在父亲身边照顾父亲。照看父亲期间，毛某的弟弟因脑瘤去世。次年，毛某的父亲也去世了，母亲紧接着又得了脑中风，瘫痪在床，其不得不一直陪在母亲身边照顾母亲。在这期间，为了治疗父亲和弟弟的癌症，毛某花费了巨额医疗费用。作为家里的主要经济支柱，毛某承担巨大的经济压力和精神压力,这也是导致澜庭公司经营不善的原因。

综上所述,涉案房产的房产证已经全部办理完毕,且被告人毛某愿意借款赔偿业主损失,化解本案的社会矛盾。近年来,毛某的家庭也发生了重大变故,母亲瘫痪在床需要他的照顾。同时,毛某本人主观恶性较轻,并认罪认罚,其行为的社会危害性不大,恳请法庭对被告人毛某适用缓刑。

法院观点

对公诉机关指控被告人毛某构成挪用资金罪,经查,(1)澜庭公司是有限责任公司,法定代表人是毛某,其供述该公司是其独自经营;辩护人提交王某的证言,证明其仅为挂名股东。公诉机关没有提供相关证据证明澜庭公司还有其他股东,也没有提供澜庭公司的报案材料证明毛某"挪用"了澜庭公司多少资金。(2)证人冯某因其交纳办证费、维修资金后一直无法办证而报警,其与澜庭公司是一般民事纠纷,并非挪用资金的被害人。(3)相关审计报告只能反映澜庭公司2003年1月至2011年12月31日,代收业主办证税费而未向相关政府部门缴纳金额为人民币7,440,361.60元,代收业主物业管理维修基金而未向政府部门缴存金额为人民币4,139,578.99元;而澜庭公司2003年1月1日至2011年12月31日现金及银行存款期末余额为4,808,941.11元,在此期间向其他单位及个人支付往来款未收回的金额为人民币37,540,280.88元,现不能确定毛某拿走的就是上述的办证税费、维修基金的款项。(4)虽然毛某有出具借条借出公司现金情况,现有证据不能证明该行为是未经公司同意的。(5)现有证据未能证明毛某挪用澜庭公司的资金归个人使用。(6)毛某在公安机关处理此案不久,即在2012年9月29日主动存款6,000,000元到监管账号用于支付办证费。故认定毛某挪用资金证据不充分,不予认定。

对辩护人提出逃税是单位犯罪、毛某社会危害性不大、系初犯问题，经查明，事实如下：(1)逃税罪可以直接追究逃税单位的主管人员或直接责任人，被告人毛某就是澜庭公司的投资者、经营者，逃税行为由其个人决定，直接追究其刑事责任并无不当。至于逃税的原因，税务机关已多次向毛某作了询问笔录、召开听证会，向毛某调查其税务情况，向毛某送达相关文书，毛某还是逃避纳税，其不能以其他原因对抗其纳税义务。(2)毛某逃税超过10,000,000元、逃税数额占应纳税额的24.09%，达到追究刑事责任的标准，不属于社会危害性不大；且逃税持续一段时间，不属于初犯。

法院认为，被告人毛某无视国家法律，采取欺骗、隐瞒手段进行虚假纳税申报，逃避纳税数额较大并且占应纳税额10%以上，其行为已构成逃税罪，应依法惩处。毛某归案后如实供述其罪行，依法可以从轻处罚。公诉机关指控毛某犯逃税罪的事实清楚，证据确实、充分，罪名成立，应予支持；但认定毛某犯挪用资金罪证据不充分，不予认定。对辩护人提出的辩护意见，答辩如上，有理部分予以采纳。依照《刑法》第67条第3款、第201条第1款之规定，判决如下：

被告人毛某犯逃税罪，判处有期徒刑2年，并处罚金人民币100万元。

办案总结

挪用资金罪是公司经营过程中的常见犯罪，对于本案这样事实上的一人公司，被告人往往是公司的实际经营者、决策者，个人财产与公司财产之间容易产生混同，也极易发生挪用资金的情形。

挪用资金罪真是企业家们一道“绕不开的坎”吗？其实也不尽然。本案中，毛某出具借条从公司借出现金且案发时未归还的事实确实存在，为什么最后却没有被认定为挪用资金罪呢？无罪辩护的关键点在哪里？

首先,对案件事实全面了解、综合分析。

作为辩护律师,辩护人多次会见被告人毛某,毛某向辩护人陈述了下列事实:(1)公司虽有挂名股东,但事实上系毛某的一人公司,公司管理较为松散,毛某有完全的管理权和决策权;(2)写借条借出现金,再以发票冲账的情况是公司经营中的常见财务处理手段;(3)毛某借出公司资金用于公司当时正在开发的房地产项目;(4)毛某并不能完全确定借出的资金系代收业主的钱或公司自有资金;(5)业主未能及时办证是因为其他原因所致,而非因为公司资金被挪用。

其次,综合考量案件,制定辩护思路。

通过反复阅卷,辩护人认为现有的证据并不能充分证明毛某挪用资金的来源、资金的用途,其行为也未侵犯挪用资金罪的法益,结合毛某对其行为的主观认识,辩护人提出挪用资金罪做无罪辩护的思路,并得到了毛某的认可。

最后,重视庭审质证、辩论环节,强化辩护效果。

庭审辩护时,辩护人在尊重客观事实和当事人意愿的基础上,提出作为事实上的一人公司,毛某的行为并未侵犯挪用资金罪的法益;针对毛某挪用资金的具体原因、资金用途、资金来源,现有证据并未达到刑事诉讼所要求的证据确实、充分的程度;毛某具有主动交代等量刑情节。

“孤证不能定案”，偷越边境认定无罪

——孟某涉嫌单位行贿、偷越边境部分无罪案

辩护思路和要点

公诉机关指控孟某涉嫌单位行贿罪、偷越边境罪两项罪名。辩护人对单位行贿罪采取认罪认罚辩护思路，对偷越边境罪做无罪辩护。一方面，辩护人通过分析在案证据，提出本案证明孟某构成偷越边境罪的证据仅有其供述，其他在案证据反映的事实与孟某是否有偷越边境行为无关，所以证明孟某存在偷越边境行为供述的证据是孤证，而孤证不能定案。另一方面，辩护人在实体上进行理论阐述，提出孟某的行为不属于偷越边境罪中“情节严重”的情形。最终法院采纳辩护意见，认定不构成偷越边境罪。

基本案情

孟某在G省Z市投资经营多家公司，是澳古房地产公司的实际控制人。2009年至2012年，被告单位澳古房地产公司及其实际控制人孟某为感谢相关领导帮助和关照，向有关领导贿送现金。因相关领导被Z市监

察委立案调查,本案案发。

2018年6月,孟某在接受监察委询问时,陈述其向相关领导行贿的事实,但此次询问之后,监察委并未对孟某采取任何强制措施。

2018年11月上旬,Z市监察委以孟某涉嫌严重违法问题为由,对孟某进行立案调查。同月中旬,Z市监察委经省监察委同意,决定对孟某采取留置措施,但经多方寻找,未能找到孟某本人。同年12月,监察委通过Z市公安局对孟某发布通缉令。

2019年12月初,孟某到监察委投案,并在后续的讯问过程中供述:2018年11月中旬左右,其获悉监察委人员在寻找自己,其不知道监察委人员为何寻找自己,于是其通过小渔船偷越到澳门特别行政区。

公诉机关指控孟某涉嫌单位行贿罪、偷越边境罪两项罪名。辩护人对单位行贿罪采取认罪认罚辩护思路,对偷越边境罪做无罪辩护。一方面,辩护人通过分析在案证据,提出本案证明孟某构成偷越边境罪的证据仅有其供述,其他在案证据反映的事实与孟某是否有偷越边境行为无关,所以证明孟某存在偷越边境行为供述的证据是孤证,而孤证不能定案。另一方面,辩护人在实体上进行理论阐述提出,孟某的行为不属于偷越边境罪中"情节严重"的情形。最终法院采纳辩护意见,认定不构成偷越边境罪。

控方指控

2009年至2012年,被告单位澳古公司和被告人孟某为感谢相关领导在征地拆迁、农用地转用指标和土地办证等事项上提供的帮助和关照,向相关领导贿送现金。2018年年底,被告人孟某为逃避刑罚,在身份证、回乡证、护照等证件被调查机关扣留的情况下,在Z市码头利用小渔船偷越到澳门特别行政区,构成偷越边境罪。

公诉机关认为，被告单位澳古公司及其直接负责的主管人员被告人孟某无视国家法律，为谋取不正当利益，向国家工作人员行贿，情节严重，其行为触犯了《刑法》第393条的规定，犯罪事实清楚，证据确实、充分，均应当以单位行贿罪追究其刑事责任。被告人孟某违反边境管理法规，偷越边境，情节严重，其行为触犯了《刑法》第322条的规定，应当以偷越边境罪追究其刑事责任。被告人孟某在判决宣告前犯单位行贿罪、偷越边境罪，依照《刑法》第69条的规定，应当数罪并罚。被告单位澳古公司、被告人孟某有自首情节，依照《刑法》第67条第1款的规定，可以从轻处罚。

辩护思路

在本案中，孟某被以构成单位行贿罪、偷越边境罪移送审查起诉。辩护人会见孟某，查阅卷宗材料后认为，其单位行贿的犯罪事实较为清楚，且具有自首情节，建议其对单位行贿部分认罪认罚，争取缓刑结果。另外，辩护人综合评判案件事实后认为，现有证据不足以证实孟某实施了偷越边境行为，且即使如孟某所供述，也不属于“情节严重”的情形。因此，孟某不构成偷越边境罪。

一、在案证据中，证明孟某偷越边境的证据系孤证，不能据此判定孟某构成偷越边境罪

（一）孤证的认定标准

孤证不能定案是现代刑事诉讼的一项证据规则。“孤证不能定案”是指，每一个证据的证明力之有无或者大小，都不能靠该证据本身得到证明，而必须通过对证据本身的情况、证据与其他证据之间有无矛盾及能否互相印证、证据在全案证据体系中的地位等问题进行全面的衡量，才能作

出合理的判断。一是案件只有一项有罪证据,由于该证据形成了“孤证”,得不到任何其他证据的印证,处于真伪难辨、虚实不明的状态,裁判者当然无法仅凭孤证来认定案件事实;二是案件存在若干项有罪证据,都能够证明犯罪事实的某一环节或者片段,但它们相互之间不存在任何事实信息的重合与交叉,而只是孤立地存在,彼此无法得到任何形式的印证或者佐证。

由此可知,可从三个角度判断案件证据是否属于孤证:第一,证明有罪的证据仅有一项;第二,案件有多项有罪证据,但该多项证据具有同源性;第三,案件中存在多项有罪证据,它们相互之间不存在任何事实的交叉。

(二)孟某的出入境记录不能反映孟某存在偷越边境的事实信息

本案中,孟某于2018年6月中旬接受Z市监察委询问,其身处内地。当2018年11月中旬Z市监察委决定对其采取财物留置措施时,未能找到其本人,也就是不知其身处何处。直到2019年12月初,孟某向Z市监察委投案自首,监察委才知道孟某的行踪。也就是说,一开始孟某就身处内地接受询问,最后又是在内地投案自首,并且出入境记录没有反映孟某在此期间内有出入境的行为。

也就是说,在本案中,不能排除孟某在办案机关查找期间一直身处内地的可能性,也不能排除在这段时间内其多次偷越边境的可能性。换句话说,在案证据中,关于孟某的出入境记录及孟某在内地“消失”,又在内地被发现的事实,不能反映孟某在“消失”的时段是在境内还是境外。

综上所述,公诉人出示的出入境记录不能反映孟某存在偷越边境的事实信息。

(三)仅有孟某的供述能证明孟某具有偷越边境的行为,系孤证

孟某在投案自首时曾供述:2018年11月初之后的一个星期左右,其获悉监察委人员在寻找自己,其不知道监察委为何寻找自己,于是通过小渔船偷越到澳门特别行政区,后来又坐船偷越回内地。

根据孟某的供述,可以知道其在“消失”的这段时间内具有偷越边境往返澳门特别行政区与内地一次的事实。但是,该事实没有其他在案证据予以印证,系孤证。根据《刑事诉讼法》第55条的规定,对一切案件的判处都要重证据,重调查研究,不轻信口供。只有被告人供述,没有其他证据的,不能认定被告人有罪并处以刑罚。

综上所述,本案的出入境记录及相关事实状态,不能反映孟某存在偷越边境的行为,仅有孟某的供述证明其曾经偷越边境往返内地与澳门特别行政区各一次,该供述是孤证,不能据此判定孟某存在偷越边境行为,孟某不构成偷越边境罪。

二、孟某的行为不属于偷越边境罪要求的“情节严重”的情形

在本案中,即使认定孟某确实通过小渔船偷越了边境,其行为也不属于偷越边境罪要求的“情节严重”的情形。

(一)偷越边境罪“情节严重”的认定标准

我国《刑法》第322条规定:“违反国(边)境管理法规,偷越国(边)境,情节严重的,处一年以下有期徒刑、拘役或者管制,并处罚金……”行为人构成偷越边境罪,必须达到情节严重的程度。但是,《刑法》并未明确“情节严重”具体认定标准,需要结合相关司法解释的规定进行认定。

《最高人民法院、最高人民检察院关于办理妨害国(边)境管理刑事案件应用法律若干问题的解释》第5条规定:“偷越国(边)境,具有下列情形之一的,应当认定为《刑法》第三百二十二条规定的‘情节严重’:(一)在境外实施损害国家利益行为的;(二)偷越国(边)境三次以上或者三人以上结伙偷越国(边)境的;(三)拉拢、引诱他人一起偷越国(边)境的;(四)勾结境外组织、人员偷越国(边)境的;(五)因偷越国(边)境被行政

处罚后一年内又偷越国(边)境的;(六)其他情节严重的情形。"

在本案中,孟某的行为并不存在上述司法解释规定的第1项至第5项情形。那么孟某的行为是否符合上述司法解释第6项"其他情节严重的情形"就需要进行相应的考究才能得出结论。

刑法分则条文或者其他刑法规范在列举某些具体要素之后使用"等""其他"用语作为兜底性规定,以避免成文法的局限性,适应现实生活的复杂性及易变性。但罪刑法定原则要求司法解释必须具有明确性,"规定犯罪的刑法条文必须清楚明确,使人能确切了解违法行为的内容,准确地确定犯罪行为与非犯罪行为的范围,以保障该规范没有明文规定的行为不会构成规范适用的对象。"显然"等""其他"等兜底性规定不具有明确性,因此,为了限制对兜底性条款适用,避免违反罪刑法定原则,在解释兜底性条款时,必须对其进行体系解释。体系解释要求遵守同类解释规则,即对兜底性规定的解释,要按照所列举的内容、性质进行解释。

由此可知,"其他情节严重的情形"应与前述所罗列的5种情形在行为方式、社会危害程度等方面具有相当性。国(边)境是出入国家的门户,偷越国(边)境罪的设立,就是为了维护国家主权、安全和社会管理秩序,司法解释明确列举的5种行为均是危害国家主权、安全和社会管理秩序的行为。因此,偷越国(边)境的行为的危害性质及危害程度,必须为严重危害国家主权、安全和社会管理秩序的行为。

(二)孟某的行为不能认定为"情节严重"

具体到本案,即使认定孟某确实存在偷越内地与澳门特别行政区边境之行为。一方面,根据孟某的供述,其从内地偷越回澳门特别行政区之前,仅仅是听说监察委在寻找他,并不知道是因为什么事情。孟某出于担心害怕,才决定偷越回澳门特别行政区,不能认为其具有逃避刑罚之目的。另一方面,孟某偷越回到澳门特别行政区之前,办案部门并未对其立案调查,亦未对其采取任何强制措施。孟某偷越回澳门特别行政区之后,办案机关才决定对其采取留置措施。最后,孟某偷越的行为性质并未严重危害国家主权、安全和社会管理秩序,不属于情节严重的情形。

综上所述,在案证据不能证实孟某通过小渔船往返内地与澳门特别行政区的事实,即使能够证实该事实的存在,也不属于情节严重的行为,因此,孟某不构成偷越边境罪。

法院观点

关于被告人孟某是否构成偷越边境罪的问题,经查,现仅有孟某的供述证实其有偷越边境的行为,公诉机关未能提供任何证据予以印证,属证据不足。且即使如孟某所供,其确曾有偷越边境往返澳门特别行政区各一次的行为,亦不符合《最高人民法院、最高人民检察院关于办理妨害国(边)境管理刑事案件应用法律若干问题的解释》第5条所规定的“情节严重”的情形,未达定罪标准,不构成偷越边境罪。

办案总结

在本案中,公诉机关指控孟某涉嫌单位行贿、偷越边境两项罪名。辩护人综合研究全案证据认为,孟某涉嫌单位行贿罪部分事实清楚,所以,把辩护重心放在偷越边境罪的有效辩护上。

一、充分挖掘在案证据漏洞,做证据之辩

有效刑事辩护的突破点之一是充分挖掘在案证据漏洞,根据证据规则,推翻公诉机关的指控。如本案,公诉机关指控行为人构成偷越边境罪,就要证实行为人违反边境管理法规,不在出入境口岸、边防站等规定的地点出入边境。公诉机关指控孟某构成偷越边境罪的证据仅有出入境

记录和孟某的供述。出入境记录只能反映行为人在某一时间某地点出境或者入境,不能直接证明行为人偷越边境。出入境记录只能结合经验法则推断出行为人是否存在偷越边境的行为。例如,行为人在境内,却没有行为人的入境记录,或者行为人在境外,却没有行为人的出境记录,此时可以推断行为人存在偷越行为。本案中,出入境记录没有反映孟某在此期间有出入境。而孟某又是在内地主动前往监察委进行自首,此时不能通过出入境记录推断出行为人存在偷越行为。因此,能够证明孟某偷越边境的证据仅有其供述,是为孤证。孤证不能定案,所以本案认定孟某存在偷越行为的证据不足。

二、准确理解条文含义,做实体之辩

辩护人应当注意立案标准与司法解释的衔接,不能当然地将立案标准与司法解释定罪标准画等号。《公安部关于妨害国(边)境管理犯罪案件立案标准及有关问题的通知》规定,为逃避刑罚偷越国(边)境的,应当立为重大案件。一方面,根据罪刑法定原则,公安部制定的规范性文件不能作为定罪依据,除非有明确的授权。所以,不能将此处的重大案件等同于司法解释规定的情节严重。另一方面,实质上考察,为逃避刑罚偷越边境之主观目的不是偷越国(边)境罪中"情节严重"的判断标准。所以,不能认定孟某构成偷越边境罪。

辩护人在制定辩护方案之时,可从程序、证据、实体三个维度共同发力,最大限度地维护当事人权益,实现有效辩护。

行为与责任同时存在，正确认定恶意透支型信用卡诈骗罪

——夫妻二人涉嫌信用卡诈骗，不同地区判决结果迥异

辩护思路和要点

丈夫马某及妻子方某的案件都属于恶意透支型信用卡诈骗案，核心问题是非法占有目的的认定。司法实践中，司法机关基本上把“经发卡银行催收后仍不归还”作为恶意透支型信用卡诈骗罪的核心构成要件，这可以说是信用卡诈骗罪的滥用。根据行为与责任同时存在的原则，只有当行为人在实施透支行为时，就具有不归还的意图，也就是有非法占有目的时，才构成信用卡诈骗罪。

基本案情

这个案件很奇特，先是丈夫马某涉嫌信用卡诈骗罪，在广东某地被拘留，妻子为丈夫委托律师，律师介入案件后，案件最终争取到存疑不批捕，最终在侦查阶段撤销案件。

而后妻子方某也因涉嫌信用卡诈骗罪,被上海警方采取强制措施,妻子与丈夫的行为性质相同,律师虽然做无罪辩护,但最终还是被上海法院认定构成信用卡诈骗罪。

两个案件的案件事实都很清晰,夫妻两人向多家银行申领信用卡,一直正常还款。后来,由于丈夫经营的企业出现状况,最终无法归还信用卡的欠款。银行通过短信、电话、寄送信函等方式多次向夫妻两人催收欠款,两人均未归还,此后,银行向公安机关报案。

丈夫马某及妻子方某的案件都是属于恶意透支型信用卡诈骗案,核心问题是非法占有目的的认定。司法实践中,司法机关基本上把"经发卡银行催收后仍不归还"作为属于恶意透支型信用卡诈骗罪的核心构成要件,笔者认为这是信用卡诈骗罪的滥用。根据行为与责任同时存在的原则,只有当行为人在实施透支行为时,就具有不归还的意图即具有非法占有目的时,才构成信用卡诈骗罪。

因丈夫马某的案件在侦查阶段就撤案,下文主要以方某案件为例,分析"恶意透支型"信用卡诈骗案非法占有目的的认定问题。

控方指控

2013 年 7 月,方某向兴业银行申领信用卡(额度 50 万元)一张后,在明知无还款能力的情况下,于 2013 年 8 月 2 日至 2015 年 3 月 7 日多次透支消费及取现,累计透支本金共计人民币近 40 万元。2015 年 1 月 27 日,方某最后一次有效还款后,经发卡行多次催收超过 3 个月,仍未归还。

2012 年 8 月,方某向工商银行申领信用卡一张后,在明知无还款能力的情况下,于 2012 年 8 月 17 日至 2015 年 3 月 14 日多次透支消费及取现,累计透支本金共计 1 万多元。2015 年 2 月 6 日,方某最后一次有效还款后,经发卡行多次催收超过 3 个月,仍未归还。

辩护思路

如前所述，这两个案件辩护的核心，都是行为人在实施透支行为时是否具有非法占有目的。丈夫马某的案件，辩护人也是围绕这个核心问题，论述不能把“经发卡银行催收后仍不归还”作为属于恶意透支型信用卡诈骗罪的核心构成要件。这种观点在审查批准逮捕阶段得到了广东Z市检察机关的支持。

但是妻子方某就没有这么幸运，上海的检察院和法院都没有采纳律师提出的辩护意见，而是直接以“经发卡银行催收后仍不归还”推定方某具有非法占有目的。

辩护人提出，方某主观上没有非法占有的目的，不应认定为恶意透支，因此不构成信用卡诈骗罪。具体意见如下。

一、方某没有“明知没有还款能力而大量透支”

（一）公司正常经营期间，方某有还款能力

信用卡是银行给予持卡人一定额度的透支权限，在限定周期内，先用后还。故“明知无还款能力”的时间节点应为用卡时，而不是还款时。这实际上意味着，持卡人对自己在一定期限后（一般为一个月）的所谓还款能力的预判。持卡人的还款能力不仅仅局限于现金、存款，还包括有价证券、不动产、车辆、股权、预期收益（如应发未发的工资、到期债权）等。

而方某在2015年1月之前，都是能按期还款的，其偿还信用卡的资金主要源于预期收益，也就是经营的两家企业所得收益及客户的回款等。事实也证明，这种模式是行之有效的，方某的信用卡还款一直没有出现异常情况。

方某2015年1月的消费，实际上要到2月春节后才需要清偿。而在

当时,方某与其丈夫马某经营的企业还在正常运转,按照马某与方某的预期,债务人在农历年底会偿还部分款项,且有债务人声称春节前会偿还至少200万元(方某家庭对外总债权约800万元)。即便公司运营或债务回收出现一些不理想的状况,方某也可以变卖资产来偿还这些款项。

(二)公司资金链断裂以后,方某的非现金资产变现后也足以偿还信用卡欠款

方某与马某名下有三套房屋,其中两套在G省Z市(市场价值约120万元),一套在G省G市(目前该房市场价值为3200万元以上)。扣除银行抵押贷款近1800万元后,净值仍然有1000万元以上。

而且,方某与马某经营的企业在正常运营的情况下,也是可以产生收益及带来现金流。虽然这些资产(房屋、公司)在2015年1月后,都因司法查封的原因被限制流转,但方某在用卡时(2015年1月)是无法预先知晓后面的司法查封情况。因为起诉与否、起诉时是否申请财产保全、调解结案还是判决结案、何时结案,这些都是无法预判的情况。按照方某的家庭总资产情况,银行通过民事诉讼主张债权,完全可以得到实现。

在用卡当时,方某并无法预知到2015年2月会不能按时还款,因此,方某不存在“明知无还款能力”的情况。

二、方某没有“逃匿、改变联系方式,逃避银行催收”

在银行催收过程中,方某从未变换住址、电话,也自行、委托律师、委托其丈夫马某与银行沟通,方某不存在恶意透支的行为。

2015年2月,公司资金链出现问题,导致无法正常还款之后,方某首先在信用卡仍有额度的情形下,主动停止用卡,足见其不存在“明知故犯”的恶意透支行为。方某第一时间通知了兴业银行客服中心及银行客户经理,此后,就还款计划和公司目前突发紧张的资金状况,方某曾数次致电兴业银行客服电话,及向兴业银行G分行、Z分行寄发关于还款计划和公司资金状况的材料。在兴业银行交给第三方机构处理之后,方某也一直积极面对第三方催收,同时仍就还款计划积极与兴业银行协调解决,还委托律师、其丈夫马某等人以上门面谈、书面、电话等方式多次与银行进行沟通。

三、方某既没有“肆意挥霍透支的资金”,也没有“抽逃、转移资金、隐匿财产、逃避还款”,更没有“使用透支的资金进行违法犯罪活动”

公司资金链出现问题以后,方某并未实施抽逃、转移资金、隐匿财产等逃避还款的行为,而是积极与银行联系,争取取得银行的谅解,并与银行商讨具体的还款方案。

涉案兴业银行信用卡,从启用开始的18个月的时间里,一直处于正常借贷和还款状态,该卡借贷资金主要用于方某和马某所经营企业的应急资金周转,并未用于违法犯罪活动。

四、公安机关对方某的民事欠款行为以涉嫌信用卡诈骗犯罪立案侦查是欠妥的

方某之所以出现拖欠信用卡还款的行为,系因其丈夫马某的公司经营状况恶化、资金链断裂而导致,因此方某并不具有成立该罪的一个基本前提——非法占有的目的。以涉嫌信用卡诈骗罪对方某立案侦查,实质是为了“促使”方某归还信用卡欠款。国家的刑事司法制度不应被滥用为民事追债的手段。如果以透支后不能偿还的结果来推定以非法占有为目的的恶意透支,用刑事责任来追责,就会陷入“结果定罪”之嫌,不符合法律的谦抑性原则。

综上所述,辩护人认为方某并没有“非法占有”的目的,也未实施恶意透支的行为,只是由于公司经营状况恶化导致无法正常还款,其行为并不构成信用卡诈骗罪。

同时,针对以上事实,辩护人在庭审过程中提交了两组证据予以证明。第一组证据是：方某的丈夫马某与债务人欧某、梁某、李某、杨某某、程某某的借款协议，民事起诉状等证据材料，证明马某与方某有几百万元的对外到期债权，远远大于信用卡欠款金额。第二组证据是民事判决书1份、民事裁定书3份，证明马某与方某拥有房屋三套、企业两家，净价值（指扣除抵押、诉请债务等后的残值）远远大于银行信用卡结欠金额。

法院观点

法院认为，方某使用信用卡，恶意透支，数额巨大。其行为已构成信用卡诈骗罪。公诉机关的指控成立，予以支持。对于辩护人提出方某不构成犯罪的意见，法院认为方某拖欠银行信用卡欠款时间长达一年左右，其间银行向其多次催收，其未归还，被告人这一占有银行资金，拒不归还的行为已完全符合信用卡诈骗犯罪中的"恶意透支"，应以信用卡诈骗罪论处。辩护人的相关辩护意见，有悖于法律规定，不予采纳。

办案总结

这两个案件，生动地体现了刑事律师的日常心理状态——分裂。马某的案件，辩护人经过努力争取到了不批捕，最终撤销案件的结果。方某的案件，律师的辩护意见完全不被采纳，马某被认定有罪。

从案件总结的角度来讲，可以谈以下两点。

一、恶意透支型信用卡诈骗案的辩点，主要在于非法占有目的的认定

这两个案件的辩护思路，都是围绕着被告人是否具有非法占有目的来展开的。上海两级人民法院认定马某有罪的判决，也是直接把"经发卡银行催收后仍不归还"作为属于恶意透支型信用卡诈骗罪的核心构成

要件。

换句话说,只要出现“经发卡银行催收后仍不归还”,不管被告人有没有逃避银行催收,一律推定具有非法占有目的,这实际上就是通过刑事手段来解决民事问题,是对恶意透支型信用卡诈骗罪的滥用。

这种做法,就是无论持卡人事前的透支是恶意透支,还是按照信用卡使用规程的正常透支,只要“经发卡银行催收后仍不归还”的,一律以信用卡诈骗罪论处。

但是,这种做法很明显违背了行为与责任同时存在的原则。只有当行为人在实施透支行为时就具有不归还的意图,即有非法占有目的,才符合行为与责任同时存在这个原则。如果透支时具有归还的意思,但是事后可能就是因为没钱了没有归还的,显然不能认定为信用卡诈骗罪。

二、法律人都要避免陷入刑法工具论的巢窠

贝卡里亚在其《论犯罪与刑罚》一书中坦言:“为了不使刑罚成为某人或某些人对其他公民施加的暴行,从本质上来说,刑罚应该是公开的、及时的、必需的,在既定条件下尽量轻微的,同犯罪相对称的并由法律规定的。”①工具性刑法已经转变为目的性刑法,惩罚性刑法已经转变为教育性刑法,刑法的目的不在于约束公民的自由和权利,而在于保障和扩大公众的自由,维护公民的合法权益。刑法已然成为维系市民生活,维护民众福祉的有效方式。

但笔者在马某这个案例中却惊奇地发现,在当下仍然存在工具主义刑法的思维,这一点在信用卡催收业务中表现得尤为明显。众所周知,国内的信用卡办卡量在过去的几年呈爆发式的增长,信用卡的形式也多种多样,一些政策比较灵活的银行针对企业客户办理大额信贷性信用卡,消

---

① [意]切萨雷·贝卡里亚:《论犯罪与刑罚》,黄风译,中国法制出版社 2005 年版,第 133 页。

费额度动辄三五十万元起步，但是随着近两年国内经济形势的不断恶化，传统企业的生存状况越来越艰难，时常会出现资金链断裂的情况，由此催生出专业代理催收信用卡的业务部门，这就是银行所称的“第三方”。

事实上，对于因经营状况恶化、资金链断裂而拖欠信用卡的持卡人而言，并不具有成立该罪的一个基本前提——非法占有的目的。显然，银行或“第三方”绑架了司法，让本应由民事法律评价的信用卡欠款行为上升到刑事评价的层面，即使最终的处理结果是撤销案件或者不起诉，也是对公民权利的严重侵犯。

作为保障社会正常秩序的最后一道屏障，刑法极其严厉，动辄剥夺人的人身自由或财产，甚至是人的生命，这就意味着不到万不得已，不得轻易用刑法去评价公民行为。刑法不应成为工具，否则会进一步加剧公众与刑法之间的紧张关系，公民对刑法不再信任和忠诚，刑法便如同一张废纸，最终带来的结果就是整个社会秩序的崩塌。

法治的建构需要理性的法学理论和成熟的司法制度，两者缺一不可。法律人不断地在阐释刑法的本质、价值和使命，希望刑法有更多的人文关怀和理性精神，进而成为人们信仰和确认的对象，但这也需要司法实践来不断践行司法公正。

所谓刑法的司法公正，就是要做到有罪必罚、无罪不罚、罚当其罪、依法行刑。只有做到这一点，才能排除公众因刑法不公而对刑法产生的憎恶感，培养和增强公众因切身体验刑法公正而树立对刑法的亲和力与忠诚感，刑法才能真正保护公民的权利。

全方位开展法律监督，案件终获不批捕撤案

——田某生产、销售伪劣产品不批捕后撤销案

辩护思路和要点

本案中，买卖双方的协议上注明的是大红酸枝家具，买方单方面聘请有关机构鉴定的结论也是大红酸枝，公安机关却仅凭买方“当时买家具时口头约定是交趾黄檀”的一面之词，就进行刑事立案，并将卖家田某刑事拘留。所以，这个案件的核心问题是如何对侦查机关进行监督，通过法律监督纠正侦查机关的“草率”立案。

基本案情

控告人马某于2009年在A市B镇大成红木家私展销中心（以下简称大成红木）定作一批红木家具，总价值80多万元，其中酸枝木家具价值50多万元。该批家具全部由大成红木自行生产。2016年，马某向大成红木提出，由于资金紧张，需要帮他出售其购买的这部分酸枝家具。当时大成

红木帮他出售了皇宫椅3件/套。

2017年1月初,马某向B镇工商局投诉大成红木销售的酸枝家具有以假充真的行为。虽然已经过去近10年时间,大成红木本着诚实守信的原则,还是愿意协商解决。经B镇工商局调解,双方约定以1.3倍的价格帮马某代销,如3个月销售不完,大成红木按1.3倍价格回收余下的酸枝家具。当时全部家具运到B镇工商局大院内,双方清点数量,待大成红木确认之后,马某反悔,并单方终止双方在工商局达成的调解协议。

第二天,马某带一帮人到大成红木闹事,要求按照购买款的4倍赔偿。此后,马某纠集社会人员在大成红木采用闹事、扯横幅、打恐吓电话、投掷动物尸体等非法手段迫使大成红木赔钱。自2017年1月14日起,马某和他的儿子纠集一批来历不明的人在大成红木门前拉着写有“大成红木卖假货欺骗消费者”的横幅,摆货静坐,在两辆汽车上绑定“大成红木卖假货”等字眼的横幅;把刻有“大成红木无良厂家卖假货”的字样的广告牌固定在小车上并在城区的道路上游行;晚上在大成红木店面玻璃上喷涂“田某卖假货,充假无良厂家”等字样;纠结多人恐吓大成红木中心的店员及客户,在田某经营的另外两家店摆臭虫、搞威胁恐吓。马某的违法行为持续了4个多月,大成红木多次报警(100多次拨打“110”报警电话报警),多次到派出所上门报警,但公安机关均以民事纠纷为由,拒不受理。

无奈,大成红木向A市第一人民法院提起诉讼,要求马某停止违法行为、赔礼道歉,A市第一人民法院已经支持了大成红木的诉求。

2017年10月,马某又向公安机关报案。2018年5月23日,大成红木实际控制人田某被刑事拘留,同年6月28日,田某被检察院不批准逮捕,公安机关变更强制措施为取保候审。最终,该案在侦查阶段撤销案件。

侦查机关指控

侦查机关认为，大成红木将大红酸枝木家具冒充交趾黄檀家具，销售给被害人马某，属于以假充真、以次充好，涉嫌构成生产、销售伪劣产品罪。

办案历程

接手这个案件以后，随着对案件的深入了解，发现这个案件的立案确实略显“草率”，公安机关仅凭买方“当时买家具时口头约定是交趾黄檀”的一面之词就进行刑事立案，似乎并未进行详细的初查。众所周知，案件一经立案就具有强大的司法惯性，为了抵销这种惯性，辩护人有针对性地做了以下几项工作：

一、向侦查机关提出变更强制措施申请

辩护人主要提出，田某没有犯罪动机，没有实施生产销售伪劣产品的行为，也没有犯罪故意，控告人的行为是意图通过刑事手段解决经济纠纷，向侦查机关提出变更强制措施申请。

二、向检察机关提出立案监督申请

辩护人主要提出，田某没有犯罪事实，公安机关对田某“草率”立案，恳请检察院对该案启动立案监督程序，若公安机关不应当立案而立案，恳请贵院向公安机关发出撤销案件通知书。辩护人着重谈的问题是本案是典型的通过刑事手段解决民事问题的案件，且本案极有可能存在黑恶势力的“保护伞”问题。

三、向侦查机关提出撤销错误立案的情况反映

一方面，辩护人直接指出，大成红木在被黑恶势力威胁的过程中，多次报警，公安机关都无动于衷，辩护人有理由相信，公安机关极有可能充当了黑恶势力“保护伞”，导致应当被打击的黑恶势力逍遥法外。

另一方面，辩护人也恳请侦查机关查明事实，撤销对田某的错误立案，并依法处理对黑恶势力包庇的行为。

四、向市公安局纪检监察部门反映情况

针对公安分局可能存在的“草率”立案问题，辩护人也直接向市公安局纪检监察部门反映该情况，恳请市公安局法制监察部门和纪检监察部门加强对分局“草率”立案问题的监督力度，督促撤销对田某的“草率”立案，并依法处理对黑恶势力包庇的行为。

同时，也明确表示，若公安机关继续包庇黑恶势力，辩护人将直接向监察委举报黑恶势力“保护伞”的问题。

五、对马某涉嫌聚众扰乱社会秩序、破坏生产经营和敲诈勒索的行为向公安机关进行刑事控告

辩护人在会见当事人和接待当事人家属的过程中，他们多次向辩护人陈述了双方在工商部门调解的情况，以及此后马某反悔，多次纠集社会人员在大成红木采用闹事、扯横幅、打恐吓电话、投掷动物尸体等非法手段迫使大成红木赔偿的情况。辩护人经过评估，认为这些行为涉嫌构成聚众扰乱公共场所秩序罪、破坏生产经营罪或者敲诈勒索罪，所以，辩护人建议当事人的家属到辖区派出所（也就是这个案件的办案派出所）直接进行刑事控告。

六、及时向检察院提交建议对田某不予批准逮捕的法律意见书

案件移送审查批准逮捕后，辩护人第一时间向检察院提交了建议不批捕的法律意见书，并争取当面与承办检察官沟通法律意见。其间也多次会见当事人，了解检察官提审的情况。4 天后，辩护人又提交了第二份建议不批捕法律意见书，针对控告人单方委托出具的鉴定报告真实性和大红酸枝并非专指交趾黄檀的问题提出了补充意见。

辩护思路

本案的辩护要点，主要是围绕事实问题和证据问题展开的。

一、田某客观上没有实施掺杂掺假、以假充真、以次充好或者以不合格产品冒充合格产品的行为

马某向田某店铺下单的部分家具木料为红酸枝木，田某已将制作好的家具交付给马某，2009 年到 2017 年，马某都没有提出过任何异议。销售单上记载的为大红酸枝，但该大红酸枝系对于红酸枝类木材的统称，并非特指交趾黄檀，也没有任何规定表明大红酸枝特指交趾黄檀，双方也从未通过书面或者口头的方式约定该批家具木料系交趾黄檀。

根据国际红木分类（5 属 8 类 33 种），红酸枝类包括巴西黄檀、塞州黄檀、交趾黄檀、绒毛黄檀、奥氏黄檀、微凹黄檀、中美洲黄檀 8 种，即该 8 种均属于红酸枝木类，大红酸枝并非红木分类的科学名称，而只是习惯的称谓。以订货单上的不规范名称追究犯罪嫌疑人田某的刑事责任，对其是极不公平的。事实上，田某接受马某订单价格要低于市场价格（因是定制家居），制作的家具所用木料均符合订单约定，没有任何掺杂掺假、以假充真、以次充好的行为。

二、田某没有犯罪动机

田某生于A市，长在A市，毕业后一直在A市做生意谋生，现已经营红木家具生意数十年。田某一直老实本分，诚信经营，其所经营的红木家具得到客户的一致认可，店铺名号在业界也小有名气，其所经营的店铺已经开了几家分店，田某的收入也较为丰盈，其不具有违法犯罪的动机。

三、控告人提交的检验报告真实性存疑

马某提交的检验报告是马某单方委托机构鉴定的，不应成为刑事案件定案的依据，而根据犯罪嫌疑人家属提供的全国其他地区的木材鉴定机构的鉴定报告显示，报告结论不会明确为交趾黄檀或微凹黄檀。因为从鉴定技术上来讲，在没有树根、树叶、树皮的情况下，鉴定机构无法鉴定出木材产地。红酸枝木主要产于越南、老挝、柬埔寨，产于越南的叫交趾黄檀。交趾黄檀经过长期砍伐，现存量已不多。因老挝、柬埔寨没有口岸，其大部分红酸枝木也是通过越南的口岸出口，所以即使是从越南进口的红酸枝木，也不一定就是产于越南的红酸枝木。由于越南、老挝、柬埔寨国土面积不大，相距不远，所以在没有树皮、树叶、树根的辅助下，现有技术无法鉴定出红酸枝木的产地。综上，辩护人对控告人提交的鉴定报告真实性存疑，认为该份证据不能作为检察院作出批准逮捕的依据。

同时，该检验报告仅在十件套其中一个茶几抽屉处取样，不能反映全部家具的木料的使用情况。

四、犯罪嫌疑人田某在消委会调解下制作的调解书中对家具的认可不能作为认定田某构成犯罪的证据

马某于2016年向田某店铺提出，由于资金紧张，要求田某帮其出售

订单中酸枝家具部分，田某考虑到马某经济困难，在A市工商局B镇分局主持调解下，愿意帮其代销家具，并承诺一段时间内不能出售的话，则以购买时1.3倍的价格回购。因当时是在调解期间，为尽快解决双方争议，田某在马某运来家具后清点数量，然后在确认单上签名。该货物确认单是在工商局主持调解期间，田某为尽快解决纠纷的背景下签订的，《民事诉讼法》规定调解期间一方作出的承诺不能作为民事案件判决的依据，那么显然更不能作为刑事案件定案的依据。

检察院观点

检察院认为该案事实不清，证据不足，对田某作出不批捕决定。

办案总结

这个案件事实并不复杂，证据方面存在的问题也很明显，最终取得存疑不批捕的结果，主要还是归功于检察官能够客观、公正地审查判断本案的证据。但是对于这种很可能存在“草率”立案的刑事案件，应当如何应对，确实是刑事律师需要思考的问题。

首先，要以平常心看待这种“草率”立案，由于不同的办案单位对争议法律问题的认识不同，或者是对证据标准的把握不同，司法实践中确实存在较为“草率”的立案问题。

其次，就是如何通过法律监督去纠正这种“草率”立案问题。笔者认为，应对“草率”立案主要是处理好两个方面的问题：一是处理好沟通与对抗的关系，实际上就是如何与办案机关打交道；二是善于借力，穷尽法律规定的各种监督手段维护当事人的合法权益。

（一）处理好沟通与对抗的关系

这里所说的对抗，不是主动对抗，更不是针对所有办案机关的对抗，而是针对“草率”立案部门的对抗，这是一种被动的对抗。对于其他的办案机关，应当以沟通为主要的辩护策略。所以，概括地说就是以沟通为主，以对抗为辅的策略。

可以试想一下，作为对“草率”立案最直接、最有效进行监督的检察院，如果辩护人与承办检察官打交道的时候就表现出咄咄逼人的态度，认定了检察官似乎也受到了侦查机关的不当影响，那么辩护人在立案监督和审查批捕阶段沟通法律意见时，就很难与检察官进行有效沟通。

（二）借助法律监督手段

当下，律师的权利受到了一定程度的限制，但辩护人仍然可以借助法律监督手段来维护当事人的合法权益，只要是在法律和政策允许的范围之内，律师应当穷尽各种监督手段，包括但并不限于向上级公安机关的信访，检察院的立案监督和侦查监督，监察机关的外部监督等。

退一步来讲，当辩护人穷尽了各种监督手段，仍然不能有效地摒除“人情、关系”对于案件的不当影响，再借助于媒体监督，就无可厚非了。

回到笔者办理的这个案件中来，针对办案单位，一方面，辩护人提交了变更强制措施申请，希望侦查机关能够主动取保候审；另一方面，辩护人直接向办案单位提出撤销“草率”立案的情况反映，同时向上一级公安局纪检监察部门反映了“草率”立案的情况。辩护人还向检察院提出了立案监督申请，请求检察机关对公安的“草率”立案启动立案监督程序，查处本案极有可能存在黑恶势力的“保护伞”问题。同时建议当事人针对控告人马某涉嫌聚众扰乱社会秩序、破坏生产经营和敲诈勒索的行为，向公安机关进行刑事控告。最后，案件移送审查批准逮捕后，辩护人及时向检察院提交了两份审查批捕阶段的法律意见书。

一个刑事案件想要争取到最好的结果，律师的工作只是其中一个方面；另一方面，还需要检察官和法官客观公正地审查案件，有时也需要一定的运气。所幸，本案的承办检察官确实做到了客观、公正地审查案件，案件最终也争取到了不批捕的结果。

通过以上分析可以看出，律师应对“草率”立案，核心问题还是在于敢于将案件公开化，将台面下的“暗箱操作”置于阳光之下，让案件可能存在的错误无处遁形，然后用好法律监督手段，必要的时候引入媒体监督，维护好当事人的合法权益。

化解社会矛盾，骗取贷款案获侦查阶段直接释放

——梅某某骗取贷款侦查阶段撤销案

辩护思路和要点

这个案件的辩护思路是无罪辩护，辩护工作的核心是化解案件背后的社会矛盾。本案是由于房地产公司开发的楼盘出现资金问题成为问题楼盘从而政府介入的维稳案件。案件争取到侦查阶段直接释放，主要是通过推动化解案件背后的社会矛盾。

基本案情

2014年年底，为解决公司资金周转困境，A市方元房地产有限公司（梅某某的家族企业）以几个个人的名义与公司签订了《商品房买卖合同》，购买公司开发的商铺，并向银行申请按揭贷款总额600多万元，交易的多间商铺作为贷款的抵押担保。申请贷款时及案发前，抵押物的变现价值完全足以覆盖当下的贷款本息，银行的涉案贷款不存在债权无法回收的风险。贷款后，借款人一直按时偿还贷款本息，从未出现逾期。截至

案发前，未到期的贷款本息约87万元。

辩护人认为，几个个人向银行申请的涉案贷款，并未给银行造成实际损失，也没有危害金融管理秩序，不宜认定为骗取贷款罪。另外，公司开发的各个楼盘成为问题楼盘涉及维稳问题。处理好公司的问题楼盘问题，对于化解社会矛盾，争取最好的办案效果也非常重要。

所以，在刑事拘留的一个月时间里，律师工作的重点，从与办案机关沟通法律意见，转为协助公司和家属化解社会矛盾，配合政府解决问题楼盘的维稳问题。

最终，这个案件争取到未移交审查批捕直接释放，在侦查阶段撤销案件。

侦查机关指控

侦查机关的指控思路是，公司以几个个人名义与公司签订《商品房买卖合同》，购买公司开发的商铺，并向银行申请按揭贷款总额600多万元，用于公司经营。表面上是房屋买卖，实质上是为了套取银行贷款，故涉嫌骗取贷款罪。

辩护思路

该案的核心辩护思路是没有危害金融安全，因为本案是在《刑法修正案（十一）》之前立案侦查的，所以辩护人向办案机关提交了最高人民法院〔2011〕刑他字第53号《关于被告人陈岩骗取贷款请示一案的批复》，以此来论证骗取贷款罪虽不要求行为人具有非法占有目的，但应以危害金融安全为要件。

一、梅某某所在公司向银行贷款的行为未危害金融管理秩序，不宜认定梅某某构成骗取贷款罪

（一）涉案贷款均有抵押担保，且抵押物变现价值完全足以覆盖贷款本息，银行不存在无法回收债权的风险

梅某某所在公司以其他几个人的名义与公司签订合同，购买公司开发的商铺，向银行申请按揭贷款总额600多万元，目的是解决公司资金周转困境，同时均以商铺作为贷款抵押担保。也就是说，抵押物的变现价值大于贷款本息，银行的债权完全可以实现。

（二）涉案贷款从未出现不良，借款人有能力偿还贷款本息

贷款后，借款人一直按时偿还贷款本息，从未出现逾期，该贷款也未被银行列入不良贷款，不存在银行对借款人进行催收的情况。截至案发前，未到期的贷款本息约87万元。借款人有能力一次性提前还清剩余未到期的全部贷款本息。

综上所述，涉案贷款的抵押物足以保障银行债权的完全实现，且借款人也一直按时还本付息，并未造成银行实际损失，没有危害金融管理秩序，故此，不宜认定梅某某构成骗取贷款罪。

二、方元公司四个问题楼盘基本上已经有了解决方案

（一）S镇旭日1号、2号项目

截至2020年12月21日，项目的现场工程已全部完成，正在办理验收手续。已通过质监初验、规划验收、绿化验收、供电验收、供水验收、人防验收，待消防验收报告出具后，即可办理最后综合竣工备案验收。通过竣工验收后，可正式为业主办理不动产权证书。项目公司向S镇政府承诺，尽可能在2020年12月30日前进入综合竣工备案验收。

（二）S 镇旭日 3 号项目

截至 2020 年 12 月 21 日,项目的现场工程已基本完成,正进行部分消防收尾整改工作。验收手续也同步进行,已通过绿化验收、供水、供电验收、光纤、电梯验收。项目公司向 S 镇政府承诺,尽可能在 2021 年 3 月 30 日前进入综合竣工备案验收。

（三）S 镇旭日 4 号项目

该项目后期工程由仲路公司全带资建设,截至 2020 年 12 月 21 日,项目的现场工程已基本完成,消防、人防、供电工程、园建绿化正在整改完善中。目前过桩与基础已验收,正在推进主体验收、规划验收。项目公司向 S 镇政府承诺,尽可能在 2021 年 6 月 30 日前进入综合竣工备案验收。

三、对梅某某应当适用“六稳”“六保”的刑事政策

最高人民检察院 2020 年 7 月 22 日印发《最高人民检察院关于充分发挥检察职能服务保障“六稳”“六保”的意见》第 3 条规定:“……在办理骗取贷款等犯罪案件时,充分考虑企业‘融资难’‘融资贵’的实际情况,注意从借款人采取的欺骗手段是否属于明显虚构事实或者隐瞒真相,是否与银行工作人员合谋、受其指使,是否非法影响银行放贷决策、危及信贷资金安全,是否造成重大损失等方面,合理判断其行为危害性,不苛求企业等借款人。对于借款人因生产经营需要,在贷款过程中虽有违规行为,但未造成实际损失的,一般不作为犯罪处理……”

本案中,梅某某所在的公司通过几个个人在申请涉案银行按揭贷款时,虽存在违规行为,但自贷款发放后,借款人一直按时还本付息,银行并未将涉案贷款列为不良贷款,也未对银行造成实际损失。依据该规定,不宜认定梅某某构成骗取贷款罪。

侦查机关观点

公安机关经过侦查，认为不存在犯罪事实，直接释放梅某某，并最终撤销案件。

办案总结

2010 年 12 月 31 日，《最高人民法院关于充分发挥刑事审判职能作用，深入推进社会矛盾化解的若干意见》印发，该意见强调各地人民法院要充分发挥刑事审判职能作用，深入推进社会矛盾化解工作，要准确把握宽严相济刑事政策，切实做到公正廉洁文明司法，要充分发挥刑事审判能动作用，最大限度地化解矛盾，减少对抗，促进和谐，维护稳定。

对“化解社会矛盾”这种提法，有一种误解，认为“化解社会矛盾”的思路已经过时。笔者的观点恰恰相反，办案的三个效果（政治效果、社会效果和法律效果），已经内化于办案人员的思维模式当中。甚至某些特殊类型的案件，办案人员对于政治效果和社会效果的重视程度，要高于法律效果。

站在刑法理论角度来考察，强调在办理刑事案件的同时，要着力化解社会矛盾，也可以得到预防刑法理论的支撑。即便是从办案人员自身风险防范的角度来看，办案人员也没有理由不重视案件背后社会矛盾的化解。

因此，对于刑事辩护律师而言，不是去考虑“化解社会矛盾”到底有没有用，而是思考如何在辩护过程中“化解社会矛盾”，以及如何进一步说服办案人员，为自己的当事人争取更好的结果。

笔者认为，在刑事辩护中“化解社会矛盾”，律师可以从以下三个方面入手：一是厘清案发原因，找到着手点；二是争取被害人谅解；三是适时退赃退赔。

一、厘清案发原因

笔者这里所谈的案发原因,不是指这个犯罪为什么会发生,而是指这个案件为什么会被发现,被立案侦查。

每一个刑事案件的案发,背后都会有原因,例如,强奸案是因为被害人报案,串通投标案是因为竞争对手的举报,非国家工作人员受贿案是因为公司报案。厘清楚案发原因是什么,才能够有针对性地开展辩护工作,去争取化解这个社会矛盾。

需要注意的是,有的案件并非被害人报案引发的,但报案人的态度会影响案件结果,因此取得报案人的谅解也很重要。

以笔者之前办理的一件非国家工作人员受贿案为例。公司掌握了一定线索后到公安机关报案,公安机关对行贿人和受贿人同时采取强制措施,但公司并不是法律意义上的被害人,最多只能说受贿的行为也侵害到了公司的权益。这个案件,公安机关的态度也很明确,只有取得公司的谅解,他们才会考虑取保候审。公司的态度是,只要行贿人赔偿公司经济损失,就可以谅解,但这并不是严格意义上的退赃,因为非国家工作人员受贿罪的退赃,显然是要退给公安机关的。最后,笔者还是建议犯罪嫌疑人家属选择赔偿,获得公司谅解,争取取保候审。

二、争取被害人谅解

获得被害人谅解虽然不能减轻处罚,但是否取得被害人谅解能够极大影响量刑,这一点是没有疑问的。

《最高人民法院、最高人民检察院关于常见犯罪的量刑指导意见(试行)》第 3 条第 11 项的规定:“对于积极赔偿被害人经济损失并取得谅解的,综合考虑犯罪性质、赔偿数额、赔偿能力以及认罪悔罪表现等情况,可以减少基准刑的40%以下;积极赔偿但没有取得谅解的,可以减少基准刑的30%以下;尽管没有赔偿,但取得谅解的,可以减少基准刑的20%以下……”因此,被害人谅解的重要性不言而喻。

被害人谅解的意义,不单单仅及于案件本身,也涉及办案人员的个人执业风险。案结事了,是每一个办案人员努力追求的办案效果。尤其是这几年,人们经常可以看到一些打击报复办案人员的极端案例,被害人一方表达严惩犯罪嫌疑人的强烈诉求,确实会给办案人员一定的心理压力。因此,获得被害人谅解,才能打消办案人员对犯罪嫌疑人、被告人从轻,甚至是免予刑事处罚的顾虑。

律师在争取被害人谅解的过程中,需要注意以下几点。

(一)向犯罪嫌疑人、被告人一方讲清楚谅解的意义

律师要向犯罪嫌疑人、被告人一方讲清楚谅解的意义和作用,在他们充分了解并同意的前提下,再开展协商谅解的工作,以免自己的当事人对于被害人谅解这一情节抱有不切实际的幻想,进而引发当事人和律师之间的矛盾。

(二)被害人谅解一定要真实、自愿

被害人谅解需要被害人本人同意,与被害人协商谅解事宜,首先应确定是被害人本人参与协商,作出谅解为被害人本人意思表示。如果被害人为未成年人,应有法定代表人在场陪同。同时,一定要向被害人讲清楚,是否作出谅解,完全是被害人自愿决定的,不能有任何强迫、威胁和引诱。

(三)律师接触被害人一定要慎重

律师接触被害人,首先考虑间接接触,其次再考虑直接接触。

优先考虑间接接触,意思是说律师首先应该考虑通过中间人接触被害人,因为被害人往往对被告人和律师都有很强的抵触心理,尤其是第一次接触。这里所说的中间人,可以是承办案件的民警和检察官,可以是被告人和被害人共同认识和信任的朋友,也可以是被害人的亲属。接触的对象,也不一定是被害人本人,可以从被害人的亲属开始接触。

直接接触被害人为辅,意思是在某些情况下,律师可以直接接触被害人。笔者曾经办理过一个案件,被害人明确不见犯罪嫌疑人的家属,点名只见律师,这时候律师就要站出来直接与被害人谈判。还有一些情况如犯罪嫌疑人的家属沟通能力不强,也需要律师直接介入协助家属协商谅解。

律师直接与被害人谈判,需要注意的是,律师最好首先征得办案机关的同意,之后才接触被害人。谈判的场地,如果办案机关愿意参与,最好选在派出所或检察院,以打消被害人的顾虑。理性、平和地接触被害人的同时,通过温馨提示或告知书等书面方式,记录工作的过程,合理规避风险。

(四)被害人谅解的取得可能是一个漫长而曲折的过程

“死有余辜,请求重判”,这是很多被害人朴素的价值观,这也是律师进行有效辩护的一个阻力。所以,获取被害人谅解可能是一个很曲折的过程,对此一定要有足够的心理准备。笔者办理的案件中,为争取被害人的谅解,犯罪嫌疑人家属花费了一年多时间。

所以,律师要循序渐进,安抚好被害人的情绪,并取得被害人的信任,以促成谅解。

退一步来讲,即使经过多方努力,还是争取不到被害人谅解的结果,作为辩护人也无愧于这个案件。同时,以书面的形式固定好协商的过程,做到即使争取不到谅解,也要让办案人员知道律师和家属在努力争取,可能也会对最终的结果产生一定的积极影响。

三、适时退赃退赔

被告人赔偿被害人的经济损失,退还被害人的财产,减轻犯罪的危害后果,在惩罚犯罪的同时修复因犯罪而破坏社会关系,也可以缓解被害人的愤恨情绪,从而使社会矛盾得到化解。这是退赃退赔的意义所在。

那么退赃的时间点如何把握呢？一般来讲退赃退赔越早越好,但并不是绝对的。以笔者办理过的一个介绍卖淫案为例,嫌疑人介绍了 3 名男子去嫖娼,获利只有几百元,辩护人在侦查阶段介入后第一时间联系公安机关退出赃款,加上自首情节,获得了相对不批捕的结果。

但是,有的案件在侦查过程中,甚至是侦查结束后,可能也无法明确非法所得的金额,就无法在侦查阶段退赃。有的案件,在法院阶段退赃,明显比在公安和检察院阶段退赃效果更好。所以,并没有一个统一的适用于所有刑事案件的退赃时间点,刑辩律师要根据具体的案件,以及当地的具体刑事政策来考量。

综上所述,“化解社会矛盾”在刑事辩护中具有特殊的重要意义,刑事辩护律师要将“化解社会矛盾”贯穿在整个刑事辩护过程中,帮助办案人员解决“后顾之忧”,才能真正实现有效辩护。

第二篇

罪轻辩护

善用刑事合规思路，两个罪名获轻判

——詹某全职务侵占、挪用资金轻判案

辩护思路和要点

这个案件是股东之间争夺公司控制权所引发的，公司的小股东认为大股东侵占和挪用公司资金，进而进行刑事控告。虽然嫌疑人不认罪，但辩护人评估了案件事实和证据以后，建议针对大多数事实做量刑辩护，同时争取部分事实不被认定。确定了量刑辩护思路以后，审查起诉阶段的重点就是与检察官进行认罪认罚协商，并按照刑事合规不起诉的思路与检察官进行沟通，最终争取到对詹某全轻判的结果。

基本案情

詹某全和詹某峰是兄弟，詹某峰是Z市伟立房地产有限公司(以下简称伟立公司)的大股东，持股51%，其中25.5%是代詹某全持有，詹某全是公司的实际控制人。

公安机关认为，詹某全在实际控制公司期间，侵占公司450万元资金，挪用公司约1200万元资金，其中227万元代詹某峰向法院支付执行

款,所以詹某峰也被认定为挪用资金罪的共犯。

在侦查阶段,詹某全一直不认罪(事实和罪名),辩护人也一直按照他的思路做无罪辩护。案件移送审查起诉后,经过详细阅卷,辩护人认为起诉意见书中的四宗犯罪事实是可以成立的,但其中两三宗事实可以做无罪辩护。辩护人做了详细的量刑分析报告,初步预测两个罪名数罪并罚后的刑期在10年左右。

虽然詹某全对自己的行为颇多辩解意见,但综合分析案件证据,辩护人认为其辩解意见并不能说服检察官和法官。为了说服詹某全接受量刑辩护为主的辩护思路,辩护人前后十几次会见他,在充分沟通后,基本上确定了量刑辩护的思路,并将主要的精力放在争取量刑情节方面。

一方面,由于本案是两个小股东控告引发,辩护人建议犯罪嫌疑人家属全力争取被害人谅解,化解案件的社会矛盾。弟弟詹某峰取保候审在外,与两名小股东的沟通一直比较顺畅,在双方律师的推动下,经过多轮谈判,最终签订了和解协议。詹某全不但将所有被指控挪用和侵占的资金归还公司,而且股东之间也就公司管理、财务审批等问题达成一致意见。

另一方面,辩护人也着重向检察官陈述了房地产公司目前面临的困境,由于楼市低迷,公司资金紧张,导致延迟办理房产证,公司开发的楼盘成为问题楼盘,公司经营面临重大困难。

在此基础之上,辩护人按照刑事合规不起诉的思路,向检察院提交了完整的企业刑事合规整改资料。虽然本案最终由于时间原因没有成为本市第一个刑事合规不起诉案件,但是检察官基本上认同了刑事合规整改的思路,最终对詹某全的起诉扣除了一宗300万元挪用资金的指控,在此基础上签署了认罪认罚具结书,量刑建议是3年至5年。

案件到了审判阶段以后,律师的辩护思路调整为协作辩护,即协助检察官,让合议庭最终能够采纳认罪认罚具结书的量刑建议,但针对其中一宗227万元挪用资金的事实，辩护人还是从性质认定的角度独立发表无罪辩护意见。最终，法院也采纳了该意见，认定借款227万元的事实不构成挪用资金罪，最终判处詹某全有期徒刑3年6个月。

控方指控

一、职务侵占罪

2016年12月，时任伟立公司董事长兼总经理的詹某全代表公司向债权人郝某借款人民币2500万元，月息利率1.4%。2017年7月，詹某全又代表公司向债权人关某借款人民币1500万元，月息利率1.5%。自2018年1月开始，詹某全利用职务便利，谎称向关某、郝某借款的利息利率提高至2.2%，至2019年1月，导致公司多支付利息人民币369万元。詹某全将多出的该笔利息用于偿还个人债务。

2016年，詹某全利用职务便利，以苗某促成郝某借款人民币2500万元给伟立公司为由，谎称需要支付4%居间服务费给苗某（苗某实际的居间费用为人民币20万元）。伟立公司按詹某全指示汇款后，詹某全私下要求苗某返回人民币80万元归其所有。

二、挪用资金罪

2017年11月，詹某全伙同伟立公司法定代表人詹某峰，利用职务便利，从公司账户挪用资金人民币227万元代詹某峰偿还个人债务。

2017年12月，詹某全利用职务便利，以伟立公司在柬埔寨购买土地为由，从公司账户挪用资金人民币200万元归个人使用；2018年1月，詹某全又以同样理由，从公司账户挪用资金人民币450万元归个人使用。

检察院认为，詹某全利用职务上的便利，将本单位财物非法占为己有，数额巨大，又挪用本单位资金归个人使用，数额巨大，应当以职务侵占罪、挪用资金罪追究其刑事责任。鉴于詹某全在提起公诉前将挪用的资金退还，可以减轻处罚。詹某全有坦白情节，可以从轻处罚。詹某全认罪认罚，可以从宽处理。建议判处詹某全有期徒刑3年至5年，并处罚金。

辩护思路

一、詹某峰向公司借款227万元的事实，不宜认定詹某全构成挪用资金罪，更宜定性为股东向公司借款

（一）该笔借款符合公司财务支出审批流程，且进行及时入账

公诉人举证的房地产内部管理付款凭证及辩护人举证的记账凭证、其他应收款明细账证明，詹某峰向公司借款227万元是由当时公司法务人员寇某发起的，付款事由是“代詹某峰支付（2017）粤2072执××号执行款”，经财务主管金某、董事长兼总经理詹某全审批同意支付，符合公司当时的财务支出审批流程，而且是在2017年11月借款当月进行财务入账，不存在任何隐瞒或后补入账的情况。

（二）詹某全审批詹某峰向公司借款227万元与审批其他股东向公司借款的性质相同

公司其他股东同样存在向公司借款的情况。辩护人举证的用款请款单、收据及转账记录证明，公司股东邵某于2015年11月4日向公司借款70万元用于支付法院执行费，用款请款单上也是由詹某全审批。

（三）詹某峰在借款前已告知股东邵某、鲍某，该笔借款已经过股东的同意

依据詹某峰的陈述，因邵某、鲍某尚欠其几百万元，收回邵某、鲍某拖欠的款项，完全足够支付法院的执行款。邵某、鲍某没有还款给詹某峰，但在电话中同意詹某峰先向公司借款。该辩解有詹某峰、鲍某、邵某签订的和解协议书相互印证,且符合常情常理。即便邵某、鲍某在询问笔录中否认其对詹某峰向公司借款知情,但应考虑到目前股东之间存在严重的矛盾,邵某、鲍某的陈述真实性存疑。根据存疑有利于被告人的原则,也应采信詹某峰的辩解,认定邵某、鲍某等股东同意詹某峰的借款。

(四)詹某全审批通过詹某峰向公司借款的行为属于正常履职,而非挪用资金

本案中,詹某全仅是作为伟立公司的总经理及董事长,审批通过股东詹某峰向公司的借款,属于正常履职行为。公司其他的支出,包括工程款支出、日常开支及其他股东借款,都是由詹某全审批后进行支出,不能仅因詹某全恰好系公司总经理及董事长,而据此认定审批通过借款即为利用职务便利实施挪用资金的犯罪行为。

(五)如该宗事实认定为挪用资金,则公司收取詹某峰的利息就属于不当得利,要予以返还

詹某峰已按年利率 18% 向公司支付了 227 万元对应的借款利息 181.6 万元,如该宗事实认定为挪用资金,则公司收取的利息部分就属于不当得利,要予以返还。

同时,本案有银行转账汇款单、收据等书证证实,詹某峰于 2021 年 7 月 30 日已偿还借款的本金和利息。

综上,辩护人认为,该宗 227 万元的借款事实不宜认定詹某全构成挪用资金罪。

二、认定詹某全挪用 300 万元的事实不清、证据不足

(一)詹某全借款 300 万元履行了借款手续

首先,根据詹某全的供述,出借人关某将借款本金转账给詹某峰,后

詹某峰记错账号,将其中 500 万元转到詹某全私人账户,忘记转到公司使用的其个人账户,可见,詹某全并无积极主动要挪用公司资金的主观故意。其次,詹某全供述,其向公司提出借用 300 万元,后转回 200 万元给公司,其向公司提交的关某借款说明和詹某全借入借款说明均由财务打印,由其签名确认,等于办理了审批流程和借款协议书。虽然上述两份借款说明看似不太正规,但一是钱款本来就在詹某全处,无须像常规借款那样通过审批流程,再由财务将钱从公司转入其账户;二是詹某全本身就是总经理和董事长,无论是正规的审批流程,还是开具借款说明,其借款都能通过,故形式是否正规并非重点,重点是是否履行了借款手续且符合公司借款的财务制度。

(二)詹某全审批自己借款 300 万元符合公司财务制度,并非利用职务便利挪用公司的资金

本案中,财务金某的证言证实了詹某全在借款 300 万元后,随即提交了借款说明,并有相关书证印证。詹某全作为公司总经理和董事长,其有权限审批任何股东包括自己向公司借款,不能因其审批自己的借款,就属于利用职务之便,挪用了公司的资金,而审批其他股东的借款,就属于民事行为。

综上,认定詹某全挪用 300 万元的事实不清,证据不足。

(注:第二点是审查起诉阶段的辩护意见,起诉书没有指控该宗 300 万元的犯罪事实。)

三、本案有以下量刑情节

(一)詹某全自愿认罪认罚,并签署了认罪认罚具结书

詹某全在审查起诉阶段签署了认罪认罚具结书,在庭审中也承认起诉书指控的全部犯罪事实,依据《刑事诉讼法》第 15 条的规定,可以从宽处理。

（二）詹某全已积极赔偿被害单位全部经济损失，并取得谅解，可以从轻、减轻处罚

詹某全已全额赔偿被害单位的经济损失，并取得被害单位及股东的谅解，根据《刑法》第272条第3款的规定，对于挪用资金的犯罪事实可以减轻处罚。根据《广东省高级人民法院〈关于常见犯罪的量刑指导意见〉实施细则》第3条第19项的规定，对于积极赔偿被害人经济损失并取得谅解的，综合考虑犯罪性质、赔偿数额、赔偿能力以及认罪、悔罪程度等情况，可以减少基准刑的40%以下。积极赔偿但没有取得谅解的，可以减少基准刑的30%以下；尽管没有赔偿，但取得谅解的，可以减少基准刑的20%以下；其中抢劫、强奸等严重危害社会治安犯罪的应从严重掌握。因此，本案职务侵占罪的犯罪事实可以减少基准刑的40%以下。

（三）涉案挪用资金200万元及450万元的事实，已得到公司事后确认为借款，犯罪情节较为轻微

2019年12月31日伟立公司召开股东会，经全体股东签字通过股东会决议，对股东此前已向公司借款的情况进行追认，包括涉案挪用资金200万元及450万元。全体股东约定待公司分红时再行抵账还款，而且公司的资产分红后也足以偿还詹某全欠公司的债务。对于该两宗事实，即便认定构成挪用资金罪，情节较为轻微。

（四）詹某全与詹某峰占有公司51%的股份，在被职务侵占及挪用的资金中也占有51%的份额，其社会危害性较小

从社会危害性的角度分析，詹某全与詹某峰两兄弟占有公司超过50%的股份，是公司最大的股东，在被职务侵占及挪用的资金中也占有51%的份额。对于自己有份额的这部分资金，认定职务侵占或挪用资金的社会危害性较小。

（五）公司已进行刑事合规建设，消除了公司股东再犯罪的可能性

在股东的推动下，公司在审查起诉阶段进行刑事合规建设，决议通过公章共管制度、资金审批制度及公司组织架构等，解决了财务审批制度上的漏洞，公司走入规范化管理的正轨，消除了公司股东再犯罪的可能性。本案的起因系股东之间为争夺公司控制权，现股东间矛盾已化解。

法院观点

一、职务侵占的事实

2016 年 12 月，时任 Z 市伟立房地产有限公司董事长兼总经理的詹某全代表公司向债权人郝某借款人民币 2500 万元，月息利率 1.4%。2017 年 7 月，詹某全又代表公司向债权人关某借款人民币 1500 万元，月息利率 1.5%。自 2018 年 1 月开始，詹某全利用职务便利，谎称向关某、郝某借款的利息利率提高至 2.2%，至 2019 年 1 月，导致公司多支付利息人民币 369 万元。詹某全将多出的该笔利息用于偿还个人债务。

同年，詹某全利用职务便利，以苗某促成郝某借款人民币 2500 万元给伟立公司为由，谎称需要支付 4% 居间服务费给苗某（苗某实际的居间费用为人民币 20 万元）。伟立公司按詹某全指示汇款后，詹某全私下要求苗某返回人民币 80 万元归其所有。

二、挪用资金的事实

2017 年 12 月，詹某全利用职务便利，以伟立公司在柬埔寨金边购买土地为由，从公司账户挪用资金人民币 200 万元归个人使用。2018 年 1 月，詹某全又以同样理由，从公司账户挪用资金人民币 450 万元归个人使用。

法院认为,詹某全无视国家法律,利用职务便利,将本单位财物非法占为己有,数额巨大,其行为已构成职务侵占罪;挪用本单位资金归个人使用,数额巨大,其行为已构成挪用资金罪,应依法惩处。詹某全在判决宣告以前犯职务侵占罪、挪用资金罪,依法应当数罪并罚。詹某全在提起公诉前将挪用的资金退还,依法可以减轻处罚。詹某全已退还职务侵占的资金,对该部分犯罪可以酌情从轻处罚。詹某全归案后如实供述其罪行,依法可以从轻处罚。詹某全自愿认罪认罚,可以依法从宽处理。詹某全的犯罪行为发生在《刑法修正案(十一)》颁布实施前,根据《刑法》第 12 条第 1 款的规定,应适用《刑法修正案(十一)》施行后的法律进行处罚。公诉机关指控詹某全犯职务侵占罪的事实及挪用资金罪的部分事实清楚,证据确实、充分,罪名成立,应予支持;建议判处詹某全有期徒刑 3 年至 5 年与其罪责相适应,予以采纳。

对指控詹某全挪用 227 万元的事实,经查,该部分资金有相关借款入账凭证,詹某峰按规定定期归还借款及利息,被害单位对该行为没有相关规定,故该借用 227 万元不宜认定为犯罪。对辩护人提出的辩护意见,经查,詹某全职务侵占、挪用公司的资金数额巨大,且犯数罪,不属于犯罪情节轻微,亦不宜判处缓刑。虽然詹某全是公司股东,但其职务侵占、挪用公司的资金为公司所有,不属于个人财产。故该部分辩护意见不予采纳。其他辩护意见,有理部分予以采纳。依照《刑法》第 12 条,第 67 条第 3 款,第 69 条,第 271 条第 1 款,第 272 条第 2 款、第 3 款及《刑事诉讼法》第 15 条之规定,判决如下:

被告人詹某全犯职务侵占罪,判处有期徒刑 3 年,并处罚金人民币 10 万元。犯挪用资金罪,判处有期徒刑 1 年 6 个月,并处罚金人民币 10 万元。总和刑期有期徒刑 4 年 6 个月,并处罚金人民币 20 万元。决定执行有期徒刑 3 年 6 个月,并处罚金人民币 20 万元。

办案总结

这个案件,从一开始量刑预测10年左右,到最终取得了判处3年6个月有期徒刑的结果,可以说实现了有效辩护。总结这个案件的成功经验,笔者认为主要有以下四点:一是与嫌疑人的有效沟通;二是全额退赃,并取得了被害人谅解;三是公司刑事合规整改的推动;四是线上庭审的灵活应变。

一、与嫌疑人的有效沟通

如前所述,在整个侦查阶段,詹某全都不认罪,一方面不认为自己的行为构成犯罪,另一方面否认案件的主要事实。因为在侦查阶段律师不能阅卷,并不了解案件的证据情况,所以辩护人在侦查阶段按照詹某全的思路做无罪辩护。

但是阅卷后,辩护人发现案件的证据对詹某全很不利,证据综合印证的案件主要事实,詹某全基本上都不承认。而综合案件证据,以及相关人员此前已经被法院判决有罪所确认的事实,辩护人认为詹某全的辩解是不成立的。

但偏偏因为这种"自负",詹某全陷入一种盲目乐观状态之中,导致他在认罪的问题上反反复复。在5个多月的审查起诉期间,他的状态基本上是律师会见的时候同意律师的辩护意见,回监仓后就改变想法。因为疫情原因,当地看守所预约会见本来就非常困难,辩护人还是前后会见了十几次,才最终在第二次退回补充侦查结束,移送到检察院以后与詹某全就辩护思路达成一致意见。检察院提出量刑建议后,辩护人又经过多次会见,才说服詹某全签署认罪认罚具结书。

正如没有完全相同的两个刑事案件,刑案的当事人也各式各样。刑事律师如何与各式各样的当事人打交道,有时候要比办理案件本身更加复杂,更加考验律师的综合能力。

虽然律师的辩护权源于当事人的委托,但是律师也不能盲从当事人的意见,而是从维护当事人利益最大化的角度出发,合理引导当事人的诉求,争取取得对当事人而言最好的结果。

二、全额退赃,并取得了被害人谅解

这个案件的被害人谅解,可谓一波三折,从确定量刑辩护为主的辩护思路开始,被告人的家属就全力争取被害人谅解,几个月的时间里,前前后后进行了多轮谈判,但收效甚微。直到第二次退回补充侦查重报到检察院以后,双方才最终签订和解协议。

辩护人如此重视被害人谅解情节,是因为这个案件的全额退赃需要全体股东的同意,而小股东同意也就意味着被害人谅解。《刑法修正案(十一)》对挪用资金罪做了新的规定,明确了"在提起公诉前将挪用的资金退还的,可以从轻或者减轻处罚",也就是说只要能全额退赃,挪用资金罪就有机会减轻处罚。另外,被害人谅解情节对于职务侵占罪的量刑也有较大影响。毕竟,取得了被害人谅解,意味着基本上化解了引发该案的社会矛盾。

所以,律师在争取被害人谅解这个情节方面,不要轻言放弃,一定要全力以赴,锲而不舍,与当事人家属配合好,多角度、全方位地进行沟通和交流。

在这个案件中,按照公诉机关指控的罪名,被害人实际上是公司,但公司实际控制在涉案的两名嫌疑人手中,很容易可以取得公司的谅解。所以,谈判的对象就转向案件的控告人——两名小股东。由于詹某峰取保候审在外,公司也在正常运转,与两名小股东尚能保持良好的沟通,但双方的主要争议点在于如何退赃以及公司的实际控制权问题。围绕这两个问题,双方开展了多轮谈判,双方律师也深度参与。最终,辩护人向当事人阐明了被害人谅解情节、退赃情节对于该案量刑的重大影响,当事人作出了重大让步,才最终与小股东达成和解协议,公司和小股东出具了谅解书。

三、按刑事合规不起诉的思路与办案人员有效沟通

首先,辩护人为什么要以刑事合规不起诉的思路与办案人员沟通。考虑到引发这个刑事案件的原因是涉案房地产公司经营不规范,如果公司有完善的管理制度,作为公司大股东、实际控制人的詹某全就没有机会去实施侵占和挪用公司资金的行为。因此,对公司进行刑事合规整改,可以化解这个社会矛盾,也有利于这家民营房地产企业将来的发展,办案也能取得更好的社会效果。所以,虽然当地不是合规不起诉的试点城市,但是辩护人仍然确定了按照合规不起诉与办案人员沟通的思路。

其次,合规不起诉,其实并不意味着一定要取得不起诉的结果,而是一种办案思路。公司先出具合规整改承诺,然后由律师事务所对公司进行刑事合规整改,并出具企业合规计划书,之后向检察院提出开展企业合规监督考察的申请,检察院对公司设定考察期,考察期内企业将进行相应的合规整改或合规体系建设,考察期后,检察院将根据合规整改情况评估公司是否消灭再犯罪能力,决定是否对公司进行起诉。

虽然站在辩护人的立场来看,没有套上"刑事合规不起诉"这件外衣,错过了成为当地第一件刑事合规不起诉的案件的机会,这或许有些遗憾,但从实质上来讲,辩护人确实通过刑事合规不起诉的思路,获得了一件大幅度量刑减让的案件,实现了有效辩护。用办案人员的话说,虽然没有做刑事合规不起诉,但实质上他们是考量了公司合规整改的问题。这一点,是值得辩护人欣慰的(刑事合规整改材料详见本文附件)。

四、线上庭审的灵活应变

这个案件的庭审可以用"尴尬"来形容,之所以说尴尬,是因为被告人

几乎当庭推翻了之前签署的认罪认罚具结书。

庭审中,因为被告人一直在为自己辩解,导致在法庭发问阶段,法官一直追问,一一核实每一项犯罪事实,让被告人明确对每项事实的态度,并要求律师不要插话。法官、公诉人、辩护人在法庭,被告人在看守所,双方隔着屏幕相望,加上被告人极不标准的普通话,沟通起来极为困难,更别说律师与被告人之间的眼神交流了。在法官的追问下,他已经意识到了自己犯了一个愚蠢的错误,但又不知道该如何补救。此刻,辩护人隔着屏幕都能感觉到被告人的孤立无助。

所幸,经辩护人申请后,法官还是给了辩护人与被告人交流的机会。辩护人向被告人阐明了"反悔"的严重后果,被告人最终还是理性地接受了辩护人的意见,检察官也没有当庭撤回认罪认罚具结书。辩护人在法庭辩论阶段也说,被告人在庭上的辩解,最多可以评价为供述的反复,但是被告人在法庭辩论终结前明确认罪认罚,应当认定符合认罪认罚的条件。最终,法官采纳了辩护人的观点。

从这个案件的庭审,辩护人明显可以看出线上审理在司法实践中存在的问题。

(一)线上审理难以兼顾效率与公平

虽然在大多数场景下,刑事案件的线上审理可以有效地兼顾公平与效率,但是很多案件还是难免会出现两者的失衡,从而最终影响到判决结果的公正。

客观地说,疫情之初,线上审理是无奈之举,但现在疫情已经到了第三年,理论学界少见对于线上审理的反思,司法实践至今尚未出台线上审理的规则或制度,笔者对此深感遗憾。

质疑线上审理的观点,都会谈到线上审理违反了直接言词原则。通俗一点来讲,直接言词原则就是要求证人、被害人等亲自出庭作证,被告人与证人、被害人面对面地进行质证。而线上审理,法官无法通过对被告人、证人的察言观色来判断言词证据的真实性。正如诉讼法学者王福华教授所言："电子诉讼在一定程度上打破了物理意义上的司法亲历性，法官'在场'的形式发生了改变。法官虽然仍亲自参加证据审查、亲自听取法庭辩论，但在物理空间上隔绝了与当事人、证人、律师的直接接触，法官察言观色的环境也不复存在，直接言词原则被架空。"①

（二）线上审理的问题主要是对庭审实质化的冲击

"庭审实质化"是指要让庭审在保障诉权、查明事实、解决争议、公正裁判以及裁判文书说理中真正发挥决定性作用，实现诉讼证据质证在法庭、案件事实查明在法庭、诉辩意见发表在法庭、裁判理由形成在法庭。

线上审理，可能导致刑事庭审虚化的问题。主要表现在被告人的辩护权得不到有效保障和法院的公正审判可能会受到质疑这两个方面。

1. 被告人的辩护权

被告人辩护权是被告人与辩护人为了协调辩护立场、统一辩护思路可以私下协商的权利。虽然绝大多数情况下，这可以通过庭前最后一次会见来解决，但是遇到被告人开庭时临时改变辩护思路的情况，还是只能通过当庭沟通来解决。

而在"线上审理"这种模式下，辩护人与被告人之间无法私下交流，被告人在遇到涉及自身重大程序利益的事项时便不能求助于辩护人，被告人只能孤立无助地按照自己的思路进行辩护，这又加剧了控辩不平衡的格局。

被告人的辩护权，还有一项重要内容是对质权，就是被告人与证人面对面进行质证的权利。但是如前所述，证人出庭率在我国较低，这种对质权的缺失，不是由于线上审理所导致的，而是证人出庭难问题导致的，所以在此不予探讨。

① 王福华：《电子诉讼制度构建的法律基础》，载《法学研究》2016年第6期。

2. 线上审理是否会影响法院的公正审判

如果说线上审理在疫情之初是无奈之举，将来疫情过去，线上审理仍然会大行其道。这样一个判断，不知道多少人会认同。作出这样的判断，因为线上审理确实会提高诉讼效率，而我国法院案多人少的问题一直存在，法官当然愿意选择更高效的方式审理案件。

前面已经说过，庭审实质化的核心内容，就是“证据质证在法庭、案件事实查明在法庭、诉辩意见发表在法庭、裁判理由形成在法庭”。笔者理解这里的裁判理由形成在法庭，就是要求法官的心证形成在法庭。而欲要法官在法庭上形成“心证”，必须要律师进行实质辩护，被告人对证据进行充分质证。

反观刑事案件的线上审理，庭审参与人表达能力导致的沟通不畅、音响设备效果差，甚至传输信号中断等问题比比皆是。当“线上审理”效果差，法官难以从庭审中建立“心证”时，又会求助于庭后阅卷，进一步加剧“案卷笔录中心主义”，何谈庭审实质化。

只有庭审能够真正发挥它的实质作用，才能够最大限度地实现司法公正的同时保障人权，从而赢得司法公信、树立司法权威，而这也是庭审实质化“以审判为中心的刑事诉讼制度改革”重要内容的原因。

（三）亟须建立线上审理的规则

建立线上审理的规则，尤其是线上审理的限制规则，重点是处理好两个方面的问题。

一是明确哪些案件可以线上审理，哪些案件不能线上审理。

笔者认为，既然认罪认罚案件占比已经高达85%，那么对于其中多数事实清楚，证据确实、充分，被告人认罪，控辩双方对整个案件没有争议的可以线上审理。而对那些案情比较复杂、疑难，社会影响比较大，被告人可能被判处比较重的刑罚，特别是被告人不认罪的案件则不能进行线上审理。在这些案件中应当发挥庭审的作用，使法庭真正成为认定事实、采信证据,适用法律定罪量刑的场所,实现庭审实质化。

二是赋予被告人审理程序的选择权。

线上审理在特定时空切断了当事人与法官物理上的直接联系,这可以理解为是当事人程序利益的损失,那么就应当以一定的赋权来补偿。这种赋权就是赋予被告人对于是否适用线上审理的选择权。有了这种选择权,被告人至少就不会再因适用线上审理而质疑审判的权威和公正。

附件:

1. 关于开展企业合规监督考察的申请书

申请人:姓名,性别,民族,出生日期,户籍所在地,居民身份证号码。

辩护人:姓名,单位。

申请事项:请求贵院依法对申请人×××开展企业合规监督考察。

事实与理由:×年×月×日,申请人因涉嫌××××罪被×市公安局立案侦查,后被以涉嫌××××罪移送贵院审查起诉。自立案以来,申请人对企业的经营情况、业务模式、公司治理等进行深入反思,结合十三届全国人大四次会议上,张军检察长向全国人大报告"合规不起诉"工作、最高人民检察院于2021年4月下发的《关于开展企业合规改革试点工作的方案》、九部委于2021年6月3日联合下发的《关于建立涉案企业合规第三方监督评估机制的指导意见(试行)》政策精神,申请人认为其符合开展企业合规监督的条件,自愿开展企业合规,接受贵院及第三方监管人的监督考察,具体理由如下:

一、申请人自愿认罪认罚。

二、申请人已经取得被害人谅解。

三、公司经营状况良好,自愿承诺建立、完善企业合规制度,具备启动第三方机制的基本条件。

四、申请人及其他股东对企业的经营情况、业务模式、公司治理等进行深入反思，结合企业合规政策精神，在管理制度上进行改进，申请人认为其符合开展企业合规监督的条件，自愿开展企业合规，接受贵院及第三方监管人的监督考察。

……

申请人自愿接受合规监督考察，承诺按照法律规定建立、完善企业合规制度，如期提交企业合规整改方案，自愿接受贵院及第三方监管人的监督，根据贵院或第三方监管人反馈的意见以及自身汇总的风险因素进行整改自查，定期出具整改报告并向贵院汇报。按照整改方案切实整改，建立并完善企业专项合规体系，消除企业“犯罪因素”，促进企业合规合法经营。

特向贵院提起合规考察申请，请予批准。

此致

×××人民检察院

申请人：

年　月　日

2. ××××公司刑事合规整改承诺书

××××公司自愿接受××××人民检察院的第三方合规监管，同时承诺：

一、合法合规经营，严格执行公司印章使用管理制度、资金审批制度。

二、遵守规定，服从第三方监管人考察与检察机关监督。按照专项合规整改方案切实整改，确保合规整改获得监管部门验收。

三、配合第三方监管人出具书面阶段性的考察报告，分析合规整改的进度在该阶段尚存在的问题与原因，并对下一阶段合规整改作出具体安排。

四、承诺本单位无危害国家安全、公共安全以及其他严重危害他人人身、财产安全的情况，否则由检察官重新评估是否再次进行第三方合规监管。

五、合规考察整改期满两个月前，配合第三方监管人出具总结性的书面考察报告，确保合规整改获得监管部门的验收。

对第三方监管人的不当行为，本单位有权行使异议权。

本件一式三份，检察机关、公司、第三方监管人各一份。

××××公司

年　月　日

3. 企业合规计划书

第一部分　自我报告材料

一、公司基本情况

（一）公司简介

（二）工商管理信息

（三）公司经营项目情况

（四）公司股权及治理结构

二、案件基本情况

（一）案件的起因

（二）公司资金审批制度

三、原因分析

（一）公司人员法治意识淡薄，法律风险意识不强

（二）公司法务部功能不健全，监督管理能力有待强化

（三）公司规章制度不健全，风险防范措施不到位

第二部分　整改计划

一、关于企业整体合规体系建设

(一)构建合规风险防范体系

(二)构建合规风险识别体系

(三)构建合规风险应对体系

二、针对本次涉及犯罪的合规整改计划

(一)完善资金审批制度

(二)完善公司印章管理制度

(三)规范公司经营管理流程,痕迹化管理

(四)增强风险意识,加强刑事风险防范培训

(五)强化对第三方的合规风险评估

(六)完善合同及附属单据审核规定

第一部分　自我报告材料

公司经过××案之后发现,公司在经营管理过程中有不合规的情况。本公司认真反省,并为公司长远发展制订相应的合规计划如下:

一、公司基本情况

(一)公司简介

(二)工商管理信息

(三)公司经营项目情况

(四)公司股权及治理结构

1. 股权结构

2. 临时管理结构

二、案件基本情况

(一)案件的起因

(二)公司资金审批制度

三、原因分析

(一)公司人员法治意识淡薄,法律风险意识不强

本案的发生,究其原因在于,公司的人员法治观念淡薄,欠缺合规意识。在公司的经营管理过程中,片面追求效率,忽视资金安全问题。相关涉案人员心存侥幸,为了小利益不惜以身试法。

(二)公司法务部功能不健全,监督管理能力有待强化

公司虽然设置法务部,法务部日常工作侧重对民事合同审查。法务部对公司高级管理人员的行为没有监管约束权力,未能承担起把控刑事风险的职能。

(三)公司规章制度不健全,风险防范措施不到位

公司成立至今,制定了《公司章程》《印章管理制度》《资金使用守则及财务制度》等规章制度,这些规章制度对公司的日常管理、运营具有一定的指导作用,规章制度本身存在漏洞。公司各岗位人员完全依靠自己的法律意识行事,靠个人道德感自我约束,出现问题难以形成有效的责任追究机制。

公司的教育培训、考评奖惩机制不健全,未对公司成员定期教育培训,对涉及资金管理的法律法规知识的培训学习尤为缺乏。

第二部分　整改计划

案件发生后,公司积极反思相关员工涉嫌刑事犯罪的原因,并配合公安局和人民检察院的相关工作。同时,为避免重蹈覆辙,维护企业良好形象,现针对公司内部存在的问题、相关的法律法规及公司的业务情况,制订以下合规整改计划,积极整改、严格规范经营管理行为,主动向检察机关汇报整改情况,接受监督考察,建立完善的企业合规体系。

一、关于企业整体合规体系建设

(一)构建合规风险防范体系

1. 发挥公司最高管理者的领导、示范作用

构建企业的合规风险防范体系需要由公司治理机构和最高管理者牵头塑造,以实际行动践行建立健全公司合规风险防范体系的承诺,从而将合法

合规经营理念融入全体员工的行为当中，打造合规诚信经营的企业核心价值观，形成从高层做起，全员合规，坚守底线，持续优化的企业合规理念。

(1)公司将以股东决议的形式承诺建立、制定、实施、维护和改进一个有效和能够及时响应的风险防范体系(股东决议、高层会议等形式)。

(2)公司的股东、董事长、监事以及总经理将以清晰明确的方式(如公司全员大会)，向公司全体员工传达对合规风险防范体系搭建的支持，展现开展合规的决心。

(3)公司承诺将赋予法务部门一定级别的权限，可直接向执行董事、监事和/或总经理报告工作。

(4)公司明确并向所有管理层分配合规责任并要求履责；承诺通过定期的活动和培训来培育企业合规文化，并将分配一定的资源予以支持。

2. 健全公司组织体系

法务部承担风险防控和合规体系的建设的具体落实工作。

(1)公司另设合规专员，对公司经营管理活动中不合规行为具有一票否决权。

(2)招聘具有资深法律从业经历的专业人士担任法务部负责人或者担任法务部顾问，对合规专员负责。根据合规专员的指导和要求，法务部负责人或者法务部顾问落实合规体系的具体建设，对公司重大商务活动中不合规行为具有一票否决的建议权。

(3)对公司法务部无法处理的疑难复杂案件，聘请具有丰富经验的专业律师，寻求外部“智库”支持。

(4)在每个部门选出一位职员作为该部门的兼职合规员，多渠道构建公司合规经营的风险防火墙。

3. 修改《公司章程》，明确公司高级管理人员在合规体系建设中的职责

(1)董事长负有以下合规管理职责：批准合规管理体系的战略规划、

基本制度,推动合规体系的完善;决定合规管理负责人的任免;决定负责合规体系建设的法务部的设置和职能等。

(2)监事负有以下合规建设职责:监督执行董事的决策流程是否合规;监督执行董事和高级管理人员合规职责的履职情况;对引发重大合规风险负有主要责任的董事、高级管理人员提出罢免的建议;向董事长提出撤换合规主要负责人的建议等。

(3)常务副总经理负有以下合规职责:根据董事长的决定,建立健全合规框架、体系;批准合规体系的搭建;推进合规体系的构建并采取一定措施、支持合规的推行;明确合规流程,将合规体系融入公司业务;及时处理不合规经营行为,并进行责任追究等。

4. 修订公司章程、修改、制定公司规章制度

(1)修订公司章程,将合规纳入公司章程。构建合规体系,促进公司持续合规经营作为公司重要战略决策和经营方针,必须要明文规定在公司章程这个公司"宪法"中。将"合规经营"明文确定为公司经营理念,构建公司整体合规体系。以股东决定法务部负责企业合规构建事宜。增加董事、监事以及其他高级管理人员的合规职责。明确企业合法合规经营理念,明确规定公司高级管理人员在企业合规经营中的职责与权利。

(2)全面梳理公司现存的规范性文件,对公司现有《印章管理制度》《资金使用守则及财务制度》《印章管理制度》等制度文件,由法务部进行梳理。查找、发现现存文件中与更新的法律法规相冲突或公司实际业务不匹配的内容,并着手开展针对性的修改。

(3)制定公司合规整改所必需的制度与文件,从制度建设方面完善公司合规管理体系。如制定《员工手册》规范企业员工日常行为规范;制定《公司印章共管协议》,保障公司印章规范使用;等等。

5. 健全公司合规教育,培育合规文化

(1)由法务部门定期组织公司员工学习国家相关法律及政策文件,重点学习《刑法》及与职务侵占罪、挪用资金罪相关的司法解释等相关法律规定,及时对国家出台的关于进出口管理的相关政策文件宣讲解读。

(2)由法务部门牵头学习行业规章制度,有针对性地对日常经营中涉及的财税等法律知识,在公司日常培训、会议中向公司员工普及。

(3)针对公司财务人员的管理,应当给予财务人员定期参会培训、学习的机会,让财务人员熟悉当前我国关于发票管理、外汇管制、企业税收等相关问题的法律规定和政策文件。

(4)由法务部在中国裁判文书网、北大法宝等大数据平台检索,梳理出与相同类型企业高发的内部员工犯罪类型,针对高发的犯罪类型(商业贿赂、侵犯商业秘密等罪名),调整公司内部规章制度中存在的体系漏洞,加强对员工的监督与制约。基于岗位的不同要求不同员工签署相应的承诺书,如要求从事采购、销售等商务活动员工签署《反腐倡廉承诺书》等;邀请本地公安、检察官、法官送法进企业,就本地公司内部高发犯罪类型做专题授课,讲解企业如何预防公司内部犯罪,以真实案例敲响警钟。

6. 加强法律风险教育

加大培训力度,明确公司和员工的合规义务,强化考核与问责,提高管理人员、重要风险岗位人员的合规意识。尤其是针对公司员工关于职务侵占、挪用资金、商业贿赂、违反税收管理规范、侵犯公司商业秘密等行为在日常会议中着重强调,并将相关内容加入《员工手册》,方便员工对照识别日常风险,依法依规开展公司经营管理活动;员工签署《员工承诺书》,让其意识到违法违规的严重后果。

(二)构建合规风险识别体系

1. 明确风险识别分析主体

针对公司现有业务,由财务部进行初步的合规义务梳理,再由法务部门进行筛选和分析。

鉴于在资金管理方面,财务部、销售部比法务部门对财务相关规定更加清楚,因此,由财务部进行前期的梳理,再由法务部进行最终的法律分析,能更好地控制风险。

2. 梳理企业财务合规风险清单

(1)由财务部针对资金管理等情况,先行梳理相应的合规义务以及相应的合规风险,初步识别其中存在的重大、关键风险点及其他低风险点。

(2)法务部应对从大数据库中选择相同行业、相同地区被人民法院作出的裁判文书,以及行政机关作出的行政处罚决定书等进行梳理与识别,分析公司在现有法律框架下存在的重大风险点。

(3)根据公司日常开展的实际业务,由法务部进行筛选,排除非合规风险,对已经识别的合规风险从高频率、高风险到低频率、低风险进行排序,形成最终的合规风险清单,并且有计划地组织企业人员进行培训学习。让公司在经营过程中,了解每个环节的重大、关键风险点,在实际业务的开展中,能够清楚地识别风险、排除风险。

3. 畅通合规沟通机制

(1)公司核发企业合规管理规章制度和相关宣传材料,员工自行查阅,查询法务部门负责人、合规专员联系方式。

(2)开通合规会谈日,受理解答员工的合规问题,可以通过合规会谈日寻求帮助和建议。通过设立年度、季度公司合规日,集中沟通公司合规问题。

4. 建立合规举报机制

建立合规举报制度,确保公司员工能够以秘密的方式报告可疑或实际不当行为或违反合规管理规定行为。该项工作由法务部门负责,具体事项如下:

(1)设立专用的合规报告热线或者信箱。

(2)指定专人收集或者处理合规报告信息，对报告者个人信息实施保密管理。

(3)针对举报反映的问题和线索，及时开展调查，严肃追究违规人员责任，积极配合行政机关、司法机关调查取证。

(4)严惩泄露报告者个人信息的人员和行为。

(5)严惩对报告者实施打击报复的行为。

(6)对发现风险、提供线索，避免公司违规行为的，公司将给予相应的奖励、评优或职务晋升。

5. 推行合规审计制度

合规专员对公司业务负责人员、与客户对接的业务人员等重点人员的工作进行专项审计或者定期抽查审计，通过实时监测以及倒查等方式实现合规的监测作用。

6. 建立合规报告制度

若发生紧急事件，发现情况的员工、部门应及时以口头形式向上级主管部门报告，由上级主管部门决定是否向总经理、董事长报告。口头报告后，发现情况的员工、部门应于24小时内向上级主管部门递交紧急事件书面报告，书面报告应当包括应急预案。

除上述紧急情况外，法务部合规专员还应以定期报告的形式，向公司董事长汇报公司的合规运行状况。主要内容包括：

(1)合规风险评估发现的合规风险数量及其详细内容，以及对其分析和采取的处置措施。

(2)合规义务的变化及对公司的影响，公司为了履行义务而拟采用的措施。

(三)构建合规风险应对体系

当违规行为发生或者被发现后，公司将会面临外部监管机关和执法机关的调查，公司应当作出如下应对反应。

1. 及时进行内部合规调查

违规行为发生后，相关信息应当及时以合规风险事项报告的形式反馈给法务部门，由常务副总经理、法务部负责人、财务部负责人、监事、事件发生部门负责人组成危机管理小组，对违规行为进行内部调查，找到直接责任人及事件发生的背景、原因等，制订应急预案。

2. 完善违规行为处理机制

公司将制定《业务合规管理制度》，明晰违规责任范围，细化惩处标准。如发现挪用资金等违法行为，公司将根据违反规定行为的严重程度，由公司合规专员会同相关业务部门及法务部门按照本制度规定进行查处，提交总经理进行责任追究，给予相关责任人员予以降职、降薪、辞退等与行为性质相匹配的处分，构成违法犯罪的，由公司移送司法机关处理。

3. 发现合规漏洞及时调整修补

通过调查处理合规风险事件后，对事件产生的具体原因、应对措施、关键问题的处理以及产生损失和经营教训等一一进行总结，对发现漏洞的合规方案和危机处理机制进行改进。

为了防患于未然，针对存在的漏洞，对公司的合规风险清单进行整改，并根据危机处理结果评估是否需要修改合规管理体系，若需要，则修改或者制定新的控制措施及合规管理体系。

4. 积极配合调查

在外部监管机关和执法机关对企业涉嫌违规行为进行调查的时候，公司应当积极配合执法部门的调查，必要时主动进行报告披露，争取获得可能的合作奖励。同时，第一时间寻求专业人员（专业律师、业务专家）的帮助，善用法律工具，合理组织辩护，尽可能争取获得宽大的行政处理或司法处理，将惩罚、损失和不利影响降到最低限度，寻求最大限度的法律责任减免。

5. 完善责任追究管理制度

对于严格执行公司有关规定及业务流程,勤勉尽职地履行单位或岗位职责,避免发生重大合规风险或对减少不良影响、损失有直接贡献,及时发现合规风险隐患的单位和人员,公司将给予表彰;对于作出重大贡献的人员,将按有关规定给予奖励。

因管理不力,造成重大、突发合规风险事件,或对合规风险事项迟报、谎报、瞒报、漏报的,或在自我检查中发现相关人员有其他失职、渎职、违规行为等,需要追究有关责任人相关责任的,应根据情节严重、不良影响程度等,按照本办法及公司有关制度执行。

二、针对本次涉及犯罪的合规整改计划

(一)完善资金审批制度

当前,公司的资金使用守则及财务制度存在巨大漏洞,不能有效防范刑事风险。公司已经制定《资金审批制度》,旨在加强公司董事会对公司财务的管理,确保公司各项资金的安全有效运作。

《资金审批制度》对公司资金审批权限及原则、资金审批具体流程、责任及罚则作出规定。其中规定,董事长(兼总经理)与主管财务副总经理之间对审批款项(股东借款之外)产生分歧时,由公司董事会过半数董事签名审批方可付款。

(二)完善公司印章管理制度

为避免职务侵占罪、挪用资金罪等刑事犯罪的发生,根据公司章程,制定《公司印章共管协议》《印章使用管理制度》,规范公司印章的制发、管理及使用。

(三)规范公司经营管理流程,痕迹化管理

痕迹化管理有助于让所有的生产经营管理都留下印迹,方便日后查证,为有效复盘并发现企业在日常经营管理中存在的问题,弥补风险控制和管理环节中的短板,为提升精细化企业客户风险管理打下基础。

1. 管理制度痕迹化

明确各项具体工作的操作流程,确保对应岗位的工作人员均能做到知晓、明了、会操作。

2. 业务培训痕迹化

针对公司内部部分员工对业务流程不熟悉、指标理解有误、相关法律法规理解不到位等问题,要求相关员工进行签到培训,确保员工培训实现全覆盖。

3. 交流沟通痕迹化

对通过公司邮箱、微信群、企业微信、QQ 群、短信等方式进行的沟通交流内容进行妥善保存,针对每个合作方建立相应的工作台账,准确记录双方沟通情况。

4. 数据审核评估痕迹化

加强报表数据审核评估,对于报表异常值,进行核实并记录异常原因,做好数据审核台账,从源头上落实调查数据的真实性。

5. 规范合同及附属单据备案审查制

对于公司开展的所有对外经营性活动、资金管理,要求在签订合同后,向法务部提交合同原件一份留存备案,并需要提交后续具体业务开展过程中产生的所有单据文件(如转账凭证等)复印件一份给法务部留存。法务部将合同及单据分类建档并进行电子化处理,建立商业活动合同数据库。

法务部定期安排专人对合同及单据进行抽查,尤其重点关注公司资金管理问题。若发现问题及时通过询问相关人员、调查取证、上报公司高层进行处理。

(四)增强风险意识,加强刑事风险防范培训

1. 定期开展专项业务培训,了解刑事法律风险

(1)定期邀请刑事律师或其他熟悉刑事业务的人员对企业员工进行刑事风险预防培训。

(2)有法务部门针对公司刑事风险的内容进行讲解,包括对职务侵占、挪用资金类犯罪、经济犯罪、单位犯罪、商业贿赂犯罪等常见刑事犯罪的解析,并提出规范建议及风险防范措施的建议。

(3)对当前主营业务运营过程中多发的法律风险进行重点提示,对刑法及相关司法解释等法律法规的重要条款进行详细的解读,帮助公司员工树立风险意识,依法依规开展业务工作。

2. 专项培训全员覆盖且全程留痕

(1)要求所有相关员工在专项培训前进行签到,确保员工培训实现全覆盖。

(2)必须及时将培训期间的学习笔记上交到行政部进行归档,行政部对员工培训签到记录以及学习笔记存档备查。

(3)培训结束后进行培训考核,了解培训效果,并根据培训效果调整培训内容和培训方式。

3. 定期请援审核

所谓"旁观者清",公司应当定期聘请第三方进行内审,能避免因公司内部之间相互审核不够清晰透彻,从而不能有效地发现问题、解决问题。

4. 规范企业内部管理与问责机制

有效的公司内部管理监督,对公司管理有及时预警、止损作用。同时,能够及时总结公司内各不同部门或个人岗位的履职经验,固化为公司体系化的岗位业务流程、职能部门管理制度,增加公司在经营活动过程中,内部机构的稳定性与可靠性。

(五)强化对第三方的合规风险评估

公司在经营过程中经常会与一些商业伙伴开展密切合作,这些商业伙伴被称为第三方。基于合规风险角度的考虑,应当将对第三方合规风险的防范、检测和应对作为企业合规管理体系的重要组成部分。

1. 强化合规风险评估，实施第三方尽职调查

第三方尽职调查，是指公司在发展第三方合作伙伴过程中，针对第三方的合规风险所进行的专门性调查活动。这种合规尽职调查的目的是对第三方的合规风险作出准确评估。对那些合规风险过高的第三方企业，应当及时终止合作，避免第三方合规风险转移。对于那些虽有合规风险，但是处于可控范围内的第三方企业，作出适当的交易安排，提出适当的合规整理措施，对第三方提出切实可行的合规整改要求，在第三方的合规管理达到企业要求之后，再启动与第三方的正式合作。

在对第三方进行尽职调查以外，公司还应对那些展开合作的第三方进行持续不断的合规监测，以避免第三方出现违法违规行为。

2. 针对第三方建立以风险为基础的合规管理体系

对第三方监督以风险为基础的合规管理体系，包括对第三方合作伙伴展开定期或者专门性的合规尽职调查、合规培训，实施专项审计。在对第三方实施合规调查及监测的过程中，本公司将尽力践行合规计划，并对该项工作进行痕迹化管理，建档备查。

（六）完善合同及附属单据审核规定

公司在收到合同后，相关部门应认真审核，审核无误后，再提交法务部门审核，法务部门审核无误后经总经理审核，总经理审核通过后方可依据印章使用管理制度相关规定盖章，并复印两份存档。

综上，我公司将积极、主动将上述整改计划落到实处，完善公司业务流程，逐步建立、健全企业合规机制，通过强化内控，避免违法犯罪行为产生，确保企业持续稳定经营。恳请办案机关充分考虑本案的案发背景、行业状况以及我司积极整改的态度，对我司从宽处理。

此致

××××人民检察院

××××公司

年　月　日

4. 企业合规管理专项法律服务合同

（ ） 字第 号

甲方:______________________

统一社会信用代码:______________

联系地址:____________________

乙方:______________________

联系地址:____________________

联系人:_____________________

联系方式:____________________

甲、乙双方经充分协商,就甲方委托乙方提供企业合规相关法律服务达成如下条款,以兹共同遵守。

一、委托事项

乙方为甲方提供企业自主合规法律服务。

二、乙方的工作范围

1. 乙方协助甲方识别经营管理过程中的刑事风险,查找刑事风险发生的原因与制度漏洞。

2. 乙方协助甲方制订专项合规计划,使公司经营行为、组织结构和规章制度符合法律要求。

3. 乙方协助甲方对合规计划执行情况进行评估,协助乙方制作刑事合规报告等材料。

三、法律服务收费

1. 双方协商确定本次专项法律服务费用为人民币____元。

2. 甲方应于收到乙方提交的书面法律意见书的当天,将服务费支付至乙方指定账号,乙方应向甲方开具发票。乙方指定账号信息如下。

开户人：____________________

开户行：____________________

银行账户：__________________

四、双方主要权利义务

（一）甲方主要权利义务

1. 及时、真实、完整地向乙方提供与委托事项有关的材料，为乙方完成委托事项提供必要的便利条件及合理的准备时间。

2. 甲方对提供的资料、陈述的真实性和完整性承担法律责任。

3. 甲方按本合同约定的时间和金额，按时足额向乙方支付法律服务费用和相关工作费用。

4. 甲方不得利用律师的服务从事不正当、非法的活动，也不得要求律师为其从事违反法律及律师执业纪律的活动。违反上述规定，律师有权利拒绝继续提供法律服务并解除委托合同，已收取的律师费用不予退还。

（二）乙方主要权利义务

1. 乙方指派________________作为本项目的承办律师，未经甲方书面同意，乙方不得更换办理律师。

2. 乙方应当勤勉、尽责地完成委托事项，出具的法律意见应该专业详尽，符合相关规定。

3. 乙方主办律师及协助人员对其获知的甲方商业秘密和与委托事项有关的非公开信息、资料负有严格保密责任，非依法律规定或者甲方同意，不得向乙方无关人员或任何第三方泄露、披露。

4. 乙方对甲方提供或涉及甲方的证据材料、法律文件和其他有关财物应当妥善保管，防止发生毁损、灭失等情况。

五、合同生效

本合同自双方签字或盖章之日起生效，正本一式两份，甲、乙双方各持一份，具有同等法律效力。

六、通知、送达及争议解决

1. 甲、乙双方因履行本合同而相互发出或者提供的所有通知、文件、资料,均以首部所列明的地址、联系方式送达,一方如果迁址或者变更电话,应当及时通知对方。

2. 在本合同履行过程中,双方发生争议,应通过友好协商解决,协商不成的,可向××市××人民法院提起诉讼。

合同正文至此结束。

甲方:　　　　　　　　　　乙方:

授权代表人:　　　　　　　授权代表人:

签署时间:　　　　　　　年　月　日

善用认罪认罚，起诉阶段改定性

——阳某峰假冒注册商标判处缓刑案

辩护思路和要点

这个案件的辩护思路是量刑辩护，所以辩护的重点是在审查起诉阶段与检察官协商认罪认罚量刑建议，沟通的思路是争取情节轻微的相对不起诉。案件在审查起诉阶段争取到较低的有期徒刑量刑建议，并最终在审判阶段争取到适用缓刑。

基本案情

2013 年开始，阳某峰进入 A 公司工作。直到 2017 年 10 月，阳某峰在 A 公司为上游公司做假冒洋酒的外包装、装卸货等辅助性工作。该案涉案金额高达 3.8 亿元，被害单位涉及中国、法国、澳大利亚等地多家公司。

经过阅卷，辩护律师认为该案虽然在非法经营数额和假冒洋酒单价方面事实不清，但认定假冒注册商标罪的证据很充分，所以确定了量刑辩护的思路。

犯罪嫌疑人阳某峰于 2018 年 8 月 13 日被刑事拘留，9 月 20 日被批准逮捕,12 月 20 日移送审查起诉。因为涉案金额巨大,案卷量也非常大,所以律师的工作重点主要在审查起诉阶段。考虑到阳某峰不是经营者或实际控制人,认定从犯的可能性大,最终认定的非法经营数额对他的影响相对较小,所以在审查起诉阶段的法律意见书和羁押必要性审查申请书中,辩护人主要强调从犯、坦白的法定情节,以及家庭经济困难等酌定情节,按照争取相对不起诉的思路与检察官进行沟通。

案件在审查起诉阶段经过两次退回补充侦查,三次延长审查起诉期限,罪名从假冒注册商标罪变更为生产、销售伪劣产品罪,最终在签署认罪认罚具结书时又变更为假冒注册商标罪。

检察官不同意作出相对不起诉的决定后,辩护人又退一步争取缓刑的量刑建议,检察官也没有同意。案件提起公诉前,量刑建议为有期徒刑 1 年 9 个月以上 3 年以下,并处罚金。经过多次沟通协商,检察院又将量刑建议调整为有期徒刑 2 年以下,并处罚金。虽然检察院最终没有建议适用缓刑,但考虑到有明显的量刑减让,辩护人建议阳某峰签署具结书,在审判阶段再争取适用缓刑。

该案于 2019 年 7 月 2 日提起公诉,由于案件涉及追加公益诉讼,直到 10 月 17 日才第一次开庭审理。庭后,辩护人又向法院提交取保候审申请,同时向检察院提交羁押必要性审查申请书。2020 年 1 月 22 日,法院为除第一被告人以外的其他被告人办理了取保候审手续,辩护人也看到了适用缓刑的希望。此后,案件由于疫情原因又中止审理,直到 2020 年 6 月 15 日才恢复审理。恢复审理后,辩护人又多次联系法院,表达阳某峰愿意主动提前缴纳罚金,也得到了法院的同意。

2019 年 8 月 7 日,案件作出一审判决,阳某峰(第二被告人)被判处有期徒刑 2 年,缓刑 2 年 5 个月,并处罚金 13,000 元。

控方指控

林某桂于2014年左右开始先后纠集申某坚、何某焕(均另案处理)等人成立犯罪集团,专门从事将低档洋酒灌装、包装成高档洋酒并销售的假冒注册商标的犯罪活动,并将假冒注册商标的酒通过S市辉宣贸易有限公司(以下简称辉宣公司)对外销售,辉宣公司下设老表仓、红仓、英仓、中若仪器仓、配件仓、宏定国际酒庄、大洋马公司等部门(这些部门名称都是俗称)。

中若仪器仓位于D市某地一楼仓库,该犯罪集团雇佣苗某发为中若仪器仓的负责人,先后雇用了张某宏、公某平、阳某峰、魏某翔、郑某金、顾某林、陈某涛。苗某发、张某宏、公某平、阳某峰、郑某金、顾某林、陈某涛接收申某坚、何某焕送来的成品假冒酒,把其中不符合要求的酒退回给申某坚、何某焕翻工,同时根据客服人员的下单内容进行备货,检查品牌、规格、数量、“打码”、镭射标签等是否符合订单要求,魏某翔负责对假冒马爹利蓝带进行封盖处理。最后苗某发、顾某林将订单货物送往红仓准备出货。

经统计,2018年2月1日至8月13日该犯罪集团假冒并销售假冒的注册商标的各类洋酒合计人民币3.8亿多元。

辩护思路

审查起诉阶段,辩护人为阳某峰做量刑辩护,争取相对不起诉。审判阶段,辩护人仍然为阳某峰做量刑辩护,为其争取适用缓刑。

一、阳某峰归案后如实供述自己及同案犯的罪行,承认指控的犯罪事实,具有坦白情节,依法可以从轻处罚

阳某峰在接受公安人员讯问时,如实供述了其负责检查假酒外包装及装卸货的事实,对其余 7 个同案被告人的分工情况也一并作出了详细供述,同时承认对该仓库存放假酒的事实知情。以上情节均符合坦白的要件,根据《刑法》第 67 条第 3 款的规定,阳某峰属如实供述自己的罪行,依法可以从轻处罚。

二、阳某峰在共同犯罪中所起作用较小,是从犯,依法应当从轻或减轻处罚

本案涉及的罪名是假冒注册商标罪,而阳某峰仅负责检查假酒外包装、装卸货等辅助性工作,并没有参与制作假酒、假冒商标以及销售假冒注册商标的商品等关键环节,其在供述中也说明对假酒的生产地、销售地,公司领导层并不知情,所以其在整个过程中起次要、辅助作用,是从犯,根据《刑法》第 27 条第 2 款的规定应当从轻或减轻处罚。

三、阳某峰自愿认罪认罚,依法可以从宽处理

阳某峰从 2018 年 8 月被关押至今,从公安机关的讯问笔录可看出其已经对自己的错误行为有清醒的认知,并且也有过想要中止该错误行为的意思表示,虽最终未能及时中止,但能从中看出其认罪、悔罪的真诚态度。辩护人经多次会见阳某峰,其本人均表示自愿承认假冒注册商标罪的指控,并已签署认罪认罚具结书。

四、阳某峰系初犯,主观恶性较轻

本案中,阳某峰服从工作单位的安排承担酒的质检工作,参与时间较短,系初犯。阳某峰年纪较小,文化程度不高,对其行为的违法性认识不足,但他系初犯、从犯,主观恶性较轻。

五、阳某峰系其家庭的唯一支柱,对其适用缓刑有利于其尽早回归家庭

阳某峰的父亲无工作劳动能力;其母亲患病,需要不间断地服药治疗,无工作劳动能力。因阳某峰此事,原本幸福美满的家庭,经济上、生活上都陷入极大的困难。若对阳某峰适用缓刑,有利于其尽快回归家庭,维持家庭的基本需求,不至于产生更严重的后果。

综上,被告人阳某峰认罪认罚,有坦白情节,系从犯、初犯,恳请法庭综合以上情节,对被告人阳某峰适用缓刑。

法院观点

法院认为,被告人苗某发、阳某峰、张某宏、陈某涛、郑某金、顾某林、魏某翔、公某平未经注册商标所有人许可,在同一种商品上使用与其注册商标相同的商标,假冒两种以上注册商标,情节特别严重,8 名被告人的行为均已构成假冒注册商标罪。公诉机关指控的罪名成立。

被告人阳某峰、张某宏、陈某涛、郑某金、顾某林、魏某翔、公某平是中若仪器仓的普通工作人员,所起作用较小,是从犯,应当减轻处罚。被告人苗某发、阳某峰、张某宏、陈某涛、郑某金、顾某林、魏某翔、公某平在犯罪后能如实供述自己的罪行,且签署了认罪认罚具结书,在法庭上自愿认罪,确有悔罪表现,可以从轻处罚,故相关辩护人提出相应的辩护意见合法有据,予以采纳。被告人阳某峰、顾某林、魏某翔、公某平预缴罚金,被告人陈某涛预缴部分罚金,可酌情从轻处罚。对被告人魏某翔、公某平参与犯罪期间满 18 周岁前实施的犯罪行为,可酌情从轻处罚。被告人阳某峰、张某宏、陈某涛、郑某金、顾某林、魏某翔、公某平已退缴违法所得,根据犯罪情节和悔罪表现,符合缓刑适用条件,依法对被告人阳某峰、张某宏、陈某涛、郑某金、顾某林、魏某翔、公某平宣告缓刑。公诉机关提出的量刑建议恰当,均予以采纳。最终,法院判决被告人阳某峰有期徒刑 2 年,缓刑 2 年 5 个月,并处罚金 13,000 元。

办案总结

这个案件的有效辩护，主要体现在：一是在审查起诉阶段获得有量刑减让的量刑建议，二是在审判阶段争取到适用缓刑。笔者认为第一点相对而言更加重要，因为获得2年以下有期徒刑的量刑建议，才使本案在审判阶段获得适用缓刑成为可能。总结本案的办案经验，笔者想与大家探讨一下认罪认罚案件在审查起诉阶段的辩护策略。

一、什么案件考虑做认罪认罚

那么，什么案件考虑做认罪认罚？笔者认为一定是经过律师评估之后，认为定罪的可能性极大，且有一定空间跟检察官协商的，才做认罪认罚。没有体现出量刑减让的案件，要谨慎做认罪认罚。辩护人一定要树立一个理念，如果要实现有效辩护，量刑减让肯定是双方协商出来的，而不是检察官给予的。

二、检察官不听取律师意见怎么办

大家都能感受到，认罪认罚制度出来之后，律师辩护节奏就被改变了。以前的辩护工作主要是在审判阶段，现在辩护人要把绝大多数辩护工作提前到审查起诉阶段来完成，才能够真正有效地介入案件。

如果没有提前研究案卷、研究证据，律师就难以与检察官顺畅沟通。当检察官已经提出量刑建议，而律师却毫无准备，也没有应对策略，就注定了与检察官的此次沟通会失败。

所以，辩护人要学会换位思考，从检察官的角度思考问题，往往可以起到很好的辩护效果。

三、律师要了解检察官的量刑建议是如何来的

律师要多反思自己，包括要反思自己是否理解了认罪认罚的量刑建

议是如何来的。

首先,辩护律师要看到,在精准量刑方面,检察官并不必然比辩护律师更专业。

其次,再来对比单个案件的投入时间。现实情况是绝大多数检察官的工作量都非常大,一名检察官一年可能要完成几十件甚至是上百件公诉案件的起诉工作。但是一名刑事辩护律师,一年办理十几件刑事案件,已经非常辛苦了。笔者之所以要做这个比较,是想说明一个问题,花在一个刑事案件上的绝对时间,律师比检察官要多得多,那就有可能律师会比检察官发现更多细节问题,更多的无罪或者罪轻的细节问题。

这就是刑事辩护律师的辩护空间所在,既然辩护人有更多的时间花在一个案件上,那么辩护人就把案件中对被告人有利的事实问题和证据问题梳理清楚,及时与检察官沟通,这实际上就是帮助检察官完成了本应由他完成的一些工作。

最后,检察官是如何确定量刑建议的呢?这一点笔者可以根据经验做一个推断。对于事实和证据都比较简单的案件,检察官可以根据经验确定具体的量刑建议;对于事实和证据比较复杂的案件,检察官往往会通过过往办理的案件以及类案检索,确定精准刑;如果刑罚较重的,可能还会和经验丰富的刑事法官交流,然后确定一个幅度量刑。

其实,检察官作出量刑建议的方法,律师也完全可以借鉴。

四、律师与检察官协商的依据从哪来

要说服检察官,律师就要懂得寻找突破口,在此基础上确定与检察官协商的内容和方法。要取得良好的效果,需要注意以下几个问题。

首先是怎么沟通,才能取得较好的效果。律师最常用的沟通策略,无外乎非法证据排除、侦查机关取证缺陷、类案检索报告、最高人民法院和最高人民检察院领导文章或讲话精神、认罪认罚的指标压力、专家意见,以及主动提前缴纳罚金，甚至是超额缴纳罚金。寻找发现这些沟通的基础都是专业刑事辩护的应有之义，律师只有通过专业学习才能让自己具有发现这些筹码的能力。

“有效沟通”四个字看似简单，但是做到它可能需要律师几年甚至十几年的功力。对一名律师而言，如何去做证据辩护，如何去做程序辩护，如何找出一些存疑的事实问题，需要靠长期的学习和积累。

本案件中，非法经营数额认定事实不清，生产、销售伪劣产品罪证据不足，以及阳某峰本人的认罪认罚情节，就是辩护人与检察官协商的筹码。在与检察官协商过程中，辩护人针对同类情况的性质认定和量刑问题，也找了一些典型案例提交给检察官参考（见表1）。

表1　非法经营罪典型案例

案号	涉案金额	刑期
（2014）江新法刑初字第199号	360余万元	有期徒刑3年，缓刑3年
（2015）江新法刑初字第680号	570余万元	有期徒刑2年6个月，缓刑2年6个月
（2015）宿中知刑初字第0004号（指导案例第87号）	200万元	有期徒刑3年，缓刑4年
（2016）粤0106刑初第295号	250余万元	有期徒刑9个月，缓刑1年
（2017）粤0703刑初第713号	27万元	有期徒刑1年1个月
（2017）粤0705刑初第560号	250余万元	有期徒刑1年6个月，缓刑3年
（2017）粤0114刑初第257号	200余万元	有期徒刑1年10个月
（2018）粤0111刑初第280号	2800余万元	拘役5个月
（2018）粤0111刑初第790号	1300余万元	有期徒刑7个月
（2018）粤0111刑初第2285号	320余万元	有期徒刑2年

五、律师如何把握协商的时间节点

在1个月的审查起诉期间，要预留给检察官足够的阅卷时间，笔者的经验一般是在案件移送审查起诉两周后联系检察官,尽量约检察官面谈。对于一些明显会退回补充侦查的案件,也要及时与检察官联系确认是否退回补充侦查,以免错过协商的机会。

六、律师与检察官协商的内容有哪些

律师与检察官协商认罪认罚,不但要与检察官协商认罪认罚的量刑建议,还要协商确定刑期和浮动刑期问题,以及审判阶段是否适用简易程序问题。

通过与律师同行交流,笔者了解到很多同行与检察官协商认罪认罚,往往关注刑期长短问题,而忽视了确定刑期和浮动刑期问题,以及审判阶段是否适用简易程序问题。

(一)尽量争取浮动刑期的量刑建议

近段时间,检察机关在量刑建议方面,大多是以确定刑期为原则,以浮动刑期为例外,但确定刑期的量刑建议最大的问题是侵蚀了审判权,导致律师在审判阶段没有辩护空间。以笔者办理的某个刑事案件为例,审查起诉阶段由 4 年确定刑期谈到 3 年半至 4 年半的浮动刑期,审判阶段的目标就是争取判 3 年半有期徒刑。在法院阶段,被告人增加了退赃情节,且主动提前缴纳罚金,最终取得了 3 年半的量刑。而一旦签署了 4 年量刑建议的具结书,按照《广东省高级人民法院关于常见犯罪的量刑指导意见(二)实施细则(试行)》及《广东省高级人民法院、广东省人民检察院办理认罪认罚案件工作座谈会纪要》等指导文件精神,在审判阶段法官也很难再调低量刑。

(二)谈认罪认罚也应考虑审判阶段适用程序的问题

所谓适用程序问题,就是签订认罪认罚具结书的案件,律师要争取让检察院建议法院适用简易程序。一些相对轻微的刑事案件,为了让案件尽快解决,尽快出判决,辩护人就必须推动检察院直接建议法院适用简易程序。一方面,对于部分刑事案件,简易审可能增加缓刑的适用可能性;另一方面,即使是判处实刑的案件,很多被告人也愿意早点到监狱服刑,争取早日取得减刑的机会。所以,在审判阶段到底适用什么程序,也属于辩护人进行认罪认罚协商时要谈的问题。

七、律师如何把握好与检察官协商的“度”

这是律师很容易犯的一个“错误”,因为很多律师往往执着于自己的观点,过于强调律师的独立辩护地位,而忽视了当事人的利益最大化。

在本案中,经过阅卷,辩护人虽然放弃了无罪辩护,但仍然是按照情节轻微的相对不起诉思路与检察官协商认罪认罚。在检察官给出明确的不同意不起诉的意见后,辩护人没有执着于这个结果,而是退一步协商 2 年以下有期徒刑,并建议适用缓刑。在争取到 2 年以下有期徒刑,但没有争取到建议适用缓刑的量刑建议以后,辩护人也没有盲目给当事人不签署具结书的意见,而是分析利弊,给出律师的意见后,交由当事人自己作出决定。最终,当事人自己选择签署具结书。

如果律师过于强调自己的独立辩护地位,仅仅只是因为没有达到律师的诉求就错过了一个对当事人还不错的量刑建议,最终有可能损害当事人的合法权益。所以笔者认为,律师要把握好与检察官协商的“度”,这个度的标准就是时刻谨记为当事人争取合法利益最大化。

现场调查还原事实，二审改判缓刑

——薛某非法持有枪支二审改判缓刑案

辩护思路和要点

本案不仅涉及定性问题，还有量刑问题。在定性上，本案有非法买卖枪支、弹药罪与非法持有枪支罪的论争。辩护人从证据角度论证，在案证据不足以认定行为人构成非法买卖枪支、弹药罪，仅能认定其构成非法持有枪支罪。在量刑层面，辩护人不仅关注自首情节，还关注到案件中其他体现行为人人身危险性小、行为社会危害性小的情节，例如，薛某非法持有枪支时间短，试枪地点系荒无人烟的闲置土地，对此，辩护人通过现场调查向法院还原现场情况，这也是二审改判缓刑的重要原因之一。

基本案情

薛某是军事爱好者，2016年6月至7月，薛某偶然从微信朋友圈了解到有卖家在售卖气枪，遂通过微信向其购买一支黑色气手枪和一支气步枪及工具配件。购得后，薛某曾在家中试射手枪，并于甲市某车站附近空地用瓶罐试射步枪两次，后因害怕被旁人看见，将气枪、钢珠、铅弹等物藏匿于其甲市的住宿处。同年10月13日，被告人薛某经公安机关通知前往接受调查，其主动交代全部事实，并带领公安人员到上述地点缴获上述枪支、子弹，随后被公安机关拘留。

本案不仅涉及定性问题，还有量刑问题。在定性上，本案有非法买卖枪支、弹药罪与非法持有枪支罪的论争。辩护人从证据角度论证，在案证据不足以认定行为人构成非法买卖枪支、弹药罪，仅能认定其构成非法持有枪支罪。在审查起诉阶段，检察官接受了该辩护意见，以非法持有枪支罪起诉到法院。

审判阶段，本案做量刑辩护，虽然涉枪类案件在司法实践中适用缓刑率很低，但辩护人还是将目标确定为争取适用缓刑。一审阶段，辩护人主要从自首情节，被告人的人身危险性和行为社会危害性的角度进行辩护，但最终未争取到适用缓刑。

二审阶段，因为被告人试枪的地点是在荒无人烟的闲置土地上，辩护人通过现场调查向法院还原了现场情况，这成为二审改判适用缓刑的重要原因之一。

控方指控

2016年4月起，被告人薛某将气手枪一支、气步枪一支，钢珠、铅弹等物藏匿于甲市住处。同年10月，被告人薛某到公安机关投案自首，并带领公安人员到上述地点缴获上述枪支、子弹。经鉴定，涉案枪支为自制气手枪及以压缩气体为动力、发射弹丸的自制式气步枪，上述铅弹(260粒)均为5.5毫米气枪弹。

公诉机关认为，被告人薛某无视国家法律，违反枪支管理规定，非法持有枪支，其行为触犯了《刑法》第128条第1款之规定，犯罪事实清楚，证据确实、充分，应当以非法持有枪支罪追究刑事责任。被告人薛某有自首情节,依照《刑法》第67条第1款之规定,可以从轻处罚。

辩护思路

本案主要有以下几个问题。一是认定薛某构成非法买卖枪支、弹药罪的证据是否达到刑事证明标准?二是经公安机关口头传唤到案,是否属于自首?三是刑事辩护律师如何通过现场调查,促使二审改判缓刑?

一、薛某的行为不构成非法买卖枪支、弹药罪

(一)认定薛某构成非法买卖弹药罪的证据不足

根据起诉意见书,薛某购入一支气手枪和一支气长枪和钢珠弹(若干)、铅弹(260粒)及气枪所需的工具及配件一批。鉴定文书显示,检材和样本包括:枪形物品1;枪形物品2;子弹型物品260发。鉴定意见为送检子弹型物品260发为气枪弹。该鉴定文书并未对钢珠弹进行鉴定。

事实上,根据薛某陈述以及证人的陈述,该批钢弹珠中,有相当一部分弹珠为弹弓用弹珠,并不能用于枪支。

因此,认定薛某构成非法买卖弹药罪的证据不足。涉案枪弹260发,也并未达到500发的立案标准,薛某的行为不构成非法买卖弹药罪。

(二)证明薛某构成非法买卖枪支罪的证据不足

根据起诉意见书,薛某在朋友圈认识了两名卖家(其中一人已经失去联系方式;另一人未能查证),并从中购入一支气手枪、一支气长枪和钢珠弹(若干)、铅弹(260粒)及气枪所需的工具及配件一批。

证明薛某构成非法买卖枪支罪的证据包括薛某的供述、证人证言和付款的电子数据。但是,无论是薛某的供述,还是证人证言,都未能提供手枪卖家的任何信息。薛某虽然承认某笔微信零钱转账系其购买手枪的转账记录,但微信交易记录却显示该笔钱是转到名为“小小”的微信账户,

而根据证人的反映，该账户是薛某的另外一个微信账户。

同时，微信零钱明细仅仅显示金额，即使有薛某本人的确认，并没有与之相对应的微信交易记录，该项证据并没有达到确实充分的证明标准。

根据《刑事诉讼法》第 55 条之规定：只有被告人供述，没有其他证据的，不能认定被告人有罪和处以刑罚。因此，证明犯罪嫌疑人薛某构成非法买卖枪支罪的证据不足，薛某的行为不构成非法买卖枪支罪。

二、薛某经公安机关口头传唤自动到案属于自动投案，之后如实供述全部犯罪事实，应当认定为自首

（一）薛某接到传唤后，在无外力强制下自行到案，具备自动投案的主动性和自愿性两个基本属性

公安机关虽然已经掌握一定犯罪线索或证据，但是凭这些线索和证据又尚不足以对薛某进行讯问或采取强制措施，故以传唤的形式通知其到案，以接受进一步调查讯问。

本案中，薛某被口头传唤至公安分局接受讯问。也就是说，公安机关口头传唤薛某到公安分局配合调查，在并无外力强制的情况下，其人身处于自由状态，此时薛某可以选择拒绝前往，但其却选择前往司法机关归案，足以证明其主观上具有自动投案的主动性和自愿性。

（二）薛某的行为客观上符合自动投案的时机条件

根据《最高人民法院关于处理自首和立功具体应用法律若干问题的解释》第 1 条第 1 项的规定，自动投案是指犯罪事实或者犯罪嫌疑人未被司法机关发觉，或者虽被发觉，但犯罪嫌疑人尚未受到讯问、未被采取强制措施时，主动、直接向公安机关、人民检察院或者人民法院投案。

在本案中，即使犯罪嫌疑人薛某的犯罪行为被发觉，但还未受到讯问或被采取强制措施，因此符合自首的客观时机条件。

（三）薛某经传唤后自动到案，且如实供述犯罪事实，应当认定为自首

在本案中，犯罪嫌疑人薛某到案后，如实供述了购买两支枪支的事实，且主动带办案人员到家中搜查枪支，因此，应当认定薛某供述了主要犯罪事实。

因此，薛某经口头传唤后自动到案，且在司法机关出示犯罪证据前如实供述主要或全部犯罪事实的，应当认定为自首。

三、薛某人身危险性小，其行为的社会危害性小，可以适用缓刑

（一）薛某仅在完全无人的室外空旷区域试射枪支两次，试枪行为并未对公共安全造成任何威胁

非法持有枪支罪是抽象危险犯，危害的是公共安全，因此，薛某持有枪支的场所非常重要。实际上，薛某试射枪支的地方是一片长期废弃无人的旧城改造区。不巧的是，案件进入审判阶段的时候，薛某曾经试射枪支的旧城改造区已经发生了变化，可以说试枪现场已经遭受到了严重“破坏”。因此，还原薛某试枪现场状况是为薛某争取缓刑的关键。

一方面，在思索如何还原试枪场地之时，辩护人发现，可以通过搜索谷歌卫星云图，将案发时薛某试射枪支地点的历史图片进行证据固定，形成证据照片，这样既能还原试枪场地的样貌，又能以直观的图片形象展示试枪现场。辩护人将现场照片作为证据提交给法院，更具有说服力。

另一方面，案件还需要进行证据补强，于是辩护人通过政府部门网站，搜索到的相关公告证明薛某的试枪场所于 2014 年 10 月下旬开始封闭，至案发仍未解封，进一步通过政府官方网站证明，该片区域作为旧城区改造项目，拆迁工作进展缓慢，所以该地块长期闲置，加上封路的原因导致案发现场荒无人烟。

此外，辩护人向相关工程项目部进行询问，了解到该工程在2016年9月底10月初才陆续开工建设。也正因如此，薛某选择此处试射。

（二）薛某是一名军事爱好者，其并没有认识到自己非法持有枪支的违法性，主观恶性小

针对案件的特殊情形，在刑法进行评价时应当进行区别评判，尤其是对行为人违法性认识问题。薛某是一名军事爱好者，平时也有收集玩具枪的爱好，薛某始终认为自己持有的是玩具枪支。被告人薛某在接受调查前，并没有认识到自己行为的违法性，其主观恶性较小。众所周知，因司法机关对枪支的鉴定标准过低，导致司法实践中出现大量涉枪犯罪，究其原因，广大群众对枪支管理的禁止性规定知之甚少。作为一名军事发烧友，薛某始终认为自己持有的是玩具枪支，虽然从犯罪构成要件上看，主观认识错误并不能免除薛某的刑事责任，但在一定程度上表明其主观恶性较小的事实。

（三）薛某非法持有枪支时间短

非法持有枪支罪是危害公共安全犯罪，也是持有型犯罪，其行为本身不会直接危害社会公共安全。《刑法》之所以规制非法持有枪支罪，是因为非法持有枪支行为本身具有抽象的危险，换句话说，非法持有枪支行为具有潜在的社会危害性，也容易滋生其他犯罪。所以，在本案辩护过程中，不能忽视薛某非法持有枪支时间的问题。具体到本案，辩护人注意到，根据本案证据和被告人供述显示，被告人薛某持有枪支时间仅有3个月，其持有枪支的行为对公共安全危害不大。

综上所述，薛某在荒无人烟的闲置土地上试射瓶罐的行为，其本身没有造成社会危害结果。案发期间，社会公众不会在该旧城改造区生活和进行生产作业，薛某的试枪行为也并未对公共安全造成任何威胁。

法院观点

二审法院认为,上诉人薛某非法持有的是自制气手枪及气步枪,其在接到公安机关电话通知后,主动到公安机关如实交代了自己的犯罪事实,有积极的悔罪表现,宣告缓刑对其所居住社区没有重大不良影响,再结合上诉人薛某的犯罪情节及悔罪表现,对其适用缓刑确实不致再危害社会,依法可对其宣告缓刑,故对上诉人薛某及其辩护人所提辩护意见予以采纳。

办案总结

一、调查取证是律师刑事辩护的重要工作之一

会见权、阅卷权、调查取证权是律师的三大权利。刑事辩护律师在办理刑事案件过程中,往往囿于调查取证所带来的执业风险,一般不轻易进行调查取证。就本案而言,体现薛某人身危险性及其行为的社会危险性较小的情节,在案证据中并没有完全体现,所以一审法院判处薛某实刑1年有期徒刑。

二审期间,辩护人一方面通过搜索谷歌卫星云图,将案发时试射枪支地点的历史图片提交给法院;另一方面,通过政府部门网站,搜索相关公告、了解该地点的施工项目情况,确认该地块长期闲置,且因封路荒无人烟。因此,被告人薛某在荒无人烟的闲置土地上试射罐子的行为,并未对公共安全造成任何威胁。

二、律师要有通过个案推动刑事司法制度完善的意识

在处理此案过程中,笔者深刻体会到涉枪类案件入罪存在一些问题。

司法实践中，办案机关往往机械地将行政机关的法规直接作为刑法意义上枪支的认定标准，而忽略了在刑事案件中，司法机关进行枪支判断时，必须以枪支犯罪的保护法益为指导，不能直接把行政机关的法规作为依据。

首先，关于枪支的认定标准，目前依据的是《枪支管理法》和《仿真枪认定标准》（公通字〔2008〕8号）。《枪支管理法》第46条规定：本法所称的枪支，是指以火药或者压缩气体等为动力，利用管状器具发射金属弹丸或者其他物质，足以致人伤亡或者丧失直觉的各种枪支。《仿真枪认定标准》将枪支的鉴定标准规定为枪口比动能大于1.8焦耳/平方厘米。鉴于《枪支管理法》并没有可操作性标准，司法机关在实践中采取的是公安部的规定。但公安部下发的此文件只是公安系统的内部文件，事实上并不能成为司法机关认定案件事实的依据。所以笔者认为应于法律、法规或者规章对"枪支"作出可行性的定义，并以多种方式扩大这一规定的知晓范围，以充分实现法律对社会公众的指引、评价和警示的作用。

简言之，公安机关制定的枪支鉴定标准，只是涉枪犯罪中枪支认定的一个参考资料，而不能直接作为涉枪犯罪中枪支认定的标准。如果涉案的枪形物，完全不具有致人伤亡的危险，那么，无论如何都不能评价为刑法意义上的"枪支"。

其次，《仿真枪认定标准》将枪支的鉴定标准规定为枪口比动能大于1.8焦耳/平方厘米。该认定标准过低，导致司法实践中出现大量涉枪犯罪，甚至在街边以经营气球射击摊为生的人都被追究刑事责任。例如，天津大妈赵某华非法持有枪支案引起强烈的舆论关注和同情，说明公众也认同目前枪支认定标准过低，甚至损害了公民的行动自由。如果司法不对枪支认定标准过低和公民对枪支认定容忍度增加这一现实情况予以考量，就很难取得良好的社会效果。

最后，非法持有枪支类案件中，于客观违法层面，法官在审判时尤需注意,必须充分考虑犯罪嫌疑人持枪所造成的社会危害性,仅仅根据被告人是否持有枪支行为本身就定罪量刑,这不但违背了客观违法构成要件的意义,也违反了量刑适当这一司法原则。

深入剖析情理法，污染环境案获缓刑

——乔某海涉嫌污染环境缓刑案

辩护思路和要点

这个案件是一个轻罪案件，但辩护思路比较复杂。起初，辩护人的意见是基于证据瑕疵做无罪辩护，但在检察院给出认罪认罚的量刑建议以后，当事人还是签了认罪认罚具结书。因为律师的无罪辩护思路涉及事实问题，既然当事人明确认罪，审判阶段的辩护思路调整为量刑辩护，全力争取适用缓刑。污染环境案件争取适用缓刑的结果，仅仅考虑法律问题是不够的，还要考虑案件引发的社会问题、对环境的恢复等诸多情况。

基本案情

乔某峰和乔某海(系兄弟关系)共同租赁某地块用于经营生态农场，因经营需要铺设道路，乔某峰找到之前帮他们铺路的林某承揽该工程。随后，林某与吴某、李某合谋，由吴某、李某联系司机从深圳的建筑工地运送建筑垃圾废料到该地块非法倾倒。三人共安排了约50辆装满建筑废料的货车到上述地非法倾倒。

在此过程中,乔某海在倒垃圾的次日通过乔某峰得知林某倾倒建筑垃圾一事。起初,乔某海反对倾倒建筑垃圾,后得知乔某峰能收取2万元好处费,遂默许乔某峰让林某等人倾倒建筑垃圾。

2019年3月某日夜晚,司机在倾倒垃圾的时候,被值班巡逻的村民发现并报警,之后,涉案人员被抓获归案。由于案发,乔某峰并未收到约定的好处费。

经鉴定,林某等人非法倾倒垃圾污染的农田面积近900平方米,垃圾填埋平均深度为2.34米,总量约1300吨,生态环境损害费用近66万元;现场查获的两辆车载固体废弃物共约78吨,生态环境损害费用近4万元,事务性费用18万元,以上费用共计87万多元。

侦查阶段,乔氏两兄弟被取保候审。林某、吴某、李某、黎某、陈某几人此前已经被法院判刑。取保候审期满前,公安机关将该案移送审查起诉。审查起诉阶段,两人均签署认罪认罚具结书,检察机关没有建议适用缓刑。最终,法院判处对其适用缓刑。

这个案件是一个轻罪案件,但辩护思路比较复杂。起初,辩护人的意见是基于证据问题做无罪辩护,但在检察院给出认罪认罚的量刑建议以后,当事人还是签了认罪认罚具结书。因为律师的无罪辩护思路涉及事实问题,既然当事人明确认罪,审判阶段的辩护思路调整为量刑辩护,全力争取适用缓刑。

控方指控

2019年3月,被告人乔某海同意在其承租的A市B镇某生态农庄旁地块铺路,由被告人乔某峰联系同案犯林某(已判刑)负责铺路。林某联系同案犯吴某、李某、黎某、陈某(均已判刑)倾倒建筑垃圾进行铺路,并承诺事成后支付2万元给被告人乔某峰,被告人乔某峰将此事告知被告人乔某海并获得其同意。同年3月16日至21日，林某、吴某、李某、黎某、陈某共联系约50辆装满建筑废料的货车在上述地块非法倾倒。被告人乔某峰、乔某海明知林某等人在上述地块倾倒建筑垃圾，不但未及时、有效制止污染行为，反而默许、同意继续堆填建筑垃圾以期待牟利，造成上述土地被污染。经鉴定，上述土地因非法倾倒垃圾受污染面积为2124立方米，折算为1359吨，清运以及处置总费用为人民币69.19万元。

办案历程

一、最初的诉求——争取不起诉

辩护人在案件移送审查起诉后，接受乔某海的委托正式介入本案。在阅卷前，基于对案情的初步了解，辩护人将辩护的目标确定为基于情节轻微的相对不起诉。分析案情后，辩护人认为主要存在以下几个障碍。

第一，除涉案地块外，现场还存在其他地块被倾倒污染物的问题。当事人从村里租了几百亩土地，涉案地块仅是其中一小部分，其他地块也有被倾倒建筑垃圾的情况。根据当事人陈述，在他们租赁这块土地之前，就存在乱倒垃圾的情况。第二，同案人林某、吴某、李某等人此前已经被法院以污染环境罪判刑，且没有适用缓刑。第三，“蓝天、碧水、净土保卫战”全面展开以来，对污染环境案件一直保持高压态势，争取缓刑的难度自然更大。第四，最为被动的是，案件引起村民不断上访，省电视台也对此进行了新闻报道，引发了一定的社会影响。

阅卷后，辩护人发现本案的证据存在一定的问题。

微信聊天记录证明2019年3月17日乔某峰才和乔某海提起填埋垃圾进行铺路一事，并发送现场照片给乔某海，但乔某海开始是反对填埋垃圾的。直至2019年3月20日，乔某海看到建筑垃圾太难看，才交代乔某峰处理好这些垃圾,不要被村委人员看见。换句话说,本案证据只能证实乔某海于2019年3月20日才默认林某等人倾倒建筑垃圾。

同时,林某、吴某、李某的供述证实,仅倾倒了2辆大货车垃圾即当场被抓,另有2辆货车的量未倾倒。

三人供述从2019年3月16日至21日共倾倒了约50辆大货车的垃圾,环境损害鉴定评估报告证明本案污染环境的犯罪行为致使公私财产损失近70万元。根据占比推算,3月21日共计4辆货车的垃圾污染环境致使公私财产损失约为7万元,也就是说,乔某海参与共同犯罪,致使公私财产损失已达追诉标准的事实不清、证据不足。

所以,在审查起诉阶段,辩护人确定的辩护策略是为乔某海争取存疑不起诉。

二、两难的选择——签不签认罪认罚具结书

虽经努力争取,多次沟通协商,检察院最终还是决定起诉乔某海、乔某峰,并对该案做认罪认罚具结,这时候,当事人面临要不要签具结书的问题。

一方面,检察机关没有建议适用缓刑。另一方面,辩护人认为乔某海污染环境事实不清、证据不足,所以向当事人给出的意见是,暂不签认罪认罚具结书,在审判阶段再灵活处理。

然而当事人担心如果不签具结书,在审判阶段可能更难以争取到缓刑,所以坚持签认罪认罚具结书。在乔某海是否签认罪认罚具结书的问题上,当事人和辩护人出现了意见分歧。

考虑到当事人的诉求,本着当事人自己对事实问题和辩护目标负责,律师对法律问题和辩护策略负责的原则,辩护人选择尊重当事人的意见,在审判阶段做量刑辩护,全力争取适用缓刑。

三、一审辩护目标——全力争取适用缓刑

（一）庭前辅导

本案中，2019 年 3 月 17 日的微信聊天记录显示，乔某海在是否同意别人倾倒垃圾这个问题上，态度确实有些模棱两可，他本人在律师面前也多次做无罪辩解，但是既然已签署认罪认罚具结书，辩护人也确定了做量刑辩护，对于 2019 年 3 月 17 日的微信聊天记录，辩护人叮嘱当事人无须主动提出无罪辩解，如果法官、检察官问起主观故意，再根据倾倒垃圾当日的心态如实回答，但仍保持认罪的态度。此外，当事人应该在诚恳认罪、悔罪的基础上，从积极修复生态环境、民营企业家保护的角度争取法官适用缓刑。

（二）庭前现场调查

为了解涉案地块的环境情况，辩护人听取了当事人的陈述，查阅当事人提供的租赁合同等证据材料，也进行了现场调查。结合当事人的陈述、租赁合同资料及现场调查情况，制作了可视化材料，说明涉案地块的污染情况、铺设砖渣等历史经过，希望借此简洁清晰地将案件情况呈现在办案人员面前，为其争取缓刑。

（三）全力配合政府工作，积极化解社会矛盾

村民的上访是案件适用缓刑最大的障碍。如果不能有效化解这个社会矛盾，就很难获得好的结果。因此，辩护人建议当事人全力配合政府的维稳工作，尽快恢复土地种植条件，化解社会矛盾。

当事人采纳了辩护人的建议，不但对涉案地块进行了农地复耕，而且对村民所提出的其他地块也进行了农地复耕，先后出资近 200 万元用于垃圾清运、环评质量检测、农地复耕等工作。整改后的环境质量调查报告专家评审意见证明，涉案土地的土壤符合农用地使用环境功能，地表水环

境质量符合功能要求，地下水污染健康风险在可接受范围。

（四）辩护人举证

一审庭审过程中，辩护人举证的思路主要围绕两个方面。

一方面是证明被告人已经完成修复生态环境的证据，辩护人出示了现场图片、环境质量评审意见，以及村委出具的谅解书等材料，提出当事人符合《最高人民法院、最高人民检察院关于办理环境污染刑事案件适用法律若干问题的解释》（2016）第5条关于“可以认定为情节轻微，不起诉或者免予刑事处罚”的规定，情节较为轻微，可以适用缓刑。

另一方面是保护民营企业的证据，证明当事人系多家企业的经营者、股东，目前还参与多个政府项目以及民生项目工程。

（五）庭后再赴现场调查，提交补充法律意见

通过庭审，辩护人发现法官的关注点在于土地是否恢复种植条件，以及案件所引发的社会矛盾是否得到化解，而后者又取决于前者，所以土地恢复情况成为本案能否适用缓刑的关键所在。

虽然庭前已经多次委托鉴定机构对涉案土地是否恢复种植条件进行了鉴定，鉴定意见都是符合种植条件，但为了彻底打消法官的顾虑，并考虑到法官可能没有时间到现场调查，辩护人再次赴现场进行拍照，并将彩色打印的照片作为参考资料提交给法官，用最直观的方式展示现场恢复种植的情况。

最终，法官综合考量案件情况，对当事人判决适用缓刑。

辩护思路

在嫌疑人签署认罪认罚具结书前，辩护人通过分析证据，确定的辩护策略是为乔某海做无罪辩护。审判阶段，辩护人做量刑辩护。下文的辩护意见是审查起诉阶段提交给检察院的辩护意见。

一、本案证据应认定乔某海于2019年3月20日才同意林某等人倾倒建筑垃圾

一是根据微信聊天记录，证明2019年3月17日乔某峰才向乔某海提起这事，并发送现场照片给他，但乔某海没有同意，其在微信中说“好垃圾的，不要让他填啦，放那些垃圾干什么”“阿苏说昨日填的好垃圾，抓了去都可以”“不要填什么垃圾，石佬自己会填的，不用理他”，至3月20日才说“看看那些垃圾好严重，为何不让他填105国道边的路边，村委人员难过关，叫他遮挡一下，被看到不好，很难看”“好难看，保安照相给村委人员看，快点堆好”“2万元实在便宜了，埋了那么多”。可见，3月20日乔某海才默许，交代乔某峰快埋好，不要被村委人员刘某再看见这些垃圾。

二是林某等人均与乔某峰合谋倾倒垃圾，未指证乔某海；而乔某峰证明乔某海开始是反对的，后面才默认，叫他快点填垃圾，铺好路。

二、认定乔某海共同参与倾倒有害物质，致使公私财产损失30万元以上的证据不足

一是如上所言，乔某海于2019年3月20日才默许倾倒垃圾。

二是林某、吴某、李某等人的证言证实，2019年3月20日因勾机坏了而未倾倒垃圾，而3月21日仅倾倒了2辆大货车的垃圾就被抓，尚未倾倒的垃圾也仅有2辆货车的量。

三是林某、李某等人的证言证实从2019年3月16日至3月21日共倾倒了约50辆大货车的垃圾，根据占比，3月21日共计4辆货车的垃圾污染环境致使公私财产损失约为7万元。

法院观点

法院经审理查明，2019年3月上旬，林某（已判刑）经与吴某、李某

（均已判刑）合谋后联系被告人乔某峰，准备在A市B镇某生态农庄旁的地块倾倒填埋建筑垃圾铺路牟利。作为案涉地块实际管理人的被告人乔某峰征得实际承租人其哥哥被告人乔某海同意后允许林某使用建筑垃圾铺路。林某承诺事成后给付人民币2万元给被告人乔某峰（后未支付）。接着，林某、吴某、李某联系装运垃圾的货车司机从深圳建筑工地运送建筑垃圾到上述地块倾倒填埋。吴某收取垃圾货运司机每车人民币600元，吴某在截留部分赃款后转交林某。

2019年3月16日至21日，林某、吴某、李某联系约50辆装满夹杂部分生活垃圾的建筑废料（含砖渣、旧轮胎、胶合板、电线等）的货车到上述地块倾倒填埋。过程中，林某在偷填垃圾的肮脏程度和数量方面对被告人乔某峰有所隐瞒。其间，林某雇请陈某（已判刑）在现场操作挖机挖坑，方便货车倾倒垃圾并予填埋。为了统计倾倒垃圾车辆的数量，林某安排黎某（已判刑）用手机拍下倾倒垃圾的货车车牌发到微信群，并在现场指挥货车倾倒垃圾。黎某因此获许在现场捡垃圾获利。其间，林某等人倾倒填埋垃圾的行为被村治保巡逻人员发现，该村对案涉地块加强了巡逻观察。

2019年3月21日晚，该村治保巡逻人员发现案涉地块倾倒填埋垃圾后立即报警。公安人员在现场查获装载固体建筑废弃物尚未倾倒的大型货车2台。经广东省环境科学研究院评估，现场倾倒填埋的及现场查获的2车固体废弃物主要为建筑垃圾混合部分生活垃圾。现场水体样品中检出的氨氮、化学需氧量、挥发酚、汞检测数据均超出标准限值，最低超标0.67倍，最高超标467倍。将现场水质样品数据与邻近地表水监测数据比较，样品中的氨氮、化学需氧量、挥发酚、锌、镁、碑、汞检测数据均超出地表水平均值，最低超标4.1倍，最高超标2126.3倍。经鉴定，被告人乔某峰等人非法倾倒填埋的垃圾体积为2124立方米（含未倾倒的2车），折算1359吨（含未倾倒的2车），垃圾清运及处置总费用为人民币69.19万元。A 市 B 镇综合行政执法局因本案支付广东省环境科学研究院环境损害评估费用人民币 18 万元。

案发后，被告人乔某海、乔某峰配合政府有关职能部门对本案污染事件的调处工作，支付涉案地块环境检测、评估及垃圾清运、回填耕作土及围蔽值守费用等。2020 年 9 月，经 A 市 B 镇生态环境保护局委托 A 市环境保护技术中心检测，涉案地块地表水符合对应的水环境功能要求，地下水污染风险在可接受范围内。2021 年 6 月 1 日，公安人员抓获被告人乔某峰、乔某海。归案后，被告人乔某峰、乔某海如实供述了上述犯罪事实。2021 年 10 月，经 A 市 B 镇生态环境保护局委托检测技术有限公司检测，涉案地块已满足农用地的用地要求。

法院认为，被告人乔某峰、乔某海违反国家规定，倾倒填埋有害物质，严重污染环境，其行为已构成污染环境罪，应依法惩处。被告人乔某峰、乔某海已支付涉案污染地块的检测、评估及垃圾清运、耕作土回填等费用，涉案地块已满足农用地的用地要求，涉案地块地表水符合对应的水环境功能要求，地下水污染风险在可接受范围内，可以对被告人乔某峰、乔某海酌情从轻处罚。被告人乔某峰、乔某海有坦白情节且自愿认罪认罚，依法可以从轻处罚、从宽处理。在垃圾倾倒填埋过程中，林某就偷填垃圾的肮脏程度和数量方面对被告人乔某峰有所隐瞒，可以对被告人乔某峰、乔某海酌情从轻处罚。被告人乔某峰、乔某海符合缓刑适用条件，依法可以宣告缓刑。公诉机关指控的罪名成立，量刑建议适当。

被告人乔某峰、乔某海的辩护人辩称，被告人乔某峰、乔某海已支付垃圾清运、农地复耕等费用，涉案地块已恢复农用地功能，两被告人均有坦白情节且自愿认罪认罚，系初犯的辩护意见，经查属实，予以采纳。被告人乔某峰的辩护人辩称，被告人乔某峰没有实际获利的辩护意见，经查属实，予以采纳。被告人乔某海的辩护人辩称，被告人乔某海是从犯的辩护意见，经查，林某物色倾倒填埋垃圾的地块，得到被告人乔某峰的支持，被告人乔某峰又征得被告人乔某海的同意，被告人乔某峰、乔某海贪图小利放任、默许林某等人倾倒填埋大量垃圾，严重污染环境，被告人乔某峰、乔某海在本案中的作用不可或缺，并非起次要作用，该点辩护意见，与查明的事实不符，不予采纳。被告人乔某海的辩护人辩称，被告人乔某海在林某等人填埋垃圾的第五天主动要求刘某报警，一定程度上阻止了污染行为的继续的辩护意见，经查，林某等人倾倒填埋垃圾过程中，村治保人员已发现案情并加强巡逻观察，2019 年 3 月 21 日晚发现案情后村治保人员立即报警，该案的破获与被告人乔某海是否主动要求刘某报警，没有因果关系，该点辩护意见，与查明的事实不符，不予采纳。依照《刑法》第 338 条，第 25 条第 1 款，第 67 条第 3 款，第 72 条第 1 款、第 3 款，第 73 条第 2 款、第 3 款及《最高人民法院、最高人民检察院关于办理环境污染刑事案件适用法律若干问题的解释》（2016）第 1 条第 3 项、第 9 项之规定，判决被告人乔某海犯污染环境罪，判处有期徒刑 10 个月，缓刑 1 年 3 个月，并处罚金人民币 5 万元。

办案总结

这个案件事实并不复杂，但破坏生态环境案件在争取缓刑方面的难度较大。这个案件的事实方面、证据审查方面难度都不大，但是辩护人在辩护思路的决策方面，还是比较纠结。笔者总结了几点办案感悟。

一、审前被告人被取保候审的案件，并不必然适用缓刑

对刑事律师而言，这是一个常识。相信很多律师都办理过审前被取保候审而最终被判处实刑的案件。谈这个常识性问题，是基于两方面的考虑。一是很多当事人想当然地认为，审前被取保候审了，判缓就是顺理成章的事情，这种想法进而影响到律师的判断，尤其是这种想法一旦被法

官捕捉到,法官可能会有抵触心理,就会变得很被动;二是有的律师持一种绝对的独立辩护观点,认为只要被告人是认罪(认事实)的,作为辩护人无论发表何种无罪辩护意见,都不会对最终的判决结果产生不利影响,但往往因为律师的辩护策略失误,导致审前被取保候审的被告人最终被判处实刑。

所以,作为辩护人,对于审前当事人没有被羁押的刑事案件,一方面要有足够的重视;另一方面要慎重做无罪辩护,关键还是找到案件的核心辩点,针对核心辩点说服法官。

刑事案件的结果受案件引发的社会问题、办案人员个人因素等多种因素的影响,只有综合考量各种情形才能对案件作出相对准确的预测。就本案来说,能否有效恢复涉案地块种植条件,是化解社会矛盾、适用缓刑的关键所在。

二、律师在做刑事辩护的同时,还要有刑事风险防控的意识

在这个案件中,因为此前法院已经将直接倾倒建筑垃圾的其他几人以污染环境案定罪,所以辩护人一直按照污染环境的思路开展辩护工作,但随着与当事人沟通的深入,以及现场实地走访,辩护人发现,涉案土地还存在硬底化的情况。因为涉案土地的性质是农用地,所以只要达到法律规定的起刑点,该案就有可能涉及非法占用农用地这个罪名。

为此,辩护人与当事人详细地核实了现场硬底化的情况,并让当事人如实将硬底化的面积进行统计。最后发现,现场的硬底化并非乔某海所为,而是转租给他人以后,其他承包人所实施的。另外,根据与村里的土地租赁合同,租赁土地的用途是做花木场使用,在经营花木场的过程中,确实需要修建道路用于大型吊车的通行,所以,这种硬底化的行为情节轻微,可以不作为犯罪处理。

所以,律师在做刑事辩护的同时,不但要有刑事风险防控的意识,还

要将这种意识贯彻在刑事辩护的始终,而且越早防控越好。

三、律师要坚持自己的辩护意见,更要尊重当事人的意见

这个案件中明显存在律师与被告人的观点冲突的情况,这种情况下,到底谁说了算?这涉及律师的独立辩护权问题。

律师的独立辩护权是传统大陆法系职权主义诉讼构造的产物,在职权主义模式下,律师必须和法检站在一起,控辩审三方都是为了发现真相而设置的不同诉讼角色,只不过是从不同角度实现这一目标而已。法官有诉讼关照义务,检察官有客观公正义务,法官和检察官都在考虑被告人的利益,似乎就没有律师什么事了。但是,在我国的司法实践中,法官的诉讼关照义务和检察官的客观公正义务,都是存在一定程度缺失的,所以,在这种理念下所产生的律师的独立辩护权就值得辩护人反思,因为过分地强调律师的独立辩护,就有可能损害当事人的合法利益。

律师的辩护权源于被告人的委托,这种委托是一种私人的契约,是第一位的。也就是说,律师的职责并不是维护社会的公平正义。用田文昌老师的话说就是,律师既不是天使也不是魔鬼,既不代表正义也不代表邪恶。律师的职责,是维护当事人利益最大化,通过每一个案件维护每一个被告人的合法权益,才是律师对法治最大的贡献。

笔者认为,当律师与被告人发生冲突时,律师的任何辩护意见都要与被告人沟通,并尽量达成一致意见,如果无法达成一致,可以考虑退出辩护。

那么这种沟通的方法是怎样的呢?或者说律师的独立辩护权的限度是什么呢?简单来说,就是事实问题被告人负责,法律问题律师负责。被告人决定是做无罪辩护还是罪轻辩护,律师决定具体采用什么手段来达到被告人确定的辩护目标。

有效辩护之所以难,在于辩护人能否将案件全部阻碍辨识清楚,并通

过有效手段将其一一解决。还是那句话，刑辩律师犹如在黑夜中打着灯笼在悬崖边上给人带路的行者，经验丰富的刑辩律师能够通过自己的知识、技能和经验，引导当事人走过人生中这段艰险的道路。

言词证据存疑，追回被扣押财物

——严某涉嫌赌博从轻处罚案

辩护思路和要点

本案先以开设赌场罪立案，批捕时罪名变更为赌博罪。本案涉及参与网络赌博罪与网上开设赌场罪的区别问题，侦查阶段的目标是将重罪开设赌场罪变更为轻罪赌博罪。审查起诉阶段，解决的主要问题是如何与检察官协商认罪认罚，获得较轻的量刑建议。审判阶段，解决的主要问题是涉案财物处置，即如何帮助被告人追回被公安机关扣押的两台汽车。

基本案情

嫌疑人严某因涉嫌网络开设赌场被立案侦查。严某归案后不承认有开设赌场行为，但承认有通过 QQ、微信群参与网络赌博。严某通过本人及好友的银行卡、支付宝账号向赌博庄家投注。案发后，公安机关扣押了严某 2018 年购买的奔驰轿车和 2019 年 7 月购买的保时捷跑车，以及五部手机等物品。严某在侦查期间曾经供述过两部轿车是用赌博款购买的。

本案先以开设赌场罪立案，审查批准逮捕时罪名变更为赌博罪。

该案在审查起诉阶段选择认罪认罚，获得还不错的量刑建议。在审判阶段，法官采纳了律师的辩护意见，没有认定两台车辆是赌博赃款所购得。经过律师指导，严某积极与公安机关及法院沟通，最终严某取回被扣押的两台汽车。

控方指控

2019年4月至7月，被告人严某以营利为目的，向佟某、田某、韦某等人借款，在QQ、微信赌博群中以不同昵称为代号，以买大小、单双或数字的形式进行赌博。被告人严某在进行网络赌博期间，指示林某（另案处理）寻找赌博平台供其参赌。2019年1月至7月被告人严某通过其本人、林某、胡某及上述借款人的银行卡、支付宝账号向贺某等赌博庄家共投注4000多万元。

辩护思路

一、不宜认定车辆购车款来源于赌博所得

综合全案证据，证明两台车辆购车款来源于赌博所得的事实不清，证据不足。

（一）宜采信严某当庭的供述，认定购车款是从朋友处借款所得，而非来源于赌博所得

虽然严某在侦查阶段曾供述过购车款来源于赌博所得，但其当庭供述购车款是从朋友处借款所得，其中从李某处借款80万元，从表哥那里借了22万元，从韦某处借款12万元，从胡某处借款10万元，从容某处借款3万元。目前，严某仍欠外债100多万元，严某被取保候审后，也有债主

多次到家中讨债。

严某的供述与相关证人证言亦可相互印证。如佟某2019年12月19日和2020年1月7日的笔录中陈述了借钱给严某买车的事实。根据《最高人民法院、最高人民检察院、公安部、国家安全部、司法部关于办理死刑案件审查判断证据若干问题的规定》第22条规定,庭审中的供述与其他证据能够印证的,可以采信庭审中的供述,故宜认可严某当庭的供述,认定购车款是从朋友处借款所得,而非来源于赌博所得。

(二)证明购车款来源于赌博所得的证人证言真实性存疑

本案中,证人胡某曾陈述严某的奔驰车购车款是赌博所得,但笔录中并未涉及胡某是如何得知这一情况,不排除胡某的证言属于意见证据或者传来证据的可能性,根据疑点利益归于被告原则,不宜作为对被告人不利的证据。

(三)奔驰车的购买时间事实不清

严某供述称该奔驰车购买于2018年,但具体时间未予查明,同时,起诉书认定严某在2018年4月至2019年7月存在赌博行为。因此,不能排除奔驰车购于2018年4月之前的可能性。

(四)严某的微信聊天记录真实性存疑

严某在与朋友的微信聊天中,虽然曾陈述其用赌博所得购车,但这种陈述的真实性存疑,不能排除年轻人为满足虚荣心而随意夸大、杜撰相关事实的可能性。

(五)本案欠缺取得赌博款后用于支付购车款的相关证据

本案中具体查实的赌博平台只有一个QQ赌博群,只查明严某在该平台从2019年1月至7月的投注额,没有证据证明其通过何网络赌博平台,以何种方式收取赌博所得并用于购买车辆。

综上,关于购车款来源于赌博这一事实,并未形成完整的证据链条,根据存疑有利于被告的原则，不宜认定车辆购车款来源于赌博所得。

二、量刑情节

(一)严某自愿认罪认罚

严某对于自己参与赌博的事实供认不讳，并有悔罪态度，且已签署认罪认罚具结书。

(二)严某犯罪情节较轻，社会危害性较小

1. 严某具有坦白情节

严某到案后，如实供述了其参与赌博的犯罪事实，具有坦白情节。

2. 赌博罪本身不是社会危害性较大的刑事犯罪

本案所涉嫌的罪名亦非严重暴力犯罪，社会危险性较低。

法院观点

被告人严某无视国家法律，以营利为目的、以赌博为业，其行为已构成赌博罪，应依法惩处。被告人严某归案后如实供述其罪行，认罪态度较好，依法可以从轻处罚。被告人严某自愿认罪认罚，依法可以从宽处理。公诉机关指控被告人严某犯赌博罪的事实清楚，证据确实、充分，罪名成立，量刑建议适当，法院予以支持。对辩护人所提被告人严某犯罪情节较轻，社会危害性较小的意见，经查，被告人严某赌博时间较长、投注金额较大，显然并非社会危害性较小及犯罪情节较轻。被告人家庭情况并非法定量刑情节，但对辩护人所提被告人严某如实供述犯罪事实，自愿认罪认罚的意见，经查属实；对被告人及辩护人均请求从轻处罚的意见，予以采纳。根据被告人严某的犯罪情节，不符合适用缓刑的法律规定，故对辩护人请求判处缓刑的意见，不予采纳。

办案总结

本案被扣押的涉案财物包含一台奔驰轿车和一台保时捷跑车，严某在侦查阶段曾经供述过两辆小车是用赌博款购买，后又翻供。因此，如何能够帮助严某取回两台被扣押的车辆，以保证其有能力偿还100多万元的欠款，也是辩护律师需要解决的问题。

由于对涉案财物的处置缺乏明确的法律规定，司法实践中也没有统一的做法，尤其是法院在判决中没有对被扣押财物作罚没处理，又没有明确被扣押财物性质，当事人取回该财物有可能会存在一定的阻碍。本案就是这样一个典型案例。

一、在侦查阶段曾供述用赃款购买车辆，后被告人翻供，该财物性质如何认定

被扣押的奔驰车和保时捷帕拉梅拉价值超过人民币100万元，如果将两辆小车认定为赌博所得，根据《刑法》第64条，这两辆小车就要被追缴没收，上缴国库。如果不能认定这两辆小车属于赌博所得，就应当发还给严某。严某尚欠大量债务，这两辆小车是其还款能力的保障，但是，其曾经向公安机关供述，买车的钱是赌博赢来的钱。这给本案的辩护带来很大的难度。

会见后，严某告诉辩护人，其之所以这样供述，是因为侦查人员的诱导。侦查人员告诉严某："这个案件属于赌博的行政案件，就这样说（说车辆是用赌博的钱买的），后面就没事了。"同时，严某还向辩护人陈述了向朋友们借钱买车的具体细节，也希望办案机关向他的朋友们核实这些情况。

《刑事诉讼法》第55条规定，对一切案件的判处都要重证据，重调查研究，不轻信口供。只有被告人供述，没有其他证据的，不能认定被告人有罪和处以刑罚。涉案财物的性质认定要达到证据确实、充分的标准，不能仅仅根据被告人的口供进行判定，需要有其他证据印证，综合全案证据排除其他合理怀疑。虽然严某在侦查阶段曾经供述过两辆小车是其用赌博款购买，但仅仅根据严某的这一供述并不能达到证据确实、充分的程度。因此，辩护人提出了以下辩护意见。

（一）认定严某用赌博赢来的钱购买奔驰车的证据不足

证明奔驰车购车款来源于赌博违法所得的证据仅有严某本人的供述以及证人胡某证言，然而控方未能依据严某供述进一步查实其奔驰车的购车款来源及支付方式，证人胡某对严某买奔驰的事情并不完全知情，是主观推测，属于意见证据，根据《最高人民法院关于适用〈中华人民共和国刑事诉讼法〉的解释》第 88 条第 2 款之规定，该证据不得作为定案依据。

另外，奔驰车为严某于 2018 年购置，在案证据仅能确定严某于 2018 年 4 月初开始存在赌博行为，无法证明购车款系犯罪所得。即便假设该购车款系犯罪所得，严某何时通过网络赌博平台、以何种方式收取赌博所得均未能查明。

（二）严某购买保时捷的钱是向朋友借的

辩护人向检察机关提出调取证据申请，请求调取被公安机关扣押的严某手机中关于严某向好友李某借钱买车的微信聊天记录。此外，辩护人提交严某向亲朋好友借钱买保时捷的借款来源明细表，由此证明严某借钱买车的行为其朋友是知情的。严某向朋友借钱，是因为其与女朋友一起计划成立婚庆公司，将两辆小车作为婚车投入运营。

因此，严某在赌博期间购买的车辆，不能当然地认定该车辆购置款来源于赌博盈利。最终，法院在判决中并未明确两辆小车的性质，未对两辆小车作为赃物进行罚没。

二、被公安机关扣押的涉案车辆，法院判决书中没有明确如何处置的，涉案车辆应当按照何种程序进行返还

回答上述问题，首先必须厘清以下问题。

（一）判决生效后，涉案财物的扣押主体是公安机关还是法院

侦查、审查起诉、审判阶段衔接时应当办理羁押换押的手续，即随案物品的扣押主体与办案机关同时发生了变更。因此，涉案财物的扣押主体是法院，但是，应当注意区分涉案财物的扣押主体和保管主体。本案进入审判阶段后，车辆的扣押主体就变更为法院了，但车辆的保管主体仍然是公安机关。

（二）涉案财物应当由谁返还

根据2014年10月30日发布的《最高人民法院关于刑事裁判涉财产部分执行的若干规定》（以下简称《涉财产执行规定》），两辆小车应当由法院的执行部门返还。返还涉案财物是执行权的范畴，而不是审判权的功能，所以涉案财物返还不是刑事审判部门的职责。《涉财产执行规定》第7条第1款规定："由人民法院执行机构负责执行的刑事裁判涉财产部分，刑事审判部门应当及时移送立案部门审查立案。"

但是，根据该规定，两辆小车由谁返还的问题并没有得到明确。因此，还需要分析下面的问题。

（三）执行机构只负责执行判决书上明确列明的执行事项，对其他涉案财物是否不予执行

《涉财产执行规定》第1条规定："本规定所称刑事裁判涉财产部分的执行，是指发生法律效力的刑事裁判主文确定的下列事项的执行：（一）罚金、没收财产；（二）责令退赔；（三）处置随案移送的赃款赃物；（四）没收随案移送的供犯罪所用本人财物；（五）其他应当由人民法院执行的相关事项。刑事附带民事裁判的执行，适用民事执行的有关规定。"

对其他涉案财物不予执行的观点,限缩了执行机构的财产执行权力,也是强行地赋予刑事审判部门本不该具有的权力。另外,《涉财产执行规定》第1条第5项规定的“其他应当由人民法院执行的相关事项”,语义可以涵盖刑事裁判文书未作出明确处理的涉案财物的执行。

由此,这两辆小车应当由法院的执行部门进行返还,但问题是,这两辆车并不在法院执行部门手上,即车辆不是法院执行部门保管,而是由公安机关保管,此时对涉案财物的返还,法院与公安机关应当如何衔接?

(四)当被扣押的涉案财物由公安机关保管时,涉案财物该如何返还

2015年9月1日施行的《公安机关涉案财物管理若干规定》第20条第3款规定:“人民法院作出有罪判决,涉案财物由公安机关管理的,公安机关应当根据人民法院的生效判决,对涉案财物作出处理。人民法院的判决没有明确涉案财物如何处理的,公安机关应当征求人民法院意见。”

因此,当事人手持生效判决书到保管车辆的公安机关提出返还请求,这时公安机关应向法院征求意见,然后公安机关依据法院的意见,将车辆返还给当事人。本案中,法院的判决生效后,严某请求公安机关返还两辆小车。起初公安机关以该车由法院处置为由,不同意返还。此后,辩护人依据相关法律规定,指导严某积极与公安机关及法院沟通,最终将涉案两辆小车取回。

值得一提的是,《最高人民法院关于适用〈中华人民共和国刑事诉讼法〉的解释》对涉案财物的处置作出了规定,强化了涉案财物的庭前和庭审过程中的调查,强化了对涉案财物的处理和执行程序。但是,对于涉案财物返还的具体程序却没有规定,尤其是公安机关保管的财物,法院在判决中又没有明确载明如何处置的财物的返还,司法实践中的操作还是比较混乱,这就需要律师根据具体情况进行分析,以更灵活的方式指导当事人与办案单位沟通,保障合法利益的实现。

提供赌博网站会员账号并赌博的行为，应当如何定性

——冯某某涉嫌开设赌场轻判案

辩护思路和要点

行为人是否具有赌博网站代理人身份是认定其行为性质是否属于网络型开设赌场的关键。司法实践中，有些行为人没有赌博网站的代理权限，仅提供赌博网站会员账号给他人使用，但被法院以"构成实质代理"为由认定为赌博网站代理人。这种做法值得商榷。对行为人主从犯的认定，不能仅以到案被告人为范围区分主从犯，应当将行为人置于整个开设赌场活动中评价其在共同犯罪中所起的作用大小。

基本案情

2016 年，冯某某应任某某请求提供赌球账号。冯某某便向上级代理索要了一个皇冠网账号、密码给任某某。同时，冯某某与任某某约定 1∶10 的输赢比例，即任某某在皇冠网上投注 1 万元，根据球赛结果，若任某某赌输了，就赔付 10 万元现金给冯某某；若任某某赌赢了，任某某从冯

某某处收取10万元现金。冯某某、刘某某与上级代理内部之间按照3：3：4的比例共同分担与任某某赌球的输赢。2016年至2017年，冯某某、刘某某共收取任某某赌球输款约60万元。

2018年6月中旬至7月中旬世界杯，冯某某、刘某某和上级代理以上述方式，再次与任某某赌球，任某某输款约人民币190万元。冯某某、刘某某共收取任某某赌球输款约40万元。冯某某交付上级代理共计人民币30万元。

检察院以冯某某、刘某某犯开设赌场罪向一审法院提起公诉，并提出对冯某某判处3年至5年的量刑建议。一审法院认为，冯某某、刘某某是赌博网站存在实质代理关系，构成开设赌场罪。冯某某是从犯，依法应当减轻处罚，并不予采纳检察院的量刑建议，判处2年2个月有期徒刑。

检察院以冯某某、刘某某与上级代理是上下家关系，不构成共同犯罪，不是从犯，在3年以下宣告量刑并不妥当为由提起抗诉。二审法院审理后，采纳辩护人提出的冯某某是从犯的意见，判决驳回抗诉，维持原判。

控方指控

2016年至2017年，被告人冯某某从他人处获取皇冠网赌博网站会员账号和密码后提供给任某某使用，被告人冯某某与任某某进行结算交收。被告人冯某某伙同被告人刘某某与上级代理按3：3：4的比例共担输赢。其间，被告人冯某某、刘某某通过现金或转账方式共收取任某某赌球输款约人民币60万元。2018年6月中旬至7月中旬，世界杯足球赛期间，被告人冯某某再次从他人处获取皇冠网赌博网站会员账号和密码给任某某使用。任某某使用上述账号赌球输款约人民币190万元，被告人冯某某、刘某某通过现金或转账方式共收取任某某赌球输款约人民币40万元。被告人冯某某上交上级代理约人民币30万元。

辩护思路

辩护人在侦查、审查起诉、审判阶段多次提交书面辩护意见，明确指出冯某某、刘某某、上级代理只是借助了皇冠网作为赌博工具，是传统的聚众赌博行为，即使认定为开设赌场，也不是网络型开设赌场行为，而且本案的赌注数额事实不清，证据不足，根据存疑有利于被告原则，认定赌资为25万元，未达到情节严重的程度。

一、被告人冯某某的行为是聚众赌博，不是网络型开设赌场

（一）判断冯某某的行为是否符合网络型开设赌场的行为模式，必须证明冯某某具有皇冠赌博网站代理的身份

冯某某从上级代理处获得皇冠赌博网的会员账号，将账号给任某某在皇冠网投注，约定根据皇冠网输赢交收10倍赌资的行为是否能认定冯某某为皇冠赌博网的代理，是本案的一大争议。

一方面，涉案账号是会员账号，不是代理账号，是否有下级账号是认定“赌博网站代理”的一个重要指标。根据皇冠网的规则，只有会员账号才能直接在皇冠网上投注，代理账号不能直接投注赌博。涉案账号可直接参赌，亦无下线会员，该账号属于会员账号，不是代理账号。由此可知，涉案账号无法认定冯某某是皇冠网的代理。

另一方面，冯某某未接受网络投注。本案中，任某某利用会员账号直接在皇冠网投注赌博，然后在线下与上级代理、刘某某和冯某某按照1∶10的比例进行结算。任某某投注到网站的赌资由掌控该参赌会员账号的三级代理和会员直接交收，冯某某并未接受网络投注。所以，冯某某的行为不符合《最高人民法院、最高人民检察院、公安部关于办理网络赌博犯罪案件适用法律若干问题的意见》（以下简称《意见》）中关于“为赌

博网站担任代理并接受投注的”规定。

(二)冯某某未参与赌博网站利润分成,只是与上级代理、刘某某三人约定了分成比例

冯某某是否具有赌博网站利润分成关系到其与皇冠赌博网的联系是否紧密,是判断其是否为网络型开设赌场的重要指标。赌博网站利润分成是指,行为人出资或者直接参与赌博网站的建立、经营并进行利润分配。实践中,参与赌博网站利润分成的主要人员是赌博网站的股东、经营者、地区总代理人等。本案中,冯某某与上级代理、刘某某之间约定3∶3∶4的分成比例仅仅是依据任某某个人参与赌博盈亏数额的分成,不是建立、经营皇冠赌博网的分成,这与《意见》中“组织赌博活动并参与赌博网站利润分成”存在本质区别。本案约定的分成实际上是上级代理、刘某某、冯某某三人与任某某一人对赌输赢责任的分担,本质上是聚众赌博输赢的分担。

(三)冯某某的行为未达到组织、控制赌博活动的程度

对网络赌博活动具有明显的组织、控制和管理能力,是开设赌场的行为模式之一。冯某某对赌博网站、赌博网站内部组织架构、赌博网站经营是否有控制权决定着其是否符合开设赌场的行为模式。本案中,冯某某将账号和密码提供给任某某使用,对任某某是否下注、下注多少、返水比例、赌博规则均无法控制。因此,可以认为冯某某并没有掌握对网站的控制权。

综上所述,冯某某提供的账号是会员账号,其不是皇冠网的代理,也没有接受任某某在皇冠网上的投注。同时,冯某某对皇冠网的赌博活动明显没有组织、控制和管理能力。因此,冯某某并不构成开设赌场罪。本案中,冯某某、刘某某和任某某三人纠集在一起,以上级代理经营的赌博网站为工具从事赌博活动,将本案定性为赌博,更能准确评价冯某某的行为。

二、即使将冯某某的行为定性为开设赌场，也应当认定为普通开设赌场而非网络型开设赌场

（一）本案中，冯某某仅为任某某一人提供会员账号参赌，实质上是上级代理、刘某某、冯某某三人与任某某一人的对赌，是普通的开设赌场行为

网上开设赌场的本质在于通过网站账号和密码的不断分层管理，实现对参赌人员、赌资流转以及各层级的管理和控制。冯某某仅有会员账号和密码，并且仅提供给任某某一人使用，亦未通过会员的身份吸引不特定对象参与赌博，可以认为，是冯某某个人的行为发挥了重要的作用，而并非通过网站的功能发挥作用。

冯某某将皇冠网会员账号提供给任某某进行赌博，上级代理、冯某某和刘某某三人依据任某某输赢情况进行分成。虽然从形式上来看，有赌博网站因素的存在，可能涉嫌网络赌博，但实质上仍然是四个人之间的相互对赌。一方面，这种对赌是封闭性的，不具有网络赌博的开放性；另一方面，在整个赌博活动中，是上级代理刘某某和冯某某个人的行为在发挥作用，而并非通过互联网或赌博网站的功能发挥作用。因此，这种行为不宜评价为网络开设赌场行为。

（二）冯某某并未利用互联网、移动通信终端的传输功能进行赌博活动

根据《意见》，关于网上开设赌场犯罪定罪量刑标准的前提是“利用互联网、移动通信终端等传输赌博视频、数据，组织赌博活动”，而冯某某的行为并不符合该规定。上级代理、冯某某和刘某某的赌金交割都是线下进行，用现金或者微信转账方式完成，这些资金的交流并没有流转到皇冠网。

（三）如果冯某某的行为被评价为网络型开设赌场，会导致罪责刑不相适应

《意见》之所以针对网络型开设赌场明确了“情节严重”的具体情节，原因在于，网络型开设赌场行为相对于普通的开设赌场行为，更加开放，社会危害性更大。从实质上看，本案只是上级代理、刘某某、冯某某三人与任某某一人的对赌行为，而皇冠网在本案中只是充当了计量“赌博合约”输赢的工具，本案具有封闭性，与普通的开设赌场行为相比，社会危害性相当，所以公诉机关指控构成网络型开设赌场行为的意见并不成立。

此外，在司法实践中，普通的开设赌场行为，涉案赌资 200 多万元，一般均在 3 年以下量刑。如果将本案评价为网络开设赌场行为，且认定涉案赌资在 30 万元以上，则要在 3 年以上量刑。显然，这一量刑结果与本案社会危害性不相当，有违罪责刑相适应原则。

总而言之，涉案赌博行为具有封闭性，不应当认定为网络开设赌场。

三、冯某某在共同犯罪过程中起次要作用，是从犯

本案二审阶段，辩护人针对检察机关以冯某某、刘某某与上级代理不构成共同犯罪及量刑不当的抗诉理由，在一审阶段的辩护意见上进一步论证冯某某在共同犯罪过程中起次要作用，是从犯。

（一）本案行为是共同犯罪行为

本案中，冯某某、刘某某和上级代理共同利用皇冠网络赌场的相关赌博规则，按照一定的比例共同承担参赌人员任某某投注的输赢，是对共同犯罪活动的分工，是对犯罪成本的分担和犯罪所得的分配。具体来说，上级代理提供赌博网站会员账号，刘某某负责资金保障，冯某某负责赌博款的交收。虽然冯某某、刘某某和上级代理三人的资金流动在外观上存在上下家关系，但其三人基于共同与参赌人员任某某赌博的意思，已经形成

了犯罪共同体，形成了共同利用皇冠网供任某某赌博的犯罪故意。

（二）应当认定冯某某为从犯

1. 本案中，冯某某发挥的作用最小。皇冠网会员账号是本案赌博活动能够顺利进行的关键，本案赌博活动的输赢均是依据皇冠网的规则判断，上级代理对皇冠网的运营有一定的管理、控制作用，并且承担的输赢赔付比例占比最大。刘某某为本次赌博活动提供了强有力的资金保障，使得冯某某参与本次赌博活动成为可能。冯某某的行为只是帮助任某某与皇冠网建立联系，是一种典型的帮助行为。因此，本案中，上级代理作为皇冠网的管理者、运营者发挥的作用最大，刘某某次之，冯某某发挥的作用最小。

2. 不应当以到案被告人为范围区分主从犯，应当将冯某某的行为放置于整个赌博活动中进行评价。认定被告人在共同犯罪过程中发挥的作用大小，必须回到具体案件中去判断，结合具体的案情去认定。冯某某在本案赌博活动过程中的地位和作用大小的判断，必须与上级代理、刘某某以及皇冠网的相关人员进行比较才能准确评价，仅仅在冯某某和刘某某之间进行比较并不公平。若将被告人冯某某的行为定性为网络型开设赌场，就应当将其置于整个开设赌场活动链条中评价其地位和作用。

3. 不应当以 Z 市司法实践没有认定下级代理为从犯来指导本案主从犯的认定，应当以全国类似案例作为参考。以“本市司法实践没有认定下级代理为从犯”，本身就存在比对范围过小的问题，参照的案例范围应当以全国生效案例为参考范围。根据辩护人的类案检索，Z 市周边地市，绝大多数法院都将单独被抓获的代理或层级关系明确的多人在案的下级代理认定为从犯。“根据代理层级来区分主从犯是靠不住的。代理相对于赌场管理人而言，只是起次要或辅助作用，佛山中院对全部代理认定为从犯的做法也是有道理的，只有对既是赌场管理核心员工，参与管理层分红，同时又具有代理身份的部分人，才认定为主犯。或者按照珠海法院的做法，只对总代理认定为主犯。总的原则是限制主犯的数量，降低该罪名的自由刑。”①

四、本案赌资的认定，事实不清，根据存疑有利于被告原则，应当认定本案赌资金额为25万元

2010年关于网络赌博的司法解释出台前，并没有关于情节严重的具体规定，司法实践中对于情节严重通常把握在接受投注金额过亿元。司法实践如此把握也是充分考虑到网络赌博中接受投注金额与实际投入赌资存在相当大的差距。

虽然在赌博网站代理型开设赌场罪中，代理接受投注的金额通常有较为清晰的证据显示，但通过历史地考察以往的司法审判实践、横向地考察其他情节严重的规定、相关罪名入罪标准的规定，将“赌资数额累计”理解为实际投入的赌资更为合适，更能准确地通过“赌资”这一事实反映其情节严重的程度。

具体到本案的赌资认定问题，由于任某某交付给刘某某或冯某某的赌资，大多是通过现金方式交付，因此主要依靠言词证据来确定本案的赌资。这里需要注意的问题是：本案是否存在实际投入赌资和接受投注金额的问题？

根据任某某的陈述可知，她是按照1∶10的赔率来赌博，即根据皇冠网内显示的输赢数据再乘以10倍结算。这也就是本案所认定的250万元赌资的来源。换句话说，实际投入的赌资只有250万元的1/10，即25万元。

对于1∶10赔率的问题，刘某某的供述中并未谈及，冯某某予以否认，也就是说没有其他证据予以印证该待证事实的真实性。根据存疑有

① 广州市中级人民法院课题组：《网络开设赌场犯罪审理难点及建议》，载《法治论坛》2018年第2期。

利于被告的原则，在 1∶10 的赔率问题存疑的情况下，应当做有利于被告人的推论，即认定存在该事实，从而认定本案的赌资为 25 万元。

法院观点

一、一审法院观点

一审法院认为，被告人冯某某、刘某某无视国家法律，结伙为赌博网站担任代理并接受投注，情节严重，其行为已构成开设赌场罪，依法应予惩处。被告人冯某某、刘某某在共同犯罪中起次要作用，系从犯，依法应当减轻处罚。被告人刘某某在缓刑考验期内犯新罪，依法应当撤销缓刑，两罪并罚。被告人冯某某、刘某某如实供述自己的罪行且自愿认罪认罚，依法可以从轻、从宽处罚。犯罪分子违法所得的一切财物，依法应当予以追缴。供犯罪所用的本人财物，依法予以没收。公诉机关的指控成立，量刑建议过重，不予采纳。被告人冯某某的辩护人辩称，被告人冯某某系从犯的辩护意见，经查，被告人冯某某系将赌博网站的会员账号仅提供给赌客任某某一人使用，代理层级最低，从罪责刑相适应原则考虑，结合该类案件的审判实践，可予采纳。被告人冯某某的辩护人辩称，被告人冯某某系初犯，有坦白情节且自愿认罪认罚的辩护意见，经查属实，予以采纳。被告人冯某某、刘某某的辩护人辩称，本案不应按网络赌博论处，系一般的开设赌场行为或构成赌博罪的辩护意见，经查，被告人刘某某伙同被告人冯某某实现了赌博网站和参赌人员任某某之间的资讯与资金的联系，构成实质代理关系，并非一般传统的开设赌场或聚众赌博行为，该点辩护意见，与查明的事实不符，不予采纳。

检察院以冯某某不构成共同犯罪、量刑过轻为由提起抗诉。

二、二审法院观点

经查，冯某某、刘某某与上级代理虽然有上下家的关系，但同时也对涉案的赌款按比例共担输赢，显然是共同犯罪关系；冯某某、刘某某层级较低，在输赢中占比也较少，原审判决认定其二人为从犯并减轻处罚无不当之处。

办案总结

一、赌博类刑事案件，不能简单地根据是否是赌博网站代理，来区分聚众赌博和网络型开设赌场行为

只要是作为赌博网站的代理，无论是总代理，还是最低级的代理，都是围绕赌博网站这个赌场，招引、接受下级代理或者赌徒们的投注，只有接受投注的人数和注数多少的区别，没有性质上的本质区别。所以，只要是为赌博网站担任代理，接受投注，其行为的原因力就及于整个赌博网站的赌博活动，就是“开设赌场”，但这并不意味着“担任代理，接受投注”就一律认定为开设赌场。

聚众赌博行为与开设赌场行为的区别在于行为人是否发展了下级代理人，如果行为人只是充当赌博网站地区代理人的下级代理人，通过提供赌博网站的账户和密码招引赌博客户，没有再发展下级代理人的，其行为就应当认定为聚众赌博行为。否则，网络赌博中就没有“聚众赌博”存在的余地了。

二、开设赌场案件，要从整个赌博网站的开设赌场行为来考虑主从犯的认定

司法实践中，主犯没有到案，仅有从犯到案，对到案被告人直接认定从犯的案例并不少见。也就是说,在开设赌场案件中,即便赌博网站的主要负责人没到案,或者上级代理没有到案,单独对到案的被告人认定从犯,在法律上没有任何障碍。

如果被告人的行为性质为开设赌场罪,意味着被告人行为的原因力作用于整个开设赌场活动,判断被告人在开设赌场活动中所起的作用大小,就应当将被告人置于整个开设赌场活动链条中进行评价。

因此,要将被告人的行为与赌博网站的设立者、赌博网站技术的提供者、一级代理人等骨干成员相比较。如果被告人相对于这些人而言,仅处于从属和辅助的地位,就应当评价为从犯。

三、律师要有突破地方性司法惯例的意识

当下的司法现实是,每个地方都有自己的司法惯例,这些惯例大多是以地方公安局、检察院和法院联合会议纪要的形式存在,有的虽然没有书面规定,但可能已经被当地司法机关所默认。

在辩护过程中,律师不能被地方性的司法惯例束缚,而要想方设法突破地方性的司法惯例,尤其是在认罪认罚案件中,对于建议当事人是否签订认罪认罚具结书一定要慎重。在这个案件中,为了说服法官,辩护人对珠三角几个城市的判决做了类案检索,也找到广州市中级人民法院牵头,联合深圳、东莞、佛山和珠海法院组成的课题组,对开设赌场案所做的分析报告。类案检索报告和课题组的研究成果,进一步强化了律师的辩护意见,也增强了律师与办案人员沟通的信心。

证人出庭接受质证，案件终获定罪免处

——姚某玩忽职守定罪免处案

辩护思路和要点

本案比较复杂,涉及事实辩护和法律辩护。所谓事实辩护,就是马某涉嫌运输毒品罪长期未被追究刑事责任的原因究竟是案件承办人和分管领导严重不负责任的行为所致,还是刑警大队的勘验程序出现重大瑕疵所致。所谓法律辩护,一是法院对边某立功情节的认定是否正确,二是立功情节认定反复所引发的上访,是否能够评价为玩忽职守罪"恶劣社会影响"的判断。

基本案情

该案是检察机关职务犯罪侦查部门办理的司法领域职务犯罪案件。侦查机关认为A市B区分局东城派出所在办理毒品案件过程中,立案后久拖不决,对于查获的90多克毒品的事实不予继续侦查,最终对毒品案件的犯罪嫌疑人解除取保候审,相关办案人员涉嫌玩忽职守犯罪。

2016年9月28日,B区公安分局刑警大队在高速公路服务区抓获涉嫌运输毒品的犯罪嫌疑人马某(人物关系见图7),并当场在马某的小车上查获疑似毒品(一包535.27克未检出毒品成分;一包436.45克检出咖啡因成分)的包裹,经鉴定,该包裹内的物品含有咖啡因成分。

同年9月29日马某被行政拘留15日,10月14日被刑事拘留,其在看守所期间向同仓涉嫌诈骗罪的边某陈述:"现在警察查获的毒品不能把我定罪,我真正要运的是冰毒,在我车上隐秘的角落里,只有我知道,警察搜不出来。"边某为获得立功情节,将马某上述线索告知看守所管教。看守将该线索移交办案单位。

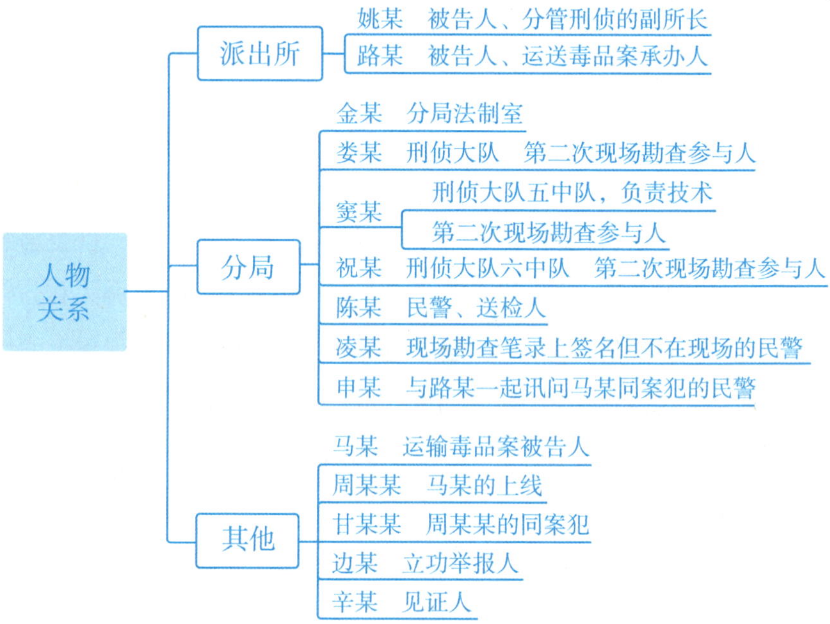

图7　人物关系

同年10月17日17点40分到18点11分,刑警大队、禁毒大队和技术部门(娄某、窦某、祝某,还有一名辅警)再次对马某停放在巡警大队院子里的小车进行现场勘验,搜出90余克毒品。

同年10月21日,分局刑侦大队窦某、陈某将该90余克毒品送检,但直到 11 月 21 日，本案的承办人路某（东城派出所民警）才从刑侦大队取回鉴定文书（文书记载的鉴定日期为 10 月 24 日）。经鉴定，该 90 余克毒品是冰毒。

同年 11 月 9 日，该案承办人将本案送检察院审查批准逮捕，由于第二次现场勘查时分局未通知办案部门（东城派出所），所以该案移送审查批捕时的材料中，并没有该 90 克毒品的材料。

同年 11 月 17 日，检察院审查批准逮捕期间，检察官直接联系民警路某，由于不够立案标准，如果马某没有别的犯罪行为，可能不批捕马某。于是，民警路某联系禁毒大队和刑警大队，才得知“第二次毒品勘验”查获 90 余克冰毒一事。路某又马上联系了姚某，告知其相关情况。姚某又马上联系分局法制部门的负责人金某，口头汇报了以上情况。法制部门给出的意见是，因为审查批捕期限已经是最后一天，第二次现场勘查所缴获的毒品鉴定已经不可能在审查批捕届满前作出来，所以只能先取保候审，后续再继续侦查。

当天，检察院作出不批捕马某的决定，第二天即 2016 年 11 月 18 日马某被取保候审。

2016 年 11 月 21 日，民警路某从刑警大队取回 90 余克毒品鉴定报告和现场勘查检查工作记录。被告人姚某与法制部门商量后，补制了搜查笔录、现场照片等材料，由路某去找当时现场勘查的民警和见证人签字，但相关人员拒绝签名。路某立即将该情况告知姚某，姚某立即向金某汇报该情况，金某告知没有这些补正材料肯定不能呈捕。被告人姚某口头安排民警路某继续跟进案件，做好后续的工作。

此后不久，分局刑侦大队领导和政工、治安几个领导一起来东城派出所开展月度工作督导，姚某向刑侦大队教导员汇报了 90 多克毒品一事，分局领导表态说回去了解下，但后来没有下文。

B 区公安分局就该案多次召开会议讨论，法制部门的意见是，由于第二次现场勘查存在犯罪嫌疑人未到现场、无同步录音录像、见证人签名系辅警代签等问题,本案无法再次呈捕。

2017 年 11 月 19 日,马某被解除取保候审。

法院审理(检举揭发人)边某涉嫌诈骗罪过程中,一审、二审和发回重审的一审和二审对边某的立功情节定性存在反复。一审法院认定边某有重大立功表现,二审法院以诈骗罪部分事实不清,发回一审法院重审。原一审法院重审后没有认定边某具有重大立功表现,边某不服,又提起上诉。二审法院审理后认定边某具有一般立功情节。由此,法院在认定边某立功事实方面,存在“构成重大立功”、“不具有立功表现”和“构成立功、但不属于重大立功”的三种不同判决结果。

因此,边某一直在向检察机关反映该情况。2018 年 12 月 10 日,市检察院向公安分局发出提证通知书,公安分局回复证实,确有在马某车内缴获毒品一包,也具体说明了不移送呈捕的原因是证据不足,但市检察院也未作出任何说明。

2019 年 1 月,市检察院又发出提证通知书,调取该案 90 克毒品的材料。此后,法院也向 B 区公安分局调取该材料。分局将相关情况如实向检察院和法院提交了情况说明。

边某案件二审生效后,因未认定重大立功,其家属一直申诉和上访。检察院职务犯罪侦查部门于 2020 年年初介入该案,并于 5 月 30 日正式以玩忽职守罪立案侦查,并对姚某、路某采取强制措施。

2020 年 6 月 18 日马某再次被羁押,次日被刑事拘留,同年 7 月 11 日被逮捕。2020 年 11 月 16 日,马某被 A 市 D 区人民法院以运输毒品罪判处有期徒刑 15 年。

控方指控

2016 年 10 月至 2017 年 11 月,被告人姚某在担任 A 市公安局 B 区分局东城派出所副所长期间，指挥、督导派出所民警路某（另案起诉）承办的马某涉嫌运输毒品案过程中，明知根据举报线索，从马某涉案扣押车辆中再次缴获毒品甲基苯丙胺 90 余克的事实，既未按规定安排、督促路某侦查取证，也未组织、协调相关办案人员继续侦查取证，后擅自将该新案情隐瞒不报，致使涉嫌重大毒品犯罪的马某长期未被追究刑事责任，及举报人边某立功情节法院认定多次反复，严重损害国家机关声誉，造成恶劣社会影响。

办案历程

这个案件是检察机关办理的司法机关工作人员渎职案。犯罪嫌疑人在案件侦查阶段未取保候审。犯罪嫌疑人被送到看守所以后翻供，坚决做无罪辩护，所以在审查起诉阶段也一直未能取保。

从侦查阶段争取不批捕，到审查起诉阶段争取不起诉，都未取得进展。控辩双方对于案件事实和法律认定的争议都非常大，所以律师将工作的重心放在审判阶段。

在一审开庭前，律师主要做了以下几个方面的工作。

一是申请召开庭前会议。在庭前会议上，控辩双方不但就案件的程序问题达成一致，而且就案件的几个事实方面的争议问题也进行了讨论，并确定了案件的几个核心争议焦点。

二是主动调查取证。因为 90 多克的毒品案件重大，分局内部经过多次讨论，争议仍然很大，派出所的领导对于该案的情况也很熟悉，律师主动询问了几名参加过案件讨论且未到检察院作证的民警，并经过全程同步录音录像后，将询问笔录提交到法庭。同时，律师也向法庭申请这几个证人出庭作证，得到了法院支持。

三是申请证人出庭作证。本案中，检察机关对分局多名工作人员做了两轮询问笔录，但前后两次的笔录内容相互矛盾，极有可能是在做第二次笔录的过程中，有人为了逃避责任，说了假话。由于对本案几个关键事实的认定，主要依靠证人证言，所以律师向法庭申请有可能做虚假陈述的证人出庭。该申请得到法院支持。

四是申请管辖权异议。因边某犯诈骗罪一案经两级法院审理，且作出几次完全不同的认定。辩护人认为 A 市辖区法院与本案均存在利害关系，为保障被告人的诉讼权利，保证本案的公正审理，申请将本案移送至外地法院审理。不过，该申请未获同意。

五是申请庭审直播。因本案属于司法人员渎职犯罪，且案件争议大，律师做无罪辩护，所以为了排除其他因素对于审判的不当干扰，律师申请进行庭审直播。然而，该申请也未获同意。

事实方面的争议主要包括：(1)第二次勘验有没有通知姚某及路某参加。(2)案件呈捕前，姚某、路某对勘验情况是否知情。(3)呈捕阶段，姚某、路某对鉴定意见是否知情。(4)第二次勘验存在程序瑕疵，参与勘验人员是否拒绝签名。(5)窦某是否按照相关规定将二次现场勘验录像移交派出所。(6)在马某取保候审期间，姚某、路某是否继续开展了一系列侦查取证工作。(7)金某是否肯定"证据不足，不能移送呈捕"的意见。(8)分局是否肯定"由于证据不足，没有移送呈捕"的意见。(9)未破结案件存档在派出所档案室，是否有据可依。(10)马某案件期满被解除取保候审，是否意味着该案侦查终结。

法律方面的争议主要包括：(1)犯罪嫌疑人取保候审后，继续侦查仍不能移送审查起诉，案件最终解除取保候审的行为，能否评价为刑法上的玩忽职守行为。(2)法院对于立功情节认定反复所引发的上访，以及马某长期脱逃的行为，能否评价为渎职罪的"恶劣社会影响"。

庭前会议，在法官的主持下，控辩双方就案件争议问题进行了归纳。辩护人在庭前会议上提出，这个案件的涉案证人基本上都做过两次讯问笔录，分别在检察院立案前后，但两次询问笔录差异很大，前后相互矛盾，这极有可能是相关人员为了规避自己在侦查过程中的责任而作出的虚假陈述，综合所有的言词证据和书证，根据常情常理来分析，可以判断第二次现场勘察前并没有通知办案单位，且经办人在检察院作出不批捕决定前，并不知道在车上查获了90多克毒品这一事实。

所以，辩护人将本案的焦点问题概括为两点。一是在马某取保候审期间，分管领导姚某和承办人路某是否穷尽了所有的侦查行为。二是马某长期脱逃的行为，是否造成“恶劣社会影响”。这一观点也得到了法官和检察官的认同，所以庭审主要围绕这两个争议问题进行。

虽然这个案件由于庭前更换了检察官，庭审时事实问题的争议又重新回到庭前会议前的争议状态，但从一审判决书法官说理部分明显可以看出，合议庭也是围绕这两个焦点问题来考量是否构成犯罪的。

最终，一审法院判处被告人姚某犯玩忽职守罪，免予刑事处罚。

辩护思路（见图8）

一、在马某取保候审期间，在姚某的指挥下，路某继续开展了一系列侦查取证工作

根据姚某的陈述以及路某自述材料可知，路某在马某取保候审期间做了大量后续侦查取证工作。

1. 2016年11月21日，路某找窦某签收现场勘查笔录、现场勘查清单、现场勘查照片三份材料，并制作搜查笔录、扣押笔录、扣押清单、称量笔录等法律文书。

2. 路某在看守所办案时接到姚某电话安排，找一名狱侦民警调取一份材料（询问笔录、检举信）。

3. 根据检举信件反映的内容，路某分别到B区公安分局110指挥中

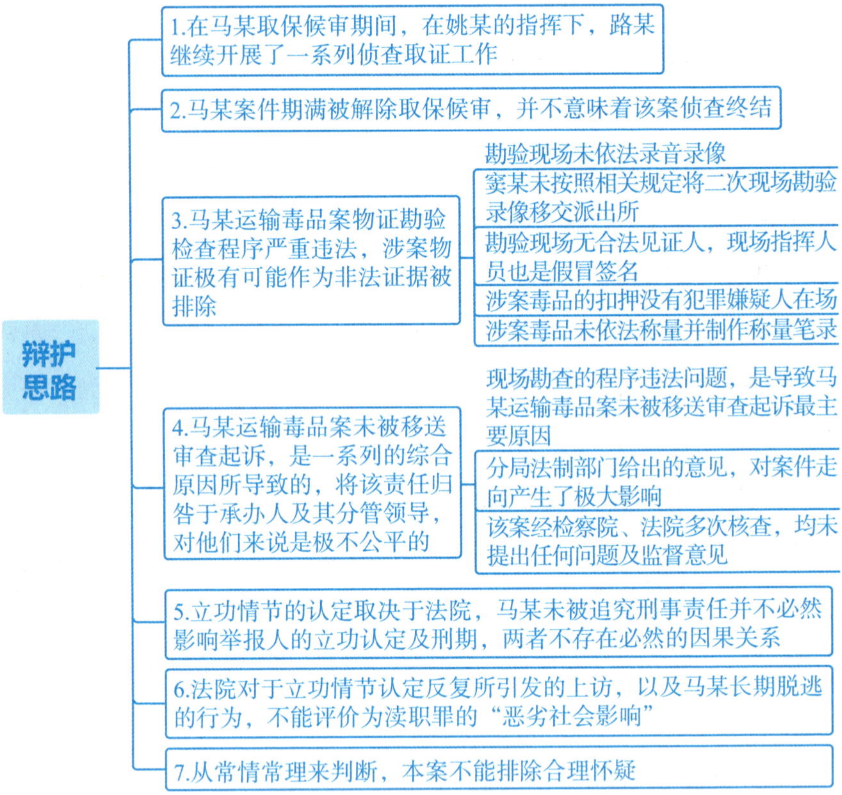

图 8　辩护思路

心接处警平台查询 B 区是否有黑社会打斗的线索，到 B 区交警大队核实有没有撞断电线杆的案件，到 A 市中医院核实有没有发生打架斗殴被砍断手脚的人入院，除反映毒品被分局刑侦大队缴获外，其余均属不实举报。

4. 因制作法律文书需要，路某打电话给窦某问他手上还有什么资料，并让其通过公安内部系统发送。窦某只发了现场照片，并称没有视频，因当时没拍。

5. 路某制作完搜查笔录、扣押笔录等材料后，到 B 区公安分局找窦某、祝某签名，对方回复称派出所自己搞定并拒绝签名。窦某反馈勘验现场没有犯罪嫌疑人、没有见证人，现场勘查笔录是造假补签的，凌某根本不在现场，并以此为由拒绝签名。

6. 路某将马某二次搜查的侦查计划和马某的讯问笔录找到姚某，征求下一步工作计划。姚某反馈，已经向分局领导和法制及刑侦领导汇报过，但刑侦不愿意配合，所以法律文书没有签到名，停止侦查此案。

7. 路某将该案情况多次向分局法制及刑侦大队领导反映，分管法制的副局长均知此事但都没表态，始终没有给出解决方案。

8. 派出所根据检察院出具的补充侦查提纲的意见，认真核实了意见中提出的各项要求，并通过侦查走访对第一次和第二次的毒品进行了反复核实，并按提纲要求逐一回复说明，将结果及收集的书证附卷归档。例如，到中国电信、中国联通等部门调取马某及涉案人员的通话清单；到中国银行等多家银行机构调取马某及其家属的银行资金流水；检索马某相互通话清单中的关联人、查找涉案人员线索、核实证人证言；专门制作马某的讯问材料，指证周某是贩毒上线，证实马某向周某购买毒品的次数、资金，都有谁在场等情况，并制作辨认笔录对周某进行指认；与单位民警申某穿插审讯周某贩卖毒品给马某的情况；调取复印甘某的材料附案，从而相互印证；另外，将周某和讯问笔录复印几份保存，加上甘某的复印材料，及电话清单涉嫌人员线索材料归档保管。

二、马某案件期满被解除取保候审，并不意味着该案侦查终结

刑事案件并未撤销，即便犯罪嫌疑人被解除取保候审，并不意味着侦查行为的终结。按照当时 B 区公安分局办案的惯例，刑事案件提请批准逮捕审查后，如果检察院不批捕，犯罪嫌疑人立即释放，且不会办理取保候审，案件事实上会不了了之。本案之所以会办理取保候审，正是基于发现了 90 多克毒品这一事实，需要继续侦查。取保候审的最长时间为 12 个月，到期后解除取保候审，本身就是规范办案的需要，并不意味着消极不

办案,且解除取保候审并不等于撤销案件,即便嫌疑人没有被采取强制措施,案件仍可以继续侦查。

三、马某运输毒品案物证勘验检查程序严重违法,涉案物证极有可能作为非法证据被排除

(一)勘验现场未依法录音录像

《最高人民法院、最高人民检察院、公安部关于办理毒品犯罪案件毒品提取、扣押、称量、取样和送检程序若干问题的规定》(以下简称《毒品规定》)第4条第4款规定:现场勘验、检查或者搜查时,应当对查获毒品的原始状态拍照或者录像,采取措施防止犯罪嫌疑人及其他无关人员接触毒品及包装物。

窦某笔录:"问:勘察过程如何? 答:当时对车辆能卸、能拆的部分都拆过了,甚至把整个后排座都卸下来,终于在后座中间扶手箱暗格内发现一个黑色塑料袋,打开看到有疑似冰毒,因此前搜查过程没有录像,发现疑似冰毒后就把所拆部件恢复原状,再由我进行录音录像,录像时间大概2分钟,录完后就对毒品称量,重量是90多克。"

娄某笔录:"没有全程录像,我们把该车辆的后座拆开,从后座中间的暗格找到疑似毒品以后,把后座装回去,窦某录了一段录像。"

可见,一是窦某等人在现场勘验时没有全程录音录像,二是未对查获毒品的原始状态拍照或者录像,发现毒品后恢复原状重新摆拍录像。毒品已被严重污染,摆拍的录像极大可能被认定为非法证据。

(二)窦某未按照相关规定将二次现场勘验录像移交派出所

根据祝某陈述二次勘验时有录音录像,但娄某明确说没有,只是进行了摆拍。根据窦某的证言可知,现场勘验仅录制了2分钟的视频,勘验笔录中记载"录像0分钟"且录像未正常移交办案单位。姚某、路某不可能知道该段录像的存在,在该情况下要求姚某、路某主动向技术部门索要录

像，完全是强人所难。

“无录像”的勘验，无法断定毒品来源是否合法，也无法排除是否存在栽赃陷害，核心证据高度存疑，办案人员没有足够信心移送审查逮捕和审查起诉。因此，根据行为与责任同时存在原则，马某案应当建立在“无录像”的基础上，判断勘验发现的毒品来源是否合法、是否可以作为证据使用。不能因检察院立案调查，窦某提供了录像，马某案件获得审判的结果来评价姚某和路某的责任。

（三）勘验现场无合法见证人，现场指挥人员也是假冒签名

《公安机关刑事案件现场勘验检查规则》第 6 条第 2 款规定：公安机关现场勘验、检查人员是指公安机关及其派出机构经过现场勘验、检查专业培训考试，取得现场勘验、检查资格的侦查人员。《毒品规定》第 38 条第 2 款规定：“下列人员不得担任见证人：……（三）办理该毒品犯罪案件的公安机关、人民检察院、人民法院的工作人员、实习人员或者其聘用的协勤、文职、清洁、保安等人员。”

窦某为完善勘验材料，将从未参与现场勘验的凌某登记为现场勘验指挥员，凌某亦签名确认；窦某应当明知辅警不能担任见证人，仍让辅警担任见证人，且至今未查明谁是真正参与勘验见证的辅警，而勘验登记的见证人辛某从未参与现场勘验，但签名确认。

（四）涉案毒品的扣押没有犯罪嫌疑人在场

《毒品规定》第 5 条第 1~2 款规定：毒品的扣押应当在有犯罪嫌疑人在场并有见证人的情况下，由两名以上侦查人员执行。毒品的提取、扣押情况应当制作笔录，并当场开具扣押清单。本案中，犯罪嫌疑人马某不在场，也未现场制作扣押笔录和扣押清单。

（五）涉案毒品未依法称量并制作称量笔录

《毒品规定》第 13 条第 1 款、第 3 款规定：称量应当在有犯罪嫌疑人在场并有见证人的情况下进行,并制作称量笔录。称量笔录应当由称量人、犯罪嫌疑人和见证人签名。犯罪嫌疑人拒绝签名的,应当在称量笔录中注明。本案中,毒品的称量过程中,犯罪嫌疑人马某不在场,也未制作称量笔录。

综上,《毒品规定》对于毒品的提取、扣押、称量、取样和送检作出了严格的程序性规定。司法实践中,非法证据排除的案例在毒品案件中时有发生,例如,因没有当场当时、当面提取、封装而导致毒品不具有排他性[参见(2017)赣03刑初字13号糜墩、刘桂萍走私、贩卖、运输、制造毒品案];搜查过程中没有被告人和见证人在场,取证程序不合法导致成为非法证据[参见(2017)甘2926刑初150号冶某某犯非法持有毒品案、(2017)湘1381刑初91号何汉贵走私、贩卖、运输、制造毒品案];没有被告人和家属在场对被告人住所进行检查,不能作出合理解释而导致成为非法证据[参见(2019)鄂1022刑初396号张远国走私、贩卖、运输、制造毒品案]。因此,90多克毒品的搜查程序存在严重瑕疵,极有可能被认定为非法证据。

四、马某运输毒品案未被移送审查起诉,是一系列的综合原因所导致,将该责任归咎于承办人及其分管领导,对他们来说是极不公平的

1. 如前所述,现场勘查的程序违法问题,是导致马某运输毒品案未被移送审查起诉的最主要原因。

2. 分局法制部门给出的意见,对案件走向产生了极大影响。

姚某在得知勘验材料存在瑕疵后,便安排路某补齐相关手续,亦向分局相关领导反映案件情况。姚某向金某请示报告,金某要求补充证据,姚某又报告了补充证据存在的困难。金某作为法制部门刑事案件审核监督的责任领导,对案件进行了实质性审查,并给出“由于证据不足,不移送呈捕”的意见。

分局法制部门作为执法监督的专业权威部门，且金某常年在法制岗位工作，经验丰富，所以其给出的意见对整个案件走向产生了极大影响。

3. 该案经检察院、法院多次核查，均未提出任何问题及监督意见。

2018 年，A 市人民检察院向 B 区分局发出提证通知书，分局亦向市检如实报告了以上情况，但市检对是否存在问题未作出任何说明及行使侦查监督职能；2019 年上半年，分局根据要求向市检和法院提供了鉴定文书和现场勘验检查工作记录并如实报告了毒品搜查程序出现的严重问题，但市检对是否存在问题仍未作出任何说明及行使侦查监督职能。

姚某、路某非但没有因马某案件被批评、谈话教育或其他行政、纪律处分，还连续四年考核称职并荣获各种奖项和荣誉。可见，姚某、路某两人的履职行为，在公安内部的执法监督体系中并不存在违法违规的问题。

五、立功情节的认定取决于法院，马某未被追究刑事责任并不必然影响举报人的立功认定及刑期，两者不存在必然的因果关系

边某的检举揭发行为是否构成立功、是否属于重大立功均取决于法院的认定，边某立功情节被法院多次反复认定，实质上亦是上下级法院、不同法官对同一检举揭发行为存在不同的裁量标准，马某是否被追究刑责并不必然影响边某重大立功情节的认定，两者不存在必然的因果关系。

首先，两级法院从认定边某“构成重大立功”到“不具有立功表现”，最后到“构成立功，但不属于重大立功”，背后的原因是对立功表现中“查证属实”认定标准的不同认识。司法实践中，一般应当以立案为标准认定“查证属实”。在本案中，经过边某的检举，公安机关搜查出小车内藏有的冰毒，公安机关对此出具了情况说明书进行确认，就应当认定边某构成立功。

其次，两级法院对边某的行为是否构成“重大立功”认定上出现差异，也是法官的法律观点之争。这涉及重大立功中“可能被判处无期徒刑以上刑罚”的判断标准问题。两级法院意见分歧的背后是判断行为人运输冰毒近 100 克是否“可能被判处无期徒刑以上刑罚”所采纳标准的不同。司法实践对“可能判处无期徒刑以上的刑罚”的理解一般是指基准刑,也就是说根据基本犯罪事实,以实际上是否可能被判处无期徒刑以上刑罚为标准,即以基准刑判断是否可能会被判处无期徒刑以上刑罚。

据此,可以说发回重审后二审法院的认定是正确的,但无论如何,不同法官对于这一问题的认定不一致,这才是引发了被告人的上访直接原因,而非马某案件久拖不决引发上访。

六、法院对于立功情节认定反复所引发的上访,以及马某长期脱逃的行为,不能评价为渎职罪的“恶劣社会影响”

认定渎职行为是否造成“恶劣社会影响”,必须分析该渎职行为是否侵犯了国家机关公务的合法、公正、有效执行,以及国民对此的信赖。只有渎职行为侵犯了该法益,且达到应当追究刑事责任的程度,才能认定为“恶劣社会影响”。因此,评价渎职行为是否造成“恶劣社会影响”,首要的标准就是进行实质的违法性的判断。

本案中,法院对边某是否具有立功表现或重大立功表现的认定不一致是基于法官对于法律适用的理解不同所导致,与被告人姚某的玩忽职守行为不具有刑法上的因果关系。马某长期未被依法追究刑事责任,是因为分局法制部门认为该案调查取证过程中存在违法行为,案件可能会被判决无罪,所以不“敢”轻易移送审查起诉。这种行为非但没有对国家机关公务的合法、公正、有效执行造成影响,而且正是办案机关坚持依法办案。同时,办案机关也没有刻意掩盖马某没有被追究刑事责任的事实,因此也并未损害国民对公务合法、公正、有效的信赖,因此,不能认定为其行为“造成恶劣社会影响”。

七、从常情常理来判断，本案不能排除合理怀疑

经查实，办理马某毒品案件过程中并不存在利益输送问题，两人没有私藏案件隐瞒不报的犯罪动机。

姚某从警 16 年，多次获得个人嘉奖，以及“办案能手”“先进民警”等荣誉称号，其担任派出所副所长，侦办多起公安部、公安厅督办的重大毒品案件，作为一名有责任心的警察，毒品案件办案经验丰富，无法解释其犯罪的原因。

毒品案案情重大，贩卖 90 多克冰毒很有可能被判处无期徒刑或死刑，路某和姚某不可能不重视，作为经验丰富的公安民警，不可能在没有获得分局的明确意见的情况下，将一个重大刑事案件久拖不决。

法院观点

一、关于被告人姚某是否具有玩忽职守行为的问题

经查，被告人姚某身为派出所分管刑侦工作的副所长，指派路某办理马某一案，其二人在接到检察院不批准逮捕并通知补充侦查的材料时已明知 B 区分局刑侦大队办案人员从马某车辆中再次缴获毒品的事实，应当按照检察院的补充侦查提纲补充侦查。虽然被告人姚某已经依法履行了部分职责，但仍然存在以下玩忽职守的行为。第一，根据《毒品规定》，对于二次搜查的毒品应尽快完善提取、扣押、称量、取样等材料，即使如被告人姚某所辩解刑侦大队办案人员不予配合相关工作，但被告人姚某在口头汇报无法解决的情况下，未采取进一步行动积极沟通协调，而是放任不管，致使案件重要的物证材料缺失。第二，在马某取保候审期限届满前，仍未将二次缴获毒品的事实、证据告知检察院。路某在警综系统呈请

解除取保候审时仅记录第一次缴获毒品的事实,而未记录二次缴获毒品的事实。对马某解除取保候审后,应将全部档案材料交分局法制审查归档,但路某将二次缴获毒品的材料分开存放在派出所,被告人姚某当时已明知上述情况,其辩解分案便于继续侦查,但对于该案在马某解除取保候审后,没有证据证实被告人姚某指示路某继续开展对该案的侦查工作。该案至 2020 年因检察院案件检查才重新立案侦查,此前被告人姚某一直没有对该案重新提请批准逮捕或移送检察院审查起诉。虽被告人姚某辩解 B 区分局刑侦大队办案人员二次搜查毒品的程序违法,证据不足以呈捕或直诉,但收集物证、书证违反法定程序,可能严重影响司法公正的,应当予以补正或者作出合理解释,其并未对此积极协调进行补正或让相关人员作出合理解释。且根据《公安机关办理刑事案件程序规定》"在侦查阶段发现有应当排除的证据的,经县级以上公安机关负责人批准,应当依法予以排除"的规定,即使其认为该证据不能补正或作出合理解释,仍应按程序规定提交审批。其辩解办案中多次口头请示,按照领导意志处理,没有失职,经查,其未经正规书面形式请示或提交审批,也未提交集体讨论研究,没有证据证实不呈捕或直诉是上级指示。其辩解毒品案件侦办分离,侦查的责任主体是刑警队。经查,马某一案已于 2016 年 9 月抓获马某时已移交给东城派出所办理,由被告人姚某指派路某为承办人,并已对马某一案开展后续的侦查、办理,东城派出所是办案单位,根据《公安部关于建立派出所和刑警队办理刑事案件工作机制的意见》"派出所和刑警队在案件管辖上发生争议的,由县级以上公安机关指定管辖"的规定,被告人姚某如果认为该案不应由派出所办理,应当依程序提交上级指定管辖,该辩护意见不能成立。综上,虽然马某长期未被追究刑事责任是多种因素造成,责任并非全在被告人姚某,但其严重不负责任,不正确履行自己的工作职责,属于玩忽职守的行为。

二、关于被告人姚某的玩忽职守行为是否致使国家和人民利益遭受重大损失的问题

经查，公诉机关指控被告人姚某的玩忽职守行为造成举报人边某立功情节法院认定多次反复，法院对边某是否具有立功表现或重大立功表现的认定不一致是基于法官对于法律适用的理解不同所导致，与被告人姚某的玩忽职守行为不具有刑法上的因果关系，但马某一案属于依法应当判处15年有期徒刑或无期徒刑的重大毒品案件，被告人姚某的玩忽职守行为致使马某的犯罪行为在长时间内未被依法追究刑事责任，严重损害公安机关打击犯罪，公正执法的形象和声誉，损害国家打击毒品犯罪的社会治理利益，致执法、司法公信力下降，应适用《最高人民法院、最高人民检察院关于办理渎职刑事案件适用法律若干问题的解释（一）》第1条第1款第4项“其他致使公共财产、国家和人民利益遭受重大损失的情形”追究刑事责任。

被告人姚某无视国家法律，身为国家工作人员，履行职务过程中玩忽职守，致使国家和人民利益遭受重大损失，其行为已构成玩忽职守罪，应依法惩处。被告人姚某归案后如实供述玩忽职守的主要犯罪事实，依法可以从轻处罚。被告人姚某犯罪情节轻微，依法可以免予刑事处罚。公诉机关指控被告人姚某犯玩忽职守罪的事实清楚，证据确实、充分，罪名成立，法院予以支持。对被告人及辩护人所提辩解、辩护意见，依照上述分析，有理部分，予以采纳；理据不足部分，不予采纳。本案经法院审判委员会讨论决定，依照《刑法》第397条第1款、第37条、第67条第3款及《最高人民法院、最高人民检察院关于办理渎职刑事案件适用法律若干问题的解释（一）》第1条第1款第4项之规定，判决被告人姚某犯玩忽职守罪，免予刑事处罚。

办案总结

本案做无罪辩护,最终合议庭还是认定有罪,但情节轻微,可以免除刑事处罚。从这个角度来讲,这个案件算不上是成功案例,但办理本案过程中,有几点感悟,可以总结一下。

一、慎重选择无罪辩护,但是一旦决定做无罪辩护,就要穷尽所有的法律手段

张明楷教授说过,律师要慎重做无罪辩护。这一观点笔者基本赞同。因为司法实践中,确实有很多案件,因为盲目做无罪辩护而导致“无效”辩护,甚至是加重了当事人的量刑。

但是,如果一个刑事案件经过慎重的评估,认为具备做无罪辩护的条件,且当事人和律师在辩护策略上达成一致,那就要穷尽所有的法律手段进行无罪辩护,包括事实之辩、法律之辩和证据之辩,有时候,还要借助媒体的关注。

律师办案并不是不能利用媒体,媒体的介入的确可以抵销社会上不正当的因素对于司法的侵扰,但是律师一定要尽量站在道德制高点上。也就是说,在穷尽了其他一切法律上的方法以后,还不能说服办案人员的情况下,才可以考虑利用媒体,否则即便在个案上取得了成功,却会消耗整个律师行业的资源。现在,大家也看到,从司法部到各地司法行政部门,都在发文明令禁止律师利用媒体办案,禁止利用舆论给办案机关施加压力。

所以,刑事律师要思考的问题是,在每一个案件的辩护过程中,辩护人是否有效行使了法律赋予辩护人和被告人的每一项权利。如果案件办结、复盘的时候觉得应该做的事情没有做,或者不应该做的事情做了,那就会给这个案件留下遗憾。而到底哪些事情可以做,哪些事情要谨慎去做,哪些事情不能做,需要辩护律师结合案件事实和证据情况灵活掌握,这就是考验刑辩律师功力的时候了。

本案在一审开庭审理前，律师提出了几项申请，包括申请庭前会议、申请证人出庭、申请管辖权异议、申请庭审直播，以及律师主动进行调查取证。最终的结果也表明，这些措施确实起到了效果。

二、即便辩护观点没有被接受，并不意味着不能实现有效辩护

细心的读者应该可以发现，案件争议的两个焦点问题，律师发表的辩护意见，完全被采纳的只有一点，即法院对于立功情节认定反复所引发的上访，以及马某长期脱逃的行为，不能评价为玩忽职守罪的“恶劣社会影响”。但同时，判决书又认定，被告人姚某的玩忽职守行为应适用《最高人民法院、最高人民检察院关于办理渎职刑事案件适用法律若干问题的解释(一)》第1条第1款第4项“其他致使公共财产、国家和人民利益遭受重大损失的情形”追究刑事责任。

也就是说，判决书采纳了不属于“恶劣社会影响”的辩护意见的同时，又认定属于“其他致使公共财产、国家和人民利益遭受重大损失的情形”。

但就像有的案件律师的辩护策略失误，法官表达不赞同的方式并不一定是在判决书上对律师的辩护意见进行批驳；法官同意律师的辩护意见，也不一定就是在判决书上明确地表达出来，而是在最终的量刑中予以体现。所以，律师不一定非要在辩护意见是否被判决书所采纳这一点上纠结，而是要看最终的判决结果是否在原本的量刑预测范围内，是否能被当事人和律师所接受。

善于利用“骑墙辩护”，非法占用农用地获缓刑

——邝某某非法占用农用地缓刑案

辩护思路和要点

这个案件有两个核心问题。一是事实问题，即邝某某的行为是否改变了被占用林地的用途，以及是否造成林地原有植被或林业种植条件严重毁坏。二是量刑问题，即本罪是否为单位犯罪，以及邝某某是否具有自首情节。这个案件从审查起诉阶段开始，就使用了“骑墙辩护”策略，即在做无罪辩护的同时，也就量刑情节进行辩护。

基本案情

2005年，邝某某向A市B镇C村承租林地，用于开发农场。2018年开始，邝某某在园区的林地上搭建房子、吊脚水泥面等临时构建物、铺设植草砖，造成林地严重毁坏。经鉴定，上述被毁坏的林地面积共4.9987亩。2019年3月起，邝某某雇请他人使用挖掘机对山坡上的林木进行清理，后种植柚子树、百香果、柠檬、桑树等，并在山坡上开挖山路，造成林地

严重毁坏。经鉴定，被毁坏的林地面积 64.3 亩。

控方指控

2005 年，被告人邝某某向 A 市 B 镇 C 村承租地名为“蛇地”的土地，并成立 A 市月丰花草种植有限公司（以下简称月丰公司）进行开发。2015 年起，被告人邝某某在未办理林地征占用手续的情况下，擅自改变林地用途，在园区的山坑处修建一条水泥硬底化道路。2018 年 1 月 2 日，A 市林业局对被告人邝某某的该行为作出行政处罚，责令其恢复林地原状并罚款人民币 6976 元。后被告人邝某某又在园区的林地上搭建房子、吊脚水泥面等临时构建物、铺设植草砖，造成林地严重毁坏。经鉴定，上述被毁坏的林地面积共 4.9987 亩，林地性质均属防护林（水土保持林），原有的植被已造成严重毁坏，现场林地已丧失林业种植条件。

2019 年 3 月起，被告人邝某某在未办理林地征占用手续的情况下，超出土地承租范围雇请他人使用挖掘机对山坡上的林木进行清理，后种植柚子树、百香果、柠檬、桑树等，并在山坡上开挖山路，造成林地严重毁坏。同年 3 月起，B 镇林业站工作人员先后两次到现场阻止施工人员施工，被告人邝某某不听劝阻，继续实施上述行为。同年 6 月 25 日，B 镇林业站再次责令被告人邝某某停止施工。同年 11 月 7 日，A 市公安局森林分局责令被告人邝某某停止违法行为、补种毁坏林木并处罚款人民币 6 万多元。经鉴定，被毁坏的林地面积 64.3 亩，林地性质均属防护林（水土保持林），原有的植被已造成严重毁坏，造成水土流失严重，现场林地仍具备林业种植条件。

办案历程

一、审查起诉阶段

本案辩护人是在侦查快要结束，即将移送审查起诉前接受委托的，所以辩护工作的重心主要在审查起诉阶段。

(一)第一次现场调查

接受委托后,辩护人进行了第一次现场调查,观察了土地硬底化及清理灌木的情况,对面积进行初步估算,并对现场情况进行拍照和录像。

(二)提交第一份法律意见书

经过阅卷,对案件的证据有全面的评估后,辩护人把本案的首要目标定为争取存疑不起诉,次要目标定为争取相对不起诉。所以,辩护人一开始是按照骑墙辩护的思路与检察官进行沟通。

2020 年 1 月 6 日,辩护人提交了第一份法律意见书,并与检察官当面沟通法律意见。

法律意见书主要围绕邝某某的行为不构成非法占用农用地罪这一辩点展开。构成非法占用农用地罪,要求违反土地管理法规,非法占用林地,改变被占用林地用途,造成林地的原有植被或林业种植条件严重毁坏或者严重污染,并达到入罪标准。

本案中,60 多亩林地并未改变土地用途,因为这 60 多亩林地上原有植物是灌木而非林木,清理灌木后种植果树和乔木的行为不能评价为改变林地用途,而且清理灌木的行为也没有造成原有植被的严重毁坏。60 多亩林地仍有复种条件,且基本已经复绿,另外 4. 9 亩被毁坏的林地则未达到该罪的入罪起点(5 亩)。

同时,辩护人还指出,本案的犯罪主体是单位,而非个人;邝某某有自首情节;邝某某的行为缺乏期待可能性,因为邝某某与村委会签订租赁合同时约定的用途就是经营农场,林权证上显示该林地的性质属于用材林。刑法不能苛责一名普通老百姓认识到这种行为的刑事违法性。另外,辩护人也建议办案机关对邝某某适用宽严相济的刑事政策,以及考虑保护民营企业的刑事政策,对邝某某作出不起诉决定。

(三)提交时间轴梳理本案重要事实

同时,辩护人又提交了时间轴(见图9),帮助检察官梳理清楚本案的事实问题。

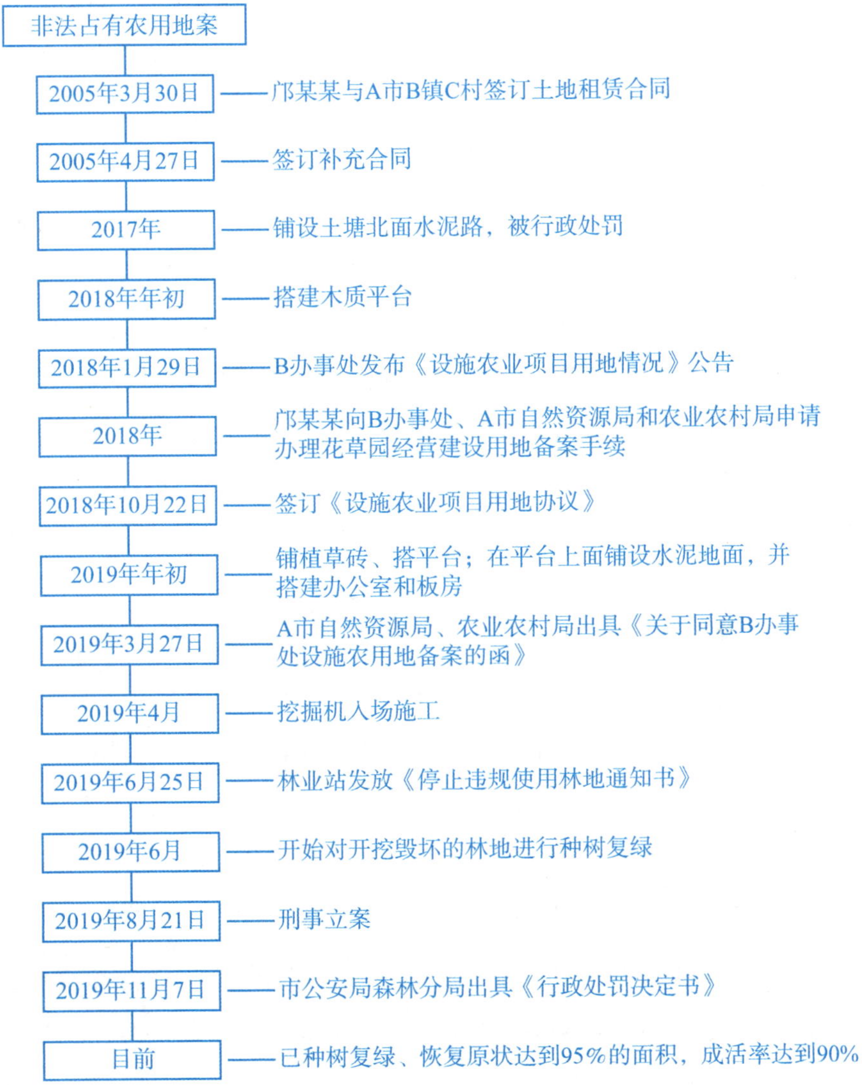

图9　时间轴

（四）第二次现场调查及提交第二次法律意见书

2020年1月10日，辩护人进行了第二次现场调查，提交了第二份法律意见书，在强化第一份法律意见书观点的同时，进一步补充了两点意见：一是邝某某的行为不宜评价为盗伐林木罪或滥伐林木罪，二是补充了大数据报告，说明未检索到因处理灌木林构成滥伐林木罪或非法占用农用地罪的案例。

通过案例检索，截至2020年1月10日全国范围内滥伐林木罪46,232件、非法占用农用地罪23,007件。在此基础上增加案件关键词“灌木”，检索到滥伐林木罪236件，占总案件数的0.5%；非法占用农用地罪1943件，占案件总数的8.4%。其中还不排除因引用法条关联到“灌木”字眼的情况，可见上述两类案件中涉及灌木的案件数量占比较小。

更进一步，在上述案件样本的基础上分别增加此类案件大概率会使用到的“砍伐灌木”“清理灌木”“清除灌木”“滥伐灌木”等关键词，检索情况如下（见表2）：

表2　罪名检索关键词统计

单位：件

关键词 / 罪名	砍伐灌木	清理灌木	清除灌木	滥伐灌木
滥伐林木罪	5	3	1	3
非法占用农用地罪	2	1	1	0

可以直观地看到，检索结果在全国如此巨大的样本中是微乎其微的，也就是说，对灌木的一些常规处理几乎不可能被认定为滥伐林木罪或非法占用农用地罪。

为更贴合办案实际，在上述“滥伐林木罪+灌木”“非法占用农用地罪+灌木”样本的基础上进一步限缩为“G省”的案例。在此条件下，滥伐林木罪案件为4件，均是引用法条时关联，也就是说，不存在因处理灌木而构成滥伐林木罪的情形；非法占用农用地罪为18件，通过法院查明事实可知，亦不存在因处理灌木而构成非法占用农用地罪的情形。

（五）提交第三份法律意见书及适用认罪认罚从宽制度申请书

与检察官几轮沟通之后，检察官给出的意见是，本案不可能作出存疑不起诉决定。此后，辩护人将辩护目标调整为相对不起诉。

2020年2月29日，提交了第三份法律意见书，这份法律意见书是对前面两份法律意见书主要内容的重申，但是侧重情节显著轻微、危害不大这一点。既然确定了争取相对不起诉的目标，辩护人也开始与检察官谈认罪认罚的问题，3月10日，提交了适用认罪认罚从宽制度申请书，希望在签署认罪认罚具结书的基础上，争取相对不起诉。

（六）争取让检察官到现场进行调查

在检察官尚未作出是否起诉的决定前，辩护人又争取到让检察官到现场进行调查，负责审查起诉的检察官和公益诉讼部门的检察官一起，到现场察看了恢复种植的情况。

（七）协商认罪认罚，争取量刑建议适用缓刑

检察官认为涉案林地面积太大（近70亩），最终还是决定起诉，但是同意在具结书上建议适用缓刑。

在当地司法实践中，检察院在认罪认罚具结书上明确建议适用缓刑的情况并不多，是否签署该认罪认罚具结书，就成了摆在被告人和辩护人面前的一个难题。虽然辩护人极力与检察官沟通，该案属于单位犯罪，且应当认定自首情节，但检察官的态度也很坚决，不同意认定单位犯罪，也不同意在起诉书中明确认定自首情节，但并不反对法院认定自首情节。

这确实是让被告人和辩护人都左右为难的认罪认罚具结书，因为谁都知道案件一旦起诉到法院，判决无罪的概率微乎其微，而检察院在具结书上明确建议适用缓刑，确实体现出了量刑上的减让，如果签了具结书，法院最终判缓刑的概率肯定会提高，但基本上也就没有无罪辩护的空间。辩护人将分析意见告知当事人，由当事人决定是否签署具结书，最终，当事人经过慎重考虑，签署了认罪认罚具结书。

二、审判阶段

虽然很多人都主张签署了认罪认罚具结书以后，律师仍然可以做无罪辩护，但在司法实践中，这种做法可能起到适得其反的效果，尤其是轻罪案件，在签署认罪认罚具结书后，更要慎重选择无罪辩护。这个案件，在审判阶段，辩护人选择对本案做量刑辩护，放弃了无罪辩护的思路。

由于当事人的母亲在境外生活，当事人很难接受缓刑期间无法返回境外这一事实，所以考虑到当事人的特殊需求，辩护人还是将辩护目标确定为定罪但免于刑事处罚。当然，辩护人也如实向当事人讲清楚，争取到这个结果的可能性并不大。

该案 2020 年 4 月 21 日开庭，庭后，辩护人在 4 月 24 日提交辩护词。

辩护思路

一、邝某某没有破坏林地的原有植被

根据邝某某的供述、护林员以及现场施工人员的证言，涉案地块都是灌木丛、杂草、藤之类，就算有树木也是直径 5 厘米以下的杂树。邝某某清理上述杂草、小树的行为，符合林业建设的一般要求，甚至达不到行政违法的标准，不宜认定为刑法规定的破坏植被。

（一）清理少量未达到直径 5 厘米的小树不宜认定为毁坏原有植被

按照行政法规，林业部门允许林地使用过程中，清理直径 5 厘米以下的小树。依照规定,采伐直径5厘米以下的小树,不需要办理采伐许可证,且《森林法》第56条规定,农村居民采伐自留地和房前屋后个人所有的零星林木也无需办理砍伐许可证。

B镇林业站负责人在证言中提到:在与护林员开会时,护林员明确月丰花草园"铲草种树"是可以的,只是不能毁坏现场直径超过5厘米的树木。

也就是说,邝某某清理少量直径小于5厘米的小树,法律没有规定需要办理采伐许可证,也符合行政法规的要求。

(二)清理乔木林中的少量灌木不宜认定为毁坏原有植被

《森林法》第83条第3款规定:林地,是指县级以上人民政府规划确定的用于发展林业的土地,包括郁闭度0.2以上的乔木林地以及竹林地、灌木林地、疏林地、采伐迹地、火烧迹地、未成林造林地、苗圃地等。

依照上述规定,乔木林地和灌木林地是两种不同的林地类别,而根据鉴定意见,涉案64.3亩林地为乔木林,也就是说,这片林地的主要林木种类为乔木。大量的科学研究成果显示,清理少量灌木利于乔木更好地生长,这种行为不能认定为是破坏原有植被。

(三)清除杂草及藤类植物不宜认定为毁坏原有植被

杂草及藤类植物不是法律规定的林木,任其在林地生长不利于林木本身的健康生长,同时还可能破坏森林的整体观赏性。邝某某在自己租赁的林地中清除杂草及藤类植物是一种建设行为而非毁坏植被的行为。

(四)证人证言可以证明邝某某清理的植物数量很有限,且绝大部分不是树木

贺某某、韦某某等曾到现场施工的人员、林业站负责巡查的护林员以及村民在证言中都提到,涉案的林地以藤类植物为主,有部分杂草、灌木及极少量的直径两三厘米的杂树。现场施工的韦某某还在证言中说:现场清理的石头全部加起来,小型的货车装了有20车。

从上述证人证言中可以看出,邝某某清理的土地上有大量的石头,植物数量很有限,且绝大部分不是树木。

二、邝某某没有改变涉案林地用途,对林地的使用行为不宜认定为"非农业生产、建设"

(一)种植果树并未毁坏或改变林地本身用途

邝某某在清理林地上的杂草后,在林地上种植了果树。根据汉语词典的定义,果树是指果实主要供食用的树木。果树本身是树木的一类,种植果树的行为没有改变林地种植树木的用途。

(二)拓宽部分山路且没有硬底化,是为农业生产提供便利,属于农业建设的一部分

由于原有山路宽窄不一,不利于农业物资的运输,邝某某将山路进行了一定的拓宽,但是拓宽山路没有硬底化,证人证言也显示拓宽过程中只是清理部分杂草,没有砍伐树木。

拓宽道路能够为农业物资的运输以及人员进出山林提供更为便利的条件,且没有硬底化也不会影响日后的复种,属于农业建设的必要部分。

(三)大部分土地林业种植条件未被毁坏

无论是种植果树,还是未硬底化的情况下拓宽部分道路,利用原有石地建设浇灌水池,都没有毁坏林业种植的条件,在必要的情况下,随时都可以复种林木,对生态环境没有造成不可挽回的破坏。

三、经鉴定仍然具有林业种植条件的64.3亩土地不宜认定为犯罪

(一)鉴定意见认为64.3亩土地仍有复种条件

鼎力司法鉴定中心出具的(2019)林鉴字第××号司法鉴定意见书认

为：64.3 亩林地仍具备林业种植条件，且其中 44.2 亩土地已经复绿。根据上述鉴定意见，64.3 亩林地没有造成林地的原有植被或林业种植条件严重毁坏或者严重污染，仍然具备林业种植的条件。

（二）邝某某主动对涉案土地进行复绿

2019 年 6 月开始，经过林业部门的处罚教育，邝某某已经开始对被其开挖毁坏的林地进行种树复绿，截至 2019 年 11 月，种树复绿、恢复原状已经达到了总面积的 95%，且树木成活率达到了 90%。上述事实有第三方专业机构出具的报告为证。目前，邝某某依然雇请当地村民对复种树木进行维护。

四、占用 4.9987 亩农用地的行为，情节显著轻微、危害不大

（一）涉案 4.9987 亩农用地未达到司法解释规定的入罪门槛

根据《最高人民检察院、公安部关于公安机关管辖的刑事案件立案起诉标准的规定（一）》第 67 条的规定，构成非法占用农用地罪须“非法占用并毁坏防护林地、特种用途林地数量分别或者合计达到 5 亩以上”或“非法占用并毁坏其他林地数量达到 10 亩以上”。

司法鉴定意见书显示：4.9987 亩土地地类为其他林地、未成林地和乔木林地。其他林地、未成林地都不属于防护林地或特种用途林地的范围，即使全部林地采用最严格的数量标准，林地面积也没有达到 5 亩的入罪标准。

（二）从现场来看，鉴定意见认为 4.9987 亩土地没有复种条件不符合客观情况

据邝某某陈述，除了车辆行驶道路拓宽是直接铺设水泥地面之外，平台、草皮棚的搭建都是用木板垫高之后再在木板上铺设水泥，没有直接硬底化。除此之外，铺设植草砖的部分土地只是清理了杂草后直接把植草

砖摆上去。

按照一般常理,木板垫高后铺设水泥的地方,只要铲除水泥和木板,就能够重新种植林木,植草砖更是只需要直接拆除即可。已经复绿的林地中,部分曾铺设植草砖的地面也已经成功复绿。

也就是说,鉴定意见中认为4.9987亩土地不具备复种条件只是依据现场观察或文书记载等直接信息,而没有考虑到水泥下有木板垫高等实际情况,不完全符合客观情况。

(三)在相关部门许可的情况下,邝某某愿意拆除所有设施并复绿林地

虽然鉴定意见认为4.9987亩土地没有复绿的条件,但是在检察机关及林业部门许可的情况下,邝某某愿意拆除所有设施并尽可能复绿林地,将其错误行为导致的社会损害降至最低。

五、即使认为邝某某开发月丰花草园时的一些行为违反法律规定,也不宜作为犯罪处理

(一)邝某某系签订合同后对其租赁土地进行开发使用

邝某某于2005年3月30日与A市B镇C村签订《土地承包合同》,2005年4月27日签订补充协议。

合同约定:乙方承包土地发展农业科养、观光旅游、餐饮销售服务以及其他合适的项目,并可进行相应的建筑物、园林景观以及其他方面的建设,约定在附图红线外的山地,在不破坏生态环境的前提下,乙方可作为配套景区使用,并可进行相应的修葺、整理、修筑有关辅助景观设施等,以达到美化周边环境的作用。

邝某某与村委会签订合同的目的是对承包土地进行开发、利用,且合同允许他对林地进行修葺、整理、修筑有关辅助景观设施。无论是根据合同约定还是常情常理,都不能够要求邝某某对其所租赁的土地不进行任何建设,而一直保持原样。

(二)林权证显示涉案林地系"用材林"

按照《森林法》第83条规定,森林分为防护林、用材林等五类,其中防护林是指以防护为主要目的的森林、林木和灌木丛,包括水源涵养林,水土保持林,防风固沙林,农田、牧场防护林,护岸林,护路林。用材林是指以生产木材为主要目的的森林和林木,包括以生产竹材为主要目的的竹林,二者的用途完全不同。

签订合同时,涉案林地在林权证上所登记的林地类别为用材林,邝某某完全有理由认为他在办理了采伐许可证的情况下可以对他租赁林地上的林木进行采伐。

而在本案案发前,从未有人告知邝某某他所租赁的林地已经变更为水土保持林,邝某某也不可能认识到,对其租赁林地的开发要以水土保持林为标准。

(三)邝某某已经取得5亩农业设施用地的许可

2018年,邝某某向B镇政府、A市自然资源局及市农业农村局申请办理花草园的经营建设用地备案手续,2019年3月27日市自然资源局、市农业农村局出具了《关于同意B镇编号为×××设施农用地备案的函》。

在备案中,允许邝某某在一定范围内(共3873.02平方米)建设附属设施,包括搭建1间包装室、2间储存室、1间农具室、2间肥料室,建设标准为架空木地台钢结构无硬底。

也就是说,即使是用于农业的土地,基于农业开发的需要,只要符合建设标准,仍然可以进行部分建设,而邝某某的建设行为,正是根据其所申请的许可范围以及要求进行的。

(四)现场改造过程中,邝某某已经尽到注意义务

施工时,邝某某已经在申请农业设施用地,划定了用地的范围,邝某某亦要求工人在申请范围内施工。施工人员在证言中也提到,邝某某叮嘱他们不要挖过界。

涉案地块虽然在2017年被林业主管部门①处罚，但当时地块正在办理相关的申请手续，村委会和国土部门也到现场察看过，未对此事发表过任何异议，所以邝某某认为此时依据申请农业设施用地的范围构建农业配套设施是可行的，才会在2018年继续搭建平台，铺植草砖、板房和松皮棚。

时任林业站站长在证言中说："那里原来是坑田，所以当时他们搞建设的时候，认为那里是坑田应该不是属于林地，所以也没阻止他们。"经济联合社委员也在证言中说："在2019年4月8日的时候我们村民发现月丰花草园里面在开挖山地，我和两个同事就去现场察看。在现场我们看到已经开挖了一条新的山路，在山路对面山窝有一台勾机在除草，当时清出来的杂草就用车载走了，面积约20亩。我们当时也跟林业部门的工作人员沟通，林业的工作人员跟我说如果他只是除草种树是没什么问题的，而且他除草也是在承租的范围内，所以我们后面就没怎么制止他。"

在林业部门专业护林人员都没有对邝某某进行制止甚至提醒的情况下，邝某某不可能认识到他的行为是在农业用地上进行非农业建设且涉嫌非法占用农用地犯罪。

六、在保护民营企业家的刑事司法政策下，对邝某某不起诉能够取得更好的办案效果

（一）保护民营企业及民营企业家是检察机关秉承的司法政策

2019年10月18日，张军检察长在北京大学作"中国特色社会主义司法制度的优越性"专题讲座时强调了现经济形势下，司法机关对民营企业家的保护，并强调"可捕可不捕的，不捕。可诉可不诉的，不诉。"

《A市D区人民检察院关于加强与商会协作保障和促进非公经济健

① 2018年机构改革撤并为林业草原主管部门。

康发展实施办法(试行)》第4条要求:“认真履行审查起诉职责,准确全面把握起诉与不起诉的条件,发现涉案非公有制企业和企业经营管理人员情节显著轻微、危害不大的,已退赃退赔、取得谅解的……符合条件的应作出相对不起诉决定。”

在当前A市经济环境下,民营企业家也承受着巨大的市场压力,对于邝某某这样承租林地进行农业开发的民营企业经营者而言,在其犯罪情节显著轻微,社会危害性不大的情况下,检察机关依据职权决定对其不起诉,既秉承了保护民营企业家的司法政策,也能够体现检察机关司法为民的办案理念,能够获得办案效果和社会效果的统一。

(二)政府鼓励并保护邝某某这样的港澳同胞回家乡参与投资建设

B镇C村经济落后,村民收入水平低,就业难。邝某某作为境外企业家,心系家乡发展,通过与村委承包林地的形式发展新型农业,从承租以来已支付租金200余万元,并雇请几十名当地村民在园区内工作,园区开放以来吸引了各地游客前往观赏游玩,带动了周边的消费。

即使邝某某因不知情实施了违规违法的行为,但在其愿意积极改正、挽回损失的情况下,对其不起诉能够让他体会到司法的强度和温度,也能够让他安心在家乡投资建设,继续为盘活农村经济、增加农民收入、解决农村剩余劳动力就业等贡献力量。

七、以下情况,恳请办案机关考量

(一)实施涉案行为的是公司,而非邝某某个人

涉案土地以A市月丰公司的名义进行开发,邝某某作为法定代表人进行具体经营,获取的利益亦归公司支配,应认定为单位行为。

(二)邝某某有自首情节,且没有前科劣迹

根据公安机关出具的综合报告记载,邝某某是在没有收到任何通知或人身强制的情况下，主动前往办案机关说明情况，且邝某某一直如实说明涉案相关情况，接受办案机关讯问，配合调查案件事实。邝某某的行为符合自首的认定条件。邝某某一直是守法公民，没有前科劣迹，本案涉案行为也是在对法律没有准确认识的情况下实施的，社会危害性较小。

（三）邝某某热心公益，为社会作出了一定贡献

邝某某作为移居境外多年的A市籍人士，回到A市工作的十多年间一直不忘为社会服务，2008年时已经牵头成立A市民间义工队，为弱势群体提供助学、帮扶等服务。2015年，邝某某又把A市民间义工队在民政局注册为A市彩虹服务中心，持续参与社会慈善活动。

法院观点

一、关于是否认定本案为单位犯罪的问题

我国《刑法》第342条、第346条规定，单位可以成为非法占用农用地罪的主体。认定单位犯罪必须同时具备以下两个构成要件，即“以单位名义实施犯罪”“违法所得归单位所有、使用”。本案中，虽然系由被告人邝某某以其个人名义向A市B镇C村管理区经济联合社承租了涉案双合山村地名为“蛇地”的土地，但邝某某成立并实际经营A市月丰公司(邝某某任该公司法定代表人)后，其安排公司员工叶某某负责指挥雇请的人员在现场清理植被、开挖山路，且由A市月丰公司向A市日丰艺术工程有限公司借款支付相应的支出及费用。可见，现有证据足以认定邝某某成立并实际经营公司后，系以单位名义对涉案地块进行开发并实施了非法占用、毁坏林地行为的事实。现无证据证明本案违法所得系归邝某某个人所有的事实，亦无证据证明A市月丰公司的财产与邝某某的财产已经混合，上述公司没有独立的财产利益，不具有独立人格的事实。故本案应认定为单位犯罪，对辩护人所提相关辩护意见予以采纳。

二、关于本案是否情节显著轻微的问题

经查，经司法鉴定，本案所涉被毁坏的林地为水土保持林。防护林是以防护为主要目的的森林、林木和灌木丛，包括水土保持林。可见，本案所涉被毁坏的林地属防护林。根据《最高人民法院关于审理破坏林地资源刑事案件具体应用法律若干问题的解释》第1条的规定，“非法占用并毁坏防护林地、特种用途林地数量分别或者合计达五亩以上”，造成林地的原有植被或者林业种植条件严重毁坏或者严重污染，应当以非法占用农用地罪追究刑事责任。本案中，被毁坏的林地面积已达60多亩，已远远超出上述追诉标准，故本案并非情节显著轻微。案发后，涉案林地已全部完成复绿，且苗木成活率达98%以上，林地功能和生态环境基本已恢复，在量刑时将予以考虑。

关于辩护人提出邝某某具有自首情节，且认罪认罚的辩护意见，经查属实，予以采纳。

办案总结

这个看似简单的案件，办案过程很难。第一个难，难在与当事人沟通，当事人的诉求较高，且对律师的要求也多，所以做得很“累”，最后当事人还不满意。第二个难，难在与检察官沟通，在审查起诉阶段，辩护人做了大量工作，试图说服检察官，但是最终都没有被检察官采纳，反而到审判阶段才得到法官的认可。所以，在笔者看来，总结这个案件的教训，比总结这个案件的经验更重要。

一、律师如何处理好与当事人的关系

这永远是困扰刑事律师的一个问题。无论你是经验丰富的大律师，还是初入职场的年轻律师,都要面对这样的难题。因为当事人的性格各不相同,当事人的需求也是多样化的。有些当事人看重"关系",因此他往往不会在意辩护人与他进行法律层面的沟通;有些当事人看重"结果",因此辩护人向他解释办案过程时他常常缺乏耐心。所以,律师只能尽量为自己匹配认同自己办案理念的当事人,简单来说,就是道不同,不相为谋。

想处理好与当事人的关系,首先要了解当事人的需求,其次是对案件有较为准确的判断,但不能承诺办案结果。当然,把办案工作做好,这是重中之重,只有这样才能对当事人的委托问心无愧。

在这个案件中,因为当事人在侦查阶段办理了取保候审,所以他自己也知道最终被判处缓刑的概率比较大,加上他特殊的家庭情况,所以当事人希望能争取到不起诉或者定罪但免于处罚的结果。辩护人经过评估,初步判断有争取不起诉的可能性并将具体思路与当事人进行了沟通,从而获得了当事人的信任,签订了委托合同。

事后笔者反思这个案件,庆幸谈案的时候并没有承诺不起诉的结果,否则双方的矛盾会更加激烈。所以,律师一定要切记,无论在什么情况下,都只能说尽全力争取最好的结果,但不要承诺结果。

回过头想,是不是与当事人沟通得过多,给了他太高的期望值,所以最终没有达到这个期望值,才引发了双方的矛盾?

专业刑事律师一直在谈参与式辩护,就是不要将当事人屏蔽在外,而是让他适当地参与到办案过程中来,他才能感受到律师的专业性,才知道律师的工作量有多大。这种参与式辩护,当事人肯定会详细地了解律师的辩护思路,期望值自然也会一步一步地建立起来。所以,如何处理好当事人的参与度以及期望值的平衡,也是困扰笔者的一个问题。

无论如何,辩护人始终要清楚,律师必须尽职尽责地完成自己的辩护工作，这才是重中之重。要做到复盘案件时，每一个案件中该做的工作都做到了，没有留下任何遗憾，只有这样，律师才算未辜负当事人的信任。退一步说，即便矛盾不可避免，律师也问心无愧。

二、法律上站得住脚的观点，律师是否就一定要坚持

曾经笔者认为这是理所当然的事情，既然有法律依据，就应当坚持到底，但随着办案数量的增加，笔者慢慢意识到事情并没有这么简单。

在这个案件中，辩护人在第一份法律意见书明确提出了该案应当认定为单位犯罪，但检察官从头到尾都没有接受这个观点。

律师之所以要提出单位犯罪的辩护意见，是因为在司法实践中，在同样的情况下，单位犯罪中对于自然人的量刑，一般来讲会比自然人犯罪要轻，因为单位犯罪首先是处罚单位，其次才是处罚自然人。

本案的特殊之处在于，检察官在整个起诉过程中都不同意认定本案为单位犯罪，只起诉了邝某某，直到审判阶段，法院才最终采纳辩护人的观点，认定单位犯罪，导致检察院需要重新再起诉一次单位，当事人和检察院都增加了工作量。遗憾的是，由于最终法院适用了缓刑，量刑上几个月的差异，当事人却感受不到。

这就是导致辩护人和当事人矛盾的直接原因，律师在法律上赢了，但从实际效果上讲，当事人不满意。

三、签不签认罪认罚具结书，到底听谁的

律师的独立辩护权是相对的，不能因为律师的独立辩护而损害了被告人的利益。辩护究竟要达到什么效果，是做无罪辩护还是罪轻辩护，应当由被告人来决定。但是，具体采用什么手段来达到被告人期望的目标，以及相关的法律层面的问题，应以律师的意见为主。一句话，被告人对事

实问题负责,律师对法律问题负责。

四、律师如何用好补充侦查提纲

关于在刑事案件中律师能否查阅“补充侦查提纲”,司法实践中争议很大,现实情况是即便律师提出明确的申请,也很难阅到这份材料。

律师为什么要争取阅到这份“补充侦查提纲”? 很简单,因为只要你还算一个有经验的刑事律师,你就可以从这份提纲中的内容判断检察官对于这个案件的看法。

在绝大多数情况下,笔者主张律师在审查起诉阶段就可以将所有的辩点与检察官沟通一样,也主张检察官可以将“补充侦查提纲”给辩护律师看。这一点在当下认罪认罚从宽制度大力推行的背景下尤其适用,控辩双方只有双方充分地沟通,才能保证认罪认罚结果被双方都能接受,从而保证这个制度有效开展。

有的案件,律师可能会在正卷中查阅到补充侦查提纲,本案就属于这种情况。通过这份提纲,辩护人基本搞清楚了检察官的思路,即本案是否构成单位犯罪、当事人自行委托的机构出具的复绿情况报告的真实性,以及现场的破坏程度和恢复情况。

也正是基于此,辩护人将辩护的策略从一开始的犯罪性质辩护为主、量刑辩护为辅,调整为量刑辩护为主、犯罪性质辩护为辅,以避免与检察官做无效沟通,损害当事人利益。

五、在办理危害生态环境的刑事案件过程中,尤其要处理好与检察官的关系

在办理危害生态环境的刑事案件过程中,辩护人要处理好与检察官的关系,因为检察院公益诉讼部门一般都会介入此类案件,所以一方面要与负责刑事案件起诉的检察官沟通好,另一方面还要与负责公益诉讼案

件的检察官沟通好,否则就很难取得好的结果。

本案中,公益诉讼部门很早就介入了该案,辩护人对于公益诉讼的诉求(恢复原状、赔礼道歉)没有异议,并且一直都全力配合公益诉讼部门的工作,这也是考虑到如果公益诉讼部门撤回起诉,辩护人才有希望争取刑事案件的不起诉。遗憾的是,虽然这个案件最终公益诉讼撤回了起诉,但还是没有争取到不起诉。

附件:邝某某涉嫌非法占用农用地案大数据报告

数据采集时间:2020 年 1 月 10 日

案例来源: Alpha 案例库

检索全国范围内【滥伐林木罪】案件数量为 46,232 件(见图 10):

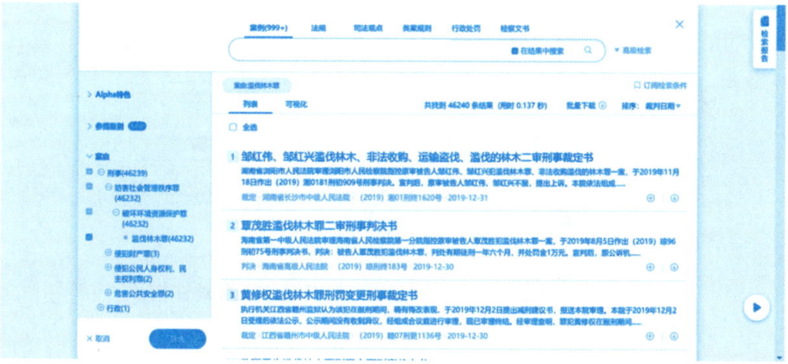

图 10　滥伐林木罪的案件检索

在【滥伐林木罪】案件数量的基础上增加关键词“灌木”,案件数量为 236 件(见图 11):

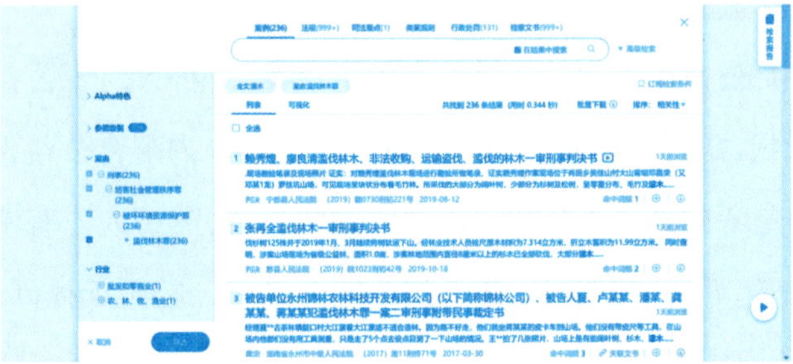

图 11　滥伐林木罪加关键词“灌木”的案件检索

注：涉及“灌木”的案件仅占“滥伐林木”案件的 0.5%。

在【滥伐林木罪】案件数量的基础上分别增加“砍伐灌木”“清理灌木”“清除灌木”“滥伐灌木”等惯常用于此类案件的关键词，数量分别为 5 件、3 件、1 件、3 件（见图 12 至图 15）：

图 12　滥伐林木罪加关键词“砍伐灌木”的案件检索

图 13　滥伐林木罪加关键词“清理灌木”的案件检索

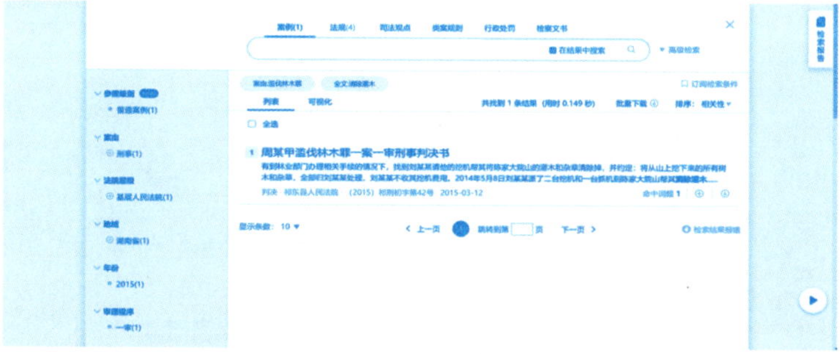

图 14　滥伐林木罪加关键词“清除灌木”的案件检索

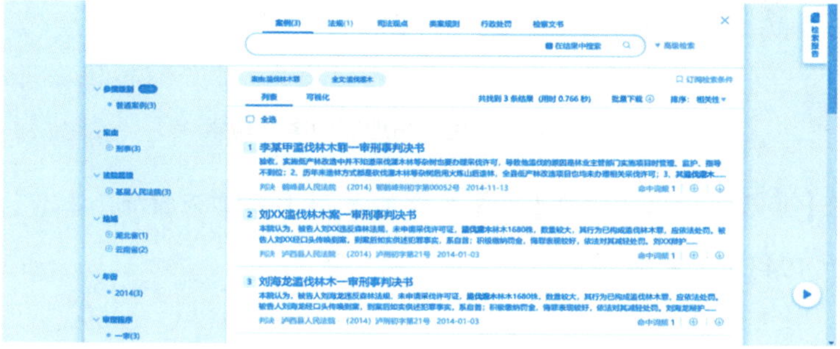

图 15　滥伐林木罪加关键词“滥伐灌木”的案件检索

在【滥伐林木罪】案件数量的基础上增加关键词“G 省”“灌木”，案件数量仅有 4 件（见图 16）：

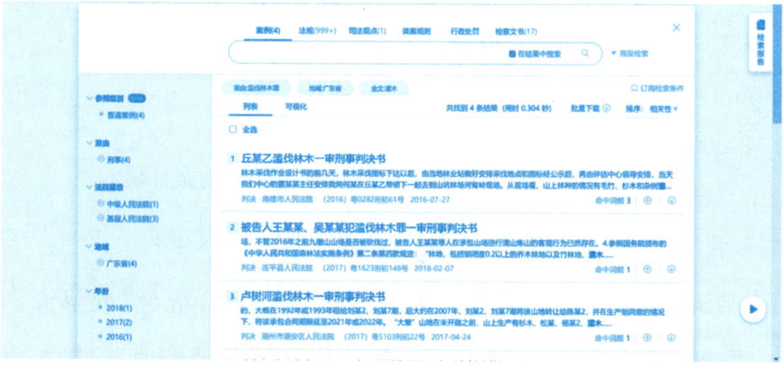

图 16　滥伐林木罪加关键词“G 省”“灌木”的案件检索

检索全国范围内【非法占用农用地罪】案件数量为23,007件(见图17):

图17 非法占用农用地罪的案件检索

在【非法占用农用地罪】案件数量的基础上增加关键词“灌木”,案件数量为1943件(见图18):

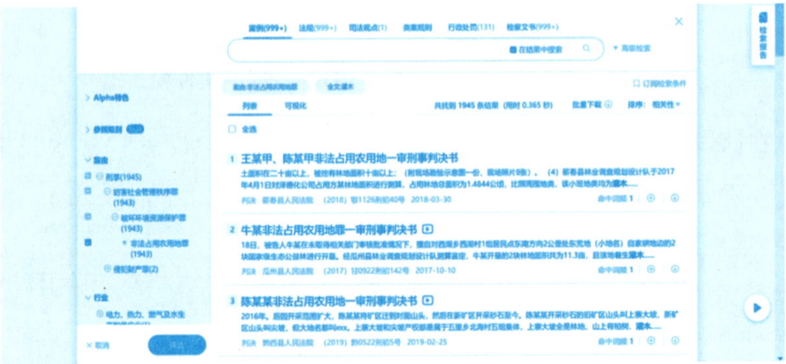

图18 非法占用农用地罪加关键词“灌木”的案件检索

注:涉及“灌木”的案件仅占“非法占用农用地”案件的8.4%。

在【非法占用农用地罪】案件数量的基础上分别增加“砍伐灌木”“清理灌木”“清除灌木”“滥伐灌木”等惯常用于此类案件的关键词,数量分别为2件、1件、1件、0件(见图19至图21):

图 19　非法占用农用地罪加关键词“砍伐灌木”的案件检索

图 20　非法占用农用地罪加关键词“清理灌木”的案件检索

图 21　非法占用农用地罪加关键词“清除灌木”的案件检索

在【非法占用农用地罪】案件数量的基础上增加关键词“G省”“灌木”,案件数量仅有18件(见图22)。

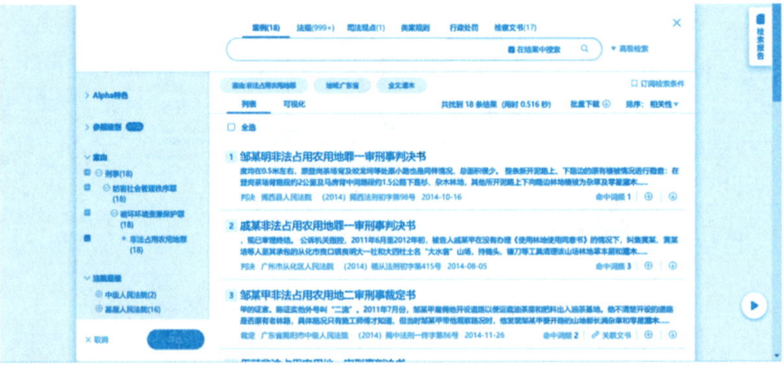

图22　非法占用农用地罪加关键词“G省”“灌木”的案件检索

盗窃手机证据存疑，法律援助案件获轻判

——邱某某盗窃案

辩护思路和要点

这是一个法律援助案件，案件的核心问题只有一个，即在手机店柜台现场盗窃的手机是真机，还是手机模型，能否计入盗窃的数额。辩护人在庭审中围绕这一点对3名被告人展开发问，对被害人陈述的真实性和价格鉴定进行质证，并集中在这一点上发表辩护意见，最终法官采纳了辩护人的意见。

基本案情

2018年1月10日凌晨4时许，邱某某、何某甲、何某乙3人到某手机店盗窃，现场窃取手机8台（其中5台价值8000元，3台无法核价）、金项链1条（价值5809元）。同年3月6日18时，何某乙在某购物中心被抓获；23时，邱某某、何某甲在出租屋被抓获。

2019年3月28日，一审开庭审理，法庭对公诉机关指控被告人邱某某、何某甲、何某乙3人盗窃手机真机8台的事实不予认定。此后，3名被

告人均未上诉。

本案是一个法律援助案件，案件的核心问题只有一个，即在手机店柜台现场盗窃的手机是真机，还是手机模型，能否计入盗窃的数额。辩护人在庭审中围绕核心问题对3名被告人展开发问，对被害人陈述的真实性和价格鉴定进行质证，并集中在这一点上发表辩护意见，最终法官采纳了辩护人的意见。

控方指控

2018年1月10日凌晨4时许，被告人邱某某、何某甲、何某乙密谋盗窃后，窜至A市B镇C村新界商业广场某手机店外，持钢筋撬开该店大门，并由被告人何某甲望风，被告人邱某某、何某乙入内盗得OPPO牌R9型手机1台、OPPO牌R9PLUS型1台、金立牌M7型手机1台、OPPO牌R11S型手机1台、魅蓝牌NOTE2型手机1台（共计价值人民币8000元）、黄金项链1条（价值人民币5809.65元）和米蓝牌MIS型手机1台、黑米牌X1型手机1台、苹果6手机1台（均无法核价）。随后，被告人邱某某以人民币6000元的价格将上述黄金项链销赃。

办案历程

一、案件委派时间离开庭不到3个工作日

辩护人在某个周四中午收到司法局委派这个法援案件，离开庭时间只有不到3个工作日。

二、会见当事人

会见的时候，辩护人着重了解盗窃的具体经过，对于起诉书指控的事

实,被告人并没有太多异议。被告人称当时从手机店的柜台里偷了几台手机,又从保险箱里偷了一条金项链,但强调他偷的几台手机都是模型机,不是真机。

嫌疑人的陈述都记入了会见笔录,说实话,当时辩护人也是半信半疑,因为案件还有另外 2 名同案犯,所以辩护人打算阅卷的时候核对一下另外 2 名同案犯的供述。

三、阅卷

阅卷时,辩护人着重关注被害人陈述和同案犯的供述。果然,另外 2 名同案犯的供述与笔者的当事人一致,都说当时从柜台里偷的手机只是手机模型,随后丢弃。

纵观全案的证据资料,能够证明 3 名被告盗窃真手机的证据只有被害人陈述,这显然属于孤证,不能排除合理怀疑,达不到证明标准。

接下来,辩护人确定了对于这一事实的无罪辩护思路,但辩护人认为单纯以未达证明标准作为无罪辩护的理由还不够,必须找到其他的辩点来影响法官对这一事实真实性的判断。

四、参加庭审

庭审中,在法庭发问环节,辩护人首先通过发问的方式提出盗窃的手机是模型这一事实。因为涉及被告人对起诉书指控是否有异议,所以法官的注意力也就放在对这一事实的核实上。法官分别向 3 名被告人核实了以上情况,3 名被告人也都一致供述盗窃的是手机模型。

在质证环节,辩护人也主要围绕对被告人供述、被害人陈述和鉴定意见真实性的质证上。

在被告人供述和辩解的质证方面,辩护人提出到案经过显示,3 名被告人是分两批,先后在同一天不同地方被抓获的,所以 3 个人串供的可能性不大，其供述盗窃手机模型是真实的。

在被害人陈述的质证方面，辩护人提出盗窃犯罪的被害人大都有夸大损失的心理倾向，同时手机销售行业的惯例都是在柜台里摆放手机模型，所以被害人陈述的真实性存疑。

在鉴定意见的质证方面，辩护人对价格鉴定的来源、过程和结果都进行了质证，尤其强调本案的涉案物品都未缴获，并无检材，鉴定的依据都是被害人对丢失物品的陈述。

在法庭辩论环节，辩护人主要围绕本案未达到“犯罪事实清楚、证据确实充分”的标准发表辩护意见，并进一步强调被害人陈述称涉案手机有发票，但又未提供手机发票的问题，也就是说没有其他物证或书证对盗窃手机的事实予以佐证。换言之，本案能够证明 3 名被告人盗窃真手机的证据只有被害人陈述，属于孤证，不宜认定该事实。

庭后，结合庭审情况，辩护人又整理了本案的书面辩护意见提交法院。最终，法院采纳了辩护人的辩护意见。

本案中，辩护人也积极争取被告人退赃和提前缴纳罚金，而且这一情节对于被告人最终能否被适用缓刑有一定的影响，因被告人家庭经济情况困难，虽然其在庭上表示愿意退赃和缴纳罚金，但很难取得退赃情节的认定。

辩护思路

认定邱某某盗窃手机的事实不清，证据不足。

一、被害人陈述的真实性存疑

一方面，盗窃罪的被害人关于丢失 8 台手机的陈述真实性存疑。另一方面，被害人陈述有不合理之处，手机销售行业的惯例是在柜台里摆放手机模型，并非真实手机，而涉案手机都是从柜台中取出的。

二、没有书证证明盗窃手机的事实

被害人在第一次询问中陈述有手机的发票，但发票并未附卷，被害人也未提供手机识别资料对丢失手机的事实予以佐证。

三、认定邱某某盗窃手机的证据属孤证，不能排除其盗窃手机模型的可能性

本案中，能够证明被告人盗窃手机的证据只有被害人陈述，属于孤证，现有证据不能排除被告人盗窃手机模型的可能性，因此不宜认定被告人盗窃手机的事实。

法院观点

法院认为，被告人邱某某、何某甲、何某乙无视国家法律，结伙盗窃他人财物，数额较大，其行为已触犯《刑法》第264条之规定，犯罪事实清楚，证据确实、充分，均应以盗窃罪追究其刑事责任……被告人邱某某、何某乙在共同犯罪中起主要作用，系主犯，均应当按照其所参与的全部犯罪处罚。被告人何某甲在共同犯罪中起次要作用，是从犯，应当从轻处罚。被告人邱某某、何某甲、何某乙如实供述其罪行，均可以从轻处罚。公诉机关指控被告人邱某某、何某甲、何某乙犯盗窃罪的事实清楚，证据确实、充分，罪名成立，法院予以支持。对被告人邱某某、何某甲、何某乙所提其所盗窃的手机均为样板机的意见，经查，现仅有被害人陈某某的陈述证实其手机店内被盗取手机真机8台，并无其他直接证据印证其所作陈述，故公诉机关指控被告人邱某某、何某甲、何某乙盗取手机真机8台的证据尚不充分，法院对公诉机关指控被告人邱某某、何某甲、何某乙盗取手机真机8台不予认定……对指定辩护人辩称被告人邱某某、何某甲、何某乙如实供述其罪行，经查属实，故对被告人邱某某、何某甲、何某乙及指定辩护人请求从轻处罚的意见，法院一并采纳。

最终，法院判决被告人邱某某犯盗窃罪，判处有期徒刑1年5个月，并处罚金3000元。

办案总结

一、法律援助不应“只是走个过场”

接这个法律援助案件之前，笔者对法律援助案件有抵触心理，并不是因为律师费少，而是因为给律师的准备时间只有两三天。在这两三天的时间里，律师要完成会见、阅卷、庭前辅导等一系列的工作，在如此短的时间里想要实现有效辩护，对于任何一位律师来说都不是一件易事。

很多人都认为，“法律援助无非是个形式”“只是走个过场”“去开个庭就好了”，但作为一名专业刑事辩护律师，笔者相信任何一个刑事案件都有辩点，辩护人应当用心寻找。不能做无罪辩护，辩护人可以做罪轻辩护；不能做程序辩护，辩护人可以做证据辩护或量刑辩护，甚至可以从犯意形成、犯罪目的和动机、犯罪的社会因素等细节中寻找辩点。

笔者很赞同田文昌老师的一句话：在刑事辩护中，律师与其怨天尤人，倒不如认真研究刑事辩护的经验和技巧，力求挖掘出每个案件的“辩点”，争取在辩护工作中做到不留遗憾。所以笔者认为，法律援助不应只是走个过场。

二、辩护人要摆脱犯罪标签论

这个案件在阅卷的时候，辩护人发现本案另外2名被告人都有前科，属于累犯，邱某某也有因吸毒被行政拘留15日的经历。说句心里话，对于为曾经吸毒的当事人辩护，多少会有一些抵触心理。我也非常担心，法官会不会怀疑有吸毒史的人所做供述的真实性。

一个社会的文明程度，取决于我们如何对待这个社会的弱势人群。处在被追究刑事责任过程中的犯罪嫌疑人和被告人，当然也属于弱势群体的范畴。刑事律师的价值，除了担任辩护人，帮助被告人对抗公权力的追责以外，还包含了代表整个社会，对这个即将被追责的人表示关爱。

犯罪学上有种理论叫犯罪标签论，一个人因犯罪被判了刑，就像贴上一个标签，在大家的眼里他永远是犯罪人。这种标签思想也会在他们自己心里种下烙印。别人的歧视，加上自我意识的强化，很容易促使他们重新犯罪。3 名被告人在最后陈述阶段都表示要好好改过自新，今后好好做人，不再犯罪，但是社会能否接纳他们，看看盗窃罪如此之高的重犯率，或许就明白了。这才是这个案件真正值得我们思考的地方。

全力争取被害人谅解，敲诈勒索获轻判

——毕某敲诈勒索从轻处罚案

辩护思路和要点

本案的辩护思路是量刑辩护，因被敲诈勒索的单位有7家，辩护工作的重点放在争取被害单位谅解上。由于犯罪嫌疑人是外地人，在本地人生地不熟，所以只能在律师和家属的配合下争取谅解。最终，被告人在检察院起诉前争取到绝大多数被害单位的谅解，并顺利签署认罪认罚具结书，最终获得轻判。

基本案情

毕某在网络公司工作，其间因制作的网站广告违反《广告法》而被举报处罚，后毕某通过百度等搜索引擎查看企业网站广告，对有违反《广告法》的“最大”“最强”等字眼的企业在国家12315网站上进行实名举报。被举报企业遂主动联系毕某，其收到费用后撤销举报。毕某共举报A市7家企业，收到被举报企业支付的金额累计21,500元。

控方指控

2018年，被告人毕某通过搜索引擎，有针对性地查看企业的网站广告，在发现有企业的网站广告中存在“首选”“最大”“最强”等违反《广告法》相关规定的字眼后，其通过国家12315网站，以实名举报的方式对问题企业进行举报。被举报企业在得知毕某的手机号及微信后主动联系到毕某，其随即向企业索取举报奖励金，并承诺收到奖励金后会立即撤销投诉。经调查，被告人毕某以上述方式敲诈勒索A市多家企业，累计金额达21,500元。具体犯罪事实如下：

1. 2018年1月24日，被告人毕某通过12315网站举报B公司涉嫌违反《广告法》相关规定，随后B公司与被告人毕某取得联系，毕某以收取举报奖励金后撤诉的方式，向B公司索取人民币4000元。

2. 2018年3月16日，被告人毕某通过12315网站举报C公司涉嫌违反《广告法》相关规定，随后C公司与被告人毕某取得联系后，毕某以收取举报奖励金后撤诉的方式，向C公司索取人民币6000元。

3. 2018年3月15日，被告人毕某通过12315网站举报D公司涉嫌违反《广告法》相关规定，随后D公司与被告人毕某取得联系，毕某以收取举报奖励金后撤诉的方式，向D公司索取人民币1000元。

4. 2018年3月15日，被告人毕某通过12315网站举报E公司涉嫌违反《广告法》相关规定，随后E公司与被告人毕某取得联系，毕某以收取举报奖励金后撤诉的方式，向E公司索取人民币2000元。

5. 2018年6月12日，被告人毕某通过12315网站举报F公司涉嫌违反《广告法》相关规定，随后F公司与被告人毕某取得联系，毕某以收取举报奖励金后撤诉的方式，向F公司索取人民币1200元。

6. 2018年7月31日，被告人毕某通过12315网站举报G公司涉嫌违反《广告法》相关规定，随后 G 公司与被告人毕某取得联系，毕某以收取举报奖励金后撤诉的方式，向 G 公司索取人民币 6800 元。

7. 2018 年 7 月 31 日，被告人毕某通过 12315 网站举报 H 公司涉嫌违反《广告法》相关规定，随后 H 公司与被告人毕某取得联系，毕某以收取举报奖励金后撤诉的方式，向 H 公司索取人民币 500 元。

案发后，被告人毕某的家属对其中 5 家企业进行赔偿，并取得该 5 家企业的谅解。

办案历程

辩护人是在案件侦查阶段快结束时与当事人确定委托关系。接受委托后，辩护人立即进行第一次会见，通过会见发现，毕某到案后一直如实供述，也有强烈的意愿赔偿被害单位的经济损失，但是由于被害单位较多，且没有联系方式，无法赔偿。

会见后的第二天，辩护人向办案单位提交了《被害单位情况告知申请书》，向办案单位表达了辩护人会见毕某时，他明确表示已经认识到自己行为的错误并希望能够赔偿被害单位。辩护人经与毕某家属沟通，家属同样表示愿意代表毕某积极赔偿被害单位。公安机关很快回复，并提供了 7 家被害单位的联系方式。

辩护人通过会见和阅卷，确定量刑辩护的辩护思路，但被告人只有坦白情节，没有自首和立功情节，这个案件又是单人单案，没有争取从犯的可能性，所以只能全力争取被害单位谅解这一从轻量刑情节。

在审查起诉阶段，辩护工作的重心就放在与被害单位协商谅解。本案的被害单位人数多，且多为大企业，由于审批流程复杂，所以沟通的难度非常大。当事人的家属和律师也尽了全力，一次上门谈不成，就多次上门，为了取得其中一家被害单位的谅解，家属在这家公司门口足足待了两天时间。对两家几经争取也得不到谅解的被害单位,家属也表达了歉意,并承诺随时可以赔偿经济损失。获得了大部分被害单位的谅解以后,辩护人又进一步与检察院沟通羁押必要性审查和认罪认罚的问题。最终,被告人在提起公诉前签署了认罪认罚具结书,量刑建议6个月至8个月,获得明显有量刑减让的量刑建议。

审判阶段,法院基本采纳了律师的辩护意见,唯一遗憾的是,法官判处有期徒刑8个月,而这是具结书量刑建议的上限,但从这一点也可以看出,在审查起诉阶段签署认罪认罚具结书时,被告人获得了明显的量刑减让,法官认为量刑建议偏低,但还没有达到需要让检察院重新调整的程度,所以选择了上限进行量刑。

辩护思路

一、毕某认罪认罚,并在审查起诉阶段签署认罪认罚具结书

本案中,毕某对于检察机关所指控的收取企业奖励金的事实、金额及罪名,均没有异议。在案件侦办过程中,毕某也一直如实供述本案的全部事实。

毕某自愿认罪认罚,并签署了具结书,符合适用认罪认罚从宽制度的条件。

二、毕某对其犯罪行为非常后悔,愿意主动缴纳罚金

案发后,毕某对自己的行为非常后悔,其家属也一直代他积极向被害单位道歉、赔偿并获得谅解。毕某愿意在判决前主动缴纳罚金,以证明他已充分认识到自己的错误并愿意接受处罚。

三、毕某已获得被害单位谅解，本案引发的社会矛盾已经化解

案发后，毕某对其举报行为给企业造成不良影响的行为深表歉意，其家属也积极代他向被害单位致歉并赔偿，已获得5家企业的谅解。剩余2家企业因为法务人员更换，新的法务人员对本案相关情况不了解以致无法获得谅解，但毕某家属已经多次向这两家企业致歉并表示愿意赔偿。

四、本案因合法举报而起，被害单位有一定过错

本案中，毕某举报的所有企业违法宣传的事实均是客观存在的，并没有虚构或者捏造事实进行举报，也就是说，本案被害单位有违法行为在先。合法举报后，毕某从未主动联系过被害单位，均是被害单位主动联系毕某，并提出要给毕某部分费用让他撤销举报。

五、工商行政管理部门①在处理举报过程中行为不当

按照相关规定，毕某向网站实名举报企业的违法宣传行为，如果工商管理部门查证属实并对违法企业进行处罚后，毕某可以获得一定数额的奖励。

本案中，工商行政管理部门在处理毕某的实名举报时，有明示或者暗示被害单位可以与毕某取得联系并让其撤销举报的行为，还将毕某的联系方式告知被害单位让双方可以取得联系。客观来说，工商行政管理部门在处理举报过程中的不当行为，促成了毕某收取被害单位奖励金的行为，一定程度上来说具有过错，也不利于对实名举报人权利的保护。

---

① 2018年机构改革撤并为市场监督管理部门，下同。

六、本案犯罪情节轻微，社会危害性较小

本案中，毕某涉嫌举报企业违法宣传并收取了奖励金，金额共计21,500元。本案涉案金额较小，社会影响不恶劣，犯罪情节轻微。

七、毕某没有前科劣迹，人身危险性较小

在本案发生之前，毕某没有受过行政或刑事处罚，没有前科劣迹，本案涉嫌的罪名也非暴力犯罪，且毕某与被害单位之间的联系均发生在网络上，没有任何人身威胁，可见其人身危险性较小。

法院观点

法院认为，被告人毕某无视国家法律，敲诈勒索他人财物，数额较大，其行为已构成敲诈勒索罪，应依法惩处。被告人毕某归案后能如实供述其敲诈勒索的罪行，认罪态度较好，依法可以从轻处罚。被告人毕某能主动退赔部分被害单位的经济损失并获得谅解，可以酌情从轻处罚。公诉机关指控被告人毕某犯敲诈勒索罪的事实清楚，证据确实、充分，罪名成立，量刑建议适当，予以采纳。

对辩护人所提被害单位存在过错且工商行政管理部门在案发过程中存在处理不当，被告人毕某敲诈勒索犯罪行为的社会危害性较小的意见，经查，向工商行政管理部门举报企业的违法经营行为是法定的权利与义务，而被告人毕某多次利用以上被害单位存在的违法经营行为敲诈勒索财物的行为，显然并非合法行使以上权利与义务，也不应归责于被害单位存在的违法经营行为及工商行政管理部门的处理方式，被告人毕某多次实施敲诈勒索犯罪且数额较大，其犯罪行为具有一定的社会危害性，故辩护人所提该辩护意见不能成立，不予采纳。另对辩护人辩称被告人毕某能赔偿部分被害单位的经济损失并获得谅解，归案后能如实供述其敲诈勒索罪行，能认罪认罚并出具具结书，没有前科劣迹的意见，经查属实，予以采纳。

最终，法院判决被告人毕某犯敲诈勒索罪，判处有期徒刑 8 个月，并处罚金 10,000 元。

办案总结

被害人谅解是指刑事案件中的被害人在犯罪行为发生之后基于各种原因对加害人或其加害行为作出予以谅解的意思表示，加害人通过真诚道歉、积极赔偿的方式，获得被害人真心自愿的谅解，从而减轻或者免除其刑事责任。

《最高人民法院、最高人民检察院关于常见犯罪的量刑指导意见（试行）》第三条第 11 项规定：对于积极赔偿被害人经济损失并取得谅解的，综合考虑犯罪性质、赔偿数额、赔偿能力以及认罪悔罪表现等情况，可以减少基准刑的 40%以下；积极赔偿但没有取得谅解的，可以减少基准刑的 30%以下；尽管没有赔偿，但取得谅解的，可以减少基准刑的 20%以下。

被害人作为犯罪直接侵害的对象，对犯罪行为给自己带来的伤害有着切身的体会和直观的感受，因此，法院在审理案件的过程中对于被害人的意见，会充分地予以考量。

在司法实践中，被害人谅解这一情节，不单单只具有量刑上的意义，某些情况下，在定罪方面也具有重要意义。比如，在正当防卫的认定上，在意外事件与过失致人死亡争议的案件上，甚至是意外事件与故意伤害致人死亡争议时，被害人是否给予谅解，一定程度上能够决定罪与非罪的认定问题。所以，在某些特殊情况下，被害人谅解这一情节，比自首、立功这样的减轻处罚情节更加重要。

从这个案件可以看出，其实很多刑事案件，并不需要律师有太高深的法律理论水平，更不是每个刑事案件都进行无罪辩护才是好律师。律师要针对不同的案件，挖掘每个案件的辩点，制定不同的辩护策略，然后针对辩点去展开辩护工作。

重罪变轻罪，组织卖淫变容留卖淫，终获缓刑

——冼某甲容留卖淫缓刑案

辩护思路和要点

这个案件的辩点有三个，一是罪名辩护，被告人的行为不构成组织卖淫罪，而是构成协助组织卖淫罪或容留卖淫罪；二是被告人行为不能认定为情节严重；三是被告人的行为构成自首。第一个辩点在审查起诉阶段得到检察院的支持，第二个和第三个辩点在审判阶段得到法院的支持，最终被告人被判处有期徒刑2年6个月，缓刑3年。

基本案情

2004年开始，被告人冼某甲与冼某乙、林某某共同经营东方娱乐城有限公司（以下简称东方娱乐城），冼某乙是公司董事长，冼某甲是公司法定代表人兼股东，林某某是股东。公司聘请了黄某某担任总经理负责公司经营，聘请冼某丙担任副总经理。在东方娱乐城经营期间，由公司副总经理冼某丙负责管理和安排，将多名卖淫女介绍给嫖客进行性交易。上述

情况一直持续到2014年东方娱乐城停业。

该案在侦查阶段对冼某甲以组织卖淫罪移送审查起诉，且认定为情节严重。审查起诉阶段，辩护人主要围绕罪名认定、情节认定和自首认定问题与检察官进行沟通。最终，检察院以协助组织卖淫罪提起公诉，但仍然认定了情节严重，未认定自首情节。

审判阶段，法院将罪名由协助组织卖淫罪变更为容留卖淫罪，没有认定情节严重，认定被告人接到家属电话后回家接受公安机关问话的行为，符合自动到案的条件，应当认定有自首情节。

最终，法院认定被告人冼某甲犯容留卖淫罪，判处有期徒刑2年6个月，缓刑3年，并处罚金4万元。

控方指控

一、起诉意见书认定的事实

东方娱乐城存在组织卖淫行为，公安机关接到线索反映后立即展开调查，民警通过缜密侦查发现，从2004年年中开始至2015年，东方娱乐城在股东冼某乙、林某某、冼某甲和黄某某的组织下以带动消费为由，在东方娱乐城由冼某丙负责管理和安排汪某某、雷某某、胡某某等卖淫女介绍给嫖客进行性交易。

卖淫女收取嫖客坐台消费300元至500元，若外出开房则收取客人一次1500元，包夜2000元。东方娱乐城每月收取卖淫女定额管理费和服装费。

二、起诉书认定的事实

2004年至2014年，被告人冼某乙、林某某、冼某甲结伙以其共同经营的东方娱乐城为窝点，为被告人王某某、黎某某等9名“妈咪”（均另案处理）组织汪某某、雷某某、胡某某等数十人的卖淫行为提供招嫖场所，并向卖淫人员收取管理费和服装费，其间聘请被告人黄某某担任总经理全面负责公司经营，并于2004年至2011年，聘请被告人冼某丙担任副总经理负责管理组织卖淫的“妈咪”、卖淫女并规定嫖资及提成比例。

被告人冼某乙担任董事长、股东，被告人林某某担任股东，被告人冼某甲担任法定代表人、股东，被告人王某某、黎某某在东方娱乐城担任“妈咪”，负责帮客人订房，将卖淫女带至房间介绍给客人卖淫或坐台，向卖淫女收取嫖资和坐台费用提成，并向东方娱乐城收取房间消费提成。

2018年6月至9月，被告人王某某在某KTV组织雷某某等多人向他人卖淫，并收取卖淫提成。

2018年9月5日至10月9日，公安人员分别抓获7名被告人，扣押手机等物。归案后，冼某乙、林某某、冼某甲如实供述了上述罪行，王某某如实供述了上述主要罪行。

被告人王某某、黎某某结伙组织他人从事卖淫活动，情节严重，其行为已触犯《刑法》第358条第1款之规定，均应当以组织卖淫罪追究其刑事责任。

冼某乙、林某某、冼某甲、黄某某、冼某丙协助组织他人卖淫，情节严重，其行为已触犯《刑法》第358条第4款之规定，均应当以协助组织卖淫罪追究其刑事责任。

王某某、冼某乙、林某某、冼某甲有坦白情节，可以从轻处罚。

辩护思路

在审查起诉阶段的辩护意见中，辩护人着重在罪名辩护，即被告人冼某甲的行为不构成组织卖淫罪，检察机关采纳了辩护人的辩护意见，以冼某甲涉嫌协助组织卖淫罪起诉到法院。在审判阶段,辩护重点在量刑辩护,即本案没有达到“情节严重”且冼某甲有自首情节。

一、冼某甲参与实施组织卖淫行为事实不清、证据不足

(一)冼某甲并没有实施组织卖淫罪的“组织”行为

对于组织卖淫罪而言,判定行为人是否有组织行为和居于组织地位,客观上应符合以下三个条件:第一,参与发起、建立卖淫组织;第二,对卖淫者进行招募、雇佣、管理、控制;第三,实际指挥、命令、调度卖淫活动的具体实施。

换句话说,认定冼某甲的行为性质,必须区分“对公司的管理行为”与“对场所内组织卖淫活动的管理行为”,对公司的管理行为是作为公司股东管理公司的运营,而对场所内组织卖淫行为的组织管理的最主要特征是对卖淫活动实施了管理或者控制行为。

评价冼某甲的行为是否构成组织卖淫罪,关键要判断冼某甲是否参与对卖淫人员以及卖淫活动的管理和控制,即他是否参与了卖淫场所的经营或管理,或是制定卖淫行为、违法获利分成的方式以及应对公安检查的方案,或是对卖淫人员的直接管理,召集、调配、安排卖淫人员等。

本案中,没有证据证明冼某甲参与以上行为,所以其行为不宜评价为组织卖淫罪。

(二)东方娱乐城对卖淫女的管理不是组织卖淫中的“管理”行为

东方娱乐城视听歌城是一个娱乐服务场所,客人可以在东方娱乐城内唱歌、喝酒,并有“小姐”提供陪酒服务,即“坐台”。东方娱乐城会对“坐台小姐”组织培训,主要是工作礼仪方面的培训。但是,陪酒服务并不必然产生性交易,且东方娱乐城禁止小姐在工作时间内“出钟”。因此,东方娱乐城对坐台小姐基于日常工作的管理,并不是组织卖淫罪中的“管

理”行为。

(三)冼某甲不是东方娱乐城的实际控制人,不参与东方娱乐城日常经营管理

1. 冼某甲担任东方娱乐城法定代表人主要是出于其股东身份

冼某甲从东方娱乐城开业后就投资入股,但是份额一直比较小,最初仅占5%股份,之所以由冼某甲担任法定代表人,主要是由于东方娱乐城的几位大股东都是我国澳门特别行政区居民,在工商登记等方面受到较多限制。冼某甲在担任法定代表人期间,主要负责的工作是为履行法人职责处理一些手续性事项,如工商备案文件的签字。

2. 冼某甲不是东方娱乐城的实际控制人

据冼某甲本人供述及其他人的证人证言可知,虽然冼某甲在较长的时间内担任东方娱乐城法定代表人,但对内他不具有“话事权”,对外也并不是东方娱乐城的负责人。冼某甲对于东方娱乐城的重大事项没有管理决策权,不是东方娱乐城的实际控制人。

3. 冼某甲在东方娱乐城参与管理工作的时间非常短

据冼某甲供述,其仅在2004年至2005年的不到一年时间里在东方娱乐城参与管理,主要负责的是公司采购和工资表的审核。一方面,他参与管理东方娱乐城的时间非常短;另一方面,他所负责的工作内容和陪酒小姐没有任何交集。从现有证据看,绝大多数东方娱乐城的工作人员都不认为冼某甲是东方娱乐城的管理层,甚至不认识他。

综上,冼某甲的行为不构成组织卖淫罪。

二、证实本案达到“情节严重”的证据不足

本案中,仅找到2名“妈咪”及3名卖淫女,其他卖淫女均未到案,不能证明她们参与卖淫活动,所以证明本案达到“情节严重”的证据不足。

三、应当认定冼某甲具有自首情节

根据冼某甲供述，公安机关到他家中找他时，他并不在家，后公安机关让冼某甲的儿子给冼某甲打电话。冼某甲的儿子在电话中明确说明了公安机关找他这件事情，以及因何事找他，后冼某甲自行返回家中。

辩护人认为，如果被告人在接到电话时或接到电话之前已经知道办案机关找他是因为何事，而其接到电话后，有能力逃脱但没有逃脱，自己主动到指定的地点接受调查的，显然具有投案的主动性，应当认定为自动到案。这种观点得到最高人民法院指导案例的支持（参见《最高人民法院自首、立功司法解释案例指导与理解适用》之“许某经强奸、强制猥亵妇女案”）。

因此，冼某甲的行为应当认定为自动到案，结合其到案后如实供述的情节，根据《刑法》第67条之规定，冼某甲有自首情节。

法院观点

一、关于本案定性的意见

1. 涉案的东方娱乐城虽然于2014年年底结业，但被告人冼某乙、林某某在A市廉政教育中心接受问话，主动交代东方娱乐城存在卖淫情况，公安机关收到案件后相继找到多名涉案人员及部分卖淫女进行调查，证明了东方娱乐城卖淫事实的存在。

2. 现有证据可以证明，“妈咪”“小姐”不是东方娱乐城员工，其收入主要来自客人的小费或卖淫所得，东方娱乐城没有从中获利。东方娱乐城提供场所给“妈咪”“小姐”，可以招揽更多客人来消费，“妈咪”“小姐”获得小费，东方娱乐城的经营者及管理人员对此知情且默许。故对被告人冼某乙、林某某、冼某甲、黄某某、冼某丙应当以容留卖淫罪定罪量刑。

3. 由于涉案的东方娱乐城已结业多年，部分证据已经灭失，现无法证明多名“妈咪”与多名“小姐”之间是较为严格的管理关系，还是一般互利关系；“妈咪”固定管理“小姐”，还是不特定管理“小姐”，“妈咪”与“妈咪”之间关系如何也不清楚，故根据有利于被告人的原则，对被告人王某某、黎某某应当以介绍卖淫罪定罪量刑。

二、是否情节严重的意见

经查，本案仅找到 2 名“妈咪”及 3 名参与卖淫的“小姐”，其他“小姐”均未到案，不能证明她们均参与卖淫活动，故认定情节严重证据不足。

三、被告人冼某乙、林某某、冼某甲是否自首的意见

经查，冼某乙、林某某在公安机关未掌握其有容留卖淫犯罪事实、未对其实施强制措施前就交代其经营的东方娱乐城存在卖淫活动的事实，应当认定其有自首情节。被告人冼某甲是公安机关通知其家属后回家接受问话，如实交代其犯罪事实，应当认定其有自首情节。

法院认定被告人冼某甲犯容留卖淫罪，判处有期徒刑 2 年 6 个月，缓刑 3 年，并处罚金 4 万元。

办案总结

一、把握好组织卖淫罪的辩点

（一）重罪变轻罪

在我国《刑法》中，组织卖淫与强迫卖淫行为规定在一个法条中，两项罪名都是重罪，这样的规定显然是认为组织卖淫行为的社会危害性与强迫卖淫行为相当。换句话说，只有与强迫卖淫的社会危害性相当的行为，才能评价为组织卖淫罪，否则只能评价为轻罪，即协助组织卖淫罪或容留卖淫罪。

但是在司法实践中，组织卖淫罪的适用明显有扩大化的倾向，判决往往不考虑组织行为的社会危害性与强迫行为是否相当，也不区分对场所的管理行为和对卖淫活动的组织管理行为，对经营者和管理人员一律认定为组织卖淫罪。

所以，组织卖淫罪的主要辩点，就是它与协助组织卖淫罪和容留卖淫罪的区分。辩护人能够着力将组织卖淫罪这个罪名辩护成为协助组织卖淫罪或容留卖淫罪，量刑就会取得大幅度的降低。

（二）挖掘证据辩护空间，争取不认定“情节严重”

组织卖淫罪的另一个重要辩点是量刑情节，即“情节严重”的认定与否。这方面主要是证据辩护的空间，组织卖淫的人数是否达到 10 人，非法获利是否超过 100 万元这两个情节的认定。

司法实践中，除非现场抓获的卖淫女人数已经 10 人以上，或者查扣的账册、银行流水等书证明确可以证实非法获利已经超过 100 万元，否则一般都有证据辩护的空间，尤其是对于单纯只有言词证据证实卖淫女人数达到 10 人以上的案件，寻找证言之间的矛盾，着力质疑证言的真实性，说服法官的概率较大。

二、从案件细节中发现自首认定的辩点

这个案件的到案情况比较特殊。被告人在与律师沟通的过程中，一直说是公安到他家中把他带走的，如果事实确实如此，那自动到案情节肯定是无法认定的。直到审查起诉阶段，辩护人再次与被告人核实到案经过，他才详细地陈述了当天到案的情况。

原来，公安机关确实于晚上到被告人的家中，但当时被告人并不在

家,公安机关让他儿子打电话给他,让他回家配合调查。被告人儿子在电话里明确转达了公安机关的意思,后被告人主动回家,与民警一起到派出所接受调查。

这种情况与直接接到公安机关电话通知到案的情况类似,只要当事人在接到电话时,明确知道或者说大概率知道公安机关找他配合调查的原因,就可以认定“自动到案”情节。

正因为争取到自首这个重要的量刑情节,最终被告人才有机会争取适用缓刑。

三、辩护人要把握好坚持辩护意见与认罪认罚的关系

这个案件的 3 个辩点,在审查起诉阶段,只争取到一个,即将重罪变更为轻罪,量刑从 10 年以上降到 5 年以上。在这种情况下,要不要签认罪认罚具结书,是辩护人和被告人面临的一个问题。其实这个问题并不是简单的签与不签的问题,而是要根据具体情况进行评估。

首先,律师对于自己的辩护意见要进行充分评估,如果辩护人的辩护意见在审判阶段并没有很大的把握被采纳,那就要考虑在现有的情节下认罪认罚。

其次,律师要评估辩护意见本身的性质,到底是关于事实的辩护意见,还是关于行为性质的辩护意见。

如果是关于事实的辩护意见,可能影响被告人的认罪情节,一旦签署认罪认罚具结书,就没有机会再发表这个辩护意见。

如果是关于行为性质的辩护意见,不会影响被告人的认罪情节,一般可以发表,但需要考虑如果签署认罪认罚具结书,意味着被告人认了起诉书指控的量刑建议,辩护意见的发表就要慎之又慎,因为法院不会轻易改变具结书上的量刑建议,一般只有在量刑畸轻或者畸重的情况下才考虑调整。

但是，律师对于有把握被法院采纳的辩护意见，还是应当坚持，并建议被告人不要轻易签署认罪认罚具结书，在审判阶段为被告人全力争取最大限度的轻判。

签署认罪认罚具结书后做无罪辩护，两罪名获缓刑

——雷某滥用职权、非法经营两罪缓刑案

辩护思路和要点

这个案件的辩护思路是同时做量刑辩护和无罪辩护。针对滥用职权罪，辩护人提出的辩护意见是情节轻微，可以免除刑事处罚。针对非法经营罪，辩护人做无罪辩护，认为被告人申请 POS 机为自己刷卡套现的行为，也就是俗称的“养卡”行为不构成非法经营罪。

基本案情

2015 年 9 月开始，被告人雷某利用担任 A 市公安局交警支队中队长的职务便利，违规使用本人数字证书，进入公安交通管理综合应用平台，为某汽车 App 平台用户及其亲友处理交通违章，为部分驾驶人员及中介人员买卖驾驶证分数创造条件。

同时，2015 年开始，被告人雷某申领了多台 POS 机，使用自己持有的信用卡以及其实际控制的信用卡在 POS 机上套现，以卡养卡。

这个案件在审判阶段才委托辩护人，被告人刚刚签了认罪认罚具结书，两个罪名的量刑建议是3年有期徒刑，检察院没有建议适用缓刑。辩护人阅卷后，认为这个案件的量刑建议并没有体现出明显的量刑减让，签署认罪认罚具结书的实际意义不大。被告人告知辩护人，侦查和审查起诉阶段没有请律师，只是在接到检察院签署认罪认罚具结书的通知以后，才咨询了律师，律师在电话里给出的意见是可以先签，然后在审判阶段再做无罪辩护。

综合考虑了被告人的诉求（适用缓刑）和案件的证据情况，辩护人并没有建议被告人简单地反悔，推翻认罪认罚具结书，而是确定在不影响认罪认罚的基础上做无罪辩护的思路，首先确保有适用缓刑的可能性，再进一步争取更好的结果（免于刑事处罚）。

这个案件在审查起诉阶段经过两次退回补充侦查，一次延期。2021年5月14日提起公诉，一审阶段延期3个月以后，法院又补充侦查，直到2022年2月25日才作出一审判决。延长审限，加上补充侦查，已经具备了部分罪名做无罪判决的初步特征，尤其是辩护人认为这个案件以卡养卡的事实不构成犯罪。

但法院最终还是认定了被告人以卡养卡的行为构成非法经营罪，这不得不说是一个遗憾。不过在两个罪名都认定的前提下，争取到适用缓刑的结果，被告人和家属都挺满意，对律师的专业服务也很认可。

一审判决后，考虑到这个案件已经签署认罪认罚具结书，辩护人明确建议被告人不要上诉，否则检察院极有可能抗诉。如果检察院抗诉，二审极有可能适当增加刑期，从而导致本案不能适用缓刑。最终，被告人未上诉。

控方指控

2015年9月开始，被告人雷某在担任A市公安局交警支队中队长期间，利用职务之便，违反规定在交通违章当事人没有到前台处理、没有核实当事人身份资料的情况下，违规使用本人数字证书，进入公安交通管理综合应用平台，为某汽车App平台用户处理交通违章594条，为部分驾驶人员及中介人员买卖驾驶证分数创造条件，严重影响行政机关的执法公信力和严肃性，造成恶劣社会影响。

其间，被告人雷某违反国家规定，利用申领的多台销售点终端机具（POS机），在未发生真实商品交易的情况下，使用自己持有的信用卡以及其实际控制的信用卡在POS机上套取现金人民币1400多万元，严重扰乱正常的市场秩序。

检察院认为，被告人雷某身为国家机关工作人员，滥用职权，致使公共财产、国家和人民利益遭受重大损失；违反国家规定，使用POS机以虚构交易的方式向信用卡持卡人直接支付现金，情节特别严重，其行为触犯了《刑法》第397条第1款、第225条第4款，犯罪事实清楚，证据确实、充分，应当以滥用职权罪、非法经营罪追究其刑事责任。鉴于被告人雷某有自首情节，依照《刑法》第67条第1款之规定，可以减轻处罚，被告人雷某认罪认罚，依据《刑事诉讼法》第15条的规定，可以从宽处理。被告人雷某在判决宣告前犯滥用职权罪、非法经营罪，依照《刑法》第67条的规定，应当数罪并罚。建议对被告人雷某滥用职权罪量刑有期徒刑6个月，非法经营罪量刑有期徒刑3年，并处罚金人民币5万元，数罪并罚并处有期徒刑3年，并处罚金人民5万元。

辩护思路

一、辩护人认为，被告人雷某利用POS机刷卡及偿还信用卡的行为不构成非法经营罪

（一）被告人雷某客观上没有实施非法经营的行为

1. 雷某自己帮自己套现的行为没有提供商品或者服务，不符合“经

营”的行为特征

“经营”是具体犯罪中的实行行为,即提供服务和商品的行为。“帮自己套现”本身既不属于提供商品也不属于提供服务,不具有独立考察的基础,认为“帮自己套现”严重侵犯了正常的市场交易管理秩序,因而构成非法经营罪,其错误在于片面地以所谓的“风险”“严重破坏交易秩序”等价值判断取代了“经营”作为实行行为是否客观存在的事实考察。司法实践中有观点认为“一人扮演交易双重角色,但并不能改变‘非法经营’行为的性质”,这不仅明显违背了常理常情,也违背了作为实行行为的“经营”必须具有提供服务和商品的本质属性。

因此,本案是否构成非法经营罪,关键在于“帮自己套现”是否属于“经营”行为。

(1)“帮自己套现”不符合“经营”的对向性

经营行为的成立以经营方与需求方两个独立主体的同时存在为必要,如果只有一方,是无所谓“经营”,并不存在所谓“经营方”与“需求方”重合的经营行为。交易是合意行为,只有同时存在两个独立的主体,才具有合意产生的前提。“帮自己套现”只有一个主体,不符合“经营”的对向性。

(2)“帮自己套现”不符合“经营”的合意性

经营方与需求方既有各自独立的意志,也有认识上的一致,即经营方与需求方在自由意志支配下达成交易的合意。因此,按照单位要求完成特定劳动任务获得报酬的行为不属于“经营”。比如,单位开办食堂为职工免费提供就餐服务,完成食物加工任务的人,不属于经营者,但是,如果是以员工支付对价为条件而提供餐饮服务的,则属于经营行为。因为此种情形下,员工支付对价与其单位员工的身份无关,因而实际上存在两个独立的主体。“帮自己套现”只有一个意志,而不存在两个独立的意志,不具有合意产生的前提,因而不属于“经营”。

(3)“帮自己套现”不符合“经营”的开放性

开放性是指经营者以一定方式、在一定范围内公开其商品或者服务，并吸引一定的需求者发生交易的特征。“经营”的开放既包括相关经营信息的公开，也包括对需求者的开放，即一般情形下应当为不特定的人提供商品或者服务。“帮自己套现”提供服务仅限于自己，不具有开放性的特征。

2. 使用 POS 机实施信用卡套现成立非法经营罪应具有营利目的，而本案中雷某没有营利目的

首先，非法经营罪的“经营”应理解为“营业以营利”。从字面意思来看，词典关于“经营”的解释为“规划，经办管理经济事业”；从法律规定来看，《反不正当竞争法》《消费者权益保护法》《产品质量法》《食品安全法》等法律均规定了“经营者”。例如，《反不正当竞争法》第 2 条规定：本法所称的经营者，是指从事商品生产、经营或者提供服务的自然人、法人和非法人组织。虽然《刑法》及司法解释未对“经营”有具体的规定，但应当与上述经济法的“经营”的含义保持一致。非法经营罪主观要件应具备以营利为目的的要件，这在刑法学界也是通说。

因此，根据上述“经营者”的规定，显而易见，“经营”主要包括两个核心内容：一是营业行为的目的在于营利；二是营业行为的内容为提供商品或者服务。简言之，“经营”的本质就是“营业以营利”。

其次，从罪名规定来看，非法经营罪归于“扰乱市场经济秩序罪”章节，可见，行为人既然非法经营，自然有市场经济活动，必然也要有客户参与，且行为人存在以营利为目的的交易行为，这是市场经济活动的固有特征，也是非法经营罪作为一种经济犯罪所应具备的一个基本特征。另外，该罪名规定“并处违法所得一倍以上五倍以下罚金或者没收财产”，也可以反推出非法经营罪必须具有营利目的的结论，否则，如果实施非法经营行为而未收取任何费用，没有违法所得，则不应科处刑罚。此外，司法解

释规定的多种非法经营犯罪的情形，无论是非法经营香烟还是其他的非法经营行为，其目的均是为了营利。

从非法经营罪的根源来看，营利是其本质属性。非法经营罪是由投机倒把罪沿革而来，对于投机倒把的界定，主观要求是“以牟取非法利润为目的”。1987 年国务院发布的《投机倒把行政处罚暂行条例》(已废止)第 3 条规定：“以牟取非法利润为目的，违反国家法规和政策，扰乱社会主义经济秩序的下列行为，属于投机倒把行为……”因此，即便《刑法》条文没有明文规定，仍然可以将营利为目的解释为非法经营罪的构成要件。

在本案中，被告人的供述及书证可以证实被告人雷某的行为仅是使用自己或亲朋好友的信用卡刷卡套现以及偿还信用卡，并没有作为一门生意对外营业，赚取手续费，也没有与其他市场主体发生交易，不存在营利的行为，因此，被告人并没有非法经营的行为。

(二)被告人雷某没有非法经营的主观故意

被告人雷某申领 POS 机的目的不是对外经营谋取利益，没有将 POS 机刷卡套现作为一门生意来做，而是自己刷卡套现方便，且可以省下手续费，没有营业及营利之目的。同时，被告人的行为明显也不具有营利的可能性。

雷某主观上有趋利的动机、目的，这只是社会生活意义上的贪便宜的心理，更何况非法经营罪所规制的是作为 POS 机刷卡套现行为人通过“经营行为”牟利的目的，而非信用卡持有人贪便宜的“牟利”，省下利息的钱不能等同于对外营业所获取的营利。

因此，不能认定雷某有非法经营的主观故意。

(三)被告人雷某缺乏违法性认识的可能性

违法性认识，是指行为人认识到自己的行为违反法律、法规的规定，或者说行为人对自己的行为性质为法律法规所不容许的认识。非法经营罪是故意犯罪，犯罪故意的成立应当以明知为前提，既然不能明知自己的行为会发生危害社会的结果,当然也就不具备故意的认识要素。

《刑事审判参考》(2003 年第 2 辑,总第 31 辑)第 234 号李某庭非法经营案中也指出,非法经营罪是一种行政犯,它以违反国家相关规定作为前提条件。一般来讲,在行政犯中,如果行为人缺乏违法性认识,不能认识到行为的社会危害性,就不能认定行为人有犯罪的主观故意。

本案中,若认定雷某成立非法经营罪,需要判断雷某是否具有成立犯罪的违法性认识的可能性,即是否有可能知道这方面的法律知识,是否曾经有信用卡套现的经历,有无信用卡管理方面知识,知识水平如何,是否从值得信赖的权威机构那里获得可信赖的信息等。

据辩护人考证,目前市面上有拉卡拉、乐刷、瑞银信、随行付、银盛通和快钱等多家支付公司从事 POS 机的推广业务,而这些公司都是正规的公司(见表 3),且有大公司做股东。虽然自己帮自己套现和养卡谈不上普遍存在,但是在社会生活中是大量存在的。

表 3　推广 POS 机业务的公司名单

序号	简称	全称	主要股东
1	快钱	快钱支付清算信息有限公司	福州网福信息技术有限公司 52.01% [该公司有快钱金融服务(上海)有限公司 100% 持股;快钱金融服务(上海)有限公司由上海万达网络金融服务有限公司 100%持股]
2	拉卡拉	拉卡拉支付技术有限公司	深圳瑞融信息技术有限公司、韩卫
3	瑞银信	随行付支付有限公司	重庆结行科技有限公司
4	随行付	银胜支付服务股份有限公司	银盛通信有限公司
5	乐刷	乐刷科技有限公司	深圳移卡科技有限公司

辩护人还特意以想办理 POS 机为由联系了快钱支付清算信息公司的代理,并面谈如何申请办理 POS 机。根据该公司代理的陈述,辩护人将如

何向快钱公司申请办理 POS 机，如何向银行申请办理 POS 机，快钱 POS 机刷卡资金流转，套现者申办 POS 机和自我套现流程整理成以下 4 张流程图（见图 23 至图 26）。

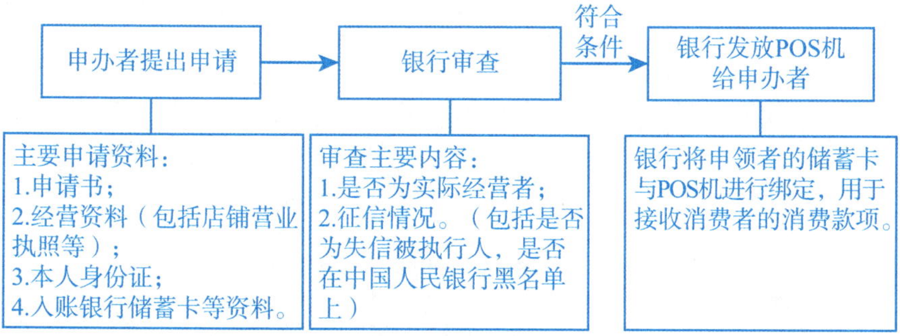

图 23　在银行申请 POS 机的流程

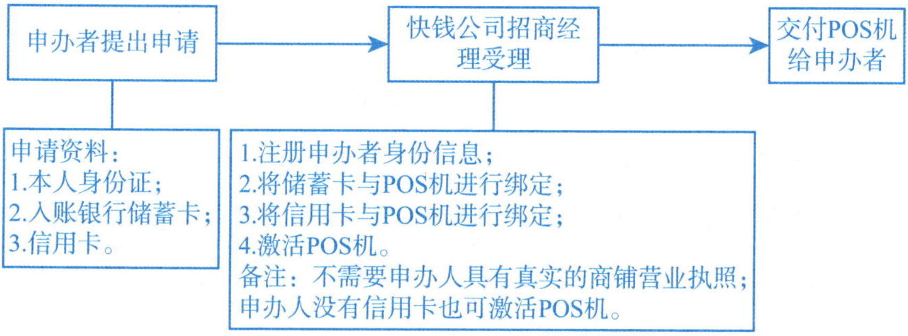

图 24　在快钱申办 POS 机的流程

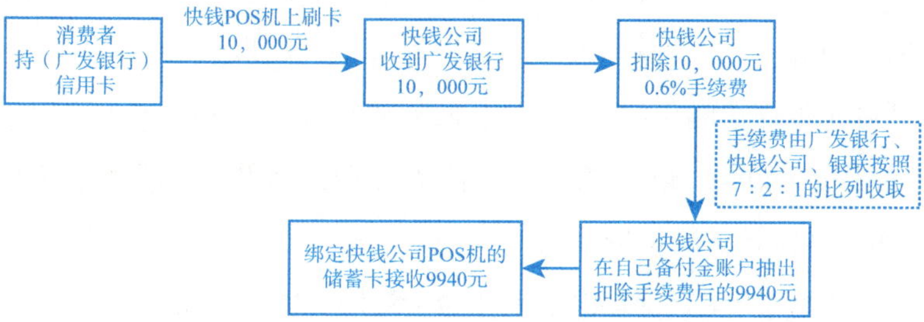

图 25　在快钱公司 POS 机上刷卡后的资金流转说明

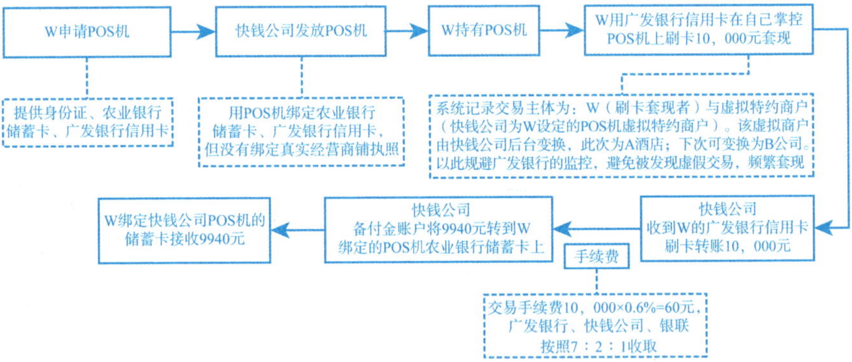

图 26　套现者 W 申办快钱 POS 机及自我套现流程

从图 23~26 可以看出，只要是征信正常的一般老百姓，向该公司提交身份证、银行卡和信用卡，就可以在几分钟的时间内申请到一台 POS 机。而这种 POS 机为了让客户能够频繁刷卡，已经内嵌了大量虚拟商户，以避免银行以使用过于频繁认定为虚假交易。

可见，对于这种社会上普遍存在的行为，即便是作为一名警察的雷某，也没有认识到行为的违法性，这是符合常情常理的。

（四）雷某所实施的“帮自己套现和养卡”的行为没有造成危害结果

1. 不能以是否侵犯正常的市场交易管理秩序来评价该行为是否构成非法经营罪

如前所述，认定雷某所实施的“帮自己套现和养卡”的行为是否构成非法经营罪，主要看雷某是否实施提供商品或服务的行为，而不能片面地以所谓的“风险”“严重破坏交易秩序”等价值判断取代“经营”作为实行行为是否客观存在的事实考察。同理，更不能以套现行为造成的虚假交易，使经济总量虚高，还可能导致虚假的经济统计数据和虚假的经济繁荣，来作为认定该罪的依据。

2. 雷某所实施的“帮自己套现和养卡”的行为没有威胁金融机构的资金安全

被告人因为拖欠银行的贷款，到期后不得不利用信用卡的免息还款期这一产品特征，通过多张信用卡进行“拆东墙，补西墙”的方式给自己争取还款时间，体现了被告人诚实守信的做人原则。从结果上看，被告人从160万元的债务，偿还到目前的110万元左右，没有增加债务，没有给银行带来损失和风险，也就没有社会危害性。被告人没有对外营业赚取手续费，也就没有扰乱市场经济秩序，其行为不能定性为犯罪。

雷某是以真实交易的形式进行消费，还是以虚假交易的形式进行套现，在对资金安全影响这一点上并没有实质区别。如果说套现出来就危害了资金安全，那么大额消费以后也存在不能正常还款的可能性。所以，评价是否威胁资金安全，主要看是否一直有正常的还款。

另外，即便说这种行为对资金安全有影响，也要考虑如下两个因素：一方面，银行有业绩，大量推广信用卡；另一方面，第三方支付公司为了赚取手续费，大量推广POS机，这是导致金融资金安全的重要原因之一，而不能简单归咎于老百姓所谓的套现或者养卡行为。法律不强人所难，只有当一个人具有期待可能性时，才有可能对行为人作出谴责，而面对银行和金融管理部门对支付公司这种行为的默认，以及支付公司的大量推广，不可能期待所有人都不去实施这种行为。所以，雷某的行为没有期待可能性。

（五）被告人使用POS机套现及养卡的行为，应适用新规定

不同司法解释的适用，关系到雷某非法经营的行为量刑是在第一档，还是第二档的问题。

《最高人民法院、最高人民检察院关于办理非法从事资金支付结算业务、非法买卖外汇刑事案件适用法律若干问题的解释》（以下简称2019年司法解释）第1条规定：“违反国家规定，具有下列情形之一的，属于《刑法》第二百二十五条第三项规定的‘非法从事资金支付结算业务’：（一）使用受理终端或者网络支付接口等方法，以虚构交易、虚开价格、交易退款等非法方式向指定付款方支付货币资金的……”

如果否定非法经营罪需要营业行为及营利目的，否定需要市场交易的双方主体，则本案被告人利用POS机套现及养卡的行为符合上述司法解释，以虚构交易的非法方式，向指定付款方（也就是被告人自己）支付货币资金，其行为属于从事资金支付结算业务。根据相关案例检索，自2019年以来，司法实践中关于POS机套现及养卡的行为是依据2019年司法解释的规定，认定为“从事资金支付结算业务”。本案不应当适用《最高人民法院、最高人民检察院关于办理妨害信用卡管理刑事案件具体应用法律若干问题的解释》（2018年修正，以下简称2018年司法解释）第12条第1款之规定。

首先，随着互联网支付的兴起，支付结算的方式、方法发生了很大变化，支付方法包括但不限于POS机等终端机具，还包括其他各种受理终端和网络支付接口；套现的行为、方式也呈多样化，包括但不限于信用卡套现行为，还包括以各种非法方式向指定付款方支付货币资金的行为。因此，2019年关于非法从事资金支付结算业务的司法解释在此背景下出台，规定了包括使用POS机等终端机具以及支票贴现等非法从事资金支付结算业务的行为均属于非法经营。根据新法优于旧法的原则，本案应适用2019年司法解释。

其次，2018年司法解释不属于特别规定，不适用特别规定优于一般规定的原则，因为2019年司法解释虽然主要为了打击互联网新兴的支付方式，如使用蚂蚁支付、云付平台等App实施套现行为，但同时也囊括了使用POS机等终端机具的套现行为，且前者与后者都是套现，并无本质区别，故2018年的信用卡解释不属于特别规定。

二、认定被告人雷某在非工作时间段处理交通违章594条的事实不清、证据不足，应认定为处理了322条

根据被告人的供述，其有时候要正常处理交通违章业务，而有时候车主已经排队拿了号，但下班时间到了，被告人为了帮车主完成该部分已拿号的业务，会在下班时间之后继续处理这些正常的交通违章业务。根据书证和起诉书指控内容，超过正常上班时间办理的业务都归为滥用职权的次数，显然与被告人的供述以及实际情况不符。被告人的供述符合常理，无法排除可能性。

因此，辩护人认为，剔除书证中下班时间后 15 分钟内的这部分数量，是较为合理、妥当的，也比较符合常理。经辩护人统计，剔除后的数据应为 322 次。

三、被告人有以下减轻处罚、从宽处理的情节

被告人自动投案，如实供述自己的行为，具有自首情节，可以减轻处罚。被告人已退赃 11.6 万元，并愿意提前缴纳罚金，可以酌情从轻处罚。被告人自愿认罪认罚，可以从宽处理。

法院观点

一、对于被告人及其辩护人辩称利用职务便利违规处理交通违章 300 余次的辩护意见

经查，被告人雷某在案发期间确实被其所在单位不定时抽调到窗口协助办案，至 2018 年 7 月，其单位下文明确规定非工作时间即工作日期间 18 时以后或法定假日期间不允许处理电子监控交通违法行为，根据上述规定，被告人及其辩护人认为下班时间后 15 分钟以内属于正常延长的工作时间，该辩解符合交警窗口处理业务的实际情况，亦不违反相关规定。经统计，雷某非工作时间办理电子监控违法数据中有 200 余条符合上述条件，对该时间内处理的违章予以扣减，其利用非工作时间处理的违章应为 300 余条，对该辩护意见，经查属实，法院予以采纳。

二、对于辩护人辩称被告人雷某不构成非法经营罪的辩护意见

经查，2018 年司法解释第 12 条第 1 款规定："违反国家规定，使用销售点终端机具（POS 机）等方法，以虚构交易、虚开价格、现金退货等方式向信用卡持卡人直接支付现金，情节严重的，应当依据刑法第二百二十五条的规定，以非法经营罪定罪处罚。"信用卡套现类非法经营罪只需要行为人在无真实交易背景下向"信用卡持卡人"直接支付现金，对象是信用卡持卡人，并不禁止行为人与持卡人主体重合，也并不要求具有营利目的。本案被告人以特约商户的名义用自己或实际控制的信用卡以虚构交易的方式在自己的 POS 机上套取现金，已严重扰乱国家金融管理秩序，构成非法经营罪。故不论是为他人套现，还是为自己套现，均应计入犯罪数额。对该辩护意见，理据不足，法院不予采纳。

三、对于辩护人辩称被告人使用 POS 机套现及养卡的行为，应适用 2019 年司法解释的辩护意见

经查，根据被告人雷某的供述，其为了不让信用卡信誉度降低，以方便继续套现，在某张信用卡还款日到期前，"拆东墙，补西墙"，从其他信用卡套取现金归还欠款，该行为属于信用卡套现行为，辩护人认为被告人具有养卡行为即先垫资归还已到还款期限的透支款，随后用 POS 机取回垫资款，虽然不排除被告人存在养卡行为，但无论何种行为，均扰乱金融市场秩序，属于信用卡套现的行为。

2019 年司法解释第 1 条第 1 项规定，使用受理终端或者网络支付接口等方法，以虚构交易、虚开价格、交易退款等非法方式向指定付款方支付货币资金的，属于"非法从事资金支付结算业务"情形。2019 年司法解释第 12 条规定："……《最高人民法院关于审理骗购外汇、非法买卖外汇刑事案件具体应用法律若干问题的解释》（法释〔1998〕20 号）与本解释不

一致的，以本解释为准。”从 2019 年司法解释的适用效力来看，该解释仅明确《最高人民法院关于审理骗购外汇、非法买卖外汇刑事案件具体应用法律若干问题的解释》规定的相关标准不再适用，没有规定“之前发布的司法解释与本解释不一致的，以本解释为准”。综上，信用卡套现行为属于虚构支付结算行为的一种形式，2019 年司法解释的规定属于一般规定，2018 年司法解释关于信用卡套现行为的规定属于特别规定，按照特别规定优于一般规定的原则，对于信用卡套现行为的认定适用 2018 年司法解释，对于其他虚构支付结算行为的认定适用 2019 年司法解释。故本案非法经营的定罪量刑标准，仍应以 2018 年司法解释为准，而不适用 2019 年司法解释。对该辩护意见，理据不足，法院不予采纳。

四、对于辩护人辩称被告人雷某具有自首情节，自愿认罪认罚的辩护意见

经查属实，法院予以采纳。

法院认为，被告人雷某身为国家机关工作人员滥用职权，致使国家和人民利益遭受重大损失；违反国家规定，使用 POS 机以虚构交易的方式向信用卡持卡人直接支付现金，情节特别严重，其行为已构成滥用职权罪、非法经营罪，依法应当数罪并罚。被告人雷某有自首情节，依法可以减轻处罚。被告人雷某自愿认罪认罚，依法可以从宽处理。被告人雷某符合缓刑的适用条件，依法可以宣告缓刑。公诉机关的指控成立，量刑建议适当。被告人及辩护人所提辩解、辩护意见，经前述分析，有理部分予以支持，无理部分不予支持。判决被告人雷某犯非法经营罪，判处有期徒刑 3 年，并处罚金人民币 50，000 元，犯滥用职权罪，判处有期徒刑 6 个月，总和刑期有期徒刑 3 年 6 个月，并处罚金人民币 50，000 元，决定执行有期徒刑 3 年，缓刑 5 年，并处罚金人民币 50，000 元。

办案总结

本案是一个典型的研究审判阶段认罪认罚案件如何进行辩护的判例。总体而言，认罪认罚案件在审判阶段的辩护策略，是协作辩护为主，独立辩护为辅。

协作辩护怎么理解？如果律师认为在审查起诉阶段签了一个还不错的量刑建议，在审判阶段，辩护律师就要配合、协助检察官，让法院能够采纳这个量刑建议，这就是协作辩护。

最高人民检察院张军检察长在2020年10月15日第十三届全国人民代表大会常务委员会第二十二次会议上所讲的《最高人民检察院关于人民检察院适用认罪认罚从宽制度情况的报告》中，谈到很多地方的检察院为了提高认罪认罚率，量刑建议过低。这就是为什么法院有时会加重检察院的量刑建议进行量刑。因此，如果辩护人在检察院阶段争取到比较好的量刑建议，如何让法官认同量刑建议就很重要。

独立辩护就是辩护人独立于被告人发表辩护意见。毕竟不可能所有的案件都可以取得不错的量刑建议，对于那些效果并不是很好的认罪认罚案件，针对案件的法律问题，律师可以独立发表辩护意见。

当然，对于这种"矛盾式"辩护，司法实践中的争议还是很大，辩护的效果也不一定好，笔者接下来具体分析。

一、签署具结书后，律师还能不能做无罪辩护

可能很多律师同行都有过这种感受，律师提出的关于事实问题或法律适用问题的辩护意见，检察官并不接受，而检察官可以提出认罪认罚。律师一方面想为嫌疑人争取较低的量刑，不想放弃认罪认罚的量刑减让；另一方面又想在审判阶段针对案件的事实问题或法律适用问题发表辩护意见，甚至发表无罪辩护意见。这时候律师就会面临很艰难的选择。审

判阶段，律师也会担心因无视被告人的认罪认罚情节，可能会导致被告人失去量刑减让，从而实质损害到被告人利益。

很多学者和律师都撰文支持这种做法，认为即便签署了认罪认罚具结书，律师仍然可以做无罪辩护。大家论述的角度，要么从刑诉法教义学的角度来解释法律条文，要么论述律师在认罪认罚具结书上签名，是对嫌疑人认罪认罚自愿性的见证，而非对具结书内容的认可，从而推导出律师可以做无罪辩护的结论。还有的观点从该制度的价值目标出发，论述既然认罪认罚从宽制度设置的初衷不单纯是提高诉讼效率，或者说主要不是提高诉讼效率，那么认为签署认罪认罚具结书以后，律师再做无罪辩护会严重影响诉讼效率，从而架空认罪认罚从宽制度的观点，这是值得商榷的。

法律职业共同体内对此一问题的争议也较大，律师同行多认为两者并不矛盾，检察官和法官群体则多倾向于认为除非是值班律师签署认罪认罚具结书，否则不宜做无罪辩护。

笔者的观点是签署具结书后律师仍然可以做无罪辩护，但是这是否意味着司法实践中就可以这样做呢？显然不是。

就像本案中的情况，被告人在正式聘请律师之前，随便咨询了一名律师，律师给出的意见是先签了再说，后面再做无罪辩护。且不说律师在没有阅卷的情况下就给出签署具结书的建议是否过于草率，我们需要考虑的是，后面所做的无罪辩护，到底是事实之辩、证据之辩，还是法律之辩。如果仅仅针对行为性质认定这种法律问题进行辩护，并不会影响被告人的认罪情节。但是如果是关于事实方面的辩护，或者主观证据方面的辩护，就难免会涉及被告人的认罪情节问题，一不小心就可能导致检察官撤回量刑建议。

与其在律师能不能做无罪辩护这个问题上纠结，倒不如换个角度，思考如果签署了认罪认罚具结书，再去做无罪辩护，到底能否最大限度地保护当事人的合法权益。

二、签了具结书还能不能上诉

举个例子:张三涉嫌串通投标,认罪(认事实),但是始终觉得委屈,因为他的行为是在领导的授意下做的,现在领导都没有被追究责任,反而自己被抓了。审查起诉阶段,为了争取取保候审,张三签署了认罪认罚具结书。一审判了缓刑,张三犹豫再三,决定上诉。此后,检察院抗诉。二审法官说,除非出现新证据,否则只能改判实刑,后张三撤回上诉,检察院是否撤回抗诉还是个未知数。

这个案例中,被告人不顾律师的反对,执意上诉,最终还是面临撤回上诉的问题。这种情况下,张三面临的风险是,被告人在上诉期满后撤回上诉,法院是否同意撤回是个问题,同时检察院是否撤回抗诉,更是个问题。如果法院不同意撤回上诉,或者检察院不同意撤回抗诉,被告人都面临改判实刑的风险。

对于签了具结书能否上诉这个问题,目前明确的规定仅见于2021年12月最高人民检察院发布的《人民检察院办理认罪认罚案件开展量刑建议工作的指导意见》第39条的规定,认罪认罚案件中,人民法院采纳人民检察院提出的量刑建议作出判决、裁定,被告人仅以量刑过重为由提出上诉,因被告人反悔不再认罪认罚致从宽量刑明显不当的,人民检察院应当依法提出抗诉。简言之,就是签了具结书以后,被告人仅以量刑过重为由提出上诉,检察院应当提出抗诉。注意这里使用了“应当”这两个字。

但是在笔者看来,这里的“量刑过重”,规定还是过于笼统。如果对于刑期没有意见,但是对于没有适用缓刑有异议提出上诉,是否属于“量刑过重”? 如果对于认定事实没有意见,单纯对于一个罪名的性质认定有异议提出上诉,是否属于“量刑过重”? 都是值得思考的问题。

我们最终还是要回到司法实践中来思考这个问题,即便我们辩护人通过法律解释的方法将“量刑过重”的范围确定在合理范围内,在缺乏有操作性的司法解释文件明确指导的情况下,检察机关为了维护其量刑建议的“权威性”,还是极有可能将以上两种情况都解释为量刑过重,这就导致一个很尴尬的状况,那就是签了认罪认罚具结书的案件,成为事实上的一审终审案件。

延伸阅读:

签署认罪认罚具结书以后,律师能否做无罪辩护?

引　言

可能很多律师同行都有过这种感受,律师提出的关于事实问题或法律适用问题的辩护意见,检察官并不接受。而检察官为了完成认罪认罚从宽的指标,又提出可以做认罪认罚。律师一方面想为嫌疑人争取较低的量刑,不想放弃认罪认罚的量刑减让;另一方面又想在审判阶段针对案件的事实问题或法律适用问题发表辩护意见,甚至发表无罪辩护意见。这时候律师就会面临很艰难的选择。在审判阶段,律师也会担心因无视被告人的认罪认罚情节,是否可能会导致被告人失去量刑减让,从而实质损害到被告人利益?

确实,签署认罪认罚具结书以后,律师能否做无罪辩护,至今仍是一个争议较大的问题。一些律师同行、检察官和法官都曾著文发表过对这一问题的看法,观点莫衷一是。虽然经常看到两高就认罪认罚从宽制度问题发表领导讲话或学术文章,但鲜见他们就此一问题发表明确看法。

学界对该问题的直接论述也不多见,樊崇义教授在《人民法治》上发表了一篇《认罪认罚从宽与无罪辩护》的短文，明确支持在签署认罪认罚具结书的情况下做无罪辩护的做法。法律职业共同体内对此一问题的争议也较大，律师同行多认为两者并不矛盾，检察官和法官群体则多倾向于认为除非是值班律师签署认罪认罚具结书，否则不宜做无罪辩护。

观点分野的背后，是大家对于认罪认罚从宽制度认知的一些差异。所以，笔者认为有必要对以下几个问题简要进行分析，才能厘清认罪认罚从宽与无罪辩护的关系问题。

（一）认罪认罚从宽制度设置的初衷是增强诉讼效率，还是化解社会矛盾？

之所以要谈这个问题，是因为很多人总是将认罪认罚从宽制度与国外的辩诉交易制度进行比较，强调其对于增强诉讼效率的价值。所以很多人简单地认为，认罪处罚从宽制度设立的背景其实非常简单，其宗旨在于通过从轻处罚的规定促使被告人积极认罪，尽快结案，是对当下案件积压的一种缓解举措。

也有学者支持这种观点，认为“从诉讼效率的角度看，认罪认罚引入协商的程序激励机制，其内在逻辑是提高司法效率、节约司法资源”。①

这种观点恰恰忽略了认罪认罚从宽制度的另一个重要价值——化解社会矛盾。最高人民检察院副检察长陈国庆在其所发表的《适用认罪认罚从宽制度的若干问题》一文中，对认罪认罚从宽制度设置的初衷进行了阐述：“认罪认罚从宽制度……其目的是更好地维护司法公正，优质高效办好案件……刑诉法修改确立的这一诉讼制度绝不只是诉讼程序的变化，也不仅仅是给检察官增加了诉前就要有效做好证明犯罪工作的更重职责，而在于更好地化解社会矛盾、促进社会和谐，在于推动国家治理体

① 魏晓娜：《完善认罪认罚从宽制度：中国语境下的关键词展开》，载《法学研究》2016 年第 4 期。

系和治理能力现代化。”①

由此可见，认罪认罚从宽制度设置的初衷虽然有诉讼效率的考量，但更重要的价值在于化解社会矛盾，但这一点往往容易被忽视。

既然认罪认罚从宽制度设置的初衷不单纯是提高诉讼效率，或者说主要不是提高诉讼效率，那么认为签署认罪认罚具结书以后，律师再做无罪辩护会严重影响诉讼效率，从而架空认罪认罚从宽制度的观点，是值得商榷的。

（二）律师的独立辩护地位，应当如何理解？

关于律师的独立辩护地位问题，即使在律师行业内，也有一定程度的争议。

认为律师具有独立的辩护地位，其法律依据是《刑事诉讼法》第 37 条和《律师办理刑事案件规范》第 5 条之规定。

《律师办理刑事案件规范》第 5 条规定：“辩护人的责任是根据事实和法律，提出犯罪嫌疑人、被告人无罪、罪轻或者减轻、免除其刑事责任的材料和意见，维护犯罪嫌疑人、被告人的诉讼权利和其他合法权益。”此为律师独立辩护权的基本依据。《律师办理刑事案件规范》第 5 条第 1 款规定：“律师担任辩护人，应当依法独立履行辩护职责。”

据此，律师具有绝对独立的辩护地位，所以即便当事人已经认罪认罚，辩护人仍可坚持无罪辩护。笔者对此不敢苟同。作为刑辩律师，始终要清晰地认识到，律师的辩护权来源于犯罪嫌疑人、被告人本人的委托，最大限度地维护委托人的合法权益，是刑辩律师的职责。

“在实践中，由于长期以来的重打击思维、铁案思维以及目标考核等等因素的综合作用，导致在法庭上的公诉检察官，变成了一个比真正当事人还具有控诉思维的‘升级版当事人’，而法官也时常变为‘第二公诉人’，

---

① 陈国庆：《适用认罪认罚从宽制度的若干问题》，载《人民检察》2019 年第 23 期。

也就是说原本设置上的职权主义审判模式，在实践中往往异化为当事人主义，在这种情况下，如果辩护人再依据职权主义去强调‘独立于当事人’，则必将陷当事人于更加孤立的境地。”①

同时，我们又要避免陷入另一种极端，即单纯强调律师辩护权的来源，而忽视律师的独立辩护地位。

司法实践中，确实存在犯罪嫌疑人、被告人认罪认罚，但并非出自其本意的情形。犯罪嫌疑人、被告人并非专业的法律人士，其认知有限甚至还可能受到外部因素的“影响”导致其错误认罪或者被迫认罪。“许诺认罪”“替人受过”这种较为极端的情形在司法实践中并不少见。尤其是在当下疫情导致会见难的情况下，律师可能无法会见到犯罪嫌疑人，可能存在检察官直接越过辩护律师而让值班律师在具结书签名的情况。以上这些情况，辩护律师都有权做无罪辩护。

（三）律师在认罪认罚具结书上签名，是对犯罪嫌疑人认罪认罚自愿性的见证，还是对具结书内容的认可？

认为签署认罪认罚具结书以后，律师就不能做无罪辩护的观点认为，辩护律师在签署认罪认罚具结书之前，就应充分向被追诉人释明其行为性质是否构成犯罪。律师在认罪认罚具结书上签名，已间接明确了辩护人对具结内容的认可。

辩护人同意量刑建议后做无罪辩护，显然是违反自我承诺的。虽然《刑事诉讼法》及《律师法》等文件并未禁止律师违反自我承诺并对此规定相应的处罚，但该行为与社会一般的道德观念不符。②

笔者认为这种观点也是值得商榷的。律师在认罪认罚具结书上签

---

① 唐怡：《认罪认罚案件，律师能做无罪辩护么?》，载庭立方公众号2021年6月3日，https://www.scxsls.com/column/publishlnfo/833。

② 参见汪莹、张雨佳：《认罪认罚案件，律师能否做无罪辩护?》，载四叔公刑辩公众号，https://mp.weixin.qq.com/s/RFr8VnWnWbKHEN169VarSA，2020年4月2日访问。

名，是对嫌疑人认罪认罚自愿性的见证，还是对具结书内容的认可？对这个问题的考量，要回归到法律条文的规定和量刑建议性质的认识这两个问题上来。

首先是法条的规定。

《刑事诉讼法》第174条规定："犯罪嫌疑人自愿认罪，同意量刑建议和程序适用的，应当在辩护人或者值班律师在场的情况下签署认罪认罚具结书。"实践中，检察机关一般还会要求辩护人或者值班律师在具结书中签字。

司法机关主流的观点认为，如果是值班律师签名的情况下，在确认证据确实不足，并尽量与法院或者检察机关沟通变更起诉内容或者量刑建议未果的情况下，委托律师可以做无罪辩护；但是在委托律师签名的情况下，不宜做无罪辩护。

这种观点显然是基于认为值班律师无法实现有效辩护的前提下得出的结论，其所隐含的结论就是值班律师的签名只是对嫌疑人认罪认罚自愿性的见证，而委托律师的签名是对具结书内容的认可，这在逻辑上是不能自洽的。实际上，按照《刑事诉讼法》第174条之规定，并不能得出最终结论，而只能等同视之。

其次是量刑建议性质的认识。

认罪认罚具结书中的量刑建议，是基于被告人的认罪认罚在实体上作出量刑减让的一种承诺，而承诺最重要的意义便是让被告人对认罪认罚后果能有一个合理的预期。

"一方面，当被告人经过权衡以后，自愿、真实地选择对自己最有利的认罪认罚从宽程序后，其对选择该程序的法律后果已经明确且有预期的情况下，不能因为辩护人基于其辩护职责而提出的无罪辩护让这一预期落空而承担不利的后果。另一方面，既然法院在审理过程中对被告人认罪认罚的自愿性及其具结书的真实性、合法性进行了全面、实质的审查确认，则意味着被告人的认罪认罚是自愿真实合法的，其所作出的有罪供述亦可作为该案件事实认定的重要参考。”①

（四）从目前的法律规定，能否得出认罪认罚从宽排斥无罪辩护的结论？

有的观点认为，根据《刑事诉讼法》第201条之规定，认罪认罚从宽制度排斥无罪辩护。

“《刑事诉讼法》第二百零一条规定‘对于认罪认罚案件，人民法院依法作出判决时，一般应当采纳人民检察院指控的罪名和量刑建议，但被告人的行为不构成犯罪或者不应当追究其刑事责任等情形除外’。而辩护人无罪辩护的观点若成立，表明被告人的行为不构成犯罪或者不应当追究其刑事责任，法院本就不应当采纳人民检察院指控的罪名和量刑建议，也就排斥了认罪认罚从宽制度的适用。”②

笔者认为，单纯从法律解释的角度论证认罪认罚从宽排斥无罪辩护，是失之偏颇的。按照前述樊崇义教授所作的《认罪认罚从宽与无罪辩护》一文的观点，根据《刑事诉讼法》第16条、第55条、第200条，以及《刑法》第13条之规定，完全可以得出相反的结论，即认罪认罚从宽和无罪辩护并不矛盾。③

这种观点也得到了江苏省高级人民法院的认可。《江苏省高级人民法院关于办理认罪认罚刑事案件的指导意见》第12条规定：“对于被告人认罪认罚，案件事实清楚，证据确实、充分的案件，符合下列情形之一的，人民法院应当适用普通程序……辩护人进行无罪辩护，被告人不同意无罪意见，坚持认罪认罚的。”

这一规定间接认可了在认罪认罚案件中，律师可以做无罪辩护。在

① 徐世亮、赵拥军：《认罪认罚具结书的效力是否应受庭审中辩护人和公诉人抗辩的影响》，载《人民法院报》2020年1月2日，第6版。

② 参见林国、李含艳：《认罪认罚从宽制度之实践审视》，载《中国检察官》2019年第11期。

③ 参见樊崇义：《认罪认罚从宽与无罪辩护》，载《人民法治》2019年第23期。

被告人坚持认罪认罚但律师做无罪辩护的情况下，应以被告人的意见为准，案件仍适用认罪认罚从宽制度但转普通程序审理。

结　论

1. 不能单纯强调认罪认罚从宽制度对于增强诉讼效率的价值，而忽视化解社会矛盾这一更重要的价值。签署认罪认罚具结书以后，律师再做无罪辩护确实会影响诉讼效率，但不会架空认罪认罚从宽制度。

2. 既要避免强调律师的独立辩护地位，忽视律师辩护权的来源，又要避免陷入反向极端。最大限度地维护委托人的合法权益，是刑辩律师的职责所在。

3. 律师在认罪认罚具结书上签名，是对犯罪嫌疑人认罪认罚自愿性的见证，而非对具结书内容的认可。

4. 认罪认罚案件的辩护，一定要依据证明标准进行辩护。认罪不一定有罪，无论是事实、证据的辩护，还是量刑辩护，律师都有做无罪辩护的空间。

运用“幽灵抗辩”，二审发回重审

——丁某海盗窃二审发回重审案

辩护思路和要点

这是一个典型的“幽灵抗辩”案件，本案的核心问题是现有证据能否得出丁某海实施盗卖涉案房产的唯一结论。在房主本人未到场的情况下，涉案房产的赎楼、解除抵押及过户手续都通过公证授权书委托他人代办，而丁某海的指纹出现在公证授权委托书上，能否推定丁某海伪造了公证授权委托书。同时，本案的证据能不能排除其他人作案的合理怀疑。辩护人认为，现有证据未达到犯罪事实清楚、证据确实充分的标准，不能排除第三人实施盗窃行为的可能性，本案不宜认定丁某海构成盗窃罪。

基本案情

2012年春节回到A市后，邱某萍(人物关系见图27)用钥匙打不开自己的家门。随后邱某萍发现了令人震惊的事实，这套房子早已不在她的名下。更不可思议的是，从土地资料档案馆调取的资料显示，房子竟然是“她本人”在2009年卖掉的。彼时，邱某萍正被关押在千里之外的C省监狱里。卖房需要经过还贷赎楼、买卖双方签订合同、产权过户等一系列复杂手续,其中多项还须户主持本人身份证亲自到现场办理。到底是谁冒充邱某萍,将她的房子卖掉?假冒者为何能够轻易突破公证、银行、房管局等单位的层层把关?

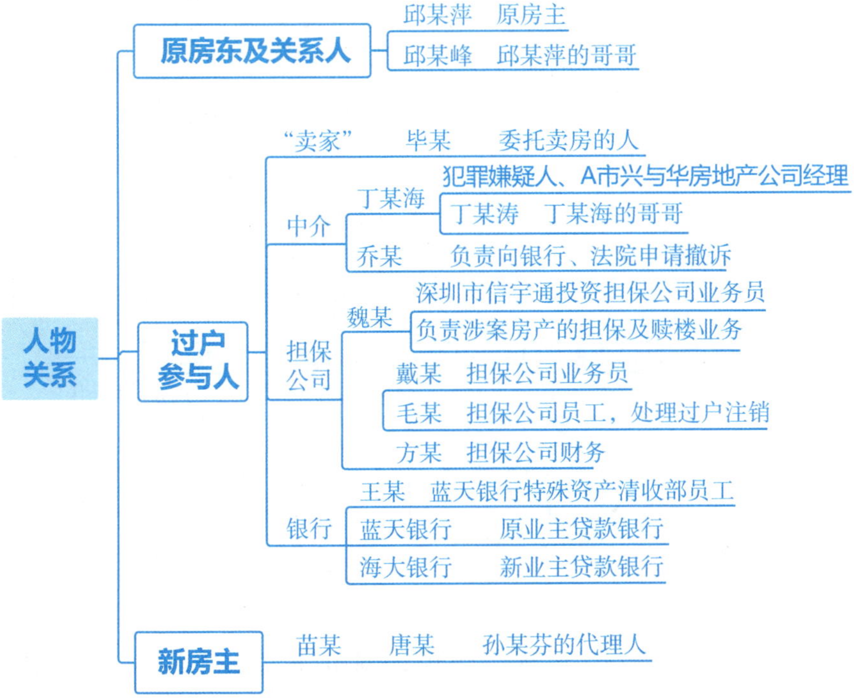

图 27 人物关系

案件牵涉银行、中介、担保公司多方。经过警方调查,认为 2009 年 7 月中旬,丁某海(房产中介公司经理)伙同一名叫"毕某"的香港居民和一名女子(身份不详),利用伪造的委托公证书合谋出售邱某萍名下的房产。丁某海伪造一套过户资料交给了魏某(担保公司业务员)和乔某办理后续的过户手续,其中魏某负责涉案房产的担保及赎楼业务,乔某负责向银行、法院申请撤诉。同年 8 月 19 日,房产被过户到新业主苗某名下(案件时间轴见图 28)。

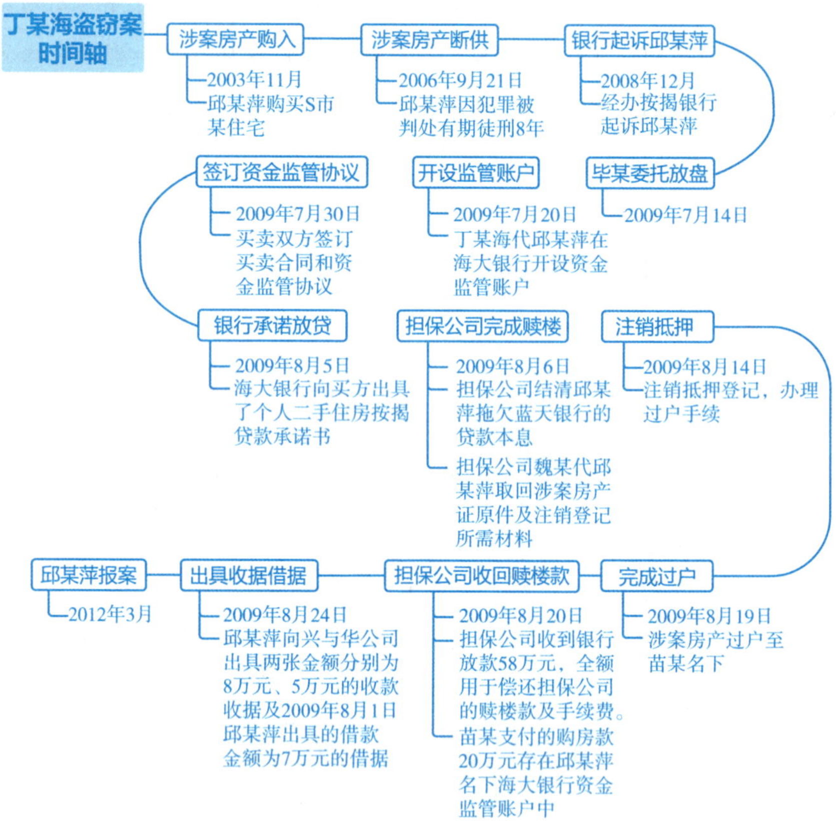

图 28　丁某海盗窃案时间轴

1.“毕某”第一次口头咨询放盘卖楼

2009 年 7 月中旬，“毕某”(持假的香港永久性居民身份证)及一名女子(假邱某萍)到 A 市兴与华房地产经济有限公司(以下简称房产中介公司)咨询放盘销售 A 市某房产所需的资料及相关手续，由当时任房产中介公司经理的丁某海接待。了解到涉案房产已断供 23 期且拖欠银行贷款 50 多万元，要售楼应先赎楼、解除抵押，丁某海向“毕某”介绍了信宇通投资担保有限公司(以下简称担保公司)可以代为赎楼。丁某海告知“毕某”委托放盘售楼需提供：涉案房产复印件、邱某萍身份证复印件、毕某的身份证复印件、供楼卡的银行账户、涉案房产的钥匙、公证委托书原件，并向

“毕某”提供了担保公司魏某给的委托书版本。

2.“毕某”提交书面资料委托放盘并确定卖房的价格

2009年7月14日至20日“毕某”到房产中介公司提供了：房产证复印件、邱某萍身份证复印件、毕某的身份证复印件、供楼卡的银行账户、涉案房产的钥匙、公证委托书[多份原件，委托人：邱某萍，受托人：戴某（担保公司老板）、方某（担保公司财务）、魏某、毛某（担保公司业务员）、丁某海]。“毕某”也向房产中介公司定下卖房价格及底价。

3.现场察看房产、意向买家确定购房

2009年7月中下旬，丁某海带意向买家苗某拿着“毕某”提供的钥匙去查看涉案房产（确认房间里有家私，但无法确认是否有人居住）。

4.开立资金监管账户、签订资金委托监管协议

2009年7月20日，丁某海提交了公证委托书原件、丁某海身份证复印件、邱某萍身份证复印件，代邱某萍在海大银行申请开设资金监管账户，用以监管除银行按揭贷款以外的房款。

2009年7月30日，苗某及邱某萍（丁某海代）签订了《二手楼交易资金委托监管协议》，约定双方同意将房产交易资金20万元由海大银行A市某支行监管，在涉案房产产权转移到苗某名下后，银行将资金划入邱某萍名下账户。

5.签订卖房合同、苗某申请贷款

2009年7月30日，买卖双方签订了《A市二手房预约买卖合同》，约定购房款78.5万元，定金5000元。买方苗某向海大银行A市某支行申请按揭贷款。

6.银行承诺放贷、担保公司赎楼

2009年8月5日，海大银行向苗某（借款人）出具了同贷书，承诺向其发放贷款58万元。苗某及邱某萍（丁某海代）确认贷款款项存入担保公司戴某的海大银行账户。

2009年8月6日，担保公司通过戴某的个人账户向邱某萍的供楼卡转入约55.8万元，结清邱某萍拖欠蓝天银行的贷款本息。魏某向蓝天银行提交了公证委托书、魏某身份证复印件，代邱某萍取回涉案房产的房产证原件及注销抵押登记相关资料。

7. 注销抵押登记、申请房产从邱某萍过户到苗某名下

2009年8月14日，房管局注销了邱某萍向蓝天银行贷款设立的抵押登记。同日，邱某萍（担保公司员工毛某代）及苗某（唐某代）办理房产过户相关手续，并向A市房管局提交了：A市房地产转移登记申请表（毛某代邱某萍、唐某代苗某），A市二手房买卖合同（毛某代邱某萍、唐某代苗某），公证书（苗某委托唐某），公证书（邱某萍委托戴某、方某、魏某、毛某、丁某海），身份证复印件（毛某、邱某萍、唐某代、苗某）。

2009年8月19日，涉案房产过户到苗某名下。

8. 担保公司收到赎楼回款58万元，监管账户收到20万元房款

2009年8月20日，担保公司戴某收到海大银行向苗某发放的按揭贷款58万元，全额用于偿还担保公司的赎楼款及手续费。同日，房款20万元存到邱某萍名下海大银行资金监管账户中。

9. 资金分配

(1)涉案房产总房款78.5万元，58万元用以偿还赎楼款及担保公司收取的费用（55.8万元×4%）。

(2)监管账户中的资金20万元做如下安排：

2009年8月20日向乔某转账2.5万元；

2009年8月20日向魏某转账2万元；

2009年8月21日向乔某转账4.9万元；

2009年8月22日提现4.9万元（取款代办人签字：丁某海）；

2009年8月23日提现4.9万元（取款代办人签字：丁某海）；

2009年8月26日提现0.79万元（取款代办人签字：丁某海）。

(3)资金分配

2009年8月24日，房产中介公司以现金方式向“毕某”支付8万元，“毕某”代邱某萍签收了收款收据。中介公司代垫付的水电费、物业管理费约0.6万元。购房款20万元加上定金0.5万元，在支付了乔某7.4万元、魏某2万元、“毕某”8万元、水电费0.6万元，剩余约2.5万元，与按照市场价中介公司促成交易收取的中介费基本相符(总房价的3%，即78.5×3%=2.355万元)(资金分配情况见表4)。

表4　资金分配情况

房款	金额	流向	金额	用途
按揭贷款	58万元	担保公司	55.8万元	代垫赎楼款
		担保公司	2.2万元	担保公司代垫赎楼款的报酬
买方转账至监管账户	20.5万元	乔某	7.4万元	打听涉案房产赎楼、查封、拍卖相关情况的报酬
		魏某	2万元	卖方在交易结束后支付的赎楼手续费
		兴与华公司	约2.5万元	卖方在交易结束后支付的房产中介费，与按照市场价促成交易收取的中介费基本相符(总房价的3%，即78.5×3%=2.355万元)。房产中介公司从中向陈丽发放约1万元(中介费35%)的业务提成
		“毕某”	8万元	卖方售楼所得
定金		供水、供电公司、物管公司	0.6万元	支付水电费、物业费

控方指控

2003年11月，被害人邱某萍以按揭方式购买了A市B区某套房产，月供人民币 3500 元。2006 年 11 月,邱某萍因犯罪被 C 省 D 市公安局抓获,后被判处有期徒刑 8 年。被害人邱某萍被抓后,其按揭房产一直处于断供状态。2008 年 12 月,经办按揭的蓝天银行将邱某萍起诉到法院,要求解除与邱某萍的按揭抵押合同及支付借款本金、罚息及诉讼费用共计人民币 55 万余元。2009 年 7 月中旬,丁某海伙同“毕某”(另案处理)及一名女子(身份不详,另案处理),利用伪造的委托公证书合谋出售邱某萍名下的房产。丁某海伪造了一套假公证书、邱某萍的身份证复印件、邱某萍的房产证复印件及“毕某”的假的香港永久性居民身份证等资料交给了时任 A 市担保公司业务员魏某和犯罪嫌疑人乔某(另案处理),办理后继的过户手续。魏某负责涉案房产的担保及赎楼业务;乔某负责向银行、法院申请撤诉。同年 8 月 19 日,邱某萍名下的位于 B 区的房产被过户到新业主苗某名下,交易金额为人民币 78.5 万元,除罚息和各项支出外,丁某海等人共非法所得人民币近 23 万元。丁某海按之前约定向魏某转款 2 万元,向乔某支付 7.4 万元,向“毕某”支付 8 万元,自己获利人民币 2 万余元。2012 年 3 月,被害人邱某萍刑满释放后回到 A 市,发现自己房产被他人利用伪造的公证书卖掉,遂向公安机关报案。经鉴定,本案用于房产交易的公证书(2009)A 证字第××××××号系伪造的,委托书上委托人“邱某萍”签名上的指印与丁某海左手环指指印同一。

办案历程

犯罪嫌疑人丁某海因涉嫌诈骗罪,于 2018 年 8 月 25 日被 A 市公安局 B 区分局刑事拘留,审查起诉阶段退侦两次,直到 2019 年 4 月 25 日提起公诉,罪名变更为盗窃罪。

辩护人在一审审判阶段才介入该案,丁某海本人坚决不认罪,案件的证据存在问题,辩护人认为有无罪辩护的条件,在跟被告人沟通后,确定无罪辩护的策略。这个案件主要是证据辩护、事实辩护,辩护人在审判阶段主要做了以下工作。

一、申请司法鉴定

庭审前,辩护人提交了司法鉴定申请书。辩护人认为涉案公证书的真伪具有鉴定的可能性,所以申请法院对提交给A市房管局及蓝天银行的公证书原件上A市公证处的钢印、公章及公证人私章的真伪进行司法鉴定。

二、申请证人出庭作证

辩护人还提交了证人出庭作证申请书,申请被害人邱某萍出庭接受询问,并申请证人邱某峰(邱某萍的哥哥)出庭作证。考虑到邱某萍知道其入狱期间谁保管房产钥匙及何人知悉其入狱信息,其询问笔录与邱某峰的询问笔录有重大矛盾,且其未对入狱期间疏于管理房产作出合理解释,这些问题对本案非常关键。同时,本案不能排除邱某峰是“毕某”或“毕某”同伙的合理怀疑,辩护人对证人邱某峰的证言有异议,认为邱某峰的证言对本案的定罪有重大影响。另外,辩护人认为需要对证人邱某峰进行辨认,查明邱某峰与“毕某”是否同一个人。

三、申请调查取证

庭前辩护人还提交了调取证据申请书。本案中,乔某在2018年8月25日做了一次讯问笔录后突然消失,近一年后才归案,而案卷中没有任何记录。一方面说明公安机关办案程序存在严重瑕疵,另一方面说明乔某逃避法律追究的心理,更加印证辩护人的上述推断。因此,辩护人申请法院向公安机关核实乔某第一次到案后潜逃的情况,及申请法院调取乔某的讯问笔录。

同时,辩护人向法院申请调取“蓝天银行起诉邱某萍借款合同纠纷一案”的案卷材料，核实对邱某萍送达的情况，以查明邱某萍对蓝天银行的起诉情况是否知情，查明被害人邱某萍是否存在管理不当的过错；蓝天银行在起诉前或诉讼中对邱某萍入狱的情况是否知情，是否履行了尽职调查的义务；核实是否存在蓝天银行或法院内部人员串通他人通过该案件获取邱某萍及涉案房产的情况，进而谋划盗卖涉案房产；乔某或其原工作的 A 市和风房地产交易有限公司与该案件是否存在关联的犯罪线索。

四、申请出示书证原件

本案的《公证书》《委托书》为重要的书证，经过辩护人庭前对全案卷宗的查阅，只看到了复印件。《公证书》及《委托书》是本案重要的书证，未经出示原件，该证据不能作为本案的定案依据。辩护人申请对留存在蓝天银行、海大银行、房管局以及担保公司提供的资料中的公证书及委托书原件进行查阅。

对于辩护人提出的鉴定、证人出庭和调查取证申请，法官同意了部分申请，法院调取了乔某的笔录，一审开庭时，法院也通知被害人出庭作证。

本案一直到 2020 年 3 月 12 日才作出一审判决，认定丁某海构成盗窃罪，判处有期徒刑 6 年，并处罚金 2 万元。二审期间，辩护人仍然坚持一审的辩护意见，二审法院以事实不清为由，发回重审。

辩护思路

【一审辩护要点】

一、客观上，丁某海没有实施盗窃行为

（一）丁某海不具有实施倒卖房产的客观条件

房屋钥匙、房产证复印件、供楼卡信息、邱某萍身份证复印件都是卖方在中介机构放盘卖房所必须提供的资料,在没有卖方提供的情况下,丁某海没有可能同时拿到上述材料。

涉案房产是邱某萍从房地产开发商买来的一手房,且办理了按揭贷款抵押给蓝天银行。截至 2009 年 7 月,可能同时获得邱某萍房产证复印件、邱某萍身份证复印件、供楼卡信息的渠道只有邱某萍本人、邱某萍的委托人、房地产开发商、蓝天银行。

房屋钥匙是私人物品,外人一般无法获取。据邱某萍所述,该房有两把钥匙,只有邱某萍及其丈夫保管,2006 年两人先后入狱。这两把钥匙由谁保管,是否存在钥匙保管人私下盗卖该房产的情况?

丁某海仅作为一个房产中介,在没有其他人委托的情况下,不可能获得邱某萍的上述房产信息资料,更不可能凭空取得邱某萍的房屋钥匙。

(二)丁某海并不知道"毕某"的身份是假的,他也受到了假邱某萍和"毕某"的蒙骗

公安机关出具的情况说明,"毕某"的港澳居民来往内地通行证信息、出入境记录均为虚假的,而"毕某"的香港永久性居民身份证复印件是由丁某海在 2012 年依法向公安机关提交的,这可以说明丁某海主观上受到了假邱某萍和"毕某"的蒙骗,不明知"毕某"的身份信息为假。

(三)解除抵押时银行未尽到谨慎审查义务

房产过户前必须注销已设立的抵押登记。在本案中,担保公司在代办邱某萍的提前还贷申请、取回房产证原件及注销抵押登记相关资料之前,提交了公证委托书。蓝天银行在此过程中,没有尽到审慎义务,未发现公证书是伪造的,使房产过户的客观障碍不存在,以致房产得以顺利过户。

(四)房产过户时房管局未尽到谨慎审查义务

房管局在收到受托人毛某提交的公证委托书及毛某、邱某萍的身份证复印件后,同样没有尽到审慎义务,未发现公证书是伪造的,这是邱某萍房产被过户到其他人名下的关键原因。如房管局有向 A 市公证处求证公证书的真伪,则邱某萍的房产就不会顺利被盗卖。

综上,邱某萍房产被盗卖的过程中,“毕某”有意伪造公证书以盗卖涉案房产,邱某萍一方没有保管好房屋钥匙,蓝天银行及房管局没有尽到谨慎义务核查公证书的真伪,都是导致涉案房产被盗卖不可或缺的因素,而丁某海提供的中介服务并非导致房产被盗卖的关键。

(五)在公证委托书的鉴定意见作出前,丁某海一直认为公证书是真实的

在放盘前,丁某海拿公证委托书到房管局查档,查询到邱某萍是业主,出于对房管局的信任,丁某海相信公证书是真实的。直至经过司法鉴定认定公证委托书上邱某萍的名字是复印形成之前,丁某海一直认为公证书是真实的,并多次要求公安机关对公证书上的印章、钢印进行鉴定。如丁某海伪造了公证书,其必然清楚签名是复印形成的,没理由多次拒绝做笔迹鉴定,因为笔迹鉴定正好可以洗脱他的嫌疑。

(六)指纹出现在公证书上,不能推断出丁某海伪造了公证书

根据《民法总则》第 165 条①和《公证法》第 28 条,签名是委托关系成立的法律必要要件,按捺指印并不是委托关系成立的法律必要条件。因此,公证委托书上没有指印也不影响委托书的法律效力。丁某海拿着没有加盖指纹的公证书到海大银行成功开设资金监管账户,也说明没加盖指印的公证委托书具有委托法律效力。

本案有五六份公证书原件,只有提交给蓝天银行、房管局的两份公证书有加盖指纹,而指纹不是公证书必备要件,不能以两份有丁某海指纹的公证书推断丁某海伪造了所有公证书。

---

① 已废止,对应《民法典》第 165 条。

二、主观上,丁某海没有非法占有的目的

(一)丁某海在该业务中提供的是正常中介服务

丁某海及房产中介公司在出售涉案房产过程中提供的是真实、正常的中介服务,收取的报酬与房产中介市场价相符,通过合法房产中介服务就可获益2万多元(78.5万元的3%)。丁某海作为房产中介,在接受“毕某”的委托后,促成买卖双方达成交易赚取中介费是其参与该业务的主要目的。

(二)丁某海未躲避侦查或拒绝配合案件调查

丁某海自2009年至2013年,一直在原处经营房地产中介服务,公司倒闭后也一直在该辖区内正常工作及生活。丁某海一直积极配合公安的侦查工作并主动提交涉案房产交易相关的所有资料。“毕某”交给房产中介公司的假香港永久性居民身份证也一直在这单业务的资料中,随同其他资料同时提交公安机关,而非案发后丁某海再去虚构“毕某”的身份资料。如丁某海有意盗卖涉案房产,其应是销毁与该交易相关的资料,或以保管不善为由拒不提供,而没必要将交易相关资料完好地保存了4年之久,并主动提交给公安机关。丁某海积极提供资料配合调查的行为从侧面证明其完全不是真实盗卖涉案房产的作案人。

(三)丁某海也未实施卷款潜逃等明显具有非法占有目的的行为

本案中,丁某海并未实施诸如卷款潜逃、将款项用于违法犯罪活动、挥霍款项、隐匿财产等可以直接推定具有非法占有目的的行为。

三、本案不能排除他人作案的合理怀疑

(一)不能排除代邱某萍保管钥匙的人实施了盗卖房屋行为

邱某峰的证言与邱某萍的证言相互矛盾,证明力极低,结合公证委托

书上的邱某萍签名为复印所得,邱某峰具有看望邱某萍的情形,邱某峰具有获知邱某萍坐牢的情形、涉案房屋信息和钥匙、邱某萍供楼卡信息、邱某萍身份证和房地产证复印件等条件,还具有获得邱某萍签名原件的条件。邱某峰否认知道邱某萍的房屋,否认邱某萍向他借钱,否认邱某萍委托他将房屋出售。从现有的证据来看,不能完全排除邱某峰具有盗卖房屋可能性的合理怀疑。

(二)丁某海没有实施盗窃行为的犯罪动机

作为一个一直合法经营的房产中介,为了 2 万元的中介费用,实施如此明显的犯罪行为,这不符合常情常理。同时,丁某海的公司经营近 10 年间,一直遵纪守法,公司一直都是盈利稳定,丁某海也有稳定的收入,名下有合法财产,这些都可以说明他不具有非法占有他人财产的犯罪动机。

(三)无法查实"毕某"、假邱某萍身份的不利后果不应由丁某海承担

本案在 2012 年调查时没有穷尽全部侦查手段。公安机关第一次通知丁某海配合调查时,其已经提交了"毕某"的身份信息,当时还有其他接触过"毕某"的房产中介公司员工也一并到派出所接受调查,房产中介公司的系统上有"毕某"、邱某萍的信息,但是在当时具备查证基础的情况下,公安机关没有就该问题进行查证。丁某海已尽其所能提供线索,无法查实"毕某"、假邱某萍身份情况的不利后果不应由丁某海承担。

四、本案的痕迹鉴定报告书不能作为本案的定罪依据

本案的指纹鉴定存在以下问题。

(一)外聘司法鉴定机构程序不合规

根据公安部发布的《公安机关鉴定规则》第 17 条的规定,本级公安机关鉴定机构有鉴定能力的,应当委托该机构。A 市 B 区公安分局的内部机构是有能力、有资质进行指纹鉴定,但其没有委托内部机构进行指纹鉴

定,而聘请了外部的司法鉴定机构进行鉴定,程序上不合规。

（二）委托鉴定程序不合法

痕迹司法鉴定委托书的"委托单位"是"A 市公安局 B 区分局",而签章处的"委托方"加盖的是"A 市公安局 B 区分局某派出所",两者不一致,而且派出所不具有法律规定批准送检的资格。故此,痕迹司法鉴定委托书不符合法律规定,依据不合法的委托书作出的鉴定意见书也不是合法的证据。

（三）样本的可靠性存疑

《公安机关鉴定规则》第 21 条规定,提供的样本应当客观真实。无法提供原件、原物的,才提供符合专业鉴定要求的复印件、复制件。送检单位在完全可以提供人员指纹卡原件作为鉴定样本的情况下,未提供原件,也未提供原件与复印件进行比对,程序上不合规,不能排除复印件被更改的可能性,故此鉴定意见结论准确性存疑。

（四）鉴定意见的结论表述错误

《文件上可见指印鉴定技术规范》(SF/Z JD0202001—2015)第 9.2.5 条规定,当检材或样本指印系复制件时,认定的鉴定意见表述为"检材指印与样本指印是出自同一人(某手指)"。在该次鉴定中,采用比对的样本是丁某海十指指印样本复印件 2 页,而鉴定意见结论是"邱某萍"签名上的指印,与丁某海左手环指指印,是出自同一人左手环指。鉴定意见结论明显不符合第 9.2.5 条的规定,存在误导性。

因此,痕迹鉴定报告书不能作为本案的定罪依据。综上所述,辩护人认为,现有证据未达到犯罪事实清楚、证据确实充分的标准,不能排除第三人实施盗窃行为的可能性,本案不宜认定丁某海构成盗窃罪。

【二审辩护要点】

根据本案的基本情况,辩护人认为一审法院判决错误,上诉人没有实施盗窃罪的作案动机和犯罪行为,一审诉讼程序违反法律规定,没有依法对公证书公章进行司法鉴定,没有依法出示公证委托书原件,剥夺和限制了上诉人丁某海的法定诉讼权利,严重影响公正审判。辩护人特提出本案应当发回重审或依法改判无罪的辩护意见,敬请法院充分予以考虑。

一、原审法院未对公证处公章进行司法鉴定,剥夺了上诉人的法定诉讼权利

上诉人丁某海在2018年被抓获以后,一直怀疑自己受到了真实的公证处盖章的公证书的蒙骗,多次向公安机关、检察院和法院申请对公证书的真伪进行鉴定。原审法院在未对公证书的公章进行真伪性鉴定的情况下,依据委托书上"邱某萍"的签名是复印形成,再结合丁某海从事中介业务十几年具备专业能力,而推定丁某海主观上应该明知复印件不具有法律效力,显然是严重剥夺了上诉人丁某海的法定诉讼权利,严重影响司法公正。

二、原审法院限制了上诉人对鉴定意见提出重新鉴定诉讼权利和剥夺了上诉人申请鉴定人回避的权利

本案用于做检材的委托书有4份,分别如下。

1. 指纹鉴定书上的检材:房管局和海大银行各一份,共2份。痕迹司法鉴定书检材源于海大银行、蓝天银行、担保公司和房管局,然后把有红色指纹印的据称是来源于房管局和海大银行的委托书作为检材。

2. 第一份笔迹鉴定的检材:担保公司提供委托书一份。检材据称来源于担保公司,但是该检材本身是复印件,指纹是黑印。

3. 第二份笔迹鉴定的检材:来源不明的委托书一份。鉴定书的检材委托书本身是复印件,没有证据证明该鉴定书的检材来源。而原审法院用这份复印件的鉴定意见推定上诉人丁某海主观上明知。

以上4份检材的程序问题如下:(1)检材委托书没有经过法定的提

取、扣押和封存,检材来源不明并且检材不能排除已经遭受过污染,没有区分原件还是复印件;(2)4 份检材之间的“邱某萍”签名的笔迹具有实质差异性,不能得出所有委托书的签名是复印所得的唯一结论;(3)剥夺了上诉人关于第二份鉴定书结论的知情权、申请鉴定人回避的权利和申请重新鉴定的权利。

三、原审法院没有合理的理由拒绝辩护人请求出示公证书及委托书原件的申请,剥夺了上诉人丁某海对证据原件进行辨认和质证的权利

2019 年 11 月 25 日,辩护人以书面形式向原审法院申请出示 4 份公证书、委托书的原件,该书证是本案定罪与否的核心证据,与上诉人的辩护权益具有密切联系。原审法院在没有任何取证困难的情况下,没有依法调查核实证据文书的原件,剥夺了上诉人丁某海的辨认权和限制了上诉人丁某海的质证权,违反了《刑事诉讼法》第 195 条关于调查核实物证、证据文书之规定,违反了《最高人民法院关于适用〈中华人民共和国刑事诉讼法〉的解释》第 30 条、第 31 条和第 32 条之规定。

原审法院在未依法审查公证书及委托书书证的收集合法性以及书证的真实份数和真实情况,严重剥夺了上诉人丁某海的知情权,并且不能排除委托书上的指纹是他人通过电脑制作 PS 形成的合理怀疑,并且不能得出所有的委托书上“邱某萍”签字是复印形成的唯一结论,更不能得出上诉人丁某海主观上明知公证书及委托书是伪造形成的唯一结论。

四、原审法院没有对上诉人丁某海本人的笔迹鉴定的申请予以回应,限制了上诉人丁某海申请重新鉴定的权利

由于侦查机关屡次拒绝上诉人丁某海关于公章和私章鉴定的申请,因此上诉人丁某海希望通过法院的审判程序来启动笔迹鉴定的司法鉴定程序,经过两次的开庭审理,上诉人丁某海明确申请要做笔迹鉴定证明其清白,并且亲笔书写了鉴定申请书提交给法院。

本案的书证上关于“邱某萍”的签名多达十几处，包括多份收款收据、房地产买卖合同。但是原审法院判决却以偏概全，以一份来源不明的检材复印件推定中介人员丁某海主观上明知委托书是复印形成的，而没有综合全案证据进行审查和认定。

原审法院在 2019 年 9 月 16 日向检察院提出了《关于被告人丁某海被控盗窃罪一案的补充侦查建议函》，其中第一点：“涉案借据 1 张、收据 3 张均有‘邱某萍’的签字，显示‘邱某萍’有收到借款和房款。建议贵院核实‘邱某萍’签名的真实性。”检察院没有对这些书证上的“邱某萍”签名进行鉴定，应当承担举证不能的责任，仅能认定借据和收据上的房款为第三人“邱某萍”所占有，不能得出上诉人丁某海的犯罪金额是 220,840.28 元的唯一结论，也不能得出上诉人丁某海是主犯的唯一结论。

法院观点

一、一审判决认定

(一)被告人丁某海具有非法占有为目的的主观故意

本案中，被告人丁某海供述称与“毕某”全程联系，但根据相关证据可证实“毕某”的身份证件是伪造的，也无证据证实“毕某”有取得“邱某萍”委托卖房的授权。经 A 市公证处答复，(2009) A 证字第××××××号公证书的委托人系李某、受托人系王某，而被告人丁某海提供的(2009) A 证字××××××号公证委托书并非由 A 市公证处出具，且在 2009 年办理公证业务时，委托人必须到场。根据鉴定意见，涉案委托书中委托人处的“邱某萍”签名字迹是复印形成，该签名处的指纹为直接按捺形成，该指印系出自丁某海的左手环指。因此，无证据证实被告人丁某海有取得“邱某萍”委托其出售涉案房产的资格，且被害人邱某萍本人亦证实其从未与被告人丁某海办理过相关事项。本案中,虽未有证据证实涉案委托书中的"邱某萍"的签字复印系被告人丁某海所为,但被告人丁某海从事中介业务十几年,具备专业能力,应该明知复印件不具备法律效力,而未对该委托书进行改正,在未取得"邱某萍"委托的情况下,被告人丁某海作为代理人持该复印件到银行办理涉案资金监管的开户、签订资金监管协议及签署涉案二手房买卖合同,并在签名为复印件的委托书上按捺自己的指印,完善伪造环节,从而将涉案房产赎出及交易。被告人丁某海对"邱某萍"委托"毕某"提交资料、开设资金监管账户及从邱某萍资金账户中提取出现金,又再交给"毕某"和"邱某萍"等相关情况的供述前后不一致。被告人丁某海辩解其对"毕某"提交的"邱某萍"的公证书内的委托书上的签字为复印件未能进行辨别,其仅是越权代委托人按捺指纹,该供述及辩解不具有客观性与真实性。结合证人证言,证人魏某所在的担保公司的相关工作人员及乔某等人均表示没有见过"毕某"和"邱某萍",所有的卖房相关问题均是被告人丁某海一人沟通,卖房所需的材料及涉案委托书也均由被告人丁某海一人提供。同时魏某也证实当其要求见"邱某萍"时,丁某海称暂见不到"邱某萍",但后来被告人丁某海又直接将公证委托书交给魏某。根据现有证据,足以证实存放在蓝天银行及房管局的涉案公证委托书系被告人丁某海伪造的。综上,被告人丁某海主观上有伪造涉案公证委托书的非法占有目的。

(二)被告人丁某海具备出售涉案房产并获得违法所得的客观行为

本案中,被害人邱某萍在案发当时正在监狱服刑,因此不可能到现场委托丁某海所在的房产公司卖房。"毕某"的身份证件是伪造的,且没有相关证据证实"毕某"有取得"邱某萍"的委托卖房的权限。涉案公证委托书"邱某萍"签名处系复印形成,本案中也无证据证实被告人丁某海有取得"邱某萍"授权卖房的委托权,且邱某萍未有与被告人丁某海联系卖房事项。被告人丁某海却持"邱某萍"签名处为复印形成的公证委托书、"邱某萍”的旧身份证复印件等资料开设资金监管账户及签订资金监管协议，并在该复印签名处按捺自己的指印完善伪造涉案公证委托书进行赎楼、交易，最终成功出售涉案房产获得房款，从而进行支配、处分、获利。

（三）本案的犯罪金额为人民币220,840.28元

被害人邱某萍购买涉案房产的登记价格为人民币500,000元，而涉案房产因被害人邱某萍连续拖欠23期贷款本息，处于断供状态，被蓝天银行起诉到法院，后法院也依法判决并支持了蓝天银行的诉求。而被告人丁某海是在蓝天银行已向邱某萍提起诉讼期间进行的赎楼及转让行为，被告人丁某海实际出售涉案房产的价格为人民币785,000元。“邱某萍”作为借方和付款方共向蓝天银行支付了涉案房产的按揭款本金、利息及诉讼费用共计人民币564,159.72元，涉案房产最后得款人民币220,840.28元，该金额为被告人丁某海实施盗窃的犯罪数额。丁某海将资金监管账户里的人民币200,000元，给乔某转账人民币74,000元，给魏某转账人民币20,000元，后自己提现人民币106,000元。被告人丁某海辩解在其提现的现金中，其将人民币80,000元房款交给了“毕某”，该笔款项有“毕某”代“邱某萍”在收据上签名，但因无相关证据证实“毕某”有取得“邱某萍”的授权，且“毕某”的身份证是伪造的，故该辩解不具备合理性、真实性，不予采信。本案是由被告人丁某海主动积极实施的犯罪行为，应对全部犯罪数额人民币220,840.28元承担相应的退赔责任。

综上，本案中被告人丁某海在未取得被害人邱某萍的授权，在被害人邱某萍不知情的情况下，伪造涉案公证委托书，秘密窃取被害人邱某萍的财产，支配处分该财产并获利，积极主动实施涉案相关犯罪行为，具备非法占有的主观故意和客观行为，本案证据之间相互印证，形成完整的证据链，被告人丁某海的行为符合盗窃罪的构成要件，犯罪数额巨大，应以该罪追究被告人丁某海的刑事责任。

法院认为，被告人丁某海以非法占有为目的，盗窃他人财物，犯罪数额为人民币220,840.28元，数额巨大，其行为已构成盗窃罪。公诉机关对被告人丁某海犯盗窃罪的指控，事实清楚，证据确实、充分，应予支持。关于被告人丁某海及其辩护人提出的被告人丁某海不构成盗窃罪的辩解及辩护意见，无法律事实依据，不予采纳。关于辩护人提出的认为被告人丁某海没有伪造公证委托书的辩护意见，与事实不符，不予采纳。关于辩护人提出的认为涉案痕迹司法鉴定意见书不能作为定案证据的辩护意见，于法无据，不予采纳。关于辩护人提出的要求对被告人丁某海进行笔迹鉴定的申请，经查，委托书涉及的邱某萍签名均是复印而成，不具有笔迹鉴定的价值，该申请不予采纳。

依照《刑法》第53条、第64条、第264条之规定，判决被告人丁某海犯盗窃罪，判处有期徒刑6年，并处罚金人民币20,000元。

二、二审判决认定

法院经审理认为，原判认定事实不清。依照《刑事诉讼法》第236条第1款第3之规定，裁定撤销A市B区人民法院(2019)××××刑初×××号刑事判决，发回A市B区人民法院重新审判。

办案总结

这个案子可以说是一个让人匪夷所思的案子，南都网还曾进行过专门报道，受害人在监狱服刑，房子居然被卖掉，毕竟，卖房需要经过还贷赎楼、买卖双方签订合同、产权过户等一系列复杂手续，其中多项业务还需要户主本人亲自到现场办理。辩护人也是带着这些疑问介入这个案件的。通过详细的阅卷并多次会见被告人以后，辩护人对案件有了更深入的了解，发现这个案件确实有很多疑点，而最重要的疑点都集中在“毕某”身上。所以，这个案件被告人自己的辩解可以说是“幽灵抗辩”。

“幽灵抗辩”，是指刑事被告人在刑事诉讼中针对检察官的有罪控告，为减轻或者免除其刑事责任而提出的难以查证的辩解。“幽灵抗辩”情况下，刑事被告人提出的辩解往往内容虚无缥缈，难以查证，使得检察机关和审判机关左右为难、无法决断，从而成为困扰司法实践的一个难题。

但是在笔者看来，“幽灵抗辩”并不是一个难题，因为司法实践中，“幽灵抗辩”是很难获得采信的。在这个案件中，一审法院也没有支持律师的辩护意见，而是判决有罪。直到二审，法院才以事实不清为由发回重审。

“幽灵抗辩”是刑辩律师会使用的辩护思路，主要是在走私犯罪、毒品犯罪、诈骗或盗窃犯罪案件中。那么，律师如何运用“幽灵抗辩”的辩护策略，有以下几点不成熟的经验总结。

一、注意证明责任的分配

“幽灵抗辩”情况下，证明责任的分配有几种不同的观点：

传统的观点认为，我国刑事诉讼活动采取的是传统大陆法系的职权主义诉讼模式，证明犯罪的举证责任完全在控方，被告人不承担举证责任。所以，在“幽灵抗辩”的情况下，承担证明责任的仍然是检察机关。可见，这种观点就是认为公诉人承担证明责任。

还有学者认为，“幽灵抗辩”是被告人提出的一种积极抗辩，被告人应承担相应的说明责任，检察机关负有查明辩解是否成立或提出反证的义务。

被告人绝对不承担任何责任不符合诉讼理性主义，易于激发被告人潜在的投机意识，在此情况下，结合我国司法实践及制度现状，被告人应承担“幽灵抗辩”下的“说明”责任，即不一定非要举出证据证明该抗辩主张（否则也就不称为“幽灵抗辩”了），但至少应对自己的抗辩主张进行具体说明。

在被告人提出积极抗辩之后，并不需要被告人承担举证责任，不要求其承担提供证据的责任,而检察机关承担全面收集证据的责任,并要对全案负举证责任,即说服责任,如果因为被告人的"幽灵抗辩"而致使法官对指控的犯罪事实产生合理怀疑,那么检察机关将可能承受不利判决。

还有一种观点认为,在证明标准一定的情况下,证明责任并非静止不变的,而是在控辩双方之间来回转移。当被告人的抗辩足以动摇公诉机关的证据体系,使法官产生合理怀疑,则证明责任仍归公诉机关承担。

笔者认为没有必要纠结哪种观点是正确的,而是要从司法实践的角度来分析这个问题。

法官只要对案件事实产生"合理怀疑"即应作出无罪判决,这只是停留在理论层面,司法实践是,法官如果想做一个无罪判决,会面临巨大压力,没有法官敢轻易作出一个无罪判决。另外,由于立场不同,法官、检察官和律师眼中的"合理怀疑",可以存在很大的差异。

所以,在"幽灵抗辩"情况下,律师要考虑的不单是证明责任的分配问题,更是如何说服法官的问题。

其实,被告人不负担证明责任只是一种概括性原则,在一些例外情况下,被告人仍要对特定事项负担证明责任。就像这个案件中,辩护人不单要提出"毕某"这个人,还要尽全力去证明"毕某"这个人是存在的,不单要提出合理的怀疑,还要引导法官去调查取证,否则就达不到说服法官的效果,辩护意见当然不会被采信。

二、"幽灵抗辩"不能违背常情常理

通常情况下,违背常情常理的"幽灵抗辩"应当不予采信。任何证据的审查认定,都必须符合逻辑法则、经验法则、自然科学定论等常情常理。如果律师提出的"幽灵抗辩"明显有悖于常情常理,就不存在证明责任的分配问题,而是可以推定"幽灵抗辩"不足以抗辩公诉机关证明犯罪事实所提供的证据,应不予采信。

在这个案件中,如果律师提出整件事情都是被害人自编自导,找人来扮演“毕某”将自己的房产卖掉,那就明显不符合经验法则,应当直接不予采信。

所以,律师在做“幽灵抗辩”的时候,一定要检视自己的辩护思路是否符合逻辑法则、经验法则、自然科学定论等常情常理。最简单的方法,就是跟同事讲一下辩护思路,让其他人来判断是否合理,避免自己陷入误区。

三、知己知彼,应对公诉人利用间接证据构建证据体系

由于“幽灵抗辩”本身难以查证,所以,公诉人一般都会综合全案证据进行判断,用间接证据构建刑事证据体系。

公诉人一般会运用刑事推定的证明方法,通过提供其他间接证据,运用逻辑分析和社会经验法则,对被告人的抗辩事由进行反驳,协助审判机关分析推理,找出被告人“幽灵抗辩”的破绽,推动法官的内心确信。只要间接证据能够相互支撑、相互印证,形成证据链条,就可以达到排除其他可能,证明结论唯一的程度。

因此,作为刑辩律师要熟悉推论及推定的证明方法,才能应对好公诉人利用间接证据构建证据体系。

四、将重点从“提出合理怀疑”转移到“重构案件事实”

关于这一点,笔者十分赞同张雨佳律师的如下观点:按理说,我国刑事诉讼的模式为职权主义,法官应主动全面查明事实,但在案多人少的客观条件限制下,法官调查仍旧缺乏动力。① 在具体的刑事辩护过程中,想通过“合理怀疑”获得无罪判决实际上非常困难。因此,从反面来看,无罪

① 四叔公:《刑事辩护中的“幽灵抗辩”》,载四叔公刑辩公众号 2022 年 3 月 1 日,https://mp. weixin. qq. com/s/Om49BDPMzOrF5bpHueX00g。

判决的出现与其说是合理怀疑,不如说是一种新的“事实重构”。所谓事实重构,是指辩护律师通过对卷宗证据的重新整理与律师调查权的运用,重新建构案件事实。在当前的律师执业环境之下,这是一个艰难却又不得不为之的尝试。

第三篇

“无效”辩护

如何认定合同诈骗罪的“非法占有目的”

——钱某某合同诈骗二审维持原判案

辩护思路和要点

本案的核心问题是非法占有目的的认定,即签订合同并收取对方保证金后挪作他用是否可以认定具有非法占有目的。控方的观点是这种行为属于“拆东墙,补西墙”形式的非法占有情形。辩方的观点是项目真实存在,现有的证据不足以证明被告人钱某某具有非法占有保证金的目的。本案是一起典型的经济合同纠纷,涉案工程由于政府原因最终停工,且政府未依约履行回购义务,是导致本案被害人遭受损失的重要原因。

基本案情

2009年年初,钱某某(人物关系见图29)偶然通过朋友得知甘肃合峰投资管理有限公司(以下简称合峰公司)的董事长胡某某有意出售公司的股份,且公司正在与甘肃L市政府合作一个大型的BOT项目。同年5月底,钱某某前往甘肃与胡某某进行洽谈,了解到合峰公司确实在2006年与L市政府达成协议，负责W县高楼山隧道项目。这是一个投资额达7亿元的政府BOT项目，钱某某果断入股了合峰公司，并成为董事长（案件时间轴见图30）。

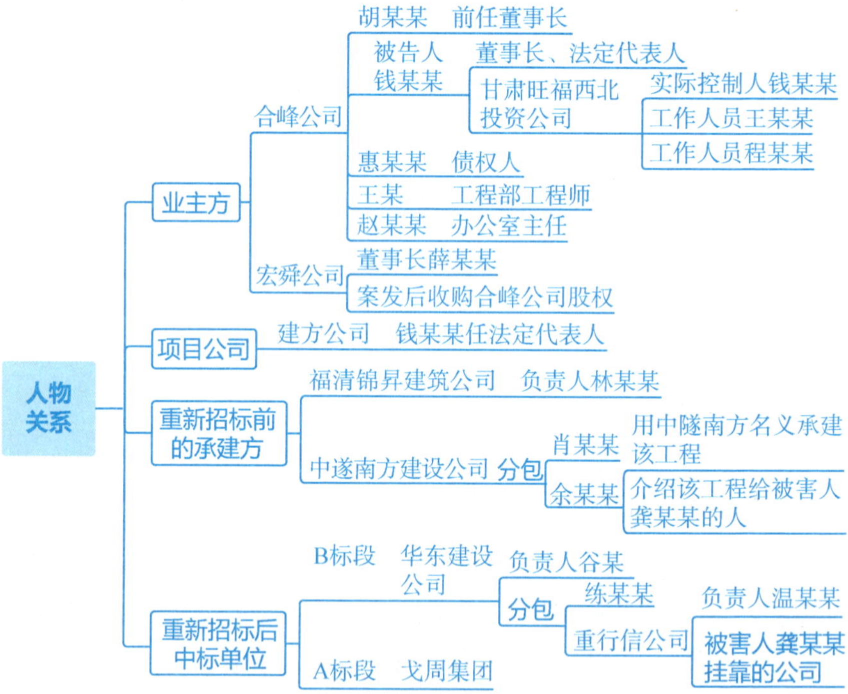

图29 人物关系

入股合峰公司以后，钱某某才发现，由于项目长期不能正式开工，公司无法实现盈利，负债累累，但他依然相信，只要项目能正常开工，政府能按BOT合同履行，公司必能重新运转起来，完全有能力实现盈利。2009年年底至2012年年初，钱某某先后与隧道施工、冶炼勘探技术方面技术领先的几个企业达成战略协议，同时，推动公司向银行申请贷款，以解决项目在施工过程中的资金问题。后在钱某某的推动下，甘肃省发改委等行政部门先后出具了高楼山项目的核准批复文件、施工图纸等。

2006年5月12日	W县政府、合峰公司签署《建方公路建设经营协议》
2006年7月17日	W县政府对合峰公司作出批复，要求争取年内开工；2006年8月，甘肃省政府复函同意高楼山隧道工程实施特许经营
2007年1月30日	W县政府、L市政府与合峰公司签订《工程建设经营合同书》
2007年11月28日	合峰公司与福建某建筑公司签署《建设工程施工合同》，2007年12月入场施工
2008年10月前	福建公司人员撤出工地，但有人员留守看护工地
2009年4月至2009年5月	惠某某向合峰公司提供借款2800万元
2009年5月27日	合峰公司股权转让，钱某某成为合峰公司的法人
2009年8月11日	中行出具贷款承诺函，承诺向建方公司贷款50,000万元
2009年12月7日	合峰公司与华东建设公司就高楼山隧道工程签订《整体合作合同》、《框架合同》；2012年1月8日签订《补充协议》
2010年9月16日	浦发银行出具贷款承诺函，承诺向建方公司贷款50,000万元
2010年10月9日	甘肃省发改委核准工程总投资额为67,786.72万元
2012年2月10日	浦发银行出具贷款承诺函，承诺向建方公司贷款60,000万元；同时向建方公司开具了102,000,041.6元的3个月定期存款证明
2012年2月13日	余某某和中遂南方建设股份有限公司就甘肃高楼山隧道工程签订《内部工程施工合同》
2012年4月17日	华东建设公司收到高楼山隧道及引线工程B段工程的中标通知书
2012年8月中旬	余某某介绍龚某某开始与涉案项目进行洽谈，龚某某第一次接触本案涉案项目；其后龚某某转500万元保证金到余某某账户，余某某出具了收据
2012年9月4日	W县政府认可了合峰公司的前期工作，要求合峰公司确保工程尽快开工
2012年9月14日	龚某某与重行信公司签订《联合协议》
2012年9月17日	温某某与龚某某签订了委托书，授权龚某某为工程负责人
2012年9月19日	华东建设公司和重行信公司签订《B标段劳务分包合同》
2012年9月21日	建方公司向重行信公司出具承诺书，重行信于2012年10月25日前入场
2012年9月26日	龚某某以重行信公司名义向建方公司支付履约保证金1000万元
2013年3月	钱某某通知龚某某进场施工，但是被福建施工队阻拦
2013年6月7日	甘肃省交通厅批复施工图设计及预算，预算增加至156,212.77万元
2013年10月22日	甘肃旺福投资公司、甘肃宏舜投资有限公司、钱某某、胡某某签订《股权转让协议》
2013年12月5日	合峰公司、建方公司作为甲方，重行信公司作为乙方，甘肃旺福投资公司作为担保人签署了《还款协议书》，约定由甲方通过股权转让获得资金的方式向乙方退还2900万元保证金
2013年12月30日	合峰公司向W县政府递交报告，告知免去钱某某法定代表人职务，任命新的法定代表人薛某某

图 30 案件时间轴

2012年2月,钱某某就高楼山项目与甲公司签订施工合同,由甲公司承建此项目。2013年6月,甘肃省交通厅批复施工图设计及预算,但预算增加至16亿元,预算的成倍增加导致银行贷款无法发放,这也让钱某某及合峰投资公司再次陷入困境。甲公司由于预算的大幅增加,公司资金严重不足,无法承揽如此大的项目。

龚某某是Z市人,一直从事建筑行业并有自己的建筑公司,甲公司负责人余某某认识龚某某之后,得知龚某某有建筑从业经验且有实力承揽该工程,余某某向龚某某推荐了高楼山项目。龚某某将高楼山隧道项目的资料拿给其公司的专业人员仔细核算,评估了项目后,龚某某认为该项目利润空间很大,便决定挂靠重行信公司承建高楼山项目,并于2012年8月前往甘肃与钱某某洽谈项目合作事项。

按照合峰公司和重行信公司的约定,龚某某以重行信公司的名义向合峰公司缴交了2900万元保证金,并承诺垫资兴建700米导洞和隧道主洞。交付保证金是为了证明自身实力和防止违约,也是这一行业的惯例。2013年3月,龚某某准备进场施工时,被项目上留守的一些建筑人员阻挠。原来,早在2006年年底,钱某某还没有进入合峰公司的时候,因为政府催着开工,合峰公司就与福建某建筑公司签订了施工协议,该建筑公司的施工队进场进行了部分施工,后由于政府的施工许可手续一直没有完善,2008年汶川大地震又导致项目需要重新评估,工程搁置。原来进场的施工队不继续施工,提出的退场赔偿方案过高无法得到满足,就在高楼山隧道的施工口阻挠其他施工队进场施工,虽然期间钱某某向当地派出所报警,但是他们仍然没有退场。

2个月后,也就是2013年5月,依旧不能进场施工的龚某某向Z市公安局报案,声称被钱某某诈骗2900万元,2013年8月28日,Z市公安局对本案立案。由于合峰公司成立以来,政府的审批文件迟迟不到位,项目一直无法进入轨道，在这个项目的前期投入上已经让合峰公司负债累累。

2013年10月22日，在钱某某牵头、龚某某的深度参与下，钱某某将其在合峰公司持有的绝大部分股份出售给更有实力的甘肃宏舜投资有限公司，并由甘肃宏舜公司的董事长薛某某担任法定代表人。2013年11月18日，钱某某因此案被拘留。拘留期间，合峰公司和龚某某挂靠的重行信公司签订了还款协议书。尽管没有个人退款的义务，钱某某还是将收取到的首期500万元股权转让款转给了龚某某作为退还的保证金，后钱某某被取保候审。

取保候审后，钱某某虽然已经不是业主方的法定代表人，但是仍然通过个人关系积极与政府沟通，希望政府履行协议约定，按照协议回购该项目，解决该项目的历史遗留问题。

但是，2014年，合峰公司新的法定代表人薛某某因涉嫌刑事犯罪被逮捕。雪上加霜的是，政府规划了武九高速，这条高速也穿过高楼山，需要兴建高楼山隧道，这样，原规划中的合峰公司的省道高楼山项目不再有任何投资价值，项目搁置。

龚某某见高楼山项目无望，投入的保证金也无法要回，于是在2015年将合峰公司和钱某某起诉至法院，要求退还其缴交的保证金，一审法院判决由合峰公司承担退还保证金的责任，钱某某个人不承担责任，但龚某某却再次推动刑事程序，通过刑事手段解决民事问题，称只要钱某某个人将保证金退还就能撤销案件，并要求钱某某的家属"筹钱赎人"。

控方指控

2009年5月至6月，被告人钱某某先后担任甘肃省合峰投资管理有限公司和甘肃建方公路有限公司(以下简称建方公司)法定代表人。2012年3月,被告人钱某某虚构合峰公司具有特许经营权的甘肃省W县高楼山隧道及引线项目工程资金已到位、已具备开工条件等事实,隐瞒上述工程相关手续尚未得到核批且甘肃省W县人民政府已多次明确告知其未经批准不可擅自招标和开工的实际情况,利用上述项目进行招标,诱骗被害人龚某某承包该项目部分工程并向建方公司缴纳共计人民币2900万元履约保证金。被告人钱某某将被害人龚某某上述款项用于退还先期收取的投标保证金、偿还债务等用途。

辩护思路

钱某某既未实施合同诈骗的行为,也没有非法占有的目的,本案中证据亦未能达到确实充分的程度。同时,本案是典型的通过刑事手段解决民事纠纷的案件,至今仍然可以通过民事手段来解决涉案保证金的返还问题,被害人也多次表示,并不是为了让钱某某坐牢,而是为了追讨工程质量保证金。因此,辩护人认为,钱某某不构成合同诈骗罪(辩护思路见图31)。

一、原审认定钱某某隐瞒重要事实是错误的

原审判决认定钱某某明知其与龚某某签订合同时高楼山项目不具备开工条件以及自身不具备资金条件的情况下,仍谎称项目已可以开工建设,隐瞒该工程尚有纠纷未解决,以及尚未得到当地政府批复同意招投标及施工的事实,该观点是错误的。

(一)合峰公司的招投标符合BOT合同约定,政府事实上也认可了业主方的自主招标行为

1. 根据《W县高楼山隧道及引线工程建设经营(BOT)合同书》第18

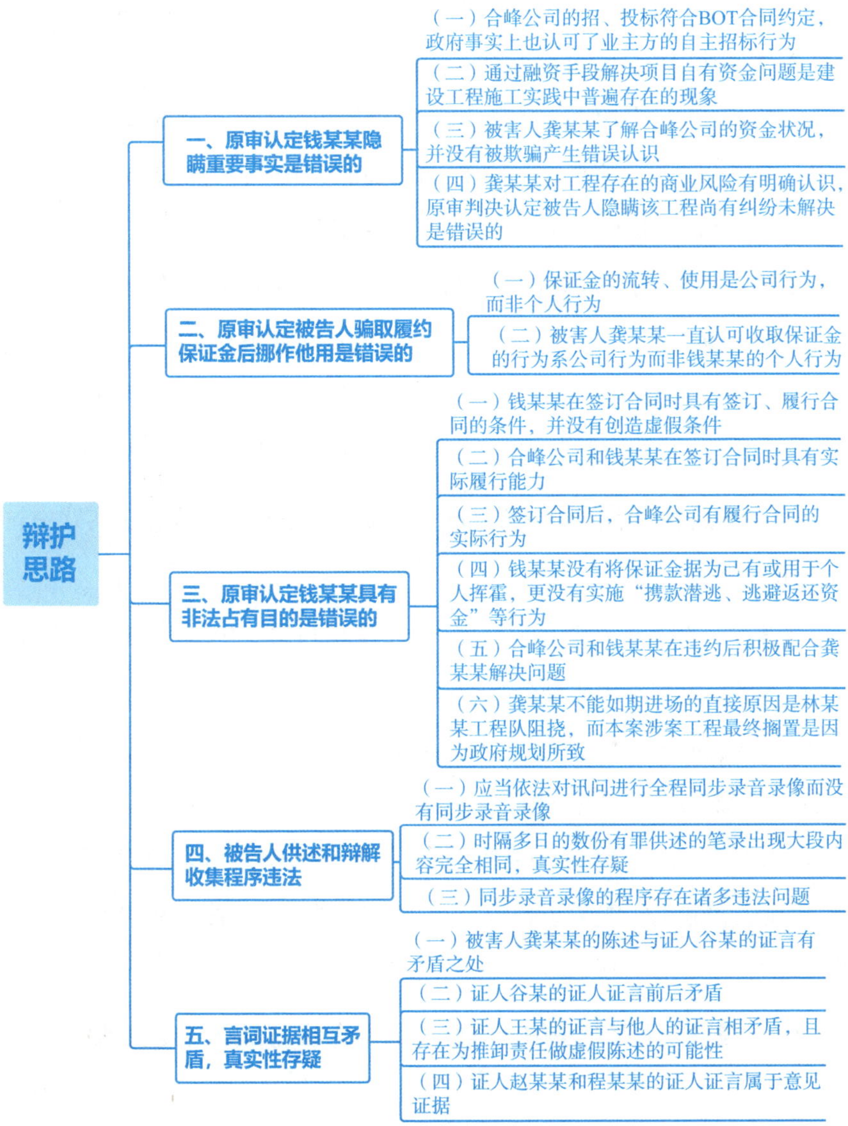

图 31　辩护思路

条的约定，合峰公司的招投标符合 BOT 合同约定。在《甘肃省发改委关于 W 县高楼山隧道及引线工程项目核准批复的通知》中，附件《W 县高楼山隧道及引线工程招标核准意见表》亦明确了勘察、设计、建筑工程、安装工程、监理、主要设备、重要材料的招标组织形式都是“自行招标”。

2. 本案中,W县政府也在事实上认可了业主方合峰公司的自主招标行为。2012年3月19日,W县交通运输局曾向合峰公司发函,要求停止高楼山隧道及引线工程的自主招标,但2013年10月9日,W县交通运输局在《关于W县高楼山隧道及引线工程工作进展情况说明》中确认:“2012年4月5日,合峰公司自主完成了高楼山隧道及引线工程A、B标段土建施工招标,A标段中标单位为中国戈周集团股份有限公司,B标段中标单位暂定为华东建设公司……2013年6月7日,获得了甘肃省交通运输厅《关于W县高楼山隧道及引线工程施工图设计及预算的批复》。”

(二)通过融资手段解决项目自有资金问题是建设工程施工实践中普遍存在的现象

本案中,合峰公司系通过融资手段筹集项目文件中列明的自有资金。辩护人认为,此种方式并没有违反法律规定。现行的法律法规并未对“自有资金”作出明确定义,未禁止通过融资筹集自有资金,更未要求自有资金必须一次性到位。控方也没有证据证明通过融资的方式筹集自有资金是违法的,更未提供相应的法律依据。经辩护人向政府发改部门口头咨询,建设工程施工实践中也普遍存在采取短期融资手段筹集自有资金问题的现象。

(三)被害人龚某某了解合峰公司的资金状况,并没有被欺骗产生错误认识

龚某某、余某某、温某某的证人证言均证实了,龚某某是在合峰公司完成招标并确定由华东建设公司中标B标段后,于2010年8月通过余某某接触到本案涉案工程并挂靠重行信公司承包本案工程的。龚某某是在和余某某、温某某就高楼山隧道项目进行了充分洽谈后才由温某某将钱某某介绍给龚某某。

本案中,2012 年 9 月 4 日,W 县政府出具了《县长办公会议纪要》,认可了合峰公司的前期工作,肯定高楼山隧道已经基本具备开工条件,要求合峰公司确保工程尽快开工。9 月 14 日,龚某某与重行信公司签订联合协议。9 月 17 日,温某某与龚某某签订了法人授权委托书,授权龚某某为工程负责人。9 月 26 日、10 月 12 日,龚某某以重行信公司名义分两次向建方公司支付履约保证金 2400 万元。

而起诉书认定,"2012 年 3 月,钱某某虚构合峰公司具有特许经营权的甘肃省 W 县高楼山隧道及引线项目工程资金已到位、已具备开工条件等事实,隐瞒上述工程相关手续尚未得到核批且甘肃省 W 县人民政府已多次明确告知其未经批准不可擅自招标和开工的实际情况,利用上述项目进行招标,欺骗被害人龚某某承包该项目部分工程并向建方公司缴纳共计人民币 2900 万元履约保证金"。这一认定也得到了原审判决的认可,明显不符合事实情况。

(四)龚某某对工程存在的商业风险有明确认识,原审判决认定被告人隐瞒该工程尚有纠纷未解决是错误的

根据证人华东建设公司谷某证言显示,在签订工程合同前,谷某已经将业主方的资金情况向龚某某进行了告知。龚某某在与合峰公司签订合同前,多次到施工现场查勘,也知道合峰公司与福建施工队的纠纷情况。龚某某还通过自己的技术人员进行成本核算,在进行了考察和核算后,龚某某还作出了垫资建设 700 米的承诺。因此,龚某某对工程的客观情况及存在的商业风险有明确的认识,其没有基于错误的认识而缴纳保证金。

二、原审认定被告人骗取履约保证金后挪作他用是错误的

(一)保证金的流转、使用是公司行为,而非个人行为

建方公司于 2012 年 9 月 26 日收取 1000 万元的保证金,于 2012 年 9

月27日将此1000万元保证金转入合峰公司账户,又于2012年10月12日收取1400万元保证金,10月15日将200万元的工程费用转给W县国土资源局,10月18日将剩余的1200万元保证金转入合峰公司账户。随后,保证金全部用于涉案工程及其他开支。根据甘肃东方民富会计师事务所出具的审计报告,5900万元保证金用于退还前次招标保证金2176万元,用于高楼山隧道及引线工程项目2267.8006万元,用于偿还合峰公司欠惠某某借款1300万元,用于杂项费用只有156.1993万元,没有任何一笔款项用于钱某某个人消费。另外,根据审计报告,建方公司尚欠钱某某个人借款100.1651元。

全部的保证金均由公司收取,资金流转都是通过公司账户,而不是钱某某个人账户,并且存有公司账目记录和银行电子账单。保证金的流转、使用是经过公司决策的单位行为,而非钱某某的个人行为。因此,原审判决认定被告人骗取履约保证金后挪作他用是错误的。

(二)被害人龚某某一直认可收取保证金的行为系公司行为而非钱某某的个人行为

2015年,龚某某在其起诉建方公司及钱某某的民事诉讼中,认可建方公司收取了其以重行信公司名义交付的履约保证金2900万元,并出具了建方公司收取履约保证金的收条、收据,以上事实建方公司亦予以认可。很明显,龚某某所支付的履约保证金系建方公司收取。该案一审判决也认定承担保证金返还义务的为建方公司,判决同时驳回了龚某某对钱某某的诉讼请求。

在龚某某向Z市公安局报案后,2013年12月5日,合峰公司、建方公司作为甲方,重行信公司作为乙方,甘肃旺福西北投资公司作为担保人签署了还款协议书,该份协议书亦明确了2900万元保证金的返还主体为公司而非钱某某个人。

三、原审认定钱某某具有非法占有目的是错误的

(一)钱某某在签订合同时具有签订、履行合同的条件,并没有创造虚假条件

如前所述,根据L市政府、W县政府与合峰公司签订《W县建方公路建设经营协议》及《W县高楼山隧道及其引线工程建设经营(BOT)合同书》,合峰公司系高楼山隧道工程BOT项目的业主单位,有权进行工程自主招标。事实上,2013年6月7日,甘肃省交通厅批复了项目的施工图设计及预算,至此高楼山隧道工程项目已经具备了开工条件。

(二)合峰公司和钱某某在签订合同时具有实际履行能力

龚某某在缴纳保证金前,已经对涉案工程进行了充分的考察和核算,并同意垫支建设700米隧道主洞、导洞。且中国银行、浦发银行、国开行均就涉案工程出具过贷款承诺,项目如能如约运营,合峰公司完全具有履约能力。

同时,《BOT合同书》约定了政府的回购条款(第39条):“若乙方没有履行相关义务,导致工程持续一年以上或停工则甲方按乙方已投资额(经审计,审计费由乙方承担)的95%回购;并经双方协商后可解除合同,同时收回本项目捆绑的水电站的开发经营权。”回购条款的约定保证了合峰公司的履约能力。

(三)在签订合同后,合峰公司有履行合同的实际行为

由于历史原因,B标段的入口处一直有林某某工程队不肯撤场,2012年12月27日,合峰公司起诉林某某,以便对施工场地进行清场,让龚某某进场施工。

2013年3月,钱某某通知龚某某进场施工,但是被林某某施工团队阻拦,只能诉诸司法程序解决。即便林某某拥有合法的债权,但也没有任何

霸占工地不让其他施工队进场的权利。

为了解决该工程地引发的一系列问题,2013 年 12 月,钱某某将其在合峰投资管理有限公司 75%的股权转让给甘肃宏舜投资有限公司,合峰公司和建方公司的债务(包括收取保证金)由宏舜公司承担,高楼山工程项目也由宏舜公司负责。

以上行为,都说明合峰公司和钱某某在积极履行合同行为。

(四)钱某某没有将保证金据为己有或用于个人挥霍,更没有实施“携款潜逃、逃避返还资金”等行为

龚某某的 2900 万元保证金全部汇入了建方公司的账户,钱某某更未实施“携款潜逃、逃避返还资金”的行为。一方面,在取保候审期间,钱某某积极配合侦查机关的工作,分别于 2014 年 4 月 15 日和 9 月 15 日到 Z 市某派出所报告情况。另一方面,在甘肃省高院审理龚某某诉甘肃建方公路有限公司、甘肃合峰投资管理有限公司、钱某某、华东建设公司和 W 县人民政府的建设工程分包合同纠纷一案中,钱某某作为被告人之一,到庭并积极应诉。

(五)合峰公司和钱某某在违约后积极配合龚某某解决问题

为了解决工程停工所引发的问题,合峰公司和钱某某积极与 L 市政府和 W 县政府沟通,并就与林某某的建设工程合同纠纷向法院提起诉讼。在被害人龚某某的参与下,2013 年 12 月,钱某某将其在合峰投资管理有限公司 75%的股权转让给甘肃宏舜投资有限公司,合峰公司和建方公司的债务(包括收取的保证金)由宏舜公司承担,建方公司的法定代表人也变更为薛某某。在收取首笔股权转让款 500 万元后,钱某某全数作为代建方公司垫支的退款,将 500 万元汇入公司账户,并由建方公司支付给了龚某某。

股权转让后,建方公司及合峰公司都不由钱某某控制,但钱某某仍积极协调龚某某的纠纷。钱某某曾向薛某某和龚某某表示,如果龚某某退出项目,薛某某可先行解决龚某某的保证金退还,暂缓支付股权转让款。

(六)龚某某不能如期进场的直接原因是林某某工程队阻挠,而本案涉案工程最终搁置是因为政府规划等原因所致

高楼山工程不能顺利开展有很多的原因,最大的原因是政策变化。自2007年1月30日,W县政府、L市政府与合峰公司签订《工程建设经营(BOT)合同书》以来,各种审批手续不到位、审批意见相冲突的情况经常发生,这也直接导致施工单位无法着手动工。项目期间,政府对BOT的配套项目也没有履行,使投资人无法实现收益,在整个项目中,合峰公司只能不断地投入,却无法得到产出,资金自然也无法周转。更何况,高楼山隧道后被规划入武九高速中,政府基建规划的重叠,直接导致项目没有任何投资价值。

四、被告人供述和辩解收集程序违法

(一)应当依法对讯问进行全程同步录音录像而没有同步录音录像

本案涉案金额高达2900万元,属于可能判处无期徒刑的重大犯罪案件,根据《刑事诉讼法》第121条之规定,本案属于应当对讯问过程进行录音或者录像的案件。而在本案的案卷资料中,仅有一份同步录音录像文件,且由于录音录像程序不规范,只能通过声音判断是2013年12月5日的供述。

换句话说,本案的7次有罪供述中,仅有一次进行同步录音录像,违反了《刑事诉讼法》和相关司法解释对于无期徒刑案件必须进行同步录音录像的规定,导致钱某某讯问笔录的合法性、真实性受到严重影响,不能作为定案依据。根据《最高人民法院关于建立健全防范刑事冤假错案工作机制的意见》第8条第2款、《最高人民法院关于适用〈中华人民共和国刑事诉讼法〉的解释》第83条之规定,法庭不应采信钱某某的庭前供述。

(二)时隔多日的数份有罪供述笔录出现大段内容完全相同,真实性存疑

本案中,在钱某某的4次关键有罪供述中,出现大量的重复性文字。其中,内容1(略)共计128字,分别在2013年11月18日、11月19日、11月29日和12月5日的四份讯问笔录重复出现;内容2(略)共计289字,内容3(略)共计249字,分别在2013年11月18日、11月29日和12月5日的三份讯问笔录中重复出现。

数份笔录制作时间间隔多日,但却出现了大段的完全重复的文字,明显为复制粘贴方式制作的讯问笔录,从而导致钱某某的不利供述真实性、合法性存疑,故所涉证据不宜被采信。

(三)同步录音录像的程序存在诸多违法问题

1. 本案中,同步录音录像的讯问笔录未注明同步录音录像情况,违反了《关于实施刑事诉讼法若干问题的规定》第19条的规定。

2. 本案中唯一一次同步录音录像有三个视频文件,视频时长总共83分19秒,而根据讯问笔录记录的时间为2013年12月5日9时42分至11时32分(时长共110分钟),录音录像时间与笔录记载时间存在严重不符。同步录音录像有间断,违反《公安机关讯问犯罪嫌疑人录音录像工作规定》第10条和《公安机关办理刑事案件程序规定》第203条的规定,不能排除存在选择性录制的可能性,不能排除剪接、删改的可能性。

3. 讯问笔录记载的内容与讯问录音录像资料记录的被告人供述存在诸多不符之处。同步录音录像M2U00832的14分50秒,录音录像

M2U00832 的 30 分 29 秒，录音录像 M2U00832 的 36 分 18 秒、37 分 5 秒、37 分 12 秒、37 分 17 秒，录音录像 M2U00832 的 47 分 20 秒，其中的内容在笔录中并无记录。同样，笔录中的部分内容，在录音录像中无相应的讯问对话。

同时，从同步录音录像中显示侦查人员打字速度来看，明显是复制之前的笔录，并在此基础上进行部分修改。同步录音录像不能客观、全面地反映讯问的全过程。

因此，讯问笔录的记载内容与录音录像存在多处不符之处，侦查人员未按照被告人的供述或者辩解如实地记录，在讯问笔录中的内容与同步录音录像内容不同的情况下，应当以同步录音录像记载的内容为准。

4. 录音录像 M2U00832 的 30 分 30 秒，录音录像 M2U00832 的 36 分 56 秒至 37 分 11 秒，录音录像 M2U00832 的 39 分 56 秒至 47 分 25 秒的内容可以看出，侦查人员在讯问过程中，多次打断被告人陈述，甚至使用加重语气和一些提示性的语言，对被告人进行诱供。

五、言词证据相互矛盾，真实性存疑

（一）被害人龚某某的陈述与证人谷某的证言有矛盾之处

被害人龚某某陈述其并不知道合峰公司的资金状况，但证人华东建设公司谷某证言显示，在签订工程合同前，谷某已经将业主方的资金情况向龚某某进行了告知。双方的陈述明显有矛盾之处，从证据的利益性角度分析，证人谷某的证言可信度更高。

（二）证人谷某的证人证言前后矛盾

证人谷某在 2013 年的笔录中陈述曾告知被害人龚某某合峰公司资金短缺的情况，但 4 年后又陈述称告知龚某某合峰公司有资金。从陈述的时间跨度以及陈述的细节程度来看，结合常理常情分析，2013 年的陈述更接近事实情况，而2017年的陈述有被引导的可能。

（三）证人王某的证言与他人的证言相矛盾，且存在为推卸责任做虚假陈述的可能性

1. 证人王某陈述是胡某某和钱某某提出将高楼山隧道工程进行招投标，以便向每家收取保证金80万元来维持日常开支，而证人谷某和练某某均陈述，之所以采取招投标方式，是因为华东建设公司是国企，必须走公开招投标的方式中标才行，且业主方之所以必须与华东建设公司合作，是因为该公司具有金矿提取技术。

2. 证人王某在笔录中明确承认利用工程甲方的职务便利，向乙方索取贿赂，以及向乙方借款，这一点也得到了证人温某某证言的印证。证人王某甚至在笔录中明确承认明知钱某某、胡某某、谷某等人为了骗取保证金，但为了自己的工资收入，仍帮助钱某某助纣为虐，骗取他人的保证金。显然，王某属于共犯，本应作为本案犯罪嫌疑人而非证人。

（四）证人赵某某和程某某的证人证言属于意见证据

证人赵某某和程某某的证人证言中，大量的陈述内容是自己的判断意见和推测，根据《最高人民法院、最高人民检察院、公安部、国家安全部、司法部关于办理死刑案件审查判断证据若干问题的规定》第12条第3款之规定，证人的猜测性、评论性、推断性的证言，不能作为证据使用，因此证人赵某某和程某某的证人证言不宜作为定案依据。

综上，本案是一起典型的经济合同纠纷，涉案工程由于政府原因最终停工，且政府未依约履行回购义务，是导致本案被害人遭受损失的最重要原因，且钱某某的行为是单位行为，让钱某某一人承担本案的全部责任，对其是不公平的。同时，在案证据不能证明钱某某在客观上实施了合同诈骗的行为，也无法证明钱某某主观上具有非法占有之目的。

法院观点

对上诉人及其辩护人所提理由及意见,法院综合评判如下。

一、关于上诉人及其辩护人所提上诉人在侦查期间所作的7份有罪供述和亲笔供词搜集程序违法,应予排除的问题

关于上诉人及其辩护人所提上诉人在侦查期间所作的7份有罪供述和亲笔供词搜集程序违法、应予排除。经查,上诉人在侦查期间所作的7份有罪供述中6份是在2014年10月前所作,上诉人2013年11月20日出具了书面供词,还有一份供词是2017年6月27日在Z市看守所所作的。辩护人提及的《公安机关讯问犯罪嫌疑人录音录像工作规定》第4条规定,"对下列重大犯罪案件,应当对讯问过程进行录音录像:(一)可能判处无期徒刑、死刑的案件……"该规定于2014年9月5日发布,2014年10月1日起施行。上述6份有罪供述是在《公安机关讯问犯罪嫌疑人录音录像工作规定》施行前所作,并不违反规定。2017年6月27日的供词是在Z市看守所所作,也符合相关的法律规定。2012年通过的《最高人民法院关于适用〈中华人民共和国刑事诉讼法〉的解释》(已废止)第80条规定:"对被告人供述和辩解应当着重审查以下内容:(一)讯问的时间、地点,讯问人的身份、人数以及讯问方式等是否符合法律、有关规定。(二)讯问笔录的制作、修改是否符合法律、有关规定,是否注明讯问的具体起止时间和地点,首次讯问时是否告知被告人相关权利和法律规定,被告人是否核对确认。(三)讯问未成年被告人时,是否通知其法定代理人或者有关人员到场,其法定代理人或者有关人员是否到场。(四)被告人的供述有无以刑讯逼供等非法方法收集的情形。(五)被告人的供述是否前后一致,有无反复以及出现反复的原因;被告人的所有供述和辩解是否均已随案移送。(六)被告人的辩解内容是否符合案情和常理,有无矛盾。(七)被告人的供述和辩解与同案被告人的供述和辩解以及其他证据能否相互印证,有无矛盾。必要时,可以调取讯问过程的录音录像、被告人进出看守所的健康检查记录、笔录,并结合录音录像、记录、笔录对上述内容进行审查。"

上述解释第 81 条规定:"被告人供述具有下列情形之一的,不得作为定案的根据:(一)讯问笔录没有经被告人核对确认的;(二)讯问聋、哑人,应当提供通晓聋、哑手势的人员而未提供的;(三)讯问不通晓当地通用语言、文字的被告人,应当提供翻译人员而未提供的。"

上述解释第 82 条规定:"讯问笔录有下列瑕疵,经补正或者作出合理解释的,可以采用;不能补正或者作出合理解释的,不得作为定案的根据:(一)讯问笔录填写的讯问时间、讯问人、记录人、法定代理人等有误或者存在矛盾的;(二)讯问人没有签名的;(三)首次讯问笔录没有记录告知被讯问人相关权利和法律规定的。"

上述解释第 83 条规定:"审查被告人供述和辩解,应当结合控辩双方提供的所有证据以及被告人的全部供述和辩解进行。被告人庭审中翻供,但不能合理说明翻供原因或者其辩解与全案证据矛盾,而其庭前供述与其他证据相互印证的,可以采信其庭前供述。被告人庭前供述和辩解存在反复,但庭审中供认,且与其他证据相互印证的,可以采信其庭审供述;被告人庭前供述和辩解存在反复,庭审中不供认,且无其他证据与庭前供述印证的,不得采信其庭前供述。"

上述规定并不绝对排除没有进行同步录音录像的讯问笔录的合法性,而是要结合全案事实和证据来认定。辩护人提出唯一的一份同步录音录像的讯问笔录未注明同步录音录像的情况、同步录音录像有间断、讯问笔录内容与同步录音录像中的被告人供述有诸多不符之处,侦查人员未如实记录、本案在讯问过程中不能排除诱供的可能性等问题,有的是侦查机关取证瑕疵问题,并不存在上述第 81 条所规定的不得作为定案的根据的几种情形。辩护人提出,时隔多日的数份不利于被告人的供述笔录出现大段内容完全重复的陈述,违背常理常情。对此,根据《最高人民法院关于适用〈中华人民共和国刑事诉讼法〉的解释》的规定,使用肉刑或者变相肉刑,或者采用其他使被告人在肉体上或者精神上遭受剧烈疼痛或者痛苦的方法,迫使被告人违背意愿供述的,应当认定为《刑事诉讼法》第54条规定的“刑讯逼供等非法方法”。认定《刑事诉讼法》第54条规定的“可能严重影响司法公正”,应当综合考虑收集物证、书证违反法定程序以及所造成后果的严重程度等情况。审查被告人供述和辩解,应当结合控辩双方提供的所有证据以及被告人的全部供述和辩解进行。上诉人钱某某的多次供述以及亲笔供词对犯罪事实详细供述,从唯一的一次同步录音录像情况来看,上诉人钱某某神情自然,对答如流,且是在看守所录制,并不存在采用刑讯逼供等非法方法收集的被告人供述、应当予以排除的情形。法院对证据收集的合法性没有疑问,对上诉人钱某某的多次供述以及亲笔供词的证明力没有疑问。上诉人钱某某对供述和亲笔供词均经过核对并签名确认,也有修改笔录的痕迹,在一审庭审质证时也予以确认,对自己的供述和供词、同步录音录像均没有意见,也未提出侦查机关非法取证的意见。因此,上诉人钱某某的多次供述以及亲笔供词与本案证人证言、被害人陈述、书证、物证等证据相吻合,足以认定。上诉人、辩护人所提上诉人在侦查期间所作的7份有罪供述和亲笔供词搜集程序违法,应予排除的意见经查据理不足,不予采纳。

二、关于上诉人是否构成合同诈骗罪的问题

关于上诉人是否构成合同诈骗罪。经查,被害人龚某某的陈述证实,其通过余某某、温某某的介绍参与了高楼山项目,钱某某要他先交3500万元的保证金给建方公司,当时达成了口头协议。2012年9月21日,建方公司写了一份承诺书。2012年9月26日,龚某某在Z市汇了1000万元给建方公司,同年10月12日,龚某某又在Z市汇了1400万元给建方公

司,剩下600万元龚某某说要等到进场再给钱某某。之后龚某某几次带队伍想进场施工,但钱某某一直找理由推脱。等时间过了对方承诺的2012年11月30日,钱某某还是没有让龚某某方施工队进场,因为过了承诺书的时间,按要求建方公司要退还2900万元的保证金给龚某某,后龚某某一直联系钱某某,钱某某总是以各种理由来推脱龚某某。2013年3月,钱某某通知龚某某可以进场了,于是龚某某表哥付某某带人到了施工地段W县,发现原来的福建施工队伍还没有退场,最后钱某某公司起诉了那个施工队。6月钱某某说已经解决,付某某带队伍入场还是未能成功入场。2012年8月,付某某也曾去过施工现场,发现已经建好临时设施,里面已经有人在了,龚某某在和钱某某签合同之前曾问过他这个问题,钱某某说福建施工队已经处理好了,那些人是帮公司看场地的,随时可以让他们离场,所以龚某某才跟他签了施工合同。后来钱某某一直不退还保证金,龚某某就到公安机关报了案。龚某某报案之后才知道这个招标实际上政府是不允许的,而在前期龚某某与钱某某等人接触的过程中,他们都跟龚某某说过这个招标是经过政府允许的,钱某某还说政府还给了他公司三个水电站、几十个加油站的指标。

证人余某某、温某某的证言对上述事实均予以证实。证人付某某的证言证实,"2012年7月,龚某某认识了自称是中铁公司的刘总和余某某,刘总和余某某介绍了一个甘肃省高楼山隧道的B线工程的项目给龚某某。10天后,龚某某、余某某一起来到B市,通过余某某的介绍认识了温某某和王某,后三方达成口头协议。接着王某、温某某带我们去见了合峰公司的董事长钱某某,我们和钱某某达成共识,并拟好了合同。几天后龚某某、钱某某和华东建设公司的谷某在合峰公司内签署了合同,签合同之前我们也向钱某某提出过以前施工队的问题,钱某某说到时给施工队点钱就可以了,很快会处理好这个问题,我们信以为真就签了合同,当时合同约定2012年10月31日前合峰投资公司必须安排我们进场,否则按每天0.1%的利息赔偿给我们公司。事后我知道龚某某分几次一共转了2900万元左右到合峰公司的账户内。2012年9月底,王某打电话通知我们进场,我带人来到施工现场,但有人不让我们进场,当地政府也在现场调解,但都没有结果,经了解得知是合峰公司和一个福建的建筑公司因工程款和损失发生纠纷,福建建筑公司的负责人林某某将合峰公司告上法院,而且合峰公司的图纸审核还没有通过,而合峰公司和我们签署合同时约定图纸审核在我们进场前就能够通过,但是一直到现在都没有通过,我们也不能够进场,过了有半年以上都没有解决,被他们骗了"。

证人王某、赵某某的证言也证实,合峰公司至案发时都未完成一笔业务,公司也没有开工建设的资金实力。王某的证言证实:"2009年胡某某引进钱某某成为公司的法人代表,2010年下半年开始连续几个月没有给我们发工资,同时林某某、王某某和其他债主每天带工人来公司追债,公司的经营出现了严重问题,于是胡某某和钱某某提出将高楼山隧道工程进行招投标,以便向每家收取80万元保证金来维持日常开支,我知道他们的目的就是通过招投标骗取别人的保证金,在此过程中我没有将相关实情告知中标或未中标公司,负有一定知情不说的责任。具体来讲就是我在钱某某和胡某某的指使下,明知合峰公司没有资金的情况,而是靠摆账户资金骗取大家的信任,在招标网上发布虚假的资信证明,帮助公司组织和联系招投标事宜,最终配合公司完成招投标流程,使钱某某和胡某某达到了骗取施工单位保证金的目的。合峰公司招投标完成后,我在W县A标段工地施工现场,听W县政府工作人员说已经向我们合峰公司发过文件,让我们停止对高楼山隧道进行招投标。这段时间我已经认识了龚某某,但他当时只是交了500万元的定金。我在合峰公司期间,公司一直在准备工程的前期工作,没有完成过任何一宗工程,公司仅是通过收取不同施工单位的保证金来维持日常开支。因为合峰公司的高楼山隧道工程是一个BOT工程,公司需要有该工程总投资的25%或30%自有资金才可以开工,为了让工程可以开工,我听华东建设公司的谷某亲口告诉我,他有办法引进资金,之后谷某、练某某、胡某某、钱某某商量去浦发银行办理了1亿元的摆账资金,当时由谷某、练某某、胡某某去银行操作的,招投标期间谷某亲口告诉我,他为了这1亿元的摆账资金,支付给银行的过桥资金摆账费是二三百万元。谷某和练总通过华东建设公司将摆账资金转账进合峰公司,得到浦发银行的资信证明。后来合峰公司要求中标公司每个标缴纳3000万元的保证金,谷某知道合峰公司没有钱,没有能力启动高楼山隧道的项目,所以坚持不肯缴纳3000万元的保证金。为了收取保证金,钱某某叫谷某把高楼山隧道A段让给戈周集团做,戈周集团在不知就里的情况下缴纳了3000万元保证金。2011年,温某某带着龚某某来见我,我在钱某某的指挥下没有告诉龚某某该工程的实际情况,反而告诉龚某某高楼山隧道工程是可以做的,但公司的要求是缴纳保证金3000万元,龚某某说可以合作,我就带龚某某见了钱某某,他们谈好了合作意向,并由龚某某先缴纳了500万元,后期龚某某又陆续缴纳了2400万元保证金,钱某某就和谷某沟通,将华东建设公司中标的高楼山隧道B段分包给龚某某负责,龚某某就带人准备进场施工,但因合峰公司还欠林某某的保证金和补偿,林某某的施工队一直在工地没有退场,导致龚某某的施工队不能进场施工,龚某某、林某某多次找钱某某解决工地问题,但钱某某都没有解决。"证人合峰公司办公室主任赵某某的证言证实:"合峰公司从2008年到2013年年底有三次发不出工资,每次都有几个月。我进入合峰公司至今也没有一单业务做成,公司自始至终没有赚过一分钱,经常有一阶段没的报销,有时又有的报,很乱。钱某某在2009年前后买了一部奥迪,但后面也转到旺福公司去了。公司自从2011年年底开始又欠工资又不能按时报销,根本就不是一个正常的公司,哪里还有多余的钱去投资。钱某某不应该把人家的工程款、保证金拿作其他用途,靠骗保证金度日,连累我们没有收入,也没有为公司带来1分钱的利润,这是大家有目共睹的,至今我还有7万元欠着,是公司的日常开支,由我垫资。后期已经认定钱某某根本没有实力。"

甘肃省、L市、W县三级政府部门对高楼山隧道及引线工程的报批和评估材料、征地拆迁协议证实,2006年到2009年,甘肃省有关部门就高楼山隧道及引线项目进行了可行性研究,对项目用地情况及可能引起的地质灾害、对周边矿区矿权和环境、水土保持等方面的影响进行了评估。甘肃省政府同意W县政府采用BOT方式建设高楼山隧道及引线工程。2009年8月15日,W县政府正式批准将项目的特许经营权授予合峰公司,要求合峰公司必须在2009年年底正式开工,否则收回特许经营权。同年9月15日,合峰公司与W县政府签署征地拆迁协议,约定W县政府负责征地拆迁,合峰公司负责确保征地拆迁资金到位等义务。

从W县交通运输局调取的合峰公司《关于高楼山隧道及引线工程建设进行施工招标的申请报告》证实,合峰公司于2012年2月9日向W县政府提出就高楼山隧道及引线工程建设进行施工招标的申请,并称合峰公司已组建建方公司,注册资金增至1亿元,还附有招标文件、建方公司资信证明及浦发银行贷款承诺等。

《甘肃高楼山隧道及引线工程建设项目整体合作合同》、《甘肃高楼山隧道及其引线工程项目施工框架合同》及《高楼山隧道及引线工程项目合作补充协议》证实,2010年12月7日,合峰公司与华东建设公司约定高楼山隧道及引线工程由华东建设公司承包施工。2011年1月8日,合峰公司与华东建设公司补充约定,华东建设公司通过具体操作方法在2012年1月10日前协助合峰公司解决项目资金1亿元,使用期限3个月,通过验资或者招标结束后立即返还,华东建设公司需在合峰公司实质性进入施工招标时派人协助合峰公司组织招标和编制施工招标文件。

W县人民政府出具的《关于高楼山隧道及引线工程建设有关问题的会议纪要》、W县交通局出具的《关于要求甘肃省合峰公司停止高楼山隧道及引线工程自主招标的函》及合峰公司签收的国内特快专递邮件收据证实:由于工程初步设计未批复,施工图未审批,工程至今仍未能进入实质性建设阶段。会议议定高楼山隧道及引线工程必须要按照重点项目管理的规定和要求,完善相关手续,办理项目建设必要的支持性文件。高楼山隧道及引线工程在完成项目初步设计批复和施工图审批的前提下,县委、县政府汇报市委、市政府同意后,方可组织开工建设。针对合峰公司于 2012 年 3 月 1 日在网上发布招标公告自主招标的行为,W 县交通局认为高楼山隧道及引线工程初步设计和施工图设计未批复,不符合交通运输部有关规定,要求合峰公司在高楼山隧道及引线工程初步设计和施工图设计得到批复后再组织开展招标工作。钱某某已在上述函件复印件上签字确认,表示合峰公司在 2012 年 3 月已收阅该文件。

从 W 县交通运输局调取的《L 市发展和改革委员会转发省发展改革委关于国道 212 线高楼山隧道及引线工程初步设计报告批复的通知》以及《甘肃省发展和改革委员会关于国道 212 线高楼山隧道及引线工程初步设计报告的批复》证实,高楼山隧道及引线工程施工初步设计报告在 2012 年 7 月 11 日才得到批复,而施工图设计在 2012 年 7 月尚未获得甘肃省交通运输厅审批同意。

从 W 县交通运输局调取的《关于高楼山隧道及引线工程建设有关问题的会议纪要》证实,2012 年 8 月 30 日,W 县政府与合峰公司胡某某、杨某华、王某在 W 县政府会议室召开专题会议,再度向合峰公司方面强调在获得政府同意前高楼山隧道及引线工程不得擅自开工。

从 W 县交通运输局调取的《L 市交通运输局关于转发 W 县高楼山隧道及引线工程施工图设计及预算批复的通知》及《关于 W 县高楼山隧道及引线工程施工图设计及预算批复》证实,高楼山隧道及引线工程的施工图在 2013 年 6 月才获得甘肃省交通厅批复,同年 7 月该批复才下达到 W 县交通局。

《W县高楼山隧道及引线工程建设经营(BOT)合同书》证实,高楼山隧道及引线工程是BOT合同,该模式中,政府不承担任何承建工程的费用,承建商必须有足够的资金和融资能力。

上述W县政府相关部门调取的会议纪要及函件证实,W县政府要求合峰公司在高楼山隧道及引线工程初步设计和施工图设计得到批复后再组织开展招标工作。上诉人钱某某也在上述函件的复印件上签名确认,本案涉案工程虽真实存在,但上诉人钱某某明知其与龚某某签订合同时高楼山项目不具备开工条件以及自身不具备资金条件的情况下,仍谎称项目已可以开工建设,隐瞒该工程尚有纠纷未解决,以及尚未得到当地政府批复同意招投标及施工的事实,骗取龚某某履约保证金后即挪作他用,事实上也确实因上述原因导致工程未能如约开工。

从资金情况来看,上诉人钱某某自身并不具备建设工程的资金条件。旺福西北投资有限公司职员证人王某某的证言证实,钱某某说他信不过合峰公司,叫王某某带上合峰公司的公章守在银行门口,有需要的时候就会打电话给王某某,经过他确认之后,王某某才加盖公章。王某某带的公章要么就是合峰公司的,要么就是建方公司的公章。有一点可以肯定,这些进进出出的存款、出款不是合峰公司或者建方公司的钱。"上海浦东发展银行意向贷款承诺书"(6亿元)就是那几天审批通过的。旺福西北投资有限公司职员证人程某某的证言证实,钱某某让其到建方公司工地上负责会计工作。建方公司的上海浦发银行B市分行对公账户对账单中3920万元、4116万元、1960万元、225万元这几笔资金是王某某带着张某某到浦发银行办的一项业务,就是用来走流水账,资金还回到原单位,主要是用来摆账。关于建方公司账号中大笔资金和意向函,是在2012年2月8日至10日,程某某在建方公司帮忙,负责公司的账目工作,当时查询公司银行流水时(账号是480501548××××××××),发现有1亿多元的资金转入建方公司账户,进来公司账目之后立马又被转走,根本没有留下现金凭证,无法登记账目。王某某说这1亿多元的账是他于2012年2月8日带了几个公司外面的人到浦发银行去存了1亿多元的存款,当时那几个人将钱存入银行之后就直接把银行凭证拿走,根本没有经过王某某以及公司任何人的手。按照钱某某以前的惯例,他也搞过几次类似的证明,就是想获得银行的意向贷款承诺。今天在档案上还看见一张浦发银行的贷款意向承诺书,程某某作为财务人员估计是钱某某做样子给别人看的,以显示自己的资金实力,因为高楼山A、B段工地没有银行贷款W县政府是不给开工的,这种情况以前也发生过。合峰公司有一笔1000万元的款项转到钱某某的私人账户,因为公司账户转给个人账户银行都需要用款的具体用途,钱某某为了能使用该1000万元,就给公司写了借款合同,不知道钱某某对该款的具体用途,但与合峰和建方公司的运作是没有关系的。

薛某某的妻子证人李某霞的证言证实,"2013年年底,胡某某引荐薛某某进入合峰公司,薛某某投资3000多万元,当时合峰公司的法人是钱某某。薛某某接手合峰公司后,觉得债主特别多,有些领着民工来闹,有些带外面的人上门威胁,接手他们公司时只有四辆汽车,其他也没有见过有什么财产,现在我们知道钱某某根本没有钱,直到2014年三四月我们才知道钱某某在2013年被抓过。钱某某公司基本没有运营能力,我们一共给了钱某某600多万元,其中600万元是打在公司账上,被钱某某全部转走,60万元打在他的私人账上,还有34万元也是为钱某某的汽车买单,打在一个叫做唐某的账上,接着惠某某又到我们公司吵架,说我们公司欠他们钱,钱某某以前欠他的,没有办法又打了50万元给惠某某。从这些事情上明显看出他们合峰公司肯定是没有钱的,他们一个项目也没有做成。我翻阅了仓库的合峰账单,从2009年开始至今的账目上看,除了保证金,没有别的任何经营收入,全是吃喝、买烟买酒、招待费用、飞机票,要么就是把钱借出去,基本上没有什么回路,也看不出还款没有,没有还款凭证,公家账号大把地往私人账上汇钱,账面上还有钱某某借了公司几百万元没有还,另外又大量把钱打进旺福文化或旺福投资,不知道他想干什么”。

从赃款流向上来看,上诉人钱某某除用于归还其他公司的保证金等用途之外,还有部分被用于填补其从合峰公司借款1000万元的资金缺口以及汇给其经营的其他公司。

上诉人钱某某供述证实,“2006年,我认识了D市的惠某某。2009年5月底,合峰公司向惠某某借款2000万元,后来又借了1800万元,由我从中担保,我们是以山西化重能源投资有限公司的名义与合峰公司签的协议,我代表华瀛在合峰公司任职,当时我们借助山西华瀛是想借壳贷款,不过不久这个希望就破灭了,我们合峰公司因为没有实际资产不可能贷到银行的款项。后来因为合峰公司原法人代表高某某抽逃公司1000万元被发现,我和胡某某承担下了这1000万元资金和公司的债务,我就担任了公司的法人代表。从惠某某处借的钱有一部分填了债务,有一些用在了报批上,最后还是亏了,这些钱是要我个人还的。2012年年初,我就高楼山隧道的A、B段项目向W县政府打报告,要求公开招投标。在此之前,我公司为了招投标,需要自筹1亿元的资金,于是我就向华东建设公司谷某借款300万元,如果他不借钱,我就不给他优惠政策,后来谷某最终同意向我借钱,我们之间签署了一堆协议和补充协议,让华东建设公司配合我们招投标,并让他们制作标书,我保证让他们中标,并给他们相关利益,我们合峰公司利用借来的300万元,到浦发银行支付利息借贷了1亿元的资金证明(实际上该笔钱一直存在银行,不可能拿走,300万元只是换了这几张银行证明)。但因为我们还没有施工图纸以及不具备施工条件,也没有施工启动资金,最终没有审批通过,政府没有给我们开工命令。在这个大前提下,为了套取更多的保证金,我们合峰公司通过与华东建设公司在2012年3月搞串通虚假招投标,在W县政府相关部门不同意的情况下,将该两标段虚假招标给华东建设公司,华东建设公司中标后,我又发分包指令,让华东建设公司退出A标,将A标发给戈周集团承包,然后我又通过温某某介绍认识了龚某某。我明知高楼山隧道的B段存在很多问题,根本没有办法施工,但是为了骗取龚某某的保证金入场,我先后向龚某某提供了一些虚假情况,最后龚某某就把2900万元先后汇到我的账上,我收到这些汇款立马就把它用光了,现在无力偿还龚某某的保证金,更不用说让龚某某进场施工,就算他进场施工我也没有后续资金让他施工。我收到龚某某的保证金之后,我把其中一大部分又填了之前别的投标公司的保证金,又给地勘单位以及设计单位交了一部分钱,土地拆迁征地款用了一些,实际上算起来我等于是把龚某某的1500万元用来还给了惠某某,300万元还给了华东建设公司,还有还了700多万元给王某某,就这样用完了,后来我还了500万元给龚某某"。

书证证实甘肃合峰投资管理有限公司、甘肃建方公路有限公司、甘肃旺福西北投资有限公司及甘肃旺福文化传播有限公司的法人代表均为钱某某。浦发银行B市分行的企业余额证明书、企业资信证明书及相关银行流水证明、浦发银行意向贷款承诺书证实:浦发银行B市分行出具上述证明,证实建方公司在其银行开立定期存单三户,合计余额为壹亿零贰佰万元整,资金结算正常,无不良透支记录,并意向性承诺为建方公司高楼山隧道及引线工程提供最高限额不超过6亿元人民币贷款,有效期自2012年2月9日起6个月。但银行流水显示,建方公司账户在2012年2月10日12时的短期流水额即达1.020000416亿元,且均是在账户中快速流转。被害人龚某某投入的2900万元款项的流向图及相关单据、银行流水证实,涉案的2900万元资金大致被用于填补投标企业保证金的缺口、偿还惠某某债务200万元、偿还给王某某707万元、缴纳税费200万元以及其他项目和公司运作方面费用(含部分钱某某私人账户的款项)五方面。

综上,上诉人钱某某的行为属于明知没有归还能力而大量骗取资金,主观上具有非法占有的目的。钱某某以非法占有为目的,在签订、履行合同过程中,没有实际履行能力,虚构事实、隐瞒真相,骗取被害人龚某某2900万元的履约保证金的事实清楚,证据确实充分。上诉人钱某某多次供述以及亲笔供词均对在签订、履行合同过程中,虚构事实、隐瞒真相骗取被害人龚某某2900万元的履约保证金、将赃款用于之前所欠的合同保证金和自己公司的事实供认不讳。上诉人及辩护人称上诉人钱某某不构成合同诈骗罪与查明的事实和证据不符,不予采纳。

三、关于本案是否单位犯罪的问题

关于本案是否单位犯罪的问题,《最高人民法院关于审理单位犯罪案件具体应用法律有关问题的解释》中规定,“单位设立后,以实施犯罪为主要活动的,不以单位犯罪论处”,“盗用单位名义实施犯罪,违法所得由实施犯罪的个人私分的,依照《刑法》有关自然人犯罪的规定定罪处罚”。经查,现有证据证明合峰公司多年来靠向不知情者隐瞒真实财务状况,收取他人保证金,以新钱还旧款的方式维持运作,该公司实质并无确保高楼山项目完工的经济支付能力,也未赚取过利润或者完成过任何项目,其运作模式的结果必然是最后的钱财无法得到偿还,即合峰公司成立以来的运作主要是靠欺诈得来的保证金维持。上诉人钱某某在一审庭审中供认该公司未完成任何工程项目,除涉案高楼山项目外该公司无其他任何实际经营的工程项目,以项目为名收取所谓工程保证金。

现有证据证明,钱某某用龚某某提供的部分款项用于填补投标保证金的实质是填补其个人亏空公司资金1000万元的“资金缺口”。钱某某辩称上述1000万元是用于归还惠某某给合峰公司的借款即所谓“为了公司的利益”,但目前所有银行、账目单均显示该1000万元并没有流向惠某某。而且,即便该笔款项最终流向惠某某,由于钱某某的转账方式具有隐蔽性,如用虚构的借款合同,公司账目存根内容也与银行转账资料不符等情况,不符合常规转账流程,包括财务人员证人程某某在内的公司管理层也不知晓该笔1000万元款项是否用于合峰公司运作。因此,上述1000万元的资金缺口只能视为钱某某个人侵吞企业投标保证金所形成,即钱某某动用龚某某的履约保证金填补上述1000万元缺口并非为了公司的利益。此外,合峰公司和旺福集团员工的证言也可以证实,招投标与到浦发银行办理资信证明等事项均是旺福集团员工在操作,而旺福集团是由钱某某任法定代表人并实际控制,证人李某某的证言可以证实从其掌握的合峰公司账本可以看出合峰公司有大量款项打入旺福集团,说明钱某某控制的合峰公司和旺福集团有大量利益往来,钱某某的行为可认定是为了其任法定代表人和实际控制的旺福集团的利益。

单位犯罪中以单位名义实施的行为应当以有利于单位经营为目的。但在本案中,上诉人钱某某在明知合峰公司自始不具备完成涉案项目工程各项条件的情况下,仍然以虚构项目可以开工建设的事实、隐瞒工程不符合开工条件且当地政府已多次明确告知因其不符合相关条件、未获审批而不得擅自开工的真实情况,骗取龚某某的2900万元并立即挪作他用,其结果必然是合峰公司无力偿还。在该公司仅靠收取所谓工程保证金维持,除无任何盈利能力的高楼山项目外无其他经营性收入的情况下,公司原本负债累累的情况进一步恶化,钱某某作为合峰公司的法人代表,主观上自始即预料到本案最终将发生的结果。根据上述司法解释的规定,本案不应以单位犯罪论处。

综上,上诉人及其辩护人所提理由和意见,经查与事实、法律不符,不予采纳。

办案总结

在刑事辩护中,笔者经常会遇到这样的困惑,为什么对于同一个行为能否认定为犯罪,不同地方的法院,或者同一个地方的不同法院,认定会有差异?为什么对于主从犯的认定,同一个法院的不同法官,也会出现不同的判决?

这种情况在诈骗类案件中体现得尤为明显,比如同样是将保证金挪作他用的行为,在甲地法院可能会评价为具有非法占有目的,而在乙地法院就可能评价为不具有非法占有目的。表面上看,非法占有目的的认定,似乎缺乏统一的裁判标准。深层的问题是,对于这种主观事实的推定规则,法律职业共同体内缺乏共同的认知,法官、检察官和律师都是按照自己的理解来适用这种规则。到目前为止,法律职业共同体内还没有建立起一个共同的语言和价值体系。

这一点笔者的感受很强烈,在笔者代理的诈骗类案件中,有证据不足不批捕的,有存疑不起诉的,也有相对不起诉的,还有法院判决无罪的。当然大多数情况是,辩护人认为无罪,法院最终认定有罪。

为什么会出现这种情况?究其原因,无外乎是不同法官对"非法占有目的"的认定标准不同。非法占有目的这种主观事实的认定,靠的就是通过客观事实来推定,而这些客观事实的认定,靠的又是大量的间接证据。通过这些间接证据来印证法律事实,是否达到证据确实充分的标准,是否能够排除合理怀疑,往往就在法官一念之间。

所以,如何有效说服法官就很关键。

关于律师如何说服法官,这是一个很大的题目。可以说,律师在庭前、庭中、庭后的所有工作,目的都是说服法官。律师在说服法官的时候,需要注意哪些问题,笔者总结自己的成功经验和失败教训,认为主要有以下几点。

一、换位思考

我们要思考律师的定位是什么,也要思考法官的心态是怎样的。

这里所说的律师的定位,就是律师在一个刑事案件中,到底是法官的得力助手,还是与法官对抗的角色。这其实就是律师与法官的关系问题,也是一个很有争议的问题,即便在律师行业内也有很大争议。可能在大多数律师眼中,律师的角色定位都是法官的得力助手,但在很多进攻型辩护律师的眼中,往往对抗要多过沟通。有很多律师同行认为,在庭审中对于法官的屈服,就是一种自我贬低,效果适得其反。

就这个问题,我也谈谈自己不成熟的一点看法。

首先,就绝大多数刑事案件而言,律师的角色宜定义为法官的得力助手,即从辩护人的角度帮助法官梳理好案件的事实和证据,避免出现冤假错案。毕竟,经过公安法制部门、检察院刑检部门审查过的案件,大多数都还能保证案件的审查质量。对于这部分案件,就是我们常说的可以做认罪认罚的案件,刑辩律师要充分理解法官的工作,为法官处理案件提供有力帮助。

其次,对于一些没有达成认罪认罚具结的案件,或者完全具备做无罪辩护条件的案件,律师要做好与法官对抗的心理准备,但也不宜与法官过度对抗。

律师要清醒地认识到,在法庭上,律师是与检察官辩论,不是与法官辩论,律师的工作是说服法官。即便实践中确实有些法官审案很强势,甚至是对律师缺乏尊重,但这并不意味着律师一定要与法官争论对错。

可能很多同行都不认同这种观点,笔者来分析一下。为什么在律师看来,很多法官主持庭审很强势,甚至有时候强势到缺乏对律师的尊重呢？有一点我想很多同行都是认同的,一名刑辩律师一年办十多个案件,数量已经很多了,但一名经济发达地区基层法院刑庭法官的办案数量,至少是五倍、十倍以上,有的法官一年甚至要审理两三百个案件,平均每个工作日审理一个案件。

换位思考一下,如果你是法官,你是不是想在不办错案的前提下,尽量快点开完这个庭。所以，法官的心态其实很简单，就是如何做到既保证案件数量，又保证案件质量，一句话，就是快点结案，但不办错案。

另外一个原因是，很多专业刑事律师的思维方式是这样的：我能做到有效辩护，那么同行当然也可以做到有效辩护。他恰恰忽略了一点，专业刑事律师其实是这几年刚刚发展起来的，大多数年轻律师都还没有成长为专业律师。

换句话说，很多法官之所以对律师不耐烦，确实是因为“套路辩”听多了，甚至觉得有的律师是睁着眼说瞎话，久而久之形成了一种排斥心理。但是，我相信随着专业刑事律师的成长，随着司法改革的推进，这一点一定会逐步得到改善。

再有，为什么不一定非要跟法官在法庭上争论对错（这并不代表完全屈从法官的压力），我们要考虑到，法官毕竟有很大的自由裁量权，尤其是对一些轻罪案件，是否适用缓刑基本上就是法官来决定的。一味注重对抗而忽视说服，容易引起法官的逆反心理，而最终的后果，虽然不会由律师本人来承担，但极有可能会危害自己当事人的合法权益。因为律师辩护策略的失误，导致自己的当事人增加一两个月的刑期，或者本该有希望适用缓刑而没有适用，这种情况在实践中并不少见。

最后剩下的仅有的少量检察院坚持不撤诉的案件，法院才会考虑作出无罪判决。即便是这种情况，法官在作出判决前也要考虑很多因素，譬如检察院是否抗诉、被害人能不能安抚等。

可见，在刑事案件中，大多数情况下，律师还是要站在如何帮助法官避免判错案的角度来定位自己。可能有的同行会拿涉黑涉恶案件或职务犯罪案件来举例，说明律师一味配合并不会实现有效辩护。不过我认为，这两种案件并不具有典型性。

笔者眼中理想的状态是，检察官能秉承客观主义办案，法官能做到保守、中立、公正独立裁判，律师配合检察官和法官完成审查起诉和审判工作,还原案件事实真相,实现社会的公平和正义。

二、借助案例

案例仍然是有效的说服方法。

这些年最高人民法院开展的司法公开改革举措之一——裁判文书上网确实给刑事辩护提供了一个有力的抓手,很多律师同行都以案例检索大数据报告的形式提交给法官,也能起到很好的辩护效果。虽然这两年裁判文书上网有减少的趋势,但庞大的刑事判决数据库,仍然是刑事辩护的宝藏,值得律师深入挖掘。

类案检索的问题就不多谈了,笔者谈谈两个容易被忽视的点。

一是类案检索的范围。

检索的范围一般都是裁判文书网上的案例,但是我们还要重视最高人民法院的公报案例、《中国刑事审判参考》指导案例、最高人民法院《刑事法律文件解读》指导案例,以及最高人民法院编著的各类书籍中的指导案例,甚至还包括最高人民法院的法官个人专著中涉及的指导案例。虽然我们不是判例法国家,但是最高人民法院公布的指导案例,对于司法实践还是具有很强的指导意义,所以要善于使用这些案例与法官进行沟通。

二是不但要重视类案的检索,更要重视典型案例所确定的裁判规则。

这几年,最高人民法院通过再审的方式改判了几个重大案件,如聂树斌案、张文中案、顾雏军案。还有一些有重大社会影响的案件,如于欢故意伤害案、呼格吉勒图故意杀人罪、于海明正当防卫案等。这些重大案件的判决结果或处理结果,往往都确定了重要的刑事案件裁判规则,有效弥补了司法实践指导性裁判规则的缺失。

以往,辩护律师与法官沟通裁判规则,可能只停留在理论层面而不被重视,现在有了这些实实在在的判例,与法官沟通起来自然更有底气。

笔者以聂树斌案件为例。

胡云腾大法官在多个场合都讲过，聂树斌案件改判的意义，"已远远超出一个普通刑事案件判决所具有的典型价值，对彰显我国刑事法治进步发展也具有里程碑式的意义"。

我理解这里所谓的里程碑式的意义，就是这个终审判决所确定的裁判规则。这里的裁判规则主要是指证据裁判规则，包括全面裁量证据、证据关联性审查、有罪供述审查、客观证据审查、证据合法性审查、证据缺失裁判、疑罪认定处理和综合裁判方法规则。

例如，对原办案机关在办案过程中的不规范行为，特别是卷宗中一些重要证据材料缺失问题，最高人民法院在综合评判申诉理由和原办案机关的解释时，作出了有利于被告人的评判。

理由在于，法律法规和司法解释对如何依法规范办案已有明确、规范要求，而原办案机关没有严格按规范办理案件，导致与案件事实相关的重要证据缺失，案件事实不能认定，原办案机关应当承担不利的法律后果。这实际上向各级、各类司法机关表达了严格司法、规范办案的要求。

再如，该判决在坚持证据裁判时以证据分析代替证据罗列，着重分析待证事实与证据之间的内在联系。与实践中绝大多数刑事判决书的写作思路不同，"首先列明案件中争议事实，然后基于证据对争议事实进行评判，最后得出明确的评判结论。在这三者中，基于证据对争议事实进行分析是最关键的部分，它告诉人们最高人民法院是基于什么样的理由得出评判结论的。这种结合证据分析争议事实的方法使人们清楚地看到最高人民法院在聂树斌案再审中的司法理念、思维方式，明白法官是如何判案的。它很好地贯彻了证据裁判的要求，在指导各级人民法院刑事案件的裁判过程将起到良好的示范作用"。①

还如，该判决在法律适用和裁判说理方面，注意运用法理、情理，特别

① 胡云腾主编：《记载中国法治进程之典型案件聂树斌案》，人民法院出版社2019年版，第7页。

是常理,着力体现人民群众的公平正义观念,从而获得了人民群众的赞赏与支持,实现了司法裁判的政治效果、法律效果和社会效果的有机统一。

这些证据裁判规则,辩护律师都可以拿来为我所用。

三、学会借力

所谓借力,就是借专家之力。法律问题可以做专家论证,以专家法律意见书的形式提交给法庭。其他专业领域的问题可以邀请专家证人,直接出庭参与庭审。之所以要借力,是基于这样一种考虑:同样的一个观点,从辩护人口中说出来,可能说服力还不够,但是从专家口中说出来,被采纳的概率可能大幅度提高。

借助专家意见书或者申请专家证人出庭,是辩护律师常用的辩护策略。在律师圈,主流的观点认为专家意见书或专家证人出庭,是一种有效的说服方式。但对于专家意见书,有一点值得律师同行注意。近几年,越来越多的律师同行邀请刑事法学专家对案件进行论证,进而形成专家意见书,取得了不错的辩护效果。但似乎又有一种反向极端现象,形成一种专家意见书"至上"倾向。即认为只要律师的辩护观点得到了专家意见书的支持,办案机关就必须采纳。而忽视了专家意见书本质上与律师的法律意见书并没有区别,或者说它只是律师法律意见的一个强化而已。

所以,如何增强专家意见书的说服力,让法官接受专家意见,就成为律师同行需要思考的问题。笔者认为需要注意两点。第一,针对不同类型的刑事案件选择是否邀请专家论证。一般而言,法律问题争议较大,尤其是实体问题法律争议较大的案件,邀请专家论证的必要性更高。刑法学所有的理论问题几乎都有争议,而这种争议如果可能影响刑事案件罪与非罪的判断,专家意见的重要性不言而喻。第二,尽量客观、全面地制作案件审查报告,以及向专家汇报案件。笔者在与不少检察官和法官的沟通中注意到,随着专家意见书数量的增多,质量可能存在一定程度的下降,这导致不少检察官和法官对于专家意见书产生了不同看法,在一定程度上削弱了专家意见书的说服力。所以,律师首先要认真研究法律问题,一旦确定邀请专家论证,要尽量客观、全面地制作案件审查报告,以及向专家汇报案件,以保证专家意见书的质量。只有如此,才能让律师与法官的沟通更通畅,也更容易让法官提高对整个律师行业的专业认同度。

四、用好"冲突"

这里的冲突,就是法检冲突。司法实践中,法官和检察官对于一个案件的事实问题、证据问题,或者法律问题看法不一致,是经常发生的。

笔者以认罪认罚从宽制度为例,认罪认罚案件是否存在法检冲突,答案是肯定的。这一点从法条规定上就可以看出来。

《刑事诉讼法》第201条规定:"对于认罪认罚案件,人民法院依法作出判决时,一般应当采纳人民检察院指控的罪名和量刑建议……"

这里的"一般应当"就是立法时妥协的产物,这就可以看出在立法时法检两个机关博弈的激烈程度。一方面法院不想让渡这个权力,希望可以有更大的裁判空间,而另一方面检察院认为辛辛苦苦地与律师达成合约意见,如果不被采纳,情理上也难以接受。从这个立法过程的权力博弈,就能看出这种冲突。

就认罪认罚案件,对刑事律师而言,在审判阶段,要利用好这种冲突,做好协作辩护或独立辩护。所谓协作辩护,就是在审查起诉阶段获得了还不错的量刑建议,那么在审判阶段,律师的工作就是要协助好检察官,让法官最终采纳认罪认罚具结书上的量刑建议。所谓独立辩护,就是虽然在审查起诉阶段签了认罪认罚具结书,但是量刑建议并不是很满意,律师就要在不影响认罪认罚情节的前提下,适当地发表独立辩护意见,以争取法官能够在量刑建议以下判刑。

例如,北京市第一中级人民法院典型的"神仙打架"案,在北京市第一中级人民法院作出的(2019)京01刑终628号判决中,交通肇事一审签订认罪认罚具结书,检察院量刑建议是判3年缓4年,但一审法院未采纳量刑建议,判了2年实刑。检察机关以量刑过重为由抗诉,被告人也上诉,但二审法院改判为3年6个月有期徒刑。

当然,从另一个角度来看,这一判决的出现,正是法检在认罪认罚案件领域相互磨合的一次契机,双方可以理性地检视认罪认罚实务操作的具体问题,同时也为将来司法实践中可能存在的类似情况提供了参考。

站在辩护律师的角度,我们首先要考虑的是如何避免自己办的案件成为"神仙打架"的案件,其次就要考虑利用好这种冲突,最大限度地维护当事人的合法权益。

五、总结教训

要总结成功经验,更要总结失败教训。

对于刑事律师而言,成功和失败并不是绝对的,无罪判决可能跟律师的关系不大,有罪判决也可能是一个成功的辩护,但有一点是肯定的,那就是要从自己的辩护中总结经验和教训。辩护人所提出的每一个辩点,法官为什么有的采纳,有的不予采纳,采纳的原因是什么,没有采纳的原因又是什么,是观点之争,还是事实之争。

尤其是对那些判决书予以充分说理的案件,要认真复盘,把握法官的判决思路,这是掌握审判思维非常有效的途径。

特别需要强调的是对于失败教训的总结。对于一名刑辩律师而言,辩点未被采纳的情况,肯定远远多于辩点被采纳的情况。无罪辩护的失败案例肯定远远多于无罪辩护的成功案例,这是一个再正常不过的现象。作为刑辩律师,没有必要藏着掖着自己的"失败"经验,反而应该分析原因,总结教训,尤其是那些在律师看来显而易见应当被采纳而没有被采纳辩点,更值得总结。

譬如在这个案件中，针对公安机关应当同步录音录像而没有同录、同录与笔录内容不一致的情况，辩护人先提出非法证据排除，然后在庭审中也质证该言词证据的真实性，并直接援引相关的法条。这些法条包括《刑事诉讼法》第123条、《最高人民法院、最高人民检察院、公安部、国家安全部、司法部、全国人大常务委员会法制工作委员会关于实施刑事诉讼法若干问题的规定》第19条、《公安机关办理刑事案件程序规定》第208条，以及《公安机关讯问犯罪嫌疑人录音录像工作规定》。这种情况是否属于非法证据排除的情况，肯定是有争议的，这一点我们暂且不说，但我们认为法官至少应当考虑该言词证据真实性这一点，可惜法官也没有采纳。

分析这里的原因，笔者觉得主要有以下两点。

一是司法实践中，部分司法人员尚缺乏程序公正的理念。虽然我们一直强调程序公正的重要意义，但是现实情况是司法机关更加注重追求实体公正，而忽视程序公正，没有认识到程序缺陷会严重影响证据证明力，程序不公极有可能导致错案的出现。

二是对一些司法机关内部文件、会议纪要等材料，律师与司法人员的认知存在一些差异。司法实践中，最高人民法院和各级人民法院为了贯彻落实一些刑事政策或者领导讲话精神，经常会出台一些文件。但是，这些文件在某些司法人员看来并没有普遍的约束力。

还有一些指引性的文件，如前述《公安机关办理刑事案件程序规定》《公安机关讯问犯罪嫌疑人录音录像工作规定》等，在一些司法人员看来，这些只是指引性的规定，并不具有强制性，所以即使公安机关未按照该规定进行侦查，也不影响证据的证明力。

律师如何审查环境行政执法检测报告等证据

——乌某某污染环境案

辩护思路和要点

这个案件的核心是证据辩护。一是现有的证据无法反映出采集后送检测的水样到底来源于哪个水池；二是现有证据无法证实环保行政执法的程序合法；三是行政执法的相关证据材料，没有经过转化，不能直接作为刑事案件的定案依据；四是现有的证据不能证明乌某某有污染环境的主观故意。

基本案情

Z市远见压铸制品有限公司（以下简称远见公司）于1998年成立，乌某某为实际经营者，程某某主要负责日常生产管理，公司主要生产卫浴配件、模具加工和汽车配件加工。该公司主要生产工具包括车床、压铸机、熔炉、磨床、烤箱、冷却池、钻孔机、冲床、清洗池、酸洗池、碱洗池等。2018

年4月16日,Z市环境保护局对远见公司进行现场检查发现,该公司汽车配件生产加工项目正在生产,清洗废水未经处理直接经PVC管道排至厂区下水道。对该公司经PVC管道外排的及明渠排放的未经处理的生产废水进行采样取证后,经Z市环境检测站对车间内通过明渠排向外环境的生产废水进行采样,检测结果显示,水污染物排放情况超出国家规定的限值。

Z市环保局认为,远见公司实施了以利用私设暗管等逃避监管的方式排放水污染物,构成刑事犯罪,将该案移送到公安机关。该案经过侦查、审查起诉和审判阶段,最终乌某某被以污染环境罪判处有期徒刑1年,并处罚金3万元。

控方指控

2016年至2018年4月,被告人乌某某、程某某在被告单位Z市远见压铸制品有限公司任总经理、生产主管期间,明知远见公司未取得排污许可证而生产加工汽车金属配件,并将生产过程中产生的废水直接排放到厂外。2018年4月16日,Z市环境保护局对远见公司进行现场检查时发现该公司加工汽车配件时产生的废水直接排放至外界环境,并对该公司排出的废水采样。经Z市环境检测站检测,废水中的镍浓度为14.5毫克/升、铜浓度为2.02毫克/升、锌浓度为8.70毫克/升、总铬浓度为30.1毫克/升,分别超过G省地方标准《水污染物排放限值》(DB44/26—2001)第二时段二级标准中规定限值的13.5倍、3.04倍、3.35倍、19.07倍。事后,被告单位远见公司向Z市环境保护局缴纳罚款人民币12万元。

辩护思路

一、现有证据材料无法证实监测样本来源

(一)现有证据材料无法证实所采集的监测水样排向外环境

根据污染源废水采样原始记录表以及监测报告,监测样品共有两个编号:CW18041601A 和 CW18041601B。CW18041601A 项下共有 4 件样品,CW18041601B 项下共有 5 件样品,被检测出污染物超标的样品编号为 CW18041601B,来源于“××后水外排口”。

远见公司提供的车间布局图(见图 32)显示,车间外铝管清洗区有两个酸洗池和一个清洗池,车间内不锈钢清洗区有一个碱洗池和一个清水池,其中酸洗池和碱洗池都是封闭水池,清洗后的废水留置在水池中,并不排向外环境,只有清水池才会外排。

远见公司提供的不锈钢清洗工艺生产流程(见图 33)显示,碱洗池需要加热,从而会产生蒸发,因而不需要外排。每天只需要补充清洗剂和洗衣粉。

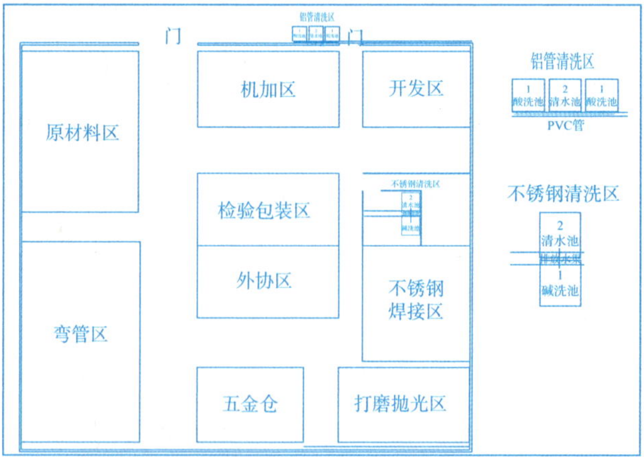

图 32 远见公司车间布局

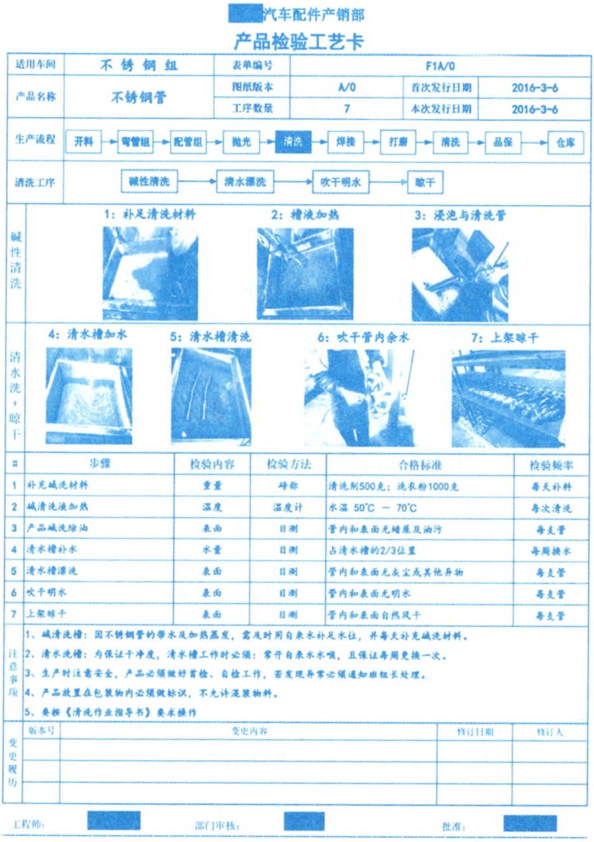

[redacted]汽车配件产销部

产品检验工艺卡

适用车间	不锈钢组	表单编号	F1A/0		
产品名称	不锈钢管	图纸版本	A/0	首次发行日期	2016-3-6
		工序数量	7	本次发行日期	2016-3-6

生产流程：开料→弯管组→配管组→抛光→清洗→焊接→打磨→清洗→品保→仓库

清洗工序：碱性清洗→清水漂洗→吹干明水→晾干

碱性清洗：1：补足清洗材料　2：槽液加热　3：浸泡与清洗管

清水洗+晾干：4：清水槽加水　5：清水槽清洗　6：吹干管内余水　7：上架晾干

#	步骤	检验内容	检验方法	合格标准	检验频率
1	补充碱洗材料	重量	磅称	清洗剂500克；洗衣粉1000克	每天补料
2	碱清洗液加热	温度	温度计	水温 50℃ — 70℃	每次清洗
3	产品碱洗除油	表面	目测	管内和表面无蜡屑及油污	每支管
4	清水槽补水	水量	目测	占清水槽的2/3位置	每周换水
5	清水槽漂洗	表面	目测	管内和表面无灰尘或其他异物	每支管
6	吹干明水	表面	目测	管内和表面无明水	每支管
7	上架晾干	表面	目测	管内和表面自然风干	每支管

注意事项：

1、碱清洗槽：因不锈钢管的带水及加热蒸发，需及时用自来水补足水位，并每天补充碱洗材料。

2、清水洗槽：为保证干净度，清水槽工作时必须：常开自来水水喉，且保证每周更换一次。

3、生产时注意安全，产品必须做好首检、自检工作，若发现异常必须通知班组长处理。

4、产品放置在包装物内必须做标识，不允许混装物料。

5、要按《清洗作业指导书》要求操作

变更履历	版本号	变更内容	修订日期	修订人

工程师：[redacted]　部门审核：[redacted]　批准：[redacted]

图 33　不锈钢清洗工艺生产流程

执法现场采集水样的照片及其他资料无法确定监测出超标污染物的 CW18041601B 水样是来自排向外环境的沟渠还是来自不排向外环境的碱洗池，对于不排向外环境的废水，不属于污染环境罪中“排放、倾倒或者处置”的行为方式，即使监测出污染物超标，也不宜认定为污染环境罪。

（二）本案证据材料无法确认监测水样与环保执法现场采集水样的同一性

污染源废水采样原始记录表显示：汽配项目表面清洗工序共有 5 个水池，水样来源于其中 2 个水池，但现有证据材料无法反映出采集后送监测的水样到底来源于哪两个水池。

二、本案证据无法证实环保行政执法程序合法

法律规定行政执法与刑事司法衔接时的首要条件，即行政执法程序本身合法。

（一）对于排污企业需采集平均污水样

根据《地表水和污水监测技术规范(HJ/T 91—2002)》，由于企业排污受生产工序影响，各个时间段不同，因而需要多次采样并混合水样进行监测，本案证据材料当中仅有一次监测采样。

（二）本案证据材料无法显示污水采样、存储的程序合法

环保行政执法对污水采集的样品容器、采样设备、存储方式等都有程序性规定，否则有可能造成样品被污染的情况，但本案的证据材料中没有相关证明材料。

（三）本案采样 12 天以后才作出鉴定意见

远见公司被环保行政部门检查是在 2018 年 4 月 16 日，行政处罚决定书于 4 月 17 日作出，处罚理由是“私设暗管”而非“污染物超标”。本案中，Z 市环境监测站出具的监测报告时间为 4 月 28 日，与取样时间间隔 12 天，但是本案证据材料中无法反映这 12 天内如何保存相关样品，无法排除样品已受到污染的可能。

三、在刑事诉讼中作为证据使用的行政执法相关证据材料，应达到刑事诉讼的证明标准

根据相关司法解释的规定，环保行政执法中的物证、书证等材料可以作为刑事诉讼中的证据使用，但这并不意味着所有行政执法过程中的取证都可以直接在刑事诉讼程序中使用。

本案中，环保执法部门制作的书面材料中，污染源废水采样原始记录

表中时间、编号、颜色、分析项目数都有明显的涂改痕迹，难以保证取样的程序合法。另外，如前所述，本案行政执法程序合法的相关证明文件，在现有案卷材料中均无法体现。

四、本案中，乌某某不具有污染环境罪的主观故意

（一）乌某某不具备“明知”污染环境的条件

《最高人民法院、最高人民检察院、公安部、司法部、生态环境部关于办理环境污染刑事案件有关问题座谈会纪要》中明确“判断犯罪嫌疑人、被告人是否具有环境污染犯罪的故意，应当依据犯罪嫌疑人、被告人的任职情况、职业经历、专业背景、培训经历、本人因同类行为受到行政处罚或者刑事追究情况以及污染物种类、污染方式、资金流向等证据，结合其供述，进行综合分析判断”。

1. 远见公司未受过环保处罚

根据有关法律法规的规定，地方环境监测站的监督性监测每年不少于 1 次，重点排污单位应增加到每年 2 次至 4 次。即对于远见公司来说，每年至少会有一次环保检查。

汽配车间从 2013 年正式投入生产使用，在 2013 年至 2018 年案发的 5 年期间，远见公司在环保检查中未受过环保处罚，乌某某也无从得知汽配车间的环保超标情况。

2. 汽配车间独立配套表面清洗设备

本案涉案的汽配车间是远见公司的一个非主营项目，乌某某虽然多年经营远见公司，但对于汽配生产项目并不熟悉，而且作为远见公司的实际控制人，他主要承担的工作一直是公司管理，并不涉及具体生产事务。

乌某某仅有高中学历，毕业后也没有从事过化学相关的工作，没有相关培训经历，加之汽配车间又是新的生产项目，乌某某不可能“明知”汽配车间排放的极少量废水会污染环境。

3. 汽配生产加工项目无须单独报批环评

根据《环境影响评价法》,建设项目只有在性质、规模、地点、采用的生产工艺或者防治污染、防止生态破坏的措施发生重大变动的,才需要重新申请环评。

广东省环境保护厅对“已通过环评的企业生产设备部分需要进行修改增加,应该如何办理?”这一问题的回答中说明:“建设项目的环境影响评价文件经批准后,项目的性质、规模、地点、采用的生产工艺和环境保护措施五个因素中的一项或一项以上发生重大变动,且可能导致环境影响显著变化(特别是不利环境影响加重)的,应当重新报批环境影响评价文件。如果设备增加没有导致上述重大变化,则无须重新办理报批手续。”

本案中,汽配项目的主要工艺和卫浴项目相同,且生产时间短、生产量很小,按照法律规定,无须单独再次报批环评。

4. 镍和铬超标与乌某某签名采购的洗涤剂无关

远见公司涉嫌污染环境罪的超标污染物是镍和铬。镍和铬都是重金属元素,来源于汽配车间清洗铝管和不锈钢管时的自然掉落。洗衣粉和除油剂都是常见的金属清洗剂,广泛用于各类金属材料表面清洗,均由表面活性剂及助洗剂配制而成,本身不含有铬和镍,也不会与金属反应产生铬和镍。乌某某即使确有签单购买洗涤剂,也无法“明知”清洗工序会污染环境。

5. 现有证据无法证明乌某某签单购买的物料中有洗涤剂

乌某某等人在笔录中说远见公司购买物料时需要乌某某签名,但口供仅能证实签名购买物料的事实,而没有相关书证能够证明所购买的物料是何种物品,无法印证乌某某确实明知远见公司购买的物料当中包含汽配项目的洗涤剂。

(二)乌某某没有“希望”或者“放任”环境污染危害后果的产生

本案案发之前乌某某不知汽配车间的具体生产工艺、洗水设备等流程,也不知排放废水的行为会污染环境。2018 年 4 月远见公司被生态环境部门查处之后,乌某某便将工厂关停,并主动到公安部门配合调查。从一个正当商人对公司发展的预期,结合乌某某的供述及其一系列行为来看,乌某某不会希望公司有污染环境的行为,也没有“放任”污染环境危害后果的发生。

综上,乌某某的客观行为反映出他没有污染环境的故意,不符合污染环境罪主观方面的要求。另外,本案现有证据材料未能达到确实充分的程度,不宜据此认定乌某某及远见公司构成污染环境罪。

法院观点

经审理查明,2016 年至 2018 年 4 月,被告人乌某某、程某某在 Z 市远见压铸制品有限公司任总经理、生产主管期间,明知远见公司未取得排污许可证而生产加工汽车金属配件,并将生产过程中产生的废水直接排放到厂外。2018 年 4 月 16 日,生态环境部门对远见公司进行现场检查时发现该公司加工汽车配件时产生的废水未经处理直接排放至外界环境,并对该公司排出的废水采样。经检测,废水中的镍浓度为 14.5 毫克/升、铜浓度为 2.02 毫克/升、锌浓度为 8.7 毫克/升、总铬浓度为 30.1 毫克/升,分别超过 G 省地方标准《水污染物排放限值》(DB 44/26—2001)第二时段二级标准中规定限值的 13.5 倍、3.04 倍、3.35 倍、19.07 倍。事后,远见公司向生态环境部门缴纳罚款 12 万元。2018 年 10 月 26 日、31 日,被告人程某某、乌某某分别向公安机关投案自首。

法院认为,被告人乌某某、程某某无视国家法律,违反国家规定,排放有毒物质,严重污染环境,其行为已构成污染环境罪,均应依法惩处。被告人乌某某、程某某有自首情节,依法均可从轻处罚。公诉机关指控被告人乌某某、程某某犯污染环境罪的事实清楚,证据确实、充分,罪名成立,予以支持。对两辩护人所提两被告人有自首情节的意见,经查属实;对两被告人及两辩护人均请求从轻处罚的意见,一并采纳。根据被告人乌某某、程某某的犯罪情节,其不符合法律规定适用缓刑的条件,故对辩护人请求判处缓刑的意见,不予采纳。判决被告人乌某某犯污染环境罪,判处有期徒刑 1 年,并处罚金 30,000 元。

办案总结

一、行刑交叉案件的行政执法与刑事司法如何衔接

污染环境罪是典型的刑行交叉案件,为加强环境保护行政执法和刑事司法之间的有效衔接,《最高人民法院、最高人民检察院关于办理环境污染刑事案件适用法律若干问题的解释》(2016 年)第 12 条明确规定:"环境保护主管部门及其所属监测机构在行政执法过程中收集的监测数据,在刑事诉讼中可以作为证据使用。公安机关单独或者会同环境保护主管部门,提取污染物样品进行检测获取的数据,在刑事诉讼中可以作为证据使用。"

这一司法解释解决了司法实践中长期争议的行政执法证据能否转化为刑事证据的问题,但是理论上的探讨仍未停止,刑事诉讼理论学界对于何种证据可以转化,以及转化的合法性依据仍有不少争议。

学界的主流观点认为,实物证据可转化,而言词证据不可转化,主要原因在于实物证据有更强的稳定性和客观性,且受到取证主体和取证方式的影响较小。除此之外,监测报告和鉴定意见虽然属于言词证据,但其是由专业性较强的专业人士作出判断的言词证据,因此可以转化。

二、行政执法证据与刑事证据如何转化

(一)行政执法过程中的实物证据是否当然具有证据能力

关于这个问题,最高人民检察院认为“实物证据具有进入刑事诉讼的资格,不需要再履行取证手续。但这些证据能否作为定案依据,还要根据刑事诉讼法的其他规定,经由检察机关审查判断后才能确定其能否作为定案的根据”。例如,污染环境犯罪中,无法证明取样容器是否受到污染的情况下,取到的样本不得作为刑事诉讼中的物证。

(二)行政执法过程中的言词证据是否一定不得转化

笔者认为不能绝对化,对于能够合理解释或说明无法重新收集的原因,且该证言提取本身合法,能够保证真实性的情况下,可以作为定案依据。

(三)环境行政执法过程中的监测报告等证据能否直接转化

《环境保护行政执法与刑事司法衔接工作办法》第 20 条规定:“环保部门在行政执法和查办案件过程中依法收集制作的物证、书证、视听资料、电子数据、监测报告、检验报告、认定意见、鉴定意见、勘验笔录、检查笔录等证据材料,在刑事诉讼中可以作为证据使用。”也就是说,环境执法过程中的监测报告、检验报告等可以转化为刑事证据。但需要注意的是,其也必须符合合法性的要求,其检材来源、检测过程、检测结果等违法的,影响其证据能力的,也应当予以排除。

三、律师对环境行政执法监测报告如何进行审查

(一)采样主体资质的审查

根据《工业污染源现场检查技术规范》的有关规定,现场采样取证应由县级以上环境保护主管部门所属环境监测机构、环境监察机构或其他

具有环境监测资质的机构承担。采样人员可通过摄影、摄像等方式对采样地点、采样过程进行记录，与样品一同作为检查证据。

（二）污染物监测数据的审查

对于污染物监测数据的审查，首要的就是审查其监测数据的真实性。如上所述，监测机构需要有监测资质，其数据才能确保真实有效。除此之外，还要确定监测样本的取样具有代表性，这样才能保证监测数据的真实性，才能作为定罪量刑的依据。

（三）收集点位的审查

水污染物的采样点，在《污水综合排放标准》（GB 8978—1996）中规定：（1）第一类污染物，一律在车间或车间处理设施排放口采样；（2）第二类污染物，在排污单位排放口采样；（3）在排放口必须设置排放标志、污水比例采样装置。

（四）采样程序的审查

1. 样品来源问题

样品有无来源和提取经过记录；样品的来源、取得、保管、送检是否符合法律、有关规定，与相关提取笔录等记载的内容是否相符，样品是否充足、可靠。

2. 取样容器的选择和清洗

在实务中，由于容器及瓶塞对样品的污染、容器及容器塞与样品发生反应、容器未清洗干净等原因，样品的监测数据会产生误差，因此应重视对此项的审查。

3. 采样方式

采样一般可分为瞬时采样、平均混合采样、平均比例混合采样、连续比例混合采样、单独采样。不同的水样有不同的采样要求，违反相应采样要求的，不得作为定案依据。

(五)监测程序的合法性审查

1. 监测主体资质的审查

现场采集样品应当交由县级以上环境保护主管部门所属环境监测机构或其他具有环境监测资质的机构实施检测。

2. 监测方法依据的审查

对于不同的污染物,有关法律法规规定了不同的监测方法,有关检测机构应当根据相关规定进行监测。例如,《地表水和污水监测技术规范》(HJ/T 91—2002)附表1第51项明确规定了水和污水中对锌的监测分析方法有6种:火焰原子吸收法、流动注射—在线富集火焰原子吸收法、双硫腙分光光度法、阳极溶出伏安法、示波极谱法、等离子发射光谱法。

3. 监测标准的审查

有关法律法规中对不同类型的水域规定了不同排污标准。例如,《污水综合排放标准》(GB 8978—1996)中有如下规定:(1)排入GB 3838Ⅲ类水域(划定的保护区和游泳区除外)和排入GB 3097中二类海域的污水,执行一级标准;(2)排入GB 3838中Ⅳ类、Ⅴ类水域和排入GB 3097中三类海域的污水,执行二级标准;(3)排入设置二级污水处理厂的城镇排水系统的污水,执行三级标准。

4. 检测报告的签字人审查

此部分应重点审查签字人是否有签字权、形式是否合法以及签字日期是否合法等。

在对环境行政执法收集的证据进行审查时,要做到从证据的合法性、真实性、关联性等基本原则出发,结合个案特点,探索污染环境罪证据审查的一般方法。

鉴定意见的质证及“侵入、非法控制”的界定

——解某某提供侵入、非法控制计算机信息系统程序、工具案

辩护思路和要点

本案主要涉及鉴定意见的采信及“SG”设备进行虚拟定位是否可以评价为“侵入、非法控制”计算机信息系统问题。办案机关对“SG”设备进行司法鉴定，解某某亲属另行委托鉴定机构对设备进行了第二次鉴定。一审判决并未对解某某亲属委托的鉴定意见书进行合理评价。因此，本案二审辩护的第一个目标是，申请鉴定人员出庭质证，争取推翻控方的鉴定意见，让二审法院采信辩方的鉴定意见。第二个目标是，厘清“侵入、非法控制”的内涵，论证“SG”设备修改手机定位的功能符合苹果公司规定，让法官采纳辩护人提出的“SG”设备修改手机定位的行为并不属于刑法上“侵入、非法控制”的辩护意见。

基本案情

2019 年 4 月开始，解某某将从王某某（另案处理）处获取的“SG”定位

硬件及软件链接出售给另一被告人张某某。张某某将上述定位硬件出售给被告人廖某某等人。上述被告人均将购得的“SG”定位硬件及软件链接在网络上各自销售。

“SG”设备分软件和外设硬件两部分。其中，软件部分是手机App；外设硬件是一个类似U盘的设备，有白、红、黑三种颜色，硬件内置电子芯片。“SG”硬件设备插入苹果手机插口，与下载好的手机App软件相结合，此时可以修改苹果内置的GPS地址，输入想要定位的位置，苹果手机内所有的App在获取定位时，就自动获取硬件内修改后的GPS信息，实现虚拟定位。

例如，消费者在解某某的微店下单购买“SG”设备，解某某通过快递发送外设硬件设备及通过微信发送软件下载链接给消费者，消费者下载安装好“SG”App后，将外设硬件插入苹果，并在“SG”App上将自己的真实位置北京修改为上海。此时，打开微信上的定位，微信位置显示为上海，由此，实现苹果手机整体虚拟定位。

对于“SG”设备在使用过程中是否对计算机信息系统具有侵入、非法控制和破坏等功能问题，本案中除了公安机关委托G省经正司法鉴定所出具的司法鉴定意见书（以下简称经正鉴定书），还有解某某亲属委托G省纬正计算机司法鉴定所出具的司法鉴定意见书（以下简称纬正鉴定书）。两份鉴定意见书对SG设备是否具有“侵入、控制、破坏计算机信息系统的功能”作出了完全相反的鉴定意见。

控方指控

公诉机关将从解某某下家张某某处扣押的外设设备进行鉴定，认为外设设备结合“SG”App能够突破iPhone手机的定位系统。被告人解某某等人提供专门用于侵入、非法控制计算机信息系统的程序、工具，其中解某某等人情节特别严重,其行为已触犯《刑法》第 285 条第 3 款之规定,应当以提供侵入、非法控制计算信息系统程序、工具罪追究其刑事责任。

辩护思路

辩护人在二审阶段接受解某某委托,在对全案关键证据及相关刑法规范进行研判后,认为本案关键问题有两个:第一,需要明确两份鉴定意见书为什么会得出相反的鉴定意见,如何说服法官采纳对解某某有利的鉴定意见;第二,"SG"设备具有修改 iPhone 手机定位的功能是否可以被认定为刑法上的"侵入、非法控制"?

一、对鉴定意见的分析

(一)审查送检材料是否具有同一性

本案中,就硬件外设设备来说,送检设备不具有同一性。纬正鉴定书鉴定的设备一定是解某某售卖的设备。经正鉴定书鉴定的设备是从解某某下家张某某处扣押的设备,该设备样本不一定是解某某销售的设备。换句话说,解某某下家(张某某)的产品是直接由王某某发货的,现无法查明王某某直接发给张某某的设备与解某某发给王某某的设备是否属于同一类产品。张某某在笔录中也明确,其除了售卖 SG 设备之外,还售卖其他定位产品。因此,不能以张某某被查获的设备作为检材的鉴定意见来认定解某某构成本罪,应该以解某某家中搜出的设备作为检材的鉴定为准。

就纬正鉴定书的检材来源问题,证人邝某某的笔录中已明确鉴定的外设设备是解某某的弟弟从老家找出,也就是解某某实际售卖的设备。

(二)经正鉴定书的鉴定方法不完整,不应作为本案定案根据

经正鉴定书大篇幅摘抄廖某某个人微信公众号文章《聊聊未越狱 iPhone 的虚拟定位》(该文与经正鉴定书对比见图 34 至图 36)。

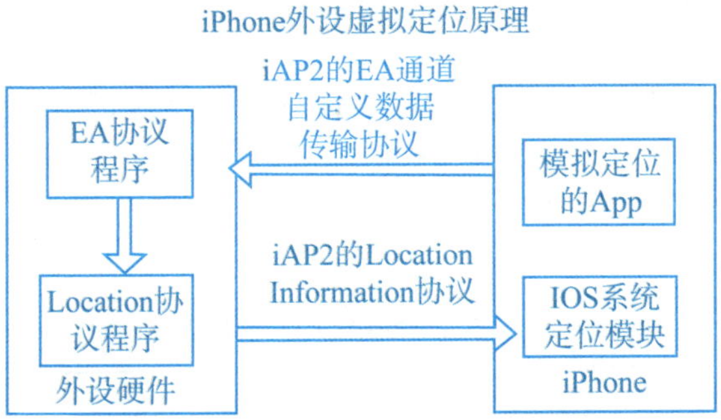

注：（1）模拟定位的App使用EA协议跟外设连接。这个App集成了地图SDK，主要用途就是方便用户进行搜索或者地图点选来获取想要虚拟定位的GPS信息，然后通过EA通道使用自定义的数据协议把用户选好的GPS信息发送给硬件。
（2）硬件接收到GPS信息之后，根据iAP2中的Location Information协议把GPS信息进行编码，发送给iOS系统。
（3）iOS系统接收到硬件通过Location Information协议过来的GPS信息之后，就会把整个系统底层的定位信息更新，这样包括微信在内的所有应用的定位都修改成了刚刚选择的模拟定位点。

图 34 《聊聊未越狱 iPhone 的虚拟定位》中的相关表述 1

3.1.1 Location Information Requirements
All accessories that support the Location feature via iAP2 must send or receive the following iAP2 control session message（s）:
从这段苹果官方文档的描述可以看到，主要目的是提高定位精度，提升某些场合的用户体验。比如汽车的GPS模块定位精度要比iPhone高，如果能够把汽车的GPS信息发给iPhone，那iPhone上的导航体验就会好很多。
网上还有一些其他的方法，比如通过各种手机助手（比如PP助手）来修改定位等，我自己没有用过，这里就不做介绍了，大家可以搜索了解一下。

图 35 《聊聊未越狱 iPhone 的虚拟定位》中的相关表述 2

2.实现原理:

（1）App“SuperGO”使用EA协议跟外设连接。这个App集成了地图SDK，主要用途就是方便用户进行搜索或者地图点选来获取想要虚拟定位的GPS信息，然后通过EA通道使用自定义的数据协议把用户选好的GPS信息发送给送检的设备;

（2）设备从EA通道接收到GPS信息之后，根据iAP2中的Location Information 协议把GPS信息进行编码，发送给iOS系统;

（3）IOS系统接收到硬件通过Location Information协议过来的GPS信息之后，就会把整个系统底层的定位信息更新，这样所有应用的定位都修改了刚刚选择的模拟定位点。

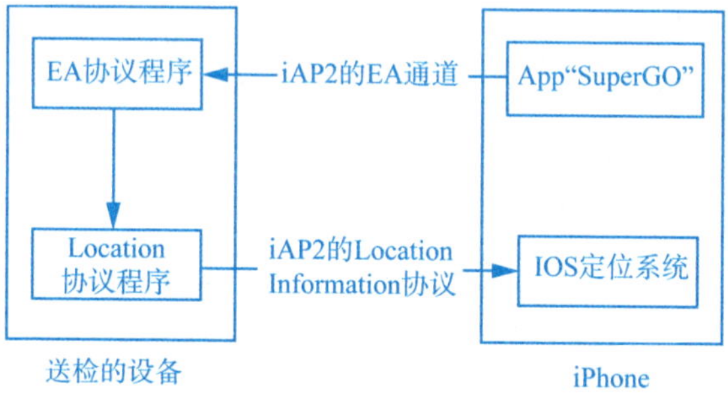

综上可知，App“SuperGO”通过EA通道将GPS信息发送给送检的设备，设备通过Location Information协议修改IOS定位系统数据，由苹果官方文档可知Location Information协议能够将汽车GPS 模块等，这类设备当前实时获取的定位数据被动的（不需要人工干涉，自动数据交互）发送给iPhone，而App“SuperGO”通过人工手动指定主动的修改定位信息，使iPhone手机的定位系统的定位信息偏离实际情况，并且无法获取到实际的定位数据，说明送检的编号为“1”“2”、“3”“4”“7”“8”的设备结合 App “SuperGO”能够突破iPhone手机的定位系统，实现手动修改iPhone手机的定位信息的功能。

图 36　经正鉴定书中的相关表述

由图 34～图 36 可见，经正鉴定书与公众号文章内容几乎完全一致。最重要的第五大点“分析说明部分”，几乎全文摘抄自上述文章，甚至将原作者自己画的示意图及举例都原样摘录，并且廖某某在文章中提到的汽车 GPS 模块问题，仅仅是他个人举例，苹果开发者文档中并未提及，鉴定意见书中却将这一举例错误认为是来源于苹果文档。

因二审法院未同意辩护人提出的专家辅助人出庭申请,因此,在二审开庭前,辩护人提交了《聊聊未越狱 iPhone 的虚拟定位》作者廖某某的询问笔录。廖某某本科毕业于某知名科技大学,专业是计算机科学与技术,硕士毕业于某知名大学,专业是计算机软件与理论,并从事苹果 iOS 系统开发十余年,参与过 MFI 苹果配件产品的研发,同时还维护着国内某 MFI 开发微信群,在业内颇有影响力,完全满足本案中“有专门知识的人”的条件。在笔录中,廖某某详细解释了苹果各种接口的定义,以及开发者协议的相关内容,其认为外设定位设备调用的是苹果的公开接口,并且此接口专门提供了修改苹果系统坐标的能力,定位设备必须遵循苹果的开发者协议才能开发相应的功能,如果不遵循协议就无法和苹果系统进行数据通信。

(三)经正鉴定书使用的鉴定方法不科学

经正鉴定书没有对不同苹果手机系统进行区分,是两份鉴定意见书得出相反意见的根本原因。

经正鉴定书使用的是苹果手机的 iOS12 系统。纬正鉴定书使用的是苹果手机的 iOS13 系统。经正鉴定书用 iOS12. 3. 1 系统的手机设备对送检设备进行检测,但 iOS12 对虚拟定位的范围没有任何限制,可以任意定位,对虚拟定位未设置任何安全保护措施。基于此,经正鉴定书根本无法证明涉案设备具有避开或者突破苹果系统安全保护措施的功能。

经正司法鉴定机构演示定位外设配合 SG 软件进行虚拟定位的过程录像中,在苹果手机插入定位外设,并打开 SG 软件时,软件提示:“目前 iOS13 系统对硬件定位做了限制,会影响虚拟定位范围,请不要轻易升级!”更说明涉案产品定位范围符合苹果系统的要求,不存在“突破”系统的功能。

不同系统的苹果手机对定位功能的限制不同。苹果手机从 iOS13 开始,限制了通过 iAP Location 产生的 GPS 信息,限制了虚拟定位的范围为不超过真实位置的 15KM,而 iOS12 系统和之前的系统并未对此进行限制，如果仅仅是为了满足苹果手机文档中提到的其中一个场景，更精准，那么苹果手机完全有能力限制虚拟定位范围为1km甚至更小，苹果手机保留了15km的定位范围这本身说明了苹果对于虚拟定位的态度是相对开放的。

（四）经正鉴定书鉴定委托事项不正确，鉴定意见与案件待证事实没有关联

本案罪名为提供侵入、非法控制计算机信息系统程序、工具罪，因此本案委托事项应该是对送检的设备检测其是否具有避开或者突破苹果系统安全保护措施的功能，而不是检测是否具有修改手机定位的功能。SG设备具有修改手机定位的功能是显而易见的，无须进行鉴定，具有修改手机定位的功能也不等同于具有突破安全保护措施的能力。《最高人民法院关于适用〈中华人民共和国刑事诉讼法〉的解释》第98条、《最高人民法院、最高人民检察院、公安部、国家安全部、司法部关于办理死刑案件审查判断证据若干问题的规定》第24条均明确规定，鉴定意见与案件待证事实没有关联的，不能作为定案的根据。因此，经正鉴定书不能作为定案根据。

（五）经正鉴定书未能证明SG设备具有避开或者突破苹果系统安全保护措施的功能

经正鉴定书明确了SG使用的是苹果iAP2协议的Location开放接口。如图36所示，苹果对外开放的接口按照软硬件可以分为上、下两层，经正鉴定书仅仅是对上层的App工作原理进行了技术鉴定（SG软件和硬件的通信过程），并没有对下层"外设硬件和手机系统的数据通信方式"进行鉴定。也就是说，鉴定书只对定位如何修改进行记录，但没有记录在修改定位过程中是否有避开或者突破苹果系统的安全保护措施，经正鉴定书在没有进行相关技术鉴定的情况下，通过抄袭罗某某的文章内容简单解释技术后,直接通过“综上可知”得出“SG 通过人工手动指定修改定位,所以能够突破 iPhone 手机的定位系统”的结论。

事实上,纬正鉴定书针对硬件和 iOS 系统下层的数据通信做了详细的鉴定,鉴定显示此过程遵循苹果技术文档中 Location 协议的具体内容,并不存在破坏性和侵入性。

开放接口本身就是由系统提供给开发者,让开发者基于接口描述功能开发产品。“本接口的作用是允许苹果系统使用外部的位置信息,当 iOS 系统中的应用请求位置信息时,iOS 系统会优先返回外部的位置信息给应用”(翻译自苹果公司官方文档)。这个过程不存在利用漏洞,或是破坏了原有的 GPS 功能,或是鉴定意见中提到的“突破”。

(六)经正鉴定书的鉴定人对涉案产品具有“屏蔽”原来 GPS 定位信息作用的论证与苹果官方文档不相符

广东经正司法鉴定所的补充证言提道:“涉案外设将数据打包发送给苹果 iOS 系统,就改变了操作系统的位置信息。所以原来的 GPS 定位信息被屏蔽了无法获取,就是通过上述方式实现手动修改 iPhone 手机定位信息功能。”这段证言并不符合苹果定位接口的官方文档中的解释,苹果技术文档原文中说明:通过外设协议可以给苹果 iOS 系统提供外部 GPS 数据,当 iOS 系统中的应用请求位置信息时,iOS 系统优先返回外设传回的自定义数据。

所以,涉案产品并没有“屏蔽”原来的 GPS 定位信息。苹果提供的定位外设协议的唯一功能就是用外部 GPS 数据取代内部数据,如果真的要说“屏蔽”,也是苹果系统本身屏蔽了自己的内置 GPS 数据,再向应用发送接收的外部 GPS 数据。

上述两份鉴定意见的鉴定机构均有合法的鉴定资质(纬正计算机司法鉴定所更是 G 省第 1 家通过国家认可现场评审的计算机司法鉴定机构)。基于同一鉴定对象进行鉴定,鉴定意见却不相同,经正鉴定意见的准确性令人怀疑。本案的一审中,侦查机关对经正司法鉴定所的鉴定人进行了证言补充,却对辩护人申请有专业知识的专家证人出庭,未予准许。从判决书来看,原审法院完全忽视了纬正计算机司法鉴定所出具的司法鉴定意见,未进行任何比对分析,直接采纳了经正司法鉴定所出具的司法鉴定意见。

辩护人认为,鉴定意见书是鉴定人对该专业领域的专门问题向司法机关提供的结论意见,是鉴定人在观察、检验、分析等科学技术活动上得出的主观结论,是一种意见证据,实质上仍然属于证人证言的范畴。当两个证人证言相互矛盾的时候,要结合全案证据审查相关证言的真实性,鉴定意见也不例外。在诉讼活动中,鉴定意见对于案件中的专门性问题所具有的证明力是其他证据种类都不能替代的,且有时往往对案件的最终结论起决定性的作用,但这并不意味着鉴定意见可以不需经过审查判断就直接用来认定案件事实。鉴定意见不仅具有科学性和客观性,还具有主观性,而其主观性必然决定了鉴定意见的不稳定性和不确定性。鉴定意见是鉴定专家个人的认识和判断,而鉴定专家在判断的过程中极易受到各种主客观因素的影响,其鉴定意见可能会出现判断偏差,甚至歪曲或错误反映待证事实。因此,尽管鉴定意见具有其他证据无法替代的特殊功能,但是,也并不能就此认定鉴定意见的证明效力当然优于其他证据。

本案是新型犯罪,案件极为罕见,而案件中又出现完全相反的两份鉴定意见书,所以法庭更应该审慎地审查两份鉴定意见的证据能力和证明力,而不是简单地采纳其中一份,而忽视另一份,这样极有可能得出错误的结论。法庭应当允许各方当事人对鉴定意见自由地提出意见,必要的时候还应当要求鉴定专家出庭接受质询,只有在鉴定意见经过双方充分质证后,才能在结合案件全部证据的基础上进行综合审查判断,以此来审查鉴定意见的证明力和证据能力,从而正确认定案件事实、准确适用法律规定,最终作出公正合法合理的判决。

二、"SG"设备进行虚拟定位不能被认定为刑法上的"侵入、非法控制"

(一)"SG"设备未经过苹果授权,仅指其未获得苹果公司的MFI认证

上文已经提到,SG的软件需要通过苹果公测平台Testflight发布,和AppStore一样需要经过苹果工作人员审核才能下载,所以软件本身属于授权状态。苹果公司的回复中的未授权也仅仅指该硬件设备的开发者未成为MFI会员、该硬件设备未经过苹果公司的MFI认证。苹果公司本身并不禁止未授权的开发行为,但是如果开发出来的设备未经过MFI认证,开发者又贴上MFI认证标签进行售卖,这种情况下可能会引起苹果与开发者之间的商业侵权纠纷。

通过检索发现,同类案件下询问相关公司,对应公司会给出明确的回复,告知产品如何侵犯了公司权利,如何侵入或非法控制了他们的系统。如庄某1、庄某2、李某某等提供侵入、非法控制计算机信息系统程序、工具罪一案[(2020)粤1202刑初10号],腾讯公司回复:"该款外挂软件首先违反了我司与用户的《腾讯游戏许可及服务协议的协议》,属于非腾讯开发、授权的第三方软件,此软件会绕过我们的反外挂系统,破坏进程、游戏程序的完整性。"而本案中,苹果公司并未说明SG是否非法侵入和控制计算机系统。

(二)虚拟定位技术属于中性技术,"SG"设备亦不具有"非法性""专门性"特征

1. 虚拟定位技术属于中性技术

国家专利网关于虚拟定位有许多生效的专利,通过虚拟定位可以实现足不出户漫游全世界,或是通过虚拟定位,可以方便技术人员模拟真实环境,测试应用等。《专利法》第5条亦明确规定"对违反法律、社会公德或者妨害公共利益的发明创造,不授予专利权"。虚拟定位技术并未违反

相关法律规定。

苹果开放外设接口是为了让用户开发更多、更有趣、更实用的外设设备。就定位系统而言，苹果手机自身定位系统的精准度差于很多外设设备，苹果出于本身对定位精准度的更高要求，所以对外开放了定位接口，并非公诉人所说的外设设备覆盖了苹果自带的定位功能。从技术上来说，定位设备使用的是苹果的开放接口。

安卓系统、苹果系统都对开发者提供了虚拟定位技术，甚至国产联想手机 ZUK、Z、K 部分系列手机都自带了虚拟定位功能，可以随意更改手机本身的定位信息。

苹果生态上，国内的上市公司 iTools 和爱思助手都提供了虚拟定位功能，覆盖用户数千万人。市场上主流的能用于苹果系统的虚拟定位产品，位移精灵，phantomGPS，itools 硬件版原理和 SG 一致，都是调用苹果外设接口，其中 PhantomGPS 可以在苹果 STORE 下载，其他虚拟定位软件通过 TestFlight 来下载使用。

另外，Testflight 是苹果提供的合法的公测平台，并非本案多个被告人在讯问笔录中所陈述的：Testflight 是非法平台。SG 软件本身属于授权状态，国内绝大多数的 App 开发商，如京东、高德地图、腾讯，都在使用 TestFlight 发布 App。

2. “SG”设备不符合非法侵入、控制计算机信息系统程序、工具罪要求的“专门性”和“非法性”两个基本条件

专门性意味着所提供的工具或程序是专门用于违法犯罪目的，不包括那些既可以用于违法犯罪目的又可以用于合法目的的“中性程序、工具”。如果一种程序或工具既可用于合法目的也可用于非法目的，那它就是中性的，而非专门性，自然不构成此罪。虚拟定位属于中性技术，虚拟定位技术本身并不是专为违法犯罪开发，不具有本罪要求的专门性。本案中，也未能证明虚拟定位技术有任何的社会危害性。公诉人仅仅是推

测虚拟定位存在社会危害的可能性,这与菜刀可以杀人因此菜刀也具有社会危害的可能性这一观点同样荒谬。

即便认定虚拟定位技术存在被不法分子用于违法犯罪活动的可能,也应正视其正面功能,就像若当初以非法吸收公众存款罪对支付宝等电子支付平台进行打击,也不会有现在便捷的电子支付方式。法律天然具有滞后性,法律调整的范围赶不上社会生活的发展进步,生活中因新兴事物出现的纷争,可能没有相关的法律可以去调整。当前,刑法并未对涉案行为作出禁止性规定,根据罪刑法定原则的要求,不应当将解某某的行为认定为犯罪。此外,刑法应当保持谦抑,不宜将涉案技术纳入刑事评价范围。

非法性是将具有避开或者突破计算机信息系统安全保护措施,未经授权或者超越授权获取计算机信息系统数据的功能,或者对计算机信息系统实施控制的功能的程序、工具列为“专门用于侵入、非法控制计算机信息系统的程序、工具”。SG 产品并没有突破计算机信息系统安全保护措施,尤其在 iOS13,系统限制了 15KM 的范围后,SG 也并没有通过技术手段突破安全保护系统。在侵入、非法控制这点上,SG 使用的是苹果公司的公开接口,苹果公司默认允许开发者使用各类开放接口开发产品,符合官方文档规范。并且,SG 只能用在用户自己的手机上,并不是应用于别人的手机,用户自己只能对自己的定位进行虚拟,不会直接造成他人损失,不存在社会危害性。

三、即便认定 SG 设备具有突破手机系统安全保护措施的功能,解某某也缺乏违法性认识

解某某没有认识到自己出售 SG 产品的行为会违反刑法的禁止性规定,其主观上并不知道产品是否为刑法所禁止。庭审中解某某也陈述,购买定位设备的群体还包括一部分的公检法人员,该部分人员购买该产品用于单位抖音等自媒体号的推广。辩护人通过案例检索,在广东范围乃至全国范围内并未检索到任何一起因“修改手机定位”或“虚拟定位”而涉嫌本罪名的案件,甚至连具有专业鉴定知识的两家鉴定机构、鉴定人员对该设备也作出了完全不同的鉴定意见。对于被告人来说,其知道SG硬件设备可能不符合苹果公司的相关规定,但苛求其知道其行为违反刑法,实属强人所难。本案涉案人员的行为缺乏违法性认识,对其行为不能以犯罪论处。

综上,“SG”设备在使用过程中不会对计算机信息系统具有侵入、非法控制和破坏的功能,解某某销售“SG”设备的行为当然不构成提供侵入、非法控制计算机信息系统程序、工具罪。

法院观点

关于上诉人解某某是否构成提供侵入、非法控制计算机信息系统程序、工具罪的问题。

1. 解某某及其辩护人对于广东经正司法鉴定所出具的“303号”鉴定书不予认可的意见,经查,广东经正司法鉴定所及鉴定人员均具备鉴定资质,主体适格,检材来源正当,鉴定程序合法,鉴定意见真实可信,且鉴定人员的证言经一审庭审质证,解某某的辩护人申请鉴定人员二审出庭的意见,不予采纳。

2. 广东纬正计算机司法鉴定所接受解某某亲属的委托,鉴定意见是通过外设只能与实际位置发生最大直线偏移量15公里左右,而广东经正司法鉴定所的鉴定意见是被鉴定外设能够突破iPhone手机的定位信息的功能,不受距离的限制。受鉴定检材、时间、软件安装网址时效性等条件限制,广东纬正计算机司法鉴定所未能鉴定出外设能够突破iPhone手机的定位信息的功能的鉴定意见显然不能对抗广东经正司法鉴定所检测、鉴定出的外设能够突破 iPhone 手机的定位信息功能的鉴定意见。

3. 虚拟定位技术是否为中性，均不能掩盖解某某等人所销售的设备能够突破 iPhone 手机的定位信息功能，属对计算机信息系统实施非法控制行为，一审以提供侵入、非法控制计算机信息系统程序、工具罪追究解某某的刑事责任准确，予以支持。

最终，二审法院维持原判，认定解某某构成提供侵入、非法控制计算信息系统程序、工具罪。

办案总结

本案虽然没有取得二审改判或者发回重审的裁判结果，但这宗新型计算机犯罪案件的二审辩护经验，还是有一些方面值得总结、借鉴的。

一、计算机等专业领域犯罪，司法实践有盲目依赖专家鉴定意见的倾向，律师的辩护重点应该放在鉴定意见的质证上

涉案设备是否会侵入、非法控制计算机信息系统，是一个计算机方面非常专业的问题。警察、检察官、法官、律师都不是这方面的专家，甚至在这个领域的专业知识是空白的，只能借助外部的专家出具鉴定意见。

本案中，公安机关委托的鉴定机构出具的鉴定意见对当事人很不利，但法官采纳鉴定书上的结论的可能性极大，因此该份鉴定意见就是辩护的重点。辩护人除了从鉴定机构是否有资质，送检材料是否具有同一性，鉴定委托事项不正确这些比较常规的质证切入点着手，还可以从鉴定方法不完整、鉴定方法不科学、鉴定意见与案件待证事实没有关联、鉴定论证与官方文档不相符等专业的层面提出质证意见。总而言之，穷尽一切可能质证的点，去说服法官不应当采纳这份对当事人不利的鉴定意见。这是“破”，“破”完如何能“立”，也很重要。

当事人不服侦查机关提供的鉴定意见，可另行委托鉴定机构，如果能取得鉴定意见对当事人有利的鉴定文书，则可以增强辩护意见的说服力。

二、律师要善于利用专家证人来说服办案人员

在本案中，辩护人从家属处了解到，经正鉴定书大篇幅摘抄廖某某个人微信公众号文章《聊聊未越狱 iPhone 的虚拟定位》。通过各种努力，辩护人联系上廖某某，并经办案人员同意后，前往外地向 iOS 开发专家廖某某询问其原创文章中谈及的方法、苹果公司的“文档”及相关协议、“SG”设备运行原理等专业技术问题，并向法庭申请专家证人出庭作证。虽然法院不批准专家证人出庭，但辩护人向法庭提交了给廖某某所做的询问笔录。

三、用好工具，将复杂事实条理化，将证据问题可视化

人类获取信息的主要方式是通过眼睛，对眼睛来说，它更容易理解的是图形而不是文字。法律工作的本质是信息的传递和处理，正是基于人类思维的天然倾向性，在信息处理和传递过程中更多地使用图表或思维导图，能够帮助人们提高信息处理效率，减少信息传递异化。这一规律，在法律业务领域格外重要，尤其是对于事实复杂的案件，可视化呈现的效果会更好。

本案中，为了将复杂的技术问题清晰地展现在法官面前，辩护人制作了流程图和思维导图，清晰且富有条理地将苹果手机外设虚拟定位的原理和鉴定书大篇幅摘抄个人微信公众号文章的事实展现出来，让法官一目了然。

后 记

作为一名专业刑事辩护律师，我在工作中时刻关注科技和信息化的发展，并将其应用到刑事辩护工作中。每个案件我都会写一个详细的办案手记，通过流程化的工作方式，保证每一步都严格按照法律规定和律师执业规范的要求完成。我一直坚持潜心学习，完善自己的专业知识和技能，努力为每一个案件寻求最合适的辩护策略。

可以说，这本书是我做知识管理的一个阶段性成果。我从办理的几百个案件中精选了30个具有代表性的案例，全面介绍了刑事辩护的理论和实践，包括常见案件类型的诉讼程序和辩护策略、证据收集、法庭攻防技巧等方面的知识。同时，我也将辩护的经验和教训融入书中，希望能够给广大刑辩律师和相关从业人员带来帮助和启示。

同时，我也深知书中难免存在不足和缺陷，希望读者们为我提供宝贵的建议和批评，这样我才能更好地为广大读者提供更有价值的指导和帮助。

在本书的写作过程中，我得到了门金玲教授的悉心指导，更得到团队陈绵律师、邹水平律师、涂雨薇律师、柳积武律师、徐燚坡律师等同仁的帮助，在此一并表示深深谢意。

最后，还要特别感谢法律出版社邢艳萍编辑，无论是对书稿最初的修改意见，还是后期的排版和文字校对，她都以一种对学术极其认真和负责的态度开展工作,本书才能得以顺利出版。

希望这本书能够成为广大读者在刑事辩护实践中的有力指南,更希望这本书能够对刑事辩护行业的进步和发展作出一点点贡献。